Plutarch

Große Griechen und Römer

Plutarch

Große Griechen und Römer

Ausgewählte Lebensbilder

Herausgegeben und übersetzt
von Dagobert von Mikusch

Anaconda

Plutarchs Parallelbiographien (überliefert sind 22 Paare von Lebensbeschreibungen) sind zwischen 105 und 115 n. Chr. entstanden.
Der vorliegende Text folgt der Ausgabe *Große Griechen und Römer. Ausgewählte Lebensbilder*. Neu bearbeitet von Dagobert von Mikusch. Berlin: Propyläen Verlag [1935].

MIX
Papier | Fördert gute Waldnutzung
FSC® C083411

Penguin Random House Verlagsgruppe FSC® N001967

2. Auflage

produktsicherheit@penguinrandomhouse.de
(Vorstehende Angaben sind zugleich Pflichtinformationen nach GPSR.)

Umschlagmotiv nach: »Themistokles«, Holzschnitt, koloriert, 19. Jh., Photo: akg / North Wind Picture Archives
Umschlaggestaltung: Druckfrei. Dagmar Herrmann, Bad Honnef
Satz und Layout: www.paque.de
Druck und Bindung: CPI books GmbH, Leck
Printed in the EU
ISBN 978-3-7306-0930-9
www.anacondaverlag.de

Inhalt

Themistokles

Themistokles hatte weder durch Geburt noch Besitz Anspruch auf Ansehen und Würden. Sein Vater Neokles lebte in ärmlichen Verhältnissen in Athen, und von seiner Mutter her war er nicht einmal vollbürtig, wie das Epigramm besagt:

> Ich, Abrotonon, bin ein trakisches Weib, doch gebar ich
> Euch, ihr Griechen, den Helden Themistokles.

Zu jener Zeit war den Halbbürgern zu ihren Übungen das Kynosarges angewiesen, ein Gymnasium vor den Toren der Stadt, das dem Herakles geweiht war, weil auch dieser, seiner sterblichen Mutter wegen, nur unter die Halbgötter rechnete. Themistokles wußte nun einige seiner Altersgenossen von edler Geburt zu bereden, mit ihm zum Kynosarges zu gehen und dort ihre Übungen abzuhalten, wodurch er auf schlaue Art die sozialen Unterschiede zu verwischen suchte. Indessen steht fest, daß er zu dem Geschlecht der Lykomiden gehörte; denn er ließ, wie Simonides meldet, das den Lykomiden gehörige Mysterien-Heiligtum in Phlyä nach der Niederbrennung durch die Perser auf seine Kosten wiederherstellen und mit Wandgemälden schmücken.

Nach einstimmigem Zeugnis zeigte er sich schon in seiner Kindheit als ein rechter Feuerkopf, voller Verstand, auf große Ziele ausgehend und mit ausgesprochener Neigung zur politischen Laufbahn. Alles, was auf äußere Formung des Menschen abzielte, auf gute Sitten, feine Lebensart oder Schmuck des Daseins, eignete er sich nur lässig und widerwillig an. Wo es dagegen auf Schulung des Verstandes und Erwerb praktischer Kenntnisse ankam, da zeigte er, gleichsam seinem inneren Stern folgend, einen Ernst und Eifer, die weit über seine Jahre hinausgingen. Er sah sich denn auch in der Folge genötigt, sich gegen die Spötteleien der Vornehmen zu wehren, die sich ihm an feiner Bildung und Anstand überlegen glaubten, und fertigte sie mit der stolzen Antwort ab: Zwar weiß ich nicht die Leier zu stimmen oder die Harfe zu schlagen, aber ich verstehe, einen kleinen unansehnlichen Staat, dessen Führung ich bekomme, groß und berühmt zu machen.

Themistokles war, wie die zuverlässigsten Quellen angeben, ein Schüler des Mnesiphilos, des Phrearrhiers. Dieser Mnesiphilos betrieb eine Art Schule der Weisheit, die sich in Wirklichkeit aber mit der Staatskunde, der Kunst der Politik und der Schulung des Verstandes zu praktischem Wirken beschäftigte und in gewisser Weise die Überlieferung Solons fortsetzte. Die Späteren machten diese »Weisheit« zu Verstandesspielereien; aus den praktischen Lehren wurden lediglich spitzfindige Redekünste mit kniffliger Beweisführung, brauchbar für Advokaten, weshalb sie dann auch Sophisten genannt wurden. Themistokles blieb noch Schüler des Mnesiphilos, als er bereits im Staat eine Rolle spielte.

In der Gärung seiner Jugendjahre zeigte Themistokles ein schwankendes und oft unberechenbares Wesen. Er war hitzig, unüberlegt, überließ sich ganz den Antrieben seiner ungezügelten Natur, fiel aus einem Extrem ins andere und geriet dabei nicht selten auf schlimme Abwege. Das gab er später auch selbst zu, als er sagte, die wildesten Füllen würden noch die besten Pferde, wenn man sie nur gehörig bändige und abrichte. Die Erzählungen aber, die manche noch zu berichten wissen, daß sein Vater ihn enterbt und seine Mutter aus Betrübnis über die schändliche Aufführung ihres Sohnes sich das Leben genommen habe, sind ohne Zweifel erdichtet. Im Gegenteil versichern andere, sein Vater habe ihn, um ihn von der Beschäftigung mit der Politik abzubringen, an den Strand geführt und ihm dort die alten verlassenen und dem Verfall preisgegebenen Galeeren gezeigt mit dem Bemerken, daß das Volk es genau ebenso mache mit Staatsmännern, die sich seinem Dienst widmen.

Bald jedoch schien die Politik ihn gänzlich in Bann geschlagen zu haben, die seinem ungestümen Tatendrang das beste Betätigungsfeld bot. Von vornherein strebte er danach, an die Spitze zu gelangen. Dazu begann er mit jugendlichem Draufgängertum, sich gerade die angesehensten und mächtigsten Persönlichkeiten zu Feinden zu machen. Besonders Aristides wurde sein heftigster Gegner. Doch scheint der Grund zu dieser Feindschaft aus der Jugendzeit zu stammen, da, wie der Philosoph Ariston berichtet, beide für den schönen Stesileos von Kejos in Leidenschaft entbrannt waren. Später übertrug sich der Gegensatz auf die Politik, aber der tiefere Grund lag wohl in der Verschiedenheit ihres Wesens und ihrer Anschauungen. Aristides war ein grundehrlicher und maßvoller Mann; er griff in die öffentlichen Angelegenheiten nicht um des Ruhms und der Volksgunst willen ein, sondern war treu und gewissenhaft nur auf das Wohl des Staates und die Erhaltung des Bestehenden bedacht. Daher sah er sich oft genötigt, dem draufgängerischen Themistokles, der das Volk zu gewagten Unternehmungen und umwälzenden Neuerungen verleitete, entgegenzutreten und dessen wachsenden Einfluß beizeiten einzudämmen.

So groß waren, wie berichtet wird, Ehrgeiz und Tatendrang des damals noch jungen Themistokles, daß er nach dem Sieg bei Marathon über die Perser, der Miltiades, den Oberbefehlshaber, zum berühmtesten Mann des Tages machte, immer tief in Gedanken versunken umherging, die Gesellschaft der Freunde mied und auf ihre verwunderten Fragen nach dem

Grund seines veränderten Benehmens die Antwort gab, das Siegeszeichen des Miltiades ließe ihn nicht schlafen. Allgemein war man damals der Überzeugung, daß die Niederlage der Perser bei Marathon auch das Ende des Krieges bedeutete. Nur Themistokles blickte weiter in die Zukunft und sah in jener Schlacht nur das Vorspiel weit größerer Kämpfe, auf die sich Athen zur Verteidigung ganz Griechenlands beizeiten vorbereiten müßte.

Sein erster Schritt nun war, daß er allein wagte, in der Volksversammlung den Vorschlag zu machen, die Einkünfte aus den Silberbergwerken des Laurion nicht mehr, wie bisher, unter die Bürger zu verteilen, sondern sie zum Bau von Schiffen zu verwenden, und zwar für den Krieg gegen die Aegineter. Athen lag nämlich damals in einem erbitterten Kampf gegen diese, die dank ihrer Flotte die Herrschaft zur See zu behaupten vermochten. Mit dieser kleinen List fiel es Themistokles nicht schwer, seinen Vorschlag den Athenern annehmbar zu machen, da er ihnen nicht mit Darins und den Persern drohte – denn diese waren weit weg und man besorgte keinen neuen Angriff von jener Seite –, sondern sich im rechten Augenblick des Hasses und der Eifersucht seiner Mitbürger gegen die Aegineter bediente, um die notwendigen Rüstungen gegen die Perser zustande zu bringen. So wurden von jenen Geldern hundert Schiffe erbaut, die man später im Kampf gegen Xerxes verwendete.

Auf diese Weise suchte er unterderhand den Blick der Athener dauernd auf die See zu richten, in der Erwägung, daß Athen zu Lande nicht einmal seinen Nachbarn gewachsen war, als starke Seemacht dagegen nicht nur die Vorstöße der Perser zurückzuweisen, sondern auch die Herrschaft über Griechenland gewinnen konnte. Wie Pluto sagt, machte er aus tapferen Landsoldaten Matrosen und Seeleute und zog sich dadurch den Vorwurf zu, er habe seinen Mitbürgern Schild und Speer aus den Händen gewunden und sie an die

Themistokles
Rom, Vatikan

Ruderbank gefesselt. Bei jenem Vorschlag fand er an Miltiades einen heftigen Gegner, setzte ihn aber dennoch durch, wie es Stesimbrotos erzählt. Ob er dadurch der Eigenart und der bewährten Tradition des Staates Abbruch tat, muß einer genaueren Untersuchung vorbehalten bleiben. Daß aber die Griechen ihre Rettung dem Meer zu verdanken hatten und jene Schiffe Athens Macht wieder aufrichteten, dafür ist Xerxes selbst Zeuge. Denn nach der Niederlage seiner Flotte bei Salamis gab Xerxes seine Sache verloren und trat den Rückzug an, obgleich seine Landmacht noch völlig intakt war. Mardonius hat er, wie mir scheint, nur in der Absicht zurückgelassen, die Griechen an der Verfolgung zu hindern, nicht aber, um sie ernstlich anzugreifen.

Viele behaupten, Themistokles sei sehr auf Gelderwerb bedacht gewesen, da er freigebig war, gern prächtige Opferschmäuse veranstaltete, seine Freunde üppig bewirtete und großen Aufwand trieb, was alles viel Mittel beanspruchte. Andere wieder nennen ihn einen Geizkragen und Pfennigfuchser, der die Knickrigkeit so weit trieb, sogar seinen Anteil am Opfermahl, den man ihm ins Haus schickte, zu verkaufen. Als der Pferdehändler Philides ihm ein Füllen, das er verlangte, nicht geben wollte, drohte er, er werde dessen Haus binnen kurzem »zum hölzernen Pferde machen«, was bedeuten sollte, daß er dem Mann Familienzwiste und Verwandtenprozesse auf den Hals hetzen werde.

Überaus groß war sein Geltungsbedürfnis. So lebte damals in Athen der Zitherspieler Epikles, der ob seiner Kunst eine Berühmtheit war. Themistokles, zu jener Zeit noch jung und unbekannt, ruhte nicht eher, bis er, um Aufsehen zu erregen, Epikles bewogen hatte, in seinem Haus vor den Gästen zu spielen. Auch bei den Olympischen Spielen fand er sich ein und suchte Kimon an Üppigkeit der Tafel, Ausstattung des Zeltes wie Pracht und Glanz des Auftretens zu übertrumpfen. Aber bei den Griechen hatte er damit kein Glück. Kimon, meinten sie, konnte man ein solches Auftreten zugute halten, da er ein junger Mann aus vornehmem und reichem Hause war. Der andere aber war von niedriger Herkunft, ohne Namen oder Verdienst, der sich nur aufspielen und protzen wollte, und von dem man nicht einmal wußte, woher eigentlich das Geld stammte, das er mit vollen Händen um sich warf.

Bei alledem aber war er beim einfachen Volk sehr beliebt. Er wußte jeden ohne Zögern beim Namen zu nennen und zeigte sich bei Streitfällen als unparteiischer Richter, der sich streng ans Gesetz hielt. Als Feldherr fertigte er einmal Simonides von Keos, der von ihm etwas Unbilliges verlangte, mit den Worten ab: Sowenig du ein guter Dichter wärest, wenn du gegen das Versmaß verstießest, sowenig wäre ich ein guter Führer, wenn ich dir dem Gesetz zuwider einen Gefallen tun wollte. Allmählich wurde sein Einfluß größer, und er hatte schließlich einen so starken Rückhalt im Volk, daß er es wagen konnte, gegen Aristides vorzugehen und ihn durch das Scherbengericht in die Verbannung zu schicken.

Als nun die Perser anrückten und die Athener über die Wahl eines Feldherrn berieten, sollen sich alle aus Scheu vor der allzu großen Verantwortung geweigert haben, das Amt zu übernehmen. Nur Epikydes, ein großer Redner von beträchtlichem Einfluß, aber feige und bestechlich, bewarb sich um das Kommando und hatte alle Aussicht, die meisten Stimmen zu bekommen. Themistokles befürchtete, daß bei einer Wahl des Epikydes die Sache der Griechen verloren wäre, und es gelang ihm, dessen Bewerbung durch Geld abzukaufen.

Gerühmt wird auch sein Verfahren gegen den Dolmetscher, der als Sprecher der Gesandten des Perserkönigs Erde und Wasser (das Zeichen der Unterwerfung) von den Athenern forderte. Er ließ ihn auf Grund eines Volksbeschlusses verhaften und hinrichten, weil er sich erdreistet hatte, die griechische Sprache durch Übermittlung der Botschaft eines Barbaren zu mißbrauchen. Nicht weniger Beifall fand die Bestrafung des

Arthmios von Zela, der auf Themistokles' Vorschlag mit allen Kindern und Nachkommen geächtet wurde, weil er persisches Gold nach Griechenland eingeführt hatte. Themistokles' größtes Verdienst aber war, daß er die Zwistigkeiten unter den Griechen beilegte, die Staaten miteinander versöhnte und sie bestimmte, ihre Feindschaften angesichts der äußeren Gefahr ruhen zu lassen.

Nach seiner Ernennung zum Feldherrn versuchte er, die Athener zu bestimmen, die Stadt zu verlassen, an Bord der Schiffe zu gehen und möglichst fern von der griechischen Küste den Persern auf hoher See entgegenzutreten. Aber das Volk widersetzte sich zunächst diesem Vorschlag. Daher rückte er im Verein mit den Spartanern mit einem ansehnlichen Landheer nordwärts zum Tempetal, um Thessalien zu decken, das damals noch nicht auf persischer Seite zu stehen schien. Als dann dieses Heer unverrichteter Sache umkehren mußte und mit dem nunmehr offenen Abfall Thessaliens das ganze Land bis Böotien auf seiten der Perser stand, zeigten sich die Athener eher dem Vorschlag des Themistokles geneigt, die Entscheidung zur See zu suchen, und schickten ihn mit einer Flotte nach Artemision (an der Nordküste von Euböa), um die Meerenge zu halten. Die dort vereinigten Griechen verlangten nun, daß Eurybiades und die Spartaner das Oberkommando führen sollten. Die Athener hingegen weigerten sich, von anderen Befehle anzunehmen, weil sie allein mehr Schiffe hätten als die übrigen zusammengenommen. Themistokles, die schlimmen Folgen dieses Zwistes erkennend, überließ Eurybiades freiwillig den Oberbefehl und beruhigte die Athener durch den Hinweis, wenn sie sich in diesem Kampf bewährten, wollte er es schon dahin bringen, daß die Griechen sich ihm freiwillig unterordneten. So verdankte offenkundig Griechenland dem Führer Themistokles seine Rettung, Athen aber den zweifachen Ruhm, die Feinde durch Tapferkeit, die Bundesgenossen aber durch Nachgiebigkeit überwunden zu haben.

Als nun die persische Flotte bei Aphetai vor Anker ging, geriet der griechische Befehlshaber Eurybiades über die große Zahl der ihm gegenüberliegenden Schiffe in Bestürzung, um so mehr, als gemeldet wurde, daß noch weitere zweihundert feindliche Schiffe, jenseits von Skiathos herumfahrend, die Griechen zu umgehen drohten. Er wollte unverzüglich an die Küsten des Peloponnes zurückkehren und die Landmacht zur Unterstützung der Flotte heranziehen, da er die Seemacht des Großkönigs für unüberwindlich hielt. Die Euböer befürchteten, dadurch von den Griechen völlig im Stich gelassen zu werden, und schickten insgeheim Pelagon mit einer großen Geldsumme an Themislokles, um mit ihm Verhandlungen anzuknüpfen. Themistokles nahm das Geld, wie Herodot sagt, und gab es Eurybiades. Unter den Athenern machte ihm Architeles, der Kommandant des heiligen Schiffes, die meisten Schwierigkeiten. Da er seiner Mannschaft den Sold nicht mehr bezahlen konnte, wollte er unverzüglich wieder nach Hause fahren. Themistokles hetzte die Matrosen noch mehr gegen ihn auf, so daß sie sich zusammenrotteten und ihm das Abendessen wegnahmen. Architeles war darüber natürlich sehr ärgerlich und betreten; Themistokles aber schickte ihm in einer Kiste ein Abendessen von Brot und Fleisch und verbarg darunter ein Talent Silber mit der Aufforderung, er solle für diesen Abend seine Mahlzeit halten und am folgenden Morgen für seine Mannschaft sorgen, andernfalls würde er ihn öffentlich beschuldigen, vom Feind Geld empfangen zu haben.

Die verschiedenen Gefechte gegen die Perser in der Meerenge von Artemision brachten zwar keine volle Entscheidung. Aber sie waren für die Griechen sehr nützlich und belehrten sie durch praktische Erfahrung und kühne Tat, daß nicht die Menge der Schiffe noch die stolzen Verzierungen an den Schiffsschnäbeln, nicht das prahlerische Geschrei und die Gesänge der Perser auf beherzte und wagemutige Männer Eindruck zu machen vermögen, wenn sie nur draufzugehen verstehen und mit dem Schwert in der Hand dem Feind zu Leibe rücken. Das hat auch wohl Pindar erkannt, wenn er über die Schlacht bei Artemision sagt: Hier legten die Söhne Athens den leuchtenden Grund zur Freiheit. – Denn in der Tat ist kühner Mut der erste Schritt zum Sieg.

Artemision heißt die Küste von Euböa, die sich über die Stadt Hestiäa gegen Norden hin erstreckt. Gerade gegenüber liegt das ehemals zum Reich des Philoktetes gehörige Gebiet von Olizon. Oberhalb der Küste erhebt sich ein kleiner Tempel der Artemis, mit dem Beinamen Proseoa (die nach Osten Blickende), umgeben von Bäumen, und eine Reihe von Säulen aus einem weißen Stein, der, wenn man ihn in der Hand reibt, sowohl Farbe wie Geruch des Safrans annimmt. Auf einer der Säulen steht die Inschrift:

Über die zahlreichen Scharen des asischen Landes
gewannen
Einst die Kinder Athens einen herrlichen Sieg.
Hier in diesen Gewässern zerstörten sie Persiens Flotte;
Dankbar weihten sie dir, Artemis, dieses Denkmal.

An der Küste zeigt man noch heute inmitten der Sanddünen eine Stelle, wo man in der Tiefe schwarzen, aschenartigen Staub, wie von Verbrennungsresten herrührend, findet, und man glaubt, daß hier die Toten auf den Schiffstrümmern verbrannt worden sind.

Als aber die Nachricht vom Unglück bei Thermopylä eintraf und bekannt wurde, daß Leonidas gefallen war, Xerxes aber den Paß besetzt hatte und damit den Zugang nach Griechenland beherrschte, wich die Flotte der Verbündeten nach Süden aus, wobei die Athener, die sich am meisten ausgezeichnet hatten, als letzte den Rückzug deckten. Themistokles fuhr längs der Küsten hin, und überall da, wo der Feind geeignete Stellen zum Ankern und Wassernehmen finden konnte, ließ er an

Felswänden oder ausgerichteten Steinen weithin sichtbare Inschriften anbringen. Durch diese ermahnte er die Ionier, noch jetzt, wenn irgend möglich, zu den Griechen, ihren Stammvätern und den Vorkämpfern ihrer Freiheit, zurückzukehren, oder wenigstens sollten sie den barbarischen Eindringling auf jede Weise zu schädigen oder in seinen Reihen Verwirrung zu stiften suchen. Er hoffte damit, entweder die Ionier zum Abfall zu bestimmen oder zumindest bei den Persern Mißtrauen und damit Unsicherheit zu erwecken.

Inzwischen rückte Xerxes vom Gebirge her durch Doris in Phokis ein und verheerte unterwegs alle Städte mit Feuer und Schwert, ohne daß die Griechen auch nur einen Finger zur Gegenwehr rührten. Die Athener baten verzweifelt, zur Deckung von Attika dem Feind nach Böotien entgegenzurücken, so wie sie selbst mit ihrer Flotte bis nach Artemision vorgestoßen wären. Die Bundesgenossen aber dachten nur an die Sicherheit des Peloponnes, wollten ihre gesamten Streitkräfte jenseits des Isthmus zusammenziehen und begannen bereits, die Landenge durch Verschanzungen zu sperren. Über diesen Verrat waren die Athener aufs äußerste erbittert, aber zugleich ergriff sie Mutlosigkeit und Verzagen, da sie sich von allen im Stich gelassen sahen. Sie konnten nicht daran denken, allein der gewaltigen Übermacht der Perser entgegenzutreten; aber auch das einzige noch bleibende Rettungsmittel, die Stadt zu räumen und sich den Schiffen anzuvertrauen, lehnten die meisten mit Unwillen ab, denn an einem Sieg lag ihnen nichts, und sie wollten keine Rettung, die sie mit der Preisgabe der Göttertempel und der Grabstätten ihren Ahnen erkaufen mußten.

Themistokles gab es auf, die Menge durch Vernunftgründe zu überzeugen; wie die Dichter in den Tragödien, setzte er nun die Götter in Bewegung und nahm seine Zuflucht zu Vorbedeutungen und Orakelsprüchen. So deutete er es als böses Vorzeichen, daß in eben jenen Tagen die heilige Schlange aus dem Tempel der Athene verschwunden war. Die Priester fanden die Speise, die sie ihr täglich vorsetzten, unberührt und verkündeten nun auf den Rat des Themistokles der Menge, die Göttin habe die Stadt verlassen, um den Athenern den Weg zum Meer zu weisen. Auch den alten Orakelspruch brachte Themistokles wieder in Erinnerung und erklärte, unter den »hölzernen Mauern« wären nichts anderes als die Schiffe zu verstehen. Und Apollo hätte die Insel Salamis »göttlich« und nicht etwa »elend« oder »unglücklich« genannt, weil ein großes und glückliches Ereignis von ihr den Namen erhalten würde. Endlich drang er mit seiner Meinung durch und stellte nun den Antrag in der Volksversammlung: Die Stadt solle der Obhut der Schutzgöttin Athene anvertraut werden; alle streitbare Mannschaft solle sich auf die Schiffe begeben, und die Frauen, Kinder und Sklaven solle jeder, so gut er könne, in Sicherheit bringen. Dieser Antrag wurde zum Beschluß erhoben, und die Athener brachten nun ihre Angehörigen nach Troizen, wo sie herzliche Aufnahme fanden. Die Troizenier beschlossen, die Flüchtlinge auf öffentliche Kosten zu unterhalten, und bestimmten für jeden täglich zwei Obolen. Überdies erlaubten sie den Kindern, sich überall Früchte zu pflükken, und sorgten auch für deren Unterricht.

Aristoteles erzählt, der Areopag habe, da der athenische Staatsschatz damals leer war, jedem Soldaten acht Drachmen überweisen lassen und dadurch in erster Linie dazu beigetragen, daß die Kriegsschiffe vollzählig bemannt wurden. Kleidemos aber schreibt auch diesen Erfolg einer List des Themistokles zu. Als die Athener, sagt er, nach Piräus aufbrachen, vermißte man den Medusenkopf an der Bildsäule der Athene. Da habe Themistokles so getan, als ob er danach suche, und beim Umherstöbern unter altem Gerümpel eine große Geldsumme gefunden. Diese wurde dann unter die Mannschaft der Schiffe verteilt, und so bekam jeder die nötige Zehrung.

Der Anblick nun, wie fast eine ganze Stadt auf das Meer hinausfuhr, erregte bei vielen Mitleid, bei vielen aber auch Bewunderung über den unerschrockenen Mut der Athener, die erst ihre Familien in Sicherheit brachten und dann, ohne sich von den Klagen und Tränen der Ihrigen rühren zu lassen, zur Insel Salamis übersetzten. Mit Trauern gedachte man auch der Bürger, die ihres hohen Alters wegen in der Stadt zurückgelassen werden mußten. Nicht geringere Rührung verursachten die zahmen Haustiere, die heulend und winselnd bis an die Schiffe neben ihren Herren herliefen. Unter anderem erzählt man, daß der Hund des Tanthippos, Vaters des Perikles, seinen Herrn durchaus nicht habe verlassen wollen, sondern ins Meer gesprungen, neben dem Schiff hergeschwommen und, nachdem er die Insel Salamis erreicht hatte, vor Entkräftung eingegangen sei. Man zeigt dort noch heute einen Ort, Kynos Sema genannt, wo das Grabmal dieses Hundes gewesen sein soll.

Unter den großen und rühmlichen Taten des Themistokles ist auch noch diese zu nennen: Als er bemerkte, daß die Athener Aristides, der durch seine Kabalen kurz vor dem Krieg vom Scherbengericht verbannt worden war, gern zurück gehabt hätten und besorgten, er möchte sich aus Erbitterung mit dem Feind verbinden und der Sache Griechenlands Abbruch tun, setzte er den Volksbeschluß durch, daß es allen noch bestimmte Zeit Verbannten freistehen sollte, zurückzukehren und mit den übrigen Bürgern durch Wort und Tat für die Sache des Vaterlandes einzutreten.

Eurybiades, der infolge Spartas Vorrang das Kommando über die gesamte Flotte führte, verlor bei Annäherung des Feindes den Mut und wollte sich zum Isthmus zurückziehen, wo die peloponnesische Landmacht versammelt war. Themistokles widersetzte sich dem mit allen Kräften, und bei dieser Gelegenheit sollen jene denkwürdigen Worte gewechselt worden sein: Du weißt, Themistokles, sagte Eurybiades, bei Wettkämpfen wird der bestraft, der vor dem Startzeichen über die Grenzlinie tritt. Darauf antwortete Themistokles: Gewiß, aber man krönt auch den nicht, der zurückbleibt. Da hob Eurybiades im Zorn den Stock, um Themistokles zu schlagen. – Schlag zu, rief Themistokles, aber höre mich dann auch an. Erstaunt über die kaltblütige Ruhe, hieß ihn Eurybiades reden, und Themistokles fuhr fort, seine Ansicht darzulegen. Als bei dieser Unterredung sich ein Dritter einmischte und sagte, ein Mann ohne Vaterland habe kein Recht, denen, die noch ein Vaterland besäßen, zum Verlassen und zur Preisgabe ihrer Heimat zu raten, antwortete ihm Themistokles: Freilich, du Nichtswürdiger, wir haben Haus und Hof verlassen, weil wir nicht um lebloser Dinge willen Sklaven werden wollten. Aber wir besitzen noch ein Vaterland, mächtiger als alle Städte Griechenlands, nämlich diese zweihundert Schiffe, die euch beizustehen bereit sind, wenn ihr die Rettung wollt. Wenn ihr uns aber zum zweitenmal verräterischerweise im Stich laßt, so soll mancher Grieche bald erfahren, daß die Athener sich eine freie Stadt und ein Land, das dem verlorenen nicht nachsteht, verschafft haben. – Diese versteckte Drohung machte Eurybiades nachdenklich, und er besorgte, daß die Athener die Bundesgenossen im Stich lassen und gänzlich abziehen würden. Als sich auch ein Eretrier einmischte und sich gegen Themistokles wandte, sagte dieser: Ja, euch kommt es zu, über den Krieg zu reden, die ihr wie die Tintenfische zwar ein Schwert, aber kein Herz habt.

Während Themistokles auf dem Verdeck des Schiffes noch seine Meinung sagte, soll, so heißt es, eine Eule von der rechten Seite her angeflogen gekommen sein und sich im Tauwerk niedergelassen haben. Das soll den Ausschlag bei allen Griechen gegeben haben, die nun entschlossen waren, die Schlacht zu wagen, und nun sofort alle nötigen Vorbereitungen trafen. Doch als die feindliche Flotte an der attischen Küste auf der Höhe von Phalerom erschien und ihre Zahl alle umliegenden Gestade bedeckte, zugleich aber der Großkönig mit der Landarmee zur Uferebene herabzog und die ungeheure Streitmacht der Perser sich allen Augen offenbarte, da vergaßen die Griechen über diesem Anblick alle Gründe und Vorstellungen des Themistokles. Wieder sahen sich die Peloponnesier zur Landenge um und wandten sich unwillig gegen jeden, der zum Abstandhalten riet. Man beschloß auch, in der folgenden Nacht abzufahren, und gab den Schiffskommandanten die nötigen Befehle.

Themistokles konnte es auf keinen Fall zulassen, daß die Griechen ihre vorteilhafte Stellung auf dem schmalen Raum der Meerenge aufgaben und sich zur Rettung ihrer Städte in alle Winde zerstreuten. Um das zu verhindern, griff er zu einer List und bediente sich dazu eines gewissen Sikinnos, eines alten persischen Kriegsgefangenen, der ihm sehr ergeben und der Hofmeister seiner Kinder war. Diesen schickte er insgeheim zu Xerxes und ließ ihm sagen, Themistokles, der Feldherr der Athener, habe sich der Partei des Perserkönigs angeschlossen und gäbe ihm fürs erste die Nachricht, daß die Griechen im Begriff wären, die Flucht zu ergreifen; er rate ihm also, sie nicht entwischen zu lassen, sondern sie eben jetzt, da sie wegen der Trennung von ihrem Landheer schwach waren, anzugreifen und ihre gesamte Seemacht zu vernichten. Xerxes nahm diesen Rat, der ehrlich gemeint schien, mit Freuden an und gab sogleich den Kommandanten der Flotte Befehl, sämtliche Schiffe in aller Stille gefechtsbereit zu machen, zweihundert aber sofort vorzuschicken, mit ihnen die Durchfahrt auf allen Seiten zu sperren und die Inseln zu blockieren, damit kein Feind entkommen könnte.

Aristides bemerkte zuerst, was vorging. Er eilte zum Zelt des Themistokles, obgleich er gewiß nicht sein Freund, sondern, wie bereits erwähnt, durch ihn verbannt worden war, und meldete ihm, daß sie von den Persern eingeschlossen würden. Da Themistokles von der Ehrenhaftigkeit des Mannes völlig überzeugt und über dessen Erscheinen sehr erfreut war, verriet er ihm die List mit Sikinnos und bat ihn, den Griechen, bei denen Aristides mehr Vertrauen genoß als er selbst, mit zuzureden und sie zu ermuntern, den Kampf in der Meerenge anzunehmen. Aristides billigte das Verfahren des Themistokles und ging sogleich zu den übrigen Befehlshabern, um ihnen zur Schlacht Mut zu machen. Aber diese bezweifelten noch immer die Nachricht, bis endlich ein tenisches Schiff unter dem Kommando des Panaitios, das zu ihnen überging, die von Xerxes eingeleitete Einkreisungsbewegung bestätigte. Nun erkannten die Griechen, daß ihnen kein Ausweg blieb, und bereiteten sich mit dem Mut der Verzweiflung zum Kampf vor.

Mit Anbruch des Tages nahm Xerxes, um die Flotte und Schlachtordnung überschauen zu können, seinen Standort oberhalb des Herakles-Tempels, da, wo die attische Küste von der Insel Salamis durch einen schmalen Meeresarm getrennt ist. Dort ließ er sich auf einem goldenen Thron nieder, umgeben von zahlreichen Sekretären, die den ganzen Verlauf der Schlacht aufzeichnen sollten.

Themistokles war eben auf dem Admiralsschiff mit dem Opfer beschäftigt, als drei Gefangene von sehr schöner Gestalt, mit Gold und prächtigen Kleidern geschmückt, zu ihm geführt wurden. Es hieß, sie seien die Söhne Sandaukes, einer Schwester des Königs. Als der Priester Euphrantides ihrer ansichtig wurde, schlug aus dem Opferfeuer eine helle Flamme empor, und zugleich nieste jemand zur rechten Seite; er faßte daher Themistokles bei der Hand und hieß ihn, diese Jünglinge dem Dionysos Omestes unter Gebeten zum Opfer zu bringen, denn nur so würde den Griechen Rettung und Sieg zuteil werden. Themistokles war über diese Weissagung nicht wenig betroffen; allein das Volk, das immer in großen Gefahren und mißlicher Lage mehr von abergläubischen als vernünftigen Mitteln Hilfe erwartet, rief mit vereinigter Stimme jenen Gott an, führte die Gefangenen zum Altar und zwang Themistokles, das Opfer nach Weisung des Wahrsagers zu vollziehen. So berichtet der Lesbier Phanias, ein in der Geschichte sehr bewanderter Philosoph.

Über die Zahl der persischen Schiffe gibt der Dichter Aeschylos einigermaßen überraschend genaue Angaben. In seiner Tragödie »Die Perser« heißt es:

> Dagegen dienten dort dem Xerxes tausend Schiffe –
> Ich weiß es ganz gewiß – und noch zweihundertsieben
> Von größter Schnelligkeit. Das ist die wahre Zahl.

Athen hatte hundertachtzig Schiffe; jedes führte achtzehn Mann, die vom Verdeck aus kämpften, vier Bogenschützen, die übrigen Schwerbewaffnete.

Themistokles scheint den Zeitpunkt nicht weniger klug als den Ort der Schlacht gewählt zu haben. Er ließ nämlich seine Galeeren nicht eher gegen den Feind vorgehen, bis zur gewohnten Stunde eine frische Brise von offener See her die Wellen zur Meerenge trieb. Dieser Wind brachte den flachen und niedrigen Schiffen der Griechen keinen Nachteil; die feindlichen hingegen, die wegen ihres hohen Aufbaus schwer zu steuern waren, wurden von den Stößen des Windes seitlich gedreht, so daß sie ihre Flanken den Griechen darboten, die mit voller Wucht angriffen und in allem auf Themistokles, als den erfahrensten und gewandtesten der Führer, hörten. Gegen ihn wandte sich Ariamenes, der Admiral des Xerxes, ein tapferer Mann, der beste und befähigtste unter den Brüdern des Königs, von seinem riesigen Schiff wie von einer Festungsmauer Pfeile und Wurfspieße schleudernd. Aber Ameinias von Dekeleia und Sosikles von Pedieia, die auf dem gleichen Schiff befehligten, rannten mit solcher Gewalt gegen ihn los, daß sich beide Schiffe mit den eisernen Schnäbeln fest verhakten. Ariamenes sprang darauf auf das feindliche Verdeck, wurde aber nach erbittertem Kampf ins Meer gestürzt. Königin Artemisia entdeckte seinen treibenden Leichnam zwischen den Schiffstrümmern und brachte ihn zu Xerxes.

Während der Schlacht leuchtete, wie es heißt, ein helles Licht von Eleusis herüber; auch ließ sich in der thriasischen Ebene bis ans Meer hin lautes Geschrei und Jauchzen hören, wie wenn eine große Menschenmenge den mystischen Jakchoszug feiere. Aus den Jubelnden soll auch eine Wolke aufgestiegen sein, die zum Meer hin zog und sich über die Schiffe niederließ. Andere glaubten auch, Erscheinungen und Gestalten bewaffneter Männer zu sehen, die von der Insel Aegina her die Hände nach den Kriegsschiffen der Griechen ausstreckten; man vermutete, daß dies die Änakiden wären, die man vor der Schlacht um Hilfe gebeten hatte.

Als erster eroberte der Athener Lykomedes, Kommandant einer Galeere, ein feindliches Schiff. Die anderen schlugen sich weiter mit den Persern herum, die im engen Raum der Meerenge ihre Macht nicht voll zur Entfaltung bringen und immer nur Teile ihrer Flotte einsetzen konnten. Gegen Abend dann hatten die Griechen die Oberhand gewonnen, brachten die Perser zum Weichen und erfochten damit, wie Simonides sagt, jenen glänzenden, vielgepriesenen Sieg bei Salamis, eine Tat zur See, wie sie herrlicher nie von Persern oder Griechen vollführt wurde, und zwar dank ihrer Einigkeit und Tapferkeit, dank aber auch der genialen Führung des Themistokles.

Nach der Schlacht versuchte der über die Niederlage ergrimmte Xerxes durch rasch aufgeworfene Dämme sein Landheer nach Salamis überzusetzen, um den Griechen den Weg durch die Meerenge zu versperren. Indes machte Themistokles, um Aristides auf die Probe zu stellen, zum Schein den Vorschlag, man sollte schleunigst zum Hellespont segeln und dort die von den Persern geschlagene Schiffsbrücke zerstören, um, wie er sagte, Asien in Europa gefangenzunehmen. Aristides aber wandte sich entschieden dagegen und erklärte: Bisher haben wir es nur mit einem Gegner zu tun gehabt, der durch Üppigkeit verweichlicht ist. Wenn wir aber diesen Mann, dem noch eine gewaltige Macht zu Gebote steht, in Griechenland einschließen und ihn so zum Äußersten treiben, so wird er sich nicht mehr unter einen goldenen Sonnenschirm setzen, um dem Schlachtgetümmel gemächlich zuzuschauen. Er wird vielmehr alles wagen, in der Gefahr überall sein, die begangenen Fehler wieder gutmachen und, da für ihn alles auf dem Spiel steht, das Letzte wagen. Anstatt also, mein lieber Themistokles, die vorhandene Brücke abzubrechen, müssen wir womöglich noch eine dazu erbauen und den Mann je eher, je lieber aus Europa hinaustreiben. – Nun gut, versetzte Themistokles, wenn man deinen Vorschlag für ratsamer hält, müssen wir sogleich überlegen, wie wir den Mann am schnellsten dahin bringen, Griechenland zu verlassen. Als der Vorschlag des Aristides angenommen war, schickte Themistokles einen Eunuchen des Großkönigs, der sich unter den Gefangenen befand, an Xerxes und ließ ihm sagen, die Griechen hätten nach der gewonnenen Seeschlacht beschlossen, zum Hellespont zu segeln und die dortige Brücke abzubrechen; Themistokles rate ihm also aus Sorge für sein Wohl, schleunigst nach Asien überzusetzen; er wolle indes die Verbündeten durch allerhand Vorwände von der Verfolgung abzuhalten versuchen. Über diese Nachricht war der König äußerst bestürzt und trat mit größter Eile den Rückzug an. Wie richtig Themistokles und Aristides gehandelt hatten, zeigte sich nachher in der Schlacht bei Platää gegen Mardonius, bei der die Griechen nur einen Teil der persischen Streitkräfte sich gegenüber hatten und trotzdem um Sein oder Nichtsein kämpfen mußten.

Unter den griechischen Städten soll sich nach dem Zeugnis Herodots Ägina bei dieser Gelegenheit am meisten ausgezeichnet haben; das Hauptverdienst aber erkannten alle Griechen Themistokles zu, wiewohl ihrer Eifersucht auf seinen Ruhm diese Anerkenntnis schwerfiel. Als nämlich die Flotte zum Isthmus zurückgekehrt war und die Führer am Altar des Poseidon über die Verdienste in der Schlacht feierlich abstimmen sollten, erklärte sich jeder selbst als den ersten der Tapfersten, als zweiten aber bezeichneten sie einstimmig Themistokles. Die Spartaner luden ihn sogar nach ihrer Hauptstadt ein, und dort überreichten sie Eurybiades als Preis für Tapferkeit, Themistokles aber als Preis für Feldherrnbegabung den Olivenkranz. Überdies machten sie ihm den schönsten Wagen zum Geschenk, der in der Stadt zu finden war, und gaben ihm bis zur Grenze ein Geleit von dreihundert Jünglingen. Als ferner bei den nächsten Olympischen Spielen, so erzählt man, Themistokles im Stadion erschien, wurde er mit Zurufen und Händeklatschen begrüßt, man zeigte ihn den Fremden, und den ganzen Tag über blieb er im Mittelpunkt der Aufmerksamkeit. Er selbst soll freudig erregt zu seinen Freunden gesagt haben, nun ernte er den Lohn für alle seine Mühen um Griechenland.

Gewiß besaß Themistokles ein gehöriges Maß von Eitelkeit, wenn man den vielen über ihn umlaufenden Anekdoten Glauben schenken darf. Als er von Athen zum Flottenbefehlshaber ernannt worden war, erledigte er seine privaten und amtlichen Angelegenheiten nicht etwa laufend weiter, sondern verschob sie sämtlich auf den Tag der Abfahrt, damit man ihn angesichts des Übermaßes von Geschäften und der vielen sich zu ihm Drängenden als mächtigen und einflußreichen Mann bewundern sollte.

Als er nach einem Gefecht die ans Ufer geschwemmten Leichen der Gefallenen betrachtete, machte er den ihn begleitenden Freund auf die goldenen Spangen und Ketten aufmerksam und sagte: Nimm das für dich, denn du bist ja kein Themistokles.

Zu einem gewissen Antiphates, der vormals sehr schön gewesen war und sich gegen ihn spröde gezeigt hatte, nun aber sich eifrig um die Gunst des mächtig gewordenen Mannes bewarb, sagte er: Mein guter Junge, etwas spät freilich, aber schließlich sind wir doch beide zur Vernunft gekommen.

Auch beklagte er sich, daß die Athener ihn nicht genug ehrten und bewunderten, sondern es mit ihm machten wie mit einem Platanenbaum: bei Unwetter sucht man unter ihm Schutz, bei Sonnenschein aber beraubt man ihn der Blätter und Blüten.

Einem Seriphier, der ihm vorhielt, er habe seinen Ruhm nicht sich selbst, sondern seiner Vaterstadt zu verdanken, gab er zur Antwort: Du hast ganz recht, aber so wenig ich berühmt sein würde, wenn ich ein Seriphier wäre, so wenig würdest du es sein, wenn du Athener wärst.

Als ein Kollege im Kommando, der große Verdienste um den Staat zu haben glaubte, sich Themistokles gegenüber aufspielte und seine Taten mit denen des Themistokles gleichsetzte, erzählte ihm dieser ein Gleichnis: »Mit dem Festtag fing einst der nachfolgende Tag Streit an und warf ihm vor, er selbst wäre immer erfüllt von Mühen und Beschwerden, während an ihm, dem Festtag, jedermann das Vorbereitete in Behagen und Freude genießen könne. Darauf antwortete der Festtag: Richtig, aber wenn ich nicht gewesen wäre, so würdest du auch nicht sein. Und wenn ich – setzte Themistokles hinzu – damals nicht gewesen wäre, wo würdet ihr heute sein?

Von seinem Sohn, der seine Mutter und durch sie auch Themistokles gern tyrannisierte, sagte er scherzhaft, sein Sohn sei der Mächtigste aller Griechen; denn die Athener hätten über die Griechen, er über die Athener, über ihn seine Frau und über diese sein Sohn zu gebieten.

Als sich zwei Athener gleichzeitig um die Hand seiner Tochter bewarben, zog er den Tüchtigen dem Wohlhabenden vor und sagte, er suche mehr einen Mann, der des Geldes, als Geld, das eines Mannes bedürfe. So etwa waren die Reden, die seinen Charakter kennzeichnen.

Nach der glücklichen Abwehr der Perser begann er Athen wieder aufzubauen und auch neu zu befestigen. Theopompos erzählt, Themistokles habe die Ephoren (Staatsaufseher) in Sparta bestochen, damit sie ihm keine Schwierigkeiten machten. Aber die meisten Quellen geben an, er habe die Spartaner getäuscht. Er ließ sich nämlich in der Eigenschaft eines Gesandten in dieser Sache nach Sparta schicken. Als die Spartaner sich beschwerten, daß die Athener ihre Stadt doch wieder befestigten und der eigens zu diesem Zweck von Ägina abgeschickte Poliarchos öffentlich gegen Athen Klage führte, leugnete Themistokles alles ab und forderte Sparta auf, Abgesandte nach Athen zu schicken, die sich von der Wahrheit seiner Worte überzeugen könnten. Seine Absicht dabei war, für die Vollendung der Mauern Zeit zu gewinnen, zugleich aber auch, die spartanischen Gesandten den Athenern als Geiseln in die Hände zu spielen, als Bürgen für seine eigene Sicherheit. Das glückte dann auch. Denn als die Spartaner die Wahrheit erfuhren, ließen sie ihn dennoch unbehelligt heimkehren, wenn auch mit geheimem Groll im Herzen.

Vor allem ließ es sich Themistokles angelegen sein, den Hafen Piräus auszubauen, dessen günstige Lage sich in den kritischen Jahren deutlich erwiesen hatte. Dadurch gab er Athen den Charakter einer ausgesprochenen Seestadt, was allerdings den politischen Grundsätzen der alten Könige von Attika widersprach. Denn diese hatten alles getan, um die Athener vom Meer abzulenken und sie zu Bauern zu machen, zu diesem Zweck auch jene bekannte Sage erfunden, Athene habe im Streit mit Poseidon um den Besitz des attischen Landes dadurch den Sieg errungen, daß sie vor den Richtern einen Ölbaum hervorsprießen ließ. Aber Themistokles hat nicht, wie der Komödiendichter Aristophanes sagt, den Piräus an die Stadt »angebacken«, sondern vielmehr die Stadt an ihren natürlichen Hafen geführt und das Land an das Meer geknüpft. Diese Umstellung hatte zur Folge, daß die Macht des alten Landadels sank, hingegen der Einfluß und damit der Übermut des Volkes bedeutend stieg, da nun die zahlreichen Matrosen, Maate, Steuerleute und Schiffsarbeiter zum ausschlaggebenden Element im Staate wurden. Deshalb wurde später auch von den dreißig Tyrannen die Rednerbühne auf der Pnyx, die so aufgestellt war, daß die Redner auf das Meer hinaussahen, wieder zum Land hin umgedreht, denn man war der Meinung, ein seefahrendes Volk fördere die Demokratie, während der Bauer sich leichter einer Oligarchie füge.

Zur Sicherung der maritimen Überlegenheit Athens hatte Themistokles noch einen weiteren Plan. Als nach Xerxes' Abzug die griechische Flotte nach Pagasai segelte und dort überwinterte, erklärte Themistokles in öffentlicher Versammlung, er wisse eine Maßnahme, die für Athen außerordentlich nützlich und heilsam wäre, die man aber nicht gut in der Öffentlichkeit aussprechen könnte. Die Athener forderten ihn auf, die Sache Aristides leise mitzuteilen, und wenn dieser sie guthieße, sollte sie ausgeführt werden. Themistokles eröffnete darauf Aristides, er habe vor, die griechische Flotte in Pagasai zu verbrennen. Aristides erklärte nun dem versammelten Volk, es gäbe nichts Vorteilhafteres, aber auch kein größeres Unrecht, als das Vorhaben des Themistokles. Darauf forderten die Athener, Themistokles sollte seinen Plan fallen lassen.

Im Rat der Amphiktyonen hatte Sparta den Vorschlag gemacht, alle Staaten, die dem Bundeskrieg gegen Persien ferngeblieben waren, von der Teilnahme an diesem Kongreß auszuschließen. Themistokles befürchtete, daß beim Ausschluß der Thessalier, der Argeier und selbst der Thebaner vom Kongreß, Sparta dann die Mehrheit bekommen würde und sich alle anderen seinen Wünschen hätten fügen müssen. Er setzte sich daher für diese Staaten ein, und es gelang ihm auch, den größten Teil der Bundesgenossen auf seine Seite zu ziehen. Er gab ihnen zu erwägen, daß im ganzen nur einunddreißig Staaten am Krieg teilgenommen hätten, von denen die meisten nur klein und unbedeutend wären. Wenn nun das übrige Griechenland vom Bund ausgeschlossen bliebe, so bestände die große Gefahr, daß der Kongreß künftig von den zwei oder drei mächtigsten Staaten vollständig beherrscht würde. Das war einer der Hauptgründe für den unversöhnlichen Haß der Spartaner gegen Themistokles. Fortan suchten sie auf jede Weise das Emporkommen Kimons zu begünstigen, um der Macht des Themistokles ein Gegengewicht zu geben. Aber auch bei den übrigen Bundesgenossen machte sich Themistokles unbeliebt, da er von Insel zu Insel fuhr und von den Kleinstaaten Geld eintrieb. Herodot erzählt, daß er dabei auch von den Andriern eine erhebliche Summe gefordert habe mit dem Bemerken, er komme zu ihnen und bringe zwei mächtige Gottheiten mit: die Überredung und die Gewalt. Aber darauf habe er die Antwort bekommen: Auch wir haben zwei große Götter, die Armut und den Mangel; diese untersagen es uns, dir Geld zu geben. Der Dichter Timokreon von Rhodos klagt Themistokles in einem seiner Lieder mit bitteren Worten an, er habe anderen Verbannten für Geld die Rückkehr ins Vaterland verweigert, ihn aber, seinen vertrauten Freund, um schnöden Gewinns willen verraten. Timokreon soll wegen seiner perserfreundlichen Gesinnung verbannt worden sein und Themistokles selbst für die Verbannung gestimmt haben.

Bereits aber war die Mißgunst gegen Themistokles unter seinen Mitbürgern so gewachsen, daß sie solchen Verleumdungen willig Gehör schenkten. Um seine Stellung zu behaupten, sah er sich genötigt, immer und immer wieder den Athenern seine Verdienste vor Augen zu halten. Das fiel ihnen schließlich lästig, und sie gaben ihrer Mißstimmung unverhohlen Ausdruck, worauf er ihnen vorhielt: Wie denn, wird es euch schon zuviel, wenn euch von dem gleichen Mann oftmals Gutes erwiesen wird? Den Unwillen des Volkes erregte er auch dadurch, daß er der Artemis einen Tempel baute und ihr den Beinamen Aristobule gab, so als ob er den Ruhm für sich in Anspruch nähme, der beste Ratgeber aller Griechen zu sein. Der Tempel stand in der Nähe seines Hauses, in Melite, wohin die Henker heutzutage die Leichen der Hingerichteten, sowie die Kleider und Stricke derer werfen, die sich erhängt oder anderswie ums Leben gebracht haben. Noch zu meiner Zeit war im Tempel der Aristobule ein kleines Standbild des Themistokles vorhanden, aus dem man ersehen konnte, daß sich auch in seinen Zügen das Herrische seines Wesens ausprägte.

Zuletzt machten die Athener auch gegen Themistokles vom Scherbengericht Gebrauch und stürzten ihn, wie sie es stets mit Männern machten, deren Machtfülle ihnen zu groß geworden war und nicht mehr im Einklang mit dem demokratischen Gleichheitsprinzip zu stehen schien. Das Scherbengericht war nicht eigentlich eine Strafe, sondern mehr eine Art Ventil, um der im Volk angestauten Mißgunst und Neidhammelei Luft zu schaffen, denn die Menge vermag Größe nur schwer zu ertragen und empfindet lustvolle Befriedigung darin, sie zu demütigen und zu sich herabzuziehen.

Während Themistokles in Argos nun in der Verbannung lebte, ereignete sich der Fall Pausanias, der seinen Feinden willkommene Handhabe bot, auch gegen ihn vorzugehen. Pausanias hatte mit den Persern geheime Verbindungen angeknüpft, diese verräterischen Umtriebe aber vor Themistokles, mit dem er eng befreundet war, natürlich geheimgehalten. Als nun Themistokles verbannt wurde und Pausanias erfuhr, wie schwer jener an dem ihm angetanen Unrecht trug, wagte er es, Themistokles in das Geheimnis einzuweihen. Er wies ihm Briefe des Perserkönigs vor und suchte ihn zu bestimmen, an den Machenschaften teilzunehmen, um sich an dem undankbaren und unwürdigen Griechenvolk zu rächen. Themistokles lehnte jede Teilnahme rundweg ab, verschwieg aber, daß er von den verräterischen Umtrieben Kenntnis erhalten hatte und sprach auch mit niemandem darüber, da er meinte, Pausanias werde schon von selbst von seinem Vorhaben abstehen oder die unsinnigen und gefährlichen Pläne würden früher oder später doch ans Tageslicht kommen. Nach der Hinrichtung des Pausanias fanden sich einige Briefe und Schriftstücke, die Themistokles in den Verdacht der Mitwisserschaft brachten. Die Spartaner schlugen darüber gewaltigen Lärm, und seine Gegner in Athen erhoben nun gegen ihn die förmliche Anklage auf Hochverrat. Fern von Athen, konnte Themistokles sich nur schriftlich verteidigen. Zur Widerlegung der Anklage benutzte er die früher gegen ihn erhobenen Beschuldigungen: Seine Gegner, so schrieb er, hätten ihn fälschlicherweise als einen Mann dargestellt, der immer nur herrschen wollte und sich anderen unterzuordnen weder die Fähigkeit noch den Willen habe; wie könnte man ihn da beschuldigen, daß er sich und Griechenland nun der Herrschaft der Perser, also obendrein noch des Landesfeindes, unterstellen wollte. Aber er hatte keinen Erfolg damit. Das Volk gab der Anklage statt, und darauf wurden Häscher ausgesandt, die ihn verhaften und nach Athen bringen sollten, um ihn dort vor Gericht zu stellen.

Themistokles aber wurde von der ihm drohenden Gefahr noch rechtzeitig unterrichtet und setzte nach Kerkyra über, dem er einstmals einen Dienst erwiesen hatte. Von dort floh er weiter nach Epiros. Da die Athener und Spartaner ständig hinter ihm herhetzten, begab er sich in seiner äußersten Not zu Admetos, dem König der Molosser, wenn er auch kaum hoffen konnte, dort Zuflucht zu finden. Der König hatte sich nämlich einst mit einer Bitte an Athen gewandt, war aber von Themistokles, damals noch auf der Höhe der Macht, höhnisch abgewiesen worden. Diesen Schimpf trug ihm Admetos noch immer nach und hatte keinen Zweifel gelassen, daß er sich bei erster Gelegenheit an ihm rächen würde. Allein Themistokles fürchtete jetzt mehr den frischen Haß seiner Landsleute als den alten Groll eines Königs. Seltsam und ungewöhnlich war es auch, wie er bei Admetos Schutz suchte. Er nahm den kleinen Sohn des Königs auf den Arm und ließ sich mit ihm auf dem Herd nieder. Bei den Molossern galt das als die feierlichste und heiligste Art der Bitte um Schutz, die man kaum abweisen konnte. Einige erzählen, Phthia, die Gattin des Königs, habe Themistokles diese Art des Schutzflehens angeraten und ihren Sohn zu ihm auf den Herd gesetzt. Nach anderen aber soll Admetos selbst die ganze Szene mit ihm verabredet haben, um sich bei den Verfolgern mit der Notwendigkeit zu entschuldigen, ihnen den Mann aus Gewissensgründen nicht ausliefern zu können.

Dorthin brachte auch der Athener Epikrates Frau und Kinder des Themistokles, die er heimlich aus Athen fortgebracht hatte; doch wurde er deswegen von Kimon vor Gericht gestellt und zum Tod verurteilt, wie Stesimbrotos berichtet. Was Stesimbrotos aber späterhin erzählt, stimmt damit nicht überein. Entweder ist ihm das Frühere aus dem Gedächtnis geschwunden, oder Themistokles hat seine Familie vergessen. Denn bei Stesimbrotos heißt es dann, Themistokles sei nach Sizilien gefahren und habe den Tyrannen Hiero um die Hand seiner Tochter gebeten gegen das Versprechen, Hiero zum Oberherrn von Griechenland zu machen. Dies ist jedoch unwahrscheinlich. Denn Theophrastos weiß in seinem Buch »Vom Königtum« etwas anderes zu erzählen: Als Hiero einstmals Rennpferde nach Olympia schickte und dort ein sehr prächtiges Zelt errichten ließ, soll Themistokles die Griechen aufgereizt haben, das Zelt des Tyrannen niederzureißen und dessen Pferde vom Wettkampf auszuschließen.

Thukydides wiederum berichtet, Themistokles habe sich damals zu Lande zur Küste des Ägäischen Meeres begeben und in Pydna ein Schiff bestiegen, ohne daß die Mannschaft wußte, wen sie an Bord hatte. Als dann das Schiff durch einen Sturm nach Naxos verschlagen war, das gerade von den Athenern belagert wurde, gab sich Themistokles aus Furcht vor der drohenden Verhaftung dem Schiffspatron und dem Kapitän zu erkennen. Teils durch Bitten, teils durch die Drohung, er werde sie bei den Athenern fälschlicherweise verklagen, daß sie genau gewußt hätten, wer er wäre und sich durch Geld hätten bestechen lassen, ihn aufzunehmen, erreichte er es, daß sie, ohne bei Naxos anzulegen, direkten Kurs auf die Küste Asiens nahmen.

Ein großer Teil seines beweglichen Vermögens wurde von seinen Freunden beiseitegeschafft und ihm heimlich nach Asien zugeschickt. Sein übriger Besitz, soweit man ihn auffand und beschlagnahmte, soll sich auf achtzig bis hundert Talente belaufen haben, eine ganz ansehnliche Summe, wenn man bedenkt, daß er im Anfang seiner Laufbahn kaum drei Talente besessen hat. Bei seiner Ankunft in Kyme erfuhr er, daß ihm viele dort an der Küste auflauerten, um sich seiner zu bemächtigen. Denn da der König zweihundert Talente auf seinen Kopf gesetzt hatte, so bedeutete sein Fang ein ganz einträgliches Geschäft für alle jene, die das Unglück anderer sich gern zunutze machen. Er wandte sich daher zum äolischen Städtchen Aigai, wo ihn niemand kannte, außer seinem Gastfreund Nikogenes, dem reichsten Mann unter den Äoliern, der enge Beziehungen zu persischen Großen hatte. Bei diesem hielt sich Themistokles einige Tage verborgen, und hier geschah es, daß eines Abends nach dem Opfermahl der Hofmeister von Nikogenes' Kindern, namens Olbios, in einer Art Entrückung die Worte sprach:

Überlaß der Nacht die Stimme, überlaß ihr Rat und Heil. Bald darauf legte sich Themistokles schlafen. Da träumte ihm, daß eine Schlange sich um seinen Leib ringele und langsam zu seinem Hals hinaufkröche. Als sie sein Gesicht berührte, verwandelte sie sich in einen Adler, der seine Fittiche ausbreitete, ihn emporhob und ihn eine weite Strecke davontrug. Plötzlich zeigte sich ein goldener Heroldstab, auf dem ihn der Adler so fest und sicher niederstellte, daß er sich von dem Druck aller Angst und Sorge sofort völlig befreit fühlte.

Nikogenes half ihm nun weiter und bediente sich dazu einer kleinen List. Die meisten Barbaren, besonders die Perser, sind nämlich außerordentlich eifersüchtig auf ihre Frauen. Sie bewachen alles, was zum weiblichen Geschlecht gehört, mit großer Strenge, lassen nie einen Fremden ihrer ansichtig werden, halten sie im Hause verborgen und lassen sie auf Reisen in einem von allen Seiten dicht verhängten Wagen befördern. Ein solcher Wagen wurde nun auch für Themistokles hergerichtet. In diesem Versteck begab er sich auf die Reise und wies seine Begleiter an, unterwegs auf etwaige Fragen Neugieriger die Antwort zu geben, sie führten ein griechisches Mädchen aus Ionien zu einem Großen am Hof des Königs.

Thukydides und Charon von Lampsakos geben an, Themistokles habe erst nach Xerxes' Tod die Unterredung mit dessen Sohn (Artarerres) gehabt. Dagegen lassen andere Geschichtsschreiber ihn noch zu Xerxes selbst kommen. Der Bericht des Thukydides scheint mit der Zeitrechnung noch am besten übereinzustimmen, wiewohl auch diese nicht genau feststeht.

Da Themistokles jetzt vor einer bedeutsamen Entscheidung seines Schicksals stand, wandte er sich zuerst an den Obersten der Leibwache, Artabanos, und erklärte ihm, er sei ein Grieche und habe den Wunsch, mit dem König über äußerst wichtige Angelegenheiten zu sprechen, die auch für den König von Bedeutung wären. Darauf erwiderte Artabanos: Die Sitten und Bräuche der Völker sind verschieden, mein Fremdling; bei dem einen gilt dieses, bei anderen jenes für schicklich. Aber für jeden ziemt es sich, die Bräuche seines eigenen Landes sorgfältig zu achten. Von euch Griechen nun wird gesagt, daß ihr Freiheit und Gleichheit über alles schätzt. Bei uns aber ist unter vielen trefflichen Gesetzen das vornehmste, den König zu verehren und ihm zu huldigen als dem Abbild der alles erhaltenden Gottheit. Willst du dich also nach unseren Sitten richten und vor dem König niederfallen, so ist dir vergönnt, den König zu sehen und zu sprechen. Scheint dir das aber nicht möglich, so kannst du deine Sache bei ihm nur durch Mittelspersonen anbringen. Denn nach der Sitte der Perser darf der König keinem, der nicht vor ihm niederfällt, Gehör geben.

Auf diese Erklärung erwiderte Themistokles: Ich bin ja gerade gekommen, um Ansehen und Macht des Königs zu erhöhen. Ich werde daher nicht nur mich selbst nach euren Gebräuchen richten, da es der Gottheit, deren Segen auf den Persern ruht, nun einmal so gefällt, sondern in Zukunft sollen, soviel an mir liegt, noch mehr Völker den König verehren. So soll also dieser Umstand den Eröffnungen, die ich dem Könige zu machen habe, weiter kein Hindernis sein. – Aber, versetzte Artabanos, wer bist du denn und wie heißt der Grieche, dessen Ankunft ich dem König melden soll? Deine Äußerungen verraten keinen geringen Mann. Darauf sagte Themistokles: Niemand darf meinen Namen eher erfahren als der König.

Als er nun zum König geführt wurde und ihm nach dem hergebrachten Fußfall schweigend gegenüberstand, ließ ihn der König durch den Dolmetscher fragen, wer er wäre, worauf Themistokles seine Erzählung begann: Ich bin, großer König, der Athener Themistokles und komme zu dir als ein von den Griechen verfolgter Flüchtling, der den Persern zwar manches Böse angetan hat, dem sie aber noch weit mehr Gutes zu verdanken haben. Denn ich war es, der die Verfolgung der Perser verhinderte, da die Rettung Griechenlands und unsere völlige Sicherheit mir erlaubte, euch diesen Dienst zu erweisen. Ich habe mich ganz in mein Schicksal ergeben und bin gekommen, um die Huld eines gnädigen, versöhnten Königs zu empfangen oder seinen Groll durch demütige Bitten zu besänftigen. Nimm aber selbst meine Feinde zu Zeugen, wie sehr ich mich um die Perser verdient gemacht habe, und benutze mein Unglück, um deine hohe Gesinnung zu zeigen, nicht um deinen Zorn zu befriedigen. Läßt du mich am Leben, hast du einen Unglücklichen gerettet, der an deinem Hofe Schutz sucht, läßt du mich aber umbringen, so stirbt nur ein Feind der Griechen. Um seiner Erzählung noch mehr Nachdruck zu geben, erwähnte er noch sein Traumgesicht im Hause des Nikogenes und das Orakel des Zeus von Dodona. Dieser hätte ihm befohlen, zu dem zu gehen, der mit dem Gott den gleichen Namen führte, und er habe das so ausgelegt, daß er sich zu dem Perserkönig begeben solle; denn nur dieser besitze wie der Gott Name und Würde eines Großkönigs.

Der König gab ihm bei dieser ersten Audienz keine Antwort, aber im stillen bewunderte er die Kühnheit und Klugheit des Mannes. Zu seiner Umgebung aber äußerte er, dieses Ereignis betrachte er als das größte Glück, denn schon immer habe er zu dem bösen Geist Ahriman gebetet, er möge seinen Feinden die Gesinnung eingeben, daß sie die besten und tapfersten ihrer Männer aus dem Land jagten. Auch soll er den Göttern Dankopfer dargebracht und ein Festmahl veranstaltet haben. Des Nachts im Schlaf habe er dreimal gerufen: Jetzt habe ich den Athener Themistokles. Am nächsten Morgen versammelte der König seine Räte und ließ Themistokles hereinführen. Dieser aber versah sich nichts Gutes, da die Höflinge, sobald sie seinen Namen erfahren hatten, ihrem Unwillen deutlich Ausdruck gaben. Ja, als er am General Roxanes vorbeiging und rings um den Thron tiefe Stille herrschte, hörte er ihn zornig sagen: O du gleißende griechische Schlange, dich hat der Unstern des Königs hergeführt. Der König aber hob den vor ihm Niedergefallenen gnädig auf und redete ihn huldreich an. Scherzend meinte er, er wäre ihm zweihundert Talente schuldig; denn da er sich selbst gestellt hätte, so wäre es nur billig, daß er die dem Überbringer versprochene Belohnung empfinge. Er eröffnete ihm noch weitere freundliche Aussichten und hieß ihn, sich freimütig und rückhaltlos über Griechenland zu äußern. Themistokles aber wich aus und sagte: Die Rede des Menschen gleicht dem buntgewirkten Teppich, auseinandergelegt stellen sich die Muster und Bilder klar und deutlich dar, zusammengerollt aber erscheint alles entstellt und verzerrt. Darum laß mir Zeit, meine Rede zu bedenken.

Dem König gefiel das Gleichnis und er bewilligte ihm auf seine Bitten die Frist von einem Jahr. Nachdem Themistokles die persische Sprache hinlänglich erlernt hatte, wurde er oft ganz allein zu einer Unterredung mit dem Könige befohlen. Dabei ließ er die Höflinge in dem Glauben, daß er sich mit dem König nur über griechische Angelegenheiten bespräche. Da aber der König gerade damals mancherlei Neuerungen am Hof einführte und seine Rede verschiedentlich wechselte, glaubten die Großen, daß sich Themistokles auch in die persischen Angelegenheiten einmischte, und waren darüber nicht wenig aufgebracht. Auch grollten sie, daß Themistokles weit größeres Ansehen und größere Ehren genoß als jeder andere am persischen Hofe sich aufhaltende Ausländer. Er nahm an den Jagden und Hoffestlichkeiten teil, wurde sogar der Königin-Mutter zugeführt und hatte bei ihr freien Zutritt. Auch soll er auf Befehl des Königs in den Geheimnissen der Magier unterrichtet worden sein. So ungewöhnlich war die Stellung des Themistokles am Hofe des Königs, daß, wie erzählt wird, noch die späteren persischen Könige, unter denen der alte Zwist zwischen Griechenland und Persien neu aufflammte, jedem Griechen, den sie in ihren Dienst zu ziehen suchten, die Zusicherung gaben, er werde bei ihnen noch höheres Ansehen genießen als Themistokles. Man erzählt aber auch folgendes: Als er schon eine bedeutende Rolle spielte und viele ihm huldigten, sagte er einst zu seinen Kindern angesichts eines prächtigen Mahls, das man ihnen aufgetischt hatte: Wahrlich, Kinder, wir wären verloren, wenn ich mich nicht verloren hätte.

Wie die meisten Quellen berichten, wurden ihm zu seinem Unterhalt drei Städte überwiesen, Magnesia für das Brot, Lampsakos für den Wein und Myus für die Zukost; andere fügen noch zwei weitere Städte hinzu: Perkote für das Lager und Palaiskepsis für Bekleidung.

Zur Regelung griechischer Angelegenheiten hatte Themistokles zum Küstengebiet zu reisen. Unterwegs trachtete ihm der Perser Epiryes, Statthalter von Oberphrygien, nach dem Leben und hatte dazu einige Pisidier gedungen, die Themistokles in seinem Nachtquartier zu Leontokephalon (Löwenhaupt) umbringen sollten. Allein bei einem Mittagsschlaf, so erzählt man, erschien ihm im Traum die Göttermutter und sagte: Themistokles! Meide das Haupt des Löwen, damit du nicht einem Löwen in die Klauen fällst. Zum Dank für den guten Rat verlange ich deine Tochter Mnesiptolema zur Dienerin. Erschrocken über dieses Gesicht betete Themistokles zu der Göttin, verließ alsbald die Landstraße, umging den Ort und übernachtete auf freiem Feld. Eins von den Lasttieren, die das Zeltgerät trugen, war ins Wasser gefallen, und Themistokles' Diener spannten die naß gewordenen Zeltbahnen zum Trocknen aus. Indes kamen die Pisidier mit gezückten Schwertern herangeschlichen, und weil sie beim Mondschein die zum Trocknen aufgehängten Sachen nicht genau unterscheiden konnten, glaubten sie hier das Zelt des Themistokles und ihn selbst darin schlafend zu finden. Als sie aber die Zeltleinwand hochheben wollten, drangen die Wachen auf sie ein und nahmen sie gefangen. Themistokles erbaute später aus Dankbarkeit für die hilfreiche Erscheinung in Magnesia der Göttin einen Tempel und machte seine Tochter Mnesiptolema zu ihrer Priesterin.

Als er sich in Sardes aufhielt und in einer Stunde der Muße die prächtigen Tempel der Stadt mit ihren vielen Weihgeschenken besichtigte, entdeckte er im Tempel der Göttermutter die sogenannte Wasserträgerin, eine Mädchenfigur aus Bronze, die er einst selbst gestiftet hatte. Als Aufseher über die Wasserleitung Athens hatte er von den Strafgeldern für heimliches und unberechtigtes Entnehmen von Wasser das Bildwerk anfertigen und in einem Tempel aufstellen lassen. Ob es ihm nun schmerzlich war, das Weihgeschenk im Besitz Fremder zu sehen, oder ob er den Athenern zeigen wollte, wie groß sein Einfluß beim Perserkönig war – genug, er wandte sich an den Statthalter von Lydien mit der Bitte, die Bildsäule nach Athen zurückzuschicken. Allein der Perser empfand dieses Ansinnen als Beleidigung und drohte, die Sache dem König zu melden, so daß Themistokles in der Angst seine Zuflucht zu den Frauen des Serails nahm, sie mit Geld gewann und auf diese Weise den Zorn des Satrapen besänftigte. Der Vorfall aber machte ihn für die Zukunft vorsichtiger, da er sah, wie sehr ihn auch bei den Barbaren der Neid verfolgte.

Wenn Theopompos angibt, daß Themistokles ständig in Asien umherreiste, so stimmt das nicht. Er hatte vielmehr einen festen Wohnsitz in Magnesia, wo er große Einkünfte bezog und mit den vornehmsten Persern gleiche Ehren genoß. Längere Zeit lebte er dort in sicherer Ruhe, da der König in den inneren Provinzen seines Reiches so viel zu tun fand, daß er sich wenig um die griechischen Angelegenheiten bekümmern konnte.

Als dann aber Ägypten auf Betreiben Athens von Persien abfiel, griechische Schiffe bis nach Kypros und Kilikien vorstießen und unter der tatkräftigen Führung Kimons Griechenland Herr der Meere wurde, erkannte der Perserkönig die Notwendigkeit, gegen die Griechen einzuschreiten und ihrer wachsenden, Persien bedrohlich werdenden Macht Einhalt zu tun. Er traf alle Vorbereitungen zum Krieg, zog die Truppen zusammen, bestimmte die Führer und entsandte auch einen Boten an Themistokles mit der Weisung, bei dem Krieg gegen Griechenland mitzuwirken und so seine Versprechungen zu erfüllen.

Aber Themistokles fühlte keinerlei Erbitterung mehr gegen seine Landsleute, und alle Ehrung und Machtfülle konnten ihn nicht verleiten, sich gegen sein eigenes Vaterland zu wenden. Auch hielt er das Unternehmen für wenig aussichtsreich, da Athen jetzt sehr tüchtige Heerführer gewählt hatte und Kimon stets das Glück zur Seite stand. Vor allem dachte er an die strahlende Fülle seiner Siegeszeichen, an den Glanz seiner Taten, der keine Trübung erfahren sollte, und er beschloß, seinem ruhmvollen Leben ein würdiges Ende zu setzen. Er opferte der Gottheit, nahm Abschied von den Freunden, die er zu sich geladen hatte, und nahm ein schnell wirkendes Gift. So starb Themistokles zu Magnesia im Alter von fünfundsechzig Jahren nach einem reichbewegten Leben als Staatsmann und Feldherr. Der König soll, als er Grund und Art dieses Todes erfuhr, den Mann nur noch mehr bewundert und für dessen Freunde und Verwandte in gütiger Weise gesorgt haben.

Die Einwohner von Magnesia haben noch jetzt auf ihrem Markt das prächtige Grabmal des Themistokles. Wenn aber Andokides in seiner Rede »An die Freunde« behauptet, die Athener hätten seine Gebeine heimlich entführt und in alle Winde zerstreut, so ist dem kein Glauben beizumessen. Er wollte mit dieser Unwahrheit nur die Oligarchen gegen das Volk aufhetzen.

Der Geschichtsschreiber Diodoros sagt in seinem Werk über berühmte Grabstätten – doch beruht das mehr auf Vermutung als auf Gewißheit –, in der inneren Bucht der den Hafen Piräus bildenden Landzunge erhebe sich an der Küste eine hohe Plattform, und der altarförmige Aufbau darauf sei das Grabmal des Themistokles. Er glaubt auch, daß der Komödiendichter Plato dies in folgender Stelle bestätigt:

> Dein Grabmal pranget einst an einem schönen Platz.
> Seefahrer werden es aus jedem Lande grüßen.
> Es wird die Schiffe sehn, die aus- und einwärts segeln.
> Und zuschaun, wenn im heißen Kampf zur See
> sie streiten.

Noch zu meiner Zeit genossen die Nachkommen des Themistokles in Magnesia bestimmte Ehrenbezeigungen, und diese wurden auch meinem vertrauten Freund und Mitschüler beim Philosophen Ammonios, dem Athener Themistokles, zuteil.

Perikles

Perikles, vom Stamm Alkamantis im Gau Cholarges, gehörte von beiden Eltern her zu einem der vornehmsten und angesehensten Geschlechter. Sein Vater Xanthippos, der Sieger von Mykale über die Perser, war mit Agariste verheiratet, der Nichte jenes Kleisthenes, der die Pisistratiden vertrieb, entschlossen die Gewaltherrschaft beseitigte, eine neue Gesetzgebung schuf und eine zweckmäßige, der Einigkeit und Wohlfahrt des Staates förderliche Verfassung einführte. Agariste träumte einst, sie habe einen Löwen geboren, und wenige Tage danach brachte sie den Perikles zur Welt.

Der Knabe hatte einen wohlgebildeten Körper, nur sein Kopf war sehr groß und verhältnismäßig lang. Daher wird er auch auf den Bildwerken fast stets im Helm dargestellt, anscheinend in dem Bestreben der Künstler, diesen Fehler vor der Welt zu verdecken. Die attischen Dichter aber gaben ihm den Beinamen Schinokephalos – Meerzwiebelkopf. Der Komödiendichter Kratinos sagt von ihm in seinem Schauspiel »Cheirones«:

> Reaktion erzeugte einst im Eh'bund mit Parteienhader
> Den ärgsten der Tyrannen, den alle Götter
> Köpfetürmer nennen (nach Zeus, dem Wolkentürmer).

Und Telekleides spricht in bezug auf Perikles von seinem »elfschläfrigen Haupt«, aus dem zuzeiten ein wahres Donnergetöse hervorbreche.

Sein Lehrer in der Musik und den schönen Künsten war Damon, wie allgemein angenommen wird. Dieser Damon war ein Sophist reinsten Wassers, der die musischen Beschäftigungen anscheinend nur als Deckmantel benutzte, um seine Verschlagenheit und Geschäftigkeit vor der Allgemeinheit zu verbergen. Für Perikles, mit dem er in engem Verkehr stand, wurde er gewissermaßen zum Einpeitscher in der Politik, das, was für den Wettkämpfer der Trainer und Fechtmeister ist. Indessen konnte auf die Dauer nicht verborgen bleiben, daß für Damon die Leier nur ein Vorwand war. Man verdächtigte ihn umstürzlerischer Bestrebungen im monarchischen Sinne, und er wurde vom Scherbengericht auf zehn Jahre verbannt, was den Komödiendichtern viel Anlaß zu Spöttereien gab.

Auch hörte Perikles eifrig die Vorlesungen des Zeno aus Elea (Süditalien), Naturwissenschaftler, wie sein Lehrer Parmenides. Er besaß eine ungemeine Fertigkeit, seine Gegner im Rededuell durch scharfe Widersprüche in die Enge zu treiben und zum Schweigen zu bringen, weshalb ihn auch Timon von Phlius den doppelzüngigen Zeno nennt.

Wer aber den stärksten Einfluß auf Perikles hatte, die Führereigenschaften in ihm erweckte, seinem Charakter Würde und Festigkeit gab und auf ein hohes Ziel richtete, das war der Philosoph Anaxagoras von Klazomenai. Seine Zeitgenossen gaben ihm den Beinamen »Nus«, die Vernunft, vielleicht aus Bewunderung für seine tiefen Einsichten in die Natur, vielleicht auch, weil er zuerst als Grundprinzip des Weltalls nicht Zufall oder Notwendigkeit, sondern einen schlechthin reinen Urgeist setzte, der aus dem allgemeinen Chaos die gleichgearteten Elemente zur sinnvollen Ordnung ausschied.

Perikles, der diesen Mann außerordentlich schätzte, wurde von ihm in die Erkenntnis der Dinge zwischen Himmel und Erde eingeführt und eignete sich vor allem jene hohe Gesinnung und schlichte Redeweise an, die sich von allem erkünstelten, nur auf Volksgunst abzielenden Gewäsch fernhielt.

Überdies verdankte er ihm den unerschütterlichen, selten von einem Lächeln bewegten Ernst der Züge, den gelassenen Gang, den wohlgeordneten, auch in der Hitze der Rede sich nie verschiebenden Faltenwurf der Kleidung, den ruhigen, stets gemessenen Ton der Stimme und noch manche solcher Eigenschaften, über die sich seine Zeitgenossen verwunderten. Einmal, so wird erzählt, wurde er auf öffentlichem Markte von einem Unverschämten den ganzen Tag über beschimpft und geschmäht, was Perikles stillschweigend ertrug, in aller Ruhe seine Angelegenheiten erledigend. Als er dann gegen Abend nach Hause ging, lief der Zudringliche, ihn weiter mit Grobheiten überschüttend, hinter ihm her. An der Haustür angekommen, gab Perikles, da es inzwischen finster geworden war, einem seiner Bedienten nur die Weisung, eine Fackel zu nehmen und den Menschen sicher heimzugeleiten.

Der Tragödiendichter Ion behauptet freilich, Perikles habe im Umgang viel Selbstgefälligkeit und versteckten Stolz verraten, seine erhabene Sprache habe immer eine starke Beimischung von Überheblichkeit und Geringschätzung anderer enthalten und dergleichen mehr. Dagegen lobt er an Kimon das Höfliche und Geschmeidige des Wesens sowie die höhere Bildung, die sich in seinem ganzen Benehmen kundtat. Aber lassen wir den Ion; nach dessen Begriffen gehört zum Erhabenen immer das Lächerliche, wie zur Tragödie das Satyrspiel.

Andere wollten in dem betonten Ernst des Perikles nur Hochmut und Ehrsucht sehen. Denen erwiderte Zeno, sie möchten nur gleicherweise ehrsüchtig sein, denn schon äußerliche Annahme einer guten Eigenschaft bewirke, daß man unvermerkt danach strebe und sie sich zu eigen mache.

Alles das war aber nicht der einzige Gewinn, den Perikles aus dem Umgang mit Anaxagoras zog. Wahrscheinlich lernte er auch von ihm, sich über jeden Aberglauben hinwegzusetzen, durch den bei Himmelserscheinungen so viele in Angst und Schrecken versetzt werden, weil ihnen die Ursachen un-

Perikles
Rom, Vatikan

bekannt sind. Diese Unwissenheit ist schuld daran, daß man vor den höheren Gewalten so zittert und bangt. Davon befreit uns die Kenntnis der Natur, und zugleich begründet sie in uns, statt des törichten Aberglaubens, eine auf Vertrauen ruhende Gottesfurcht.

Eines Tages wurde, wie man erzählt, Perikles von seinem Gute ein Widderkopf mit nur einem einzigen Horn gebracht. Als nun der Wahrsager Lampon das feste und starke, mitten aus der Stirn hervorgewachsene Horn erblickte, gab er kund, daß alle Gewalt, die jetzt noch zwischen den beiden im Staat herrschenden Parteien des Thukydides und Perikles geteilt sei, sich auf den allein vereinigen werde, bei dem das Zeichen geschehen sei. Anaxagoras aber zerlegte den Kopf und zeigte, daß das Gehirn nicht die ganze Höhlung ausfüllte, sondern, spitzig wie ein Ei, von allen Seiten der Hirnschale sich zu der Stelle hindrängte, wo das Horn seinen Anfang nahm. Damals fand Anaxagoras allgemeinen Beifall, bald darauf aber Lampon nicht minder, nachdem nämlich Thukydides gestürzt worden war und Perikles das Staatsruder allein in die Hand bekam.

Mir scheint übrigens, daß beide, der Naturforscher wie der Wahrsager, recht haben konnten, da der eine die Ursache des Wunderzeichens, der andere aber dessen Bedeutung richtig angegeben hatte. Der Forscher hatte das Woher und Wieso, der Deuter Zweck und Sinn der Erscheinung zu untersuchen. Wer behauptet, daß die Auffindung der Ursache zugleich die Bedeutung aufhebt, bedenkt nicht, daß er mit den göttlichen Zeichen zugleich auch die künstlichen, von Menschen ersonnenen Zeichen außer Wirkung setzt, wie zum Beispiel die Lichter von Feuersignalen, die Schatten der Sonnenuhren und dergleichen, alles Dinge, die eine bestimmte Ursache haben und dabei mit Absicht verfertigt sind, um irgend etwas zu bedeuten. Aber diese Fragen gehören in ein anderes Gebiet.

In seinen jüngeren Jahren hatte Perikles jedes Hervortreten in die Öffentlichkeit ängstlich vermieden. Man glaubte nämlich in seinem Äußeren eine Ähnlichkeit mit Pisistratos zu finden; er hatte die gleiche einnehmende Stimme, die gleiche gewandte und geschwinde Rede, wie namentlich die Älteren mit Schaudern feststellten. Dazu kamen großer Reichtum, vornehme Abkunft, Freunde von mächtigem Einfluß – Gründe genug, um ihn eine Verbannung fürchten zu lassen. Er hielt sich also von der Politik fern, zeigte sich dagegen in mehreren Feldzügen als tapferer und beherzter Soldat.

Als dann aber Aristides gestorben, Themistokles verbannt und Kimon durch seine Kriegszüge fast immer außerhalb Griechenlands beschäftigt war, begann er auch eine politische Rolle zu spielen. Dabei wählte er aber nicht die Partei der reichen Aristokratie, sondern die der besitzlosen Menge – allerdings gegen seine wahre Neigung, die alles andere als demokratisch war. Er fürchtete eben, wie es scheint, in den Verdacht diktatorischen Strebens zu geraten; mitbestimmend war wohl auch, daß Kimon, ein eifriger Aristokrat, bei den Vornehmen großen Anhang besaß. Daher schlug er sich auf die Seite des Volkes, teils um für seine Person eine Deckung zu gewinnen, teils um sich gegen Kimon einen starken Rückhalt zu schaffen.

Von diesem Augenblick an änderte er seine Lebensweise von Grund auf. Fortan sah man ihn in der Stadt keinen anderen Weg gehen als auf den Markt und zum Rathaus. Alle Einladungen schlug er ab und entsagte so gänzlich jeder Art von Geselligkeit, daß er während der langen Zeit seines staatsmännischen Wirkens nicht ein einziges Mal bei einem seiner Freunde zu Gast war. Eine Ausnahme bildete nur die Hochzeit seines Vetters Euryptolemos; aber auch da blieb er nur bis zum Trankopfer am Schluß des Essens und ging dann sogleich weg. Denn lustige Gesellschaften können der Unantastbarkeit leicht Abbruch tun, und es ist schwer, in allzu vertrautem Umgang Würde und Ansehen zu bewahren. Gleichwohl erweist sich bei wahrer Größe immer die Eigenschaft als die schönste, die in der Alltäglichkeit am sichtbarsten hervortritt, und an hervorragenden Männern erscheint den Fernstehenden oft nichts bewunderungswürdiger als ihr täglicher Umgang mit den Vertrauten.

Aber auch dem Volk gegenüber vermied Perikles allzu häufige Berührung. Um nicht Alltäglichkeit und Überdruß aufkommen zu lassen, pflegte er nur in längeren Pausen in der Öffentlichkeit zu erscheinen. Daher redete er auch nicht bei jeder Gelegenheit oder besuchte jede Versammlung, sondern behielt sich sein persönliches Auftreten für die wichtigen Fragen vor, während er die minder wichtigen Angelegenheiten durch seine Freunde und die ihm ergebenen Redner erledigen ließ. Einer von diesen soll Ephialtes gewesen sein, der die Macht des areiopagitischen Senats beschränkte und den Bürgern, wie Plato (im 8. Buch der Republik) sagt, die Freiheit, wie unvermischten Wein, zu reichlich schenkte. Dadurch wurde das Volk, um mit den Komödiendichtern zu reden, so unbändig, daß es, wie ein wildes Pferd, keinem Zügel mehr folgen wollte und auf sämtlichen Inseln wie toll umhersprang.

Perikles suchte seinen ganzen Lebensstil und seine hochgetriebene Geistigkeit auch mit seinem Vortrag, wie bei einem musikalischen Instrument, zusammenzustimmen. Dazu machte er von den Lehren des Anaxagoras vielfältigen Gebrauch und gab seiner Redekunst durch das Stahlbad der Naturphilosophie mehr und mehr Kraft und Nachdruck. Wie der göttliche Pluto sagt, steigerte er jene angeborenen Gaben durch die Erkenntnis der Natur zu ungewöhnlicher Geisteshöhe und allumfassender Einsicht, und da er das aus dieser Philosophie Anwendbare auf die Kunst der Rede übertrug, gelangte er bald dahin, alle anderen zu überragen.

Davon soll er denn auch seinen Beinamen »der Olympier« erhalten haben. Manche indessen meinen, er sei wegen der herrlichen Bauwerke, womit er die Stadt schmückte, so genannt worden oder, wie andere sagen, wegen der außergewöhnlichen Machtvollkommenheit, mit der er in Kriegs- und

Friedenszeiten über Athen herrschte. Auch die vielen großen Eigenschaften des Mannes können sehr wohl zu dem ehrenvollen Namen beigetragen haben. Indes erhellt aus den damals aufgeführten Komödien, worin im Ernst wie im Scherz so mancher Pfeil gegen ihn abgeschossen wird, daß er vornehmlich wegen seiner Redekunst den Beinamen »der Olympier« erhalten hat. So heißt es bei ihnen, er donnere und blitze, wenn er zum Volk rede, oder er trage einen furchtbaren Donnerkeil auf der Zunge. Man erwähnt auch eine scherzhafte Äußerung des Thukydides, Sohnes des Milesias, über die ungewöhnliche Beredsamkeit des Perikles. Dieser Thukydides gehörte zur Aristokratenpartei und war ein ausgesprochener politischer Gegner des Perikles. Als der Spartanerkönig Archidamos einmal Thukydides fragte, ob er oder Perikles im Ringen überlegen sei, antwortete er: Wenn ich ihn auch zu Boden werfe, so bestreitet er's, behauptet, er sei nicht gefallen, überredet selbst die Augenzeugen, die ihn haben fallen sehen, und behält zum Schluß recht.

Bei alledem war Perikles in seinem Vortrag sehr behutsam und unterließ nie, bevor er die Rednertribüne bestieg, zu den Göttern zu beten, es möchte ihm doch ja kein Wörtchen unwillkürlich entfallen, das dem Thema nicht angemessen wäre. Von Schriften hat er, mit Ausnahme der Gesetzesentwürfe, nichts hinterlassen. Auch sind nur wenige bemerkenswerte Äußerungen von ihm überliefert. So erwähnt zum Beispiel Stesimbrotos, Perikles habe bei einer offiziellen Rede auf die bei Samos gefallenen Athener gesagt, sie wären nunmehr unsterblich, wie die Götter. Denn auch diese, fügte er hinzu, sind unsichtbar. Nur aus der Verehrung, die sie genießen, und den Wohltaten, die sie uns erweisen, erkennen wir, daß sie unsterblich sind; das gleiche aber gelte auch für die Helden, die für ihr Vaterland gefallen sind. Und als einst Sophokles, der bei einer Unternehmung zur See mit ihm das Kommando teilte, einen schönen Knaben pries, sagte er: Höre, Sophokles, ein

Feldherr muß nicht nur die Hände, sondern auch die Augen rein halten.

Da der Historiker Thukydides die Staatsverwaltung des Perikles als eine Art Aristokratie beschreibt, die zwar den Namen einer Demokratie gehabt, in Wirklichkeit aber die Alleinherrschaft eines hervorragenden einzelnen gewesen sei, da ferner von vielen Seiten behauptet wird, das Volk sei durch ihn zuerst mit Landabgaben, Schauspielgeldern und Geldausteilungen bekannt gemacht, sei durch die damaligen Staatsmaximen verwöhnt und durch ihn aus einem mäßigen, arbeitsamen Volk zu einem üppigen und zügellosen geworden, so wird es nötig sein, die Ursachen dieser Veränderung an den Tatsachen selbst zu prüfen.

Perikles hatte, wie schon bemerkt, am Anfang dem großen Ansehen Kimons entgegenzuarbeiten und suchte dazu die Gunst des Volkes zu gewinnen. Aber er besaß bei weitem nicht soviel Geld und Besitz wie Kimon, der damit den Armen half, täglich offene Tafel für alle Bedürftigen hielt, die Alten und Gebrechlichen unterstützte und sogar auf seinen Landgütern die Zäune fortnehmen ließ, damit sich jedermann nach Belieben Früchte holen könnte. Da nun Perikles hierin nicht mitkonnte, griff er auf den Rat des Damonides von Oia, wie Aristoteles sagt, zu dem Mittel, öffentliche Gelder zu verteilen. So bestach er das Volk durch Schauspielgelder, Gerichtssporteln und andere Vergünstigungen und Schenkungen, um es gegen den Einfluß des areiopagitischen Senats gebrauchen zu können. Er selbst gehörte dieser Körperschaft nicht als Mitglied an, da ihn nie das Los zu einem der neun Archonten bestimmt hatte. Diese Ämter wurden nämlich von alters her durch das Los vergeben, und wer sich darin bewährt hatte, rückte in den Areiopag ein.

Nachdem er sich so eine starke Partei im Volk geschaffen hatte, zerbrach er mit ihrer Hilfe die Macht des Senats und nahm ihm durch Ephialtes die Entscheidung in allen wichtigen Angelegenheiten. Auf diese Weise erreichte er es, daß Kimon als Spartanerfreund und Volksfeind durch das Scherbengericht verbannt wurde. Und dabei war Kimon doch ein Mann, der an Geburt und Reichtum keinem anderen in Athen nachstand, der die glänzendsten Siege über die auswärtigen Feinde erfochten und die Stadt mit Beute und Reichtümern gefüllt hatte. So groß war damals die Macht des Perikles.

Das Scherbengericht hatte dem Gesetz gemäß die Verbannung auf zehn Jahre ausgesprochen. Als jedoch in dieser Zeit die Spartaner mit einer starken Truppenmacht in das Gebiet von Tanagra in Böotien einfielen und die Athener ihnen eiligst entgegenzogen, kehrte Kimon aus der Verbannung zurück und stellte sich bewaffnet bei der Abteilung seines Familienverbandes in Reih und Glied, um sich durch die Tat von der Beschuldigung der Spartanerfreundschaft zu befreien. Allein die Anhänger des Perikles taten sich zusammen und jagten ihn wieder fort, da seine Verbannungszeit noch nicht abgelaufen war. Vielleicht hat dieser Vorfall auch dazu beigetragen, daß Perikles im nachfolgenden Kampf mit äußerster Tapferkeit focht, ohne sein Leben zu schonen, und sich vor allen auszeichnete. Aber auch die Anhänger Kimons taten sich besonders hervor und fielen sämtlich in dieser Schlacht – die doch Perikles des geheimen Einverständnisses mit den Spartanern beschuldigt hatte!

Die Athener hatten an den Grenzen Attikas eine entscheidende Niederlage erlitten und mußten für den nächsten Sommer auf einen noch schwereren Feldzug gefaßt sein. Daher reute sie das Vorgehen gegen Kimon, und sie wünschten ihn zurück. Perikles bemerkte das und zögerte nicht, dem Wunsch des Volkes zu willfahren. Er fertigte sogleich den Erlaß aus, der Kimon zurückrief. Diesem gelang es dann auch ohne Schwierigkeit, den Frieden zwischen beiden Staaten zu vermitteln, denn man schätzte Kimon ebenso sehr, wie man Perikles und die Demokratie verabscheute.

Nach anderer Lesart hat Perikles die Rückberufung Kimons erst beantragt, nachdem zwischen beiden, durch die Vermittlung Elpinikes, der Schwester Kimons, ein Geheimvertrag zustande gekommen war, wonach Kimon mit einer Flotte von zweihundert Schiffen über See Krieg führen und Persien angreifen sollte, während Perikles unterdessen die Herrschaft in der Stadt überlassen blieb. Übrigens soll, wie man glaubt, Elpinike schon in einem früheren Fall Perikles zu einem wohlwollenden Verhalten gegenüber Kimon bestimmt haben, als dieser auf Tod und Leben angeklagt war. Perikles war einer der vom Volk bestimmten Ankläger. Als Elpinike zu ihm kam und für ihren Bruder bat, sagte er lächelnd: Alt bist du, Elpinike, viel zu alt für solche Angelegenheiten. Doch ergriff er bei der Verhandlung nur ein einziges Mal das Wort, um der Form zu genügen, und sprach sich so milde aus, daß er von allen Anklägern dem Kimon am wenigsten schadete. Wie kann man da wohl dem Idomeneus Glauben beimessen, der Perikles beschuldigt, er habe den Demokraten Ephialtes, seinen Freund und Parteigenossen, aus Eifersucht und Neid hinterlistigerweise ermorden lassen. Ich weiß nicht, woher er diese gallsüchtigen Vorwürfe gegen einen Mann hat, der vielleicht nicht ohne Tadel war, aber gewiß von anständigem Charakter und Ehrenhaftigkeit, unfähig einer so gemeinen und niederträchtigen Tat. Ephialtes war den Aristokraten ein Schrecken, da er gegen alle, die sich an den Staatseinkünften oder dem Volk vergriffen hatten, mit unnachsichtiger Strenge vorging. Die Aristokraten waren es auch, die ihm nach dem Leben stellten und ihn schließlich durch Aristodikos von Tanagra umbringen ließen. So erzählt Aristoteles die Sache.

Nach dem Tod Kimons – er starb auf einem Feldzug in Kypros als Kommandant der athenischen Flotte – war es den Aristokraten klar, daß Perikles, wie zeitweise schon vorher, nun der mächtigste Mann in Athen geworden war. Sie wünschten daher, ihm aus ihren Reihen wieder einen Gegner zu geben, um seine Macht in Schach zu halten und zu verhindern, daß sie zur völligen Diktatur wurde. Dazu wurde Thukydides von

Alpoke bestimmt, ein kluger Kopf und naher Verwandter Kimons, zwar kein so großer Feldherr wie dieser, aber ein erfahrener Politiker. Thukydides griff die Aufgabe energisch an, war ständig auf dem Posten, trat Perikles in den Versammlungen entgegen und stellte so das Gleichgewicht in der Staatsführung wieder her. Auch duldete er nicht, daß sich die Aristokraten, wie es bisher geschehen war, unter das Volk mischten und sich bei ihm anbiederten, was ihrem Ansehen leicht Abbruch tun konnte. Er zog vielmehr einen scharfen Trennungsstrich und schloß seine Partei fest zusammen, wodurch sie bedeutend an Einfluß gewann und ihr Gewicht oft entscheidend in die Waagschale werfen konnte. Bisher war die schon lange bestehende Trennung, wie ein verborgener Sprung im Eisen, nicht in Erscheinung getreten, da es keine klaren Unterschiede zwischen der demokratischen und der aristokratischen Partei gab. Nun aber wurde durch den ehrgeizigen Wettstreit der beiden Männer die Spaltung nicht nur offenbar, sondern vertiefte sich noch. Zwei streng geschiedene Lager entstanden, und fortan nannte man den einen Teil »Demos« oder Volk, den anderen »Oligoi« oder Wenige.

Um so mehr sah sich nun Perikles veranlaßt, dem Volk die Zügel schießen zu lassen und sich mit seiner Politik auf die Gunst der Menge zu stützen. Ständig wußte er ein feierliches Schauspiel, bald einen öffentlichen Schmaus oder Aufzug zu veranstalten und die Athener durch zugkräftige Belustigungen zu unterhalten. Jahr für Jahr ließ er sechzig Schiffe in See gehen, bemannt mit wohlhabenden Bürgern, die acht Monate Sold bekamen, um sich im Dienst auf Kriegsschiffen zu üben. Ferner schickte er aus Athen tausend Siedler zum Chersones, fünfhundert nach Naxos, halb so viele nach Andros und noch andere nach Italien, als Sybaris, nun Thurioi genannt, wieder aufgebaut wurde.

Was aber der Stadt Athen am meisten zur Zierde gereichte, was bei anderen Völkern die größte Bewunderung erregte und für Griechenland das einzige Zeugnis darstellt, daß seine so oft gepriesene Macht und Herrlichkeit in vergangenen Zeiten keine leere Erdichtung ist, ich meine die Errichtung der prachtvollen Bauwerke, rief unter allen Staatshaltungen des Perikles bei seinen Gegnern die heftigsten Angriffe hervor, und darüber wurde in allen Volksversammlungen am lautesten Klage geführt. Athen, so rief man, wäre in Schimpf und Schande gestürzt, weil es den allen Griechen gemeinsam gehörenden Bundesschatz von Delos weggeholt habe. Und die gültigste Entschuldigung gegenüber Beschwerden der Bundesgenossen, daß man nämlich den Schatz aus Besorgnis vor den Persern an einen sicheren Ort habe bringen wollen, wäre jetzt Athen durch Perikles genommen worden. Nun aber müsse Griechenland glauben, daß es betrogen und in schlimmster Weise vergewaltigt worden sei, da es sehen müßte, wie von seinen mühsam aufgebrachten Beiträgen zur Landesverteidigung die Athener ihre Stadt vergolden und ausschmücken und sie, wie ein eitles Weib, mit Kostbarkeiten von Tausenden von Talenten behängen.

Demgegenüber stellte Perikles dem Volk vor, die Athener wären den Bundesgenossen über jene Gelder keine Rechnungslegung schuldig, da Athen für sie Krieg führe und sie gegen den äußeren Feind beschütze. Die Bundesgenossen hätten kein Pferd, keinen Mann, kein Schiff gestellt, sondern nur Geld beigesteuert, und das gehöre nicht denen, die es gäben, sondern denen, die es bekämen, sofern diese nur das leisteten, wofür sie es erhalten hätten. »Nun, da die Stadt mit allem Kriegsbedarf hinlänglich versehen ist, soll man den Überschuß an Unternehmungen wenden, die für die Zukunft unsterblichen Ruhm, für jetzt aber reichen Verdienst versprechen. Handel und Wandel werden sich beleben, alle Hände werden Arbeit bekommen. Und während sich die Stadt schmückt und verschönert, wird sie zugleich neuen Aufschwung nehmen und die Möglichkeit gewinnen, sich aus eigener Kraft zu ernähren.«

Den Waffenfähigen verschaffte in der Tat der Kriegsdienst reichlichen Unterhalt aus der Schatzkammer. Perikles jedoch wünschte, daß auch die übrigen, nicht für die Landesverteidigung Brauchbaren, von diesem Verdienst nicht ausgeschlossen blieben, ihn aber auch nicht ohne Arbeit, als Müßiggänger, erhielten. Entschlossen ging er nun an die Ausführung umfangreicher Bauten, die nicht nur Kunst und Handwerk beschäftigten, sondern auch eine lange Zeit erforderten und dem ganzen Volk zugute kamen. An Materialien benötigte man Steine, Erze, Elfenbein, Gold, Eben- und Zypressenholz; zur Bearbeitung brauchte man Gewerbetreibende, wie Zimmerleute, Bildhauer, Maler, Steinmetzen, Bildschnitzer, Sticker, Kupferschmiede, Färber, Goldarbeiter und Elfenbeindreher; zur Gewinnung und zum Transport brauchte man zur See Kaufleute, Matrosen und Steuermänner, zu Lande Wagner, Pferdehalter, Fuhrleute, Seiler, Leinweber, Sattler, Straßentechniker und Bergleute. Jedes Gewerbe hatte noch, wie ein Feldherr, ein eigenes Heer von ungelernten Arbeitern unter sich, die als Handlanger und dergleichen dienten. Dank dieser vielfältigen und verschiedenartigen Verrichtungen öffneten sich für jeden Stand, für jedes Alter reiche Verdienstmöglichkeiten.

Aber bei der Errichtung dieser Bauwerke, so stolz in ihrer Größe, so unnachahmlich in Gestalt und Schönheit, weil alle Künstler ihr Bestes hergaben und die Entwürfe womöglich noch zu übertreffen suchten, war doch das Erstaunlichste die Schnelligkeit der Ausführung. Man hatte geglaubt, jedes einzelne der Werke könnte nur im Verlauf mehrerer Menschenalter und unter einer ganzen Reihe von Regierungen fertiggestellt werden, und doch wurden sie alle unter der betriebsamen Verwaltung eines einzigen Mannes vollendet. Und diese Bauten, die doch in so kurzer Zeit entstanden, haben Jahrhunderte überdauert. An Schönheit kommen sie der besten Tradition der Vergangenheit gleich und haben doch zugleich den unvergänglichen Reiz des Neuen und Frischen. Sie prangen in blühender Jugend, der die Zeit nichts anhaben kann. Es ist, als wäre diesen Werken ein Hauch ewigen Frühlings eingeflößt – eine Seele, die niemals altert.

Die Leitung und Aufsicht über das Ganze hatte Phidias, obgleich sehr geachtete Künstler und Baumeister an den Werken arbeiteten. So erbauten Kallikrates und Iktinos den hundert Fuß ins Geviert haltenden Parthenon. Den Bau des Mysterientempels in Eleusis begann Koroibos; er errichtete auch die Säulen zu ebener Erde und verband sie mit den Architraven; nach seinem Tod fügte Metagenes aus Xypeta den Fries und die oberen Säulen hinzu, und Xenokles von Cholargia brachte die gewölbte Öffnung am Allerheiligsten an. Den Bau der langen Mauer, ein von Perikles selbst stammender Gedanke, wie Sokrates sagt, übernahm Kallikrates.

Das Odeion, das im Innern eine Menge Sitze und viele Säulenreihen enthielt, hatte eine gleichmäßig von allen Seiten in eine Spitze auslaufende Bedachung. Das Ganze war als eine Nachbildung des persischen Königszelts gedacht, ebenfalls nach Perikles' Angabe. Damals zuerst setzte auch Perikles den Vorschlag durch, auf dem panathenäischen Fest einen musikalischen Wettstreit zu veranstalten; er selbst, als erwählter Preisrichter, ordnete an, wie die Wettspieler auf der Flöte und Zither spielen müßten. Von dieser Zeit an fanden in Athen regelmäßig musikalische Wettspiele statt.

Die Propyläen der Akropolis wurden durch den Baumeister Mnesikles innerhalb fünf Jahren vollendet. Bei diesem Bau ereignete sich ein wunderbarer Zufall, der kundtat, daß Athene dem Werk ihre Huld nicht versagte und selbst zu seiner Förderung beitragen wollte. Der eifrigste und befähigtste unter den Künstlern glitt aus und stürzte aus großer Höhe zu Boden, so daß er schwer verletzt wurde und die Ärzte ihn aufgaben. Als Perikles darüber sehr bekümmert war, erschien ihm die Göttin im Traum und verordnete ein Heilmittel, durch dessen Gebrauch er den Mann in kurzer Zeit wiederherstellte. Aus

Dankbarkeit errichtete er der Athena Hygieia (Gesundheitsgeberin) auf der Akropolis eine eherne Bildsäule neben dem Altar, der, wie es heißt, schon vorher dort gestanden hatte. Phidias selbst verfertigte die goldene Statue der Athene; er wird auch in einer Inschrift am Sockel als Schöpfer genannt. Dabei hing fast alles von ihm ab, und er führte, wie schon gesagt, dank seiner Freundschaft mit Perikles, die Aufsicht über alle Künstler. Dies trug dem einen Neid, dem anderen Verleumdung ein. Man behauptete, Phidias verschaffe vornehmen Frauen in seinem Haus unter dem Vorwand, ihnen seine Arbeiten zu zeigen, Gelegenheit zu Zusammenkünften mit Perikles. Natürlich lieferte das Gerede den Komödiendichtern willkommenen Stoff. Sie verschrien Perikles als argen Lüstling, ziehen ihn des unerlaubten Umgangs mit der Frau des Menippos, seines Freundes und Unterfeldherrn, und warfen ihm vor, sein bester Freund Pyrilampes zöge nur deshalb so viele (damals überaus seltene) Pfauen auf, um sie den Frauen, mit denen Perikles zu tun hätte, zum Geschenk zu machen. Aber wen mag es noch befremden, daß Leute, die von Profession Spötter sind, die Schmähungen gegen große verdiente Männer bei jeder Gelegenheit der Sensationslust des Pöbels wie einem bösen Dämon zum Opfer bringen, wenn sogar Stesimbrotos von Thasos sich nicht scheut, Perikles des abscheulichsten und ganz unwahrscheinlichen Verbrechens mit seiner Schwiegertochter zu beschuldigen? Die Ergründung der Wahrheit in der Geschichte ist wirklich eine schweres und mühsames Beginnen, da späteren Historikern bei Prüfung der Begebenheiten die Länge der Zeit im Weg steht, während die Erzählungen der Zeitgenossen über Leben und Taten eines Mannes entweder durch Neid oder Feindschaft oder durch Gunst und Schmeichelei entstellt und verdreht werden.

Als Thukydides und seine Partei ein großes Geschrei gegen Perikles erhoben, daß er das Geld verschleudere und die Staatsfinanzen zugrunde richte, fragte er das Volk in einer Versammlung, ob es die Ausgaben für zu hoch hielte. Sie seien freilich sehr groß, antwortete man ihm, worauf er fortfuhr: Nun, so sollen die Ausgaben nicht auf euch, sondern auf mich allein fallen. Aber dafür werde ich auch nur meinen Namen auf all die Werke setzen. Kaum hatte Perikles diese Erklärung abgegeben, als alle, sei es nun aus Bewunderung für seine Großmut oder weil sie auch am Ruhm dieser Bauten teilhaben wollten, ihm mit lautem Geschrei zuriefen, er solle nur die ganzen Kosten aus dem Schatz nehmen, ohne zu sparen.

Schließlich wurde die Spannung zwischen ihm und Thukydides so groß, daß einen von ihnen das Scherbengericht treffen mußte. Aber es gelang Perikles, seinen Gegner in die Verbannung zu schicken, und danach löste er dessen Partei auf.

Nachdem auf solche Weise der politische Zwist behoben und die Einigkeit im Staat wieder hergestellt war, nahm Perikles alles in seine Hand, was Athen und den Staat betraf: die Einkünfte, die Armee, die Flotte, die Inseln, das Meer, dazu die umfangreiche über Griechenland wie über das Ausland sich erstreckende Herrschaft, die durch unterworfene Völker oder durch Bündnisse mit Königen und Fürsten aufs beste befestigt war. Aber nun war er nicht mehr derselbe Mann, zeigte sich nicht mehr so gefällig gegen das Volk, nicht mehr so geneigt, den wechselnden Wünschen der Masse wie ein Schiff dem Winde zu folgen und nachzugeben. Im Gegenteil stimmte er die weichliche Melodie jener oft allzu nachgiebigen, um Volksgunst buhlenden Regierung plötzlich in eine aristokratische und königliche Herrschaft um. Da er aber seine Macht redlich zum Wohl des Staates gebrauchte, ließ sich das Volk zumeist durch Überredung und Überzeugung gutwillig leiten. Wenn man ihm aber Widerstand entgegensetzte, griff er hart zu und zwang das Volk zu dem, was ihm dienlich erschien.

Natürlich konnte es bei einem so großen Volk und ausgedehnten Machtbesitz nicht an wechselnden Stimmungsausbrüchen fehlen. Aber Perikles verstand, wie selten einer, die

Kunst, die Erregungen geschickt zu meistern und, sich der Furcht und der Hoffnung wie zweier Steuerruder bedienend, den trotzigen Übermut des Volkes beizeiten einzudämmen oder es in seiner Niedergeschlagenheit aufzurichten. Dadurch bewies er, daß die Redekunst, nach einem Wort Platos, Seelenführung ist, die Kunst, vor allem die Seelenregungen zu handhaben wie die Töne oder Saiten eines Instruments, das man zu spielen versteht. Aber nicht allein die Gewalt seiner Rede gab ihm die Macht über die Menschen, sondern ebensosehr, wie Thukydides sagt, seine persönliche Unbescholtenheit und das unbedingte Vertrauen, das er genoß, da allgemein bekannt war, wie sehr er Bestechung und Geldgier verabscheute. Er, der eine große Stadt zu der größten und reichsten machte und selbst Könige und Fürsten an Macht und Ansehen übertraf, hat das von seinem Vater ererbte Vermögen nicht um eine einzige Drachme vermehrt, und dabei währte der Glanz seiner Herrschaft nicht einen kurzen Sommer lang, war nicht das zufällige Ergebnis glücklicher Umstände und rasch wechselnder Volksgunst: ganze vierzig Jahre war er der erste unter Männern wie Ephialtes, Leokrates, Myronides, Kimon, Tolmides, Thukydides, blieb es auch nach Thukydides' Sturz und Verbannung noch an die fünfzehn Jahre und behielt bei den sonst jährlich abwechselnden Ämtern die höchste Macht und Gewalt jahraus, jahrein, ohne sich je von der Liebe zum Geld hinreißen zu lassen.

Bei alledem war er doch ein guter Wirtschafter. Sein rechtmäßig ererbter Besitz sollte ihm nicht verlorengehen, aber seine Verwaltung ihn auch nicht ablenken und ihm für wichtigere Dinge Zeit rauben. Daher traf er eine Regelung, die ihm die Last abnahm und dabei Sicherheit gewahrte. Er verkaufte nämlich jährlich seine Ernte im ganzen und ließ dann alles, was er im Haushalt brauchte, auf dem Markt einzeln einkaufen. Damit waren seine Söhne, als sie heranwuchsen, nicht recht zufrieden; auch seine Frauen fanden ihn allzu sparsam und murrten, daß ihnen der nötige Aufwand von Tag zu Tag zugeteilt wurde, daß nicht, wie in anderen reichen Häusern, Überfluß herrschte, sondern alle Ausgaben und Einnahmen genau berechnet und kärglich abgemessen waren. Diese peinlich genaue Haushaltung wurde nur von einem einzigen Bedienten geleitet, dem Euangelos, der dazu besonderes Geschick besaß oder auch von Perikles selbst zur Führung der Wirtschaft angelernt worden war.

Das reimt sich freilich nicht mit den Grundsätzen des Anaxagoras, der selbst aus einer Art Begeisterung und Seelengröße sich seines Hauses entäußert hatte und seine Ländereien öde und unbebaut liegen ließ. Aber zwischen dem Leben eines Denkers und dem eines Staatsmannes scheint mir doch ein großer Unterschied zu sein. Der Philosoph bedarf nicht der irdischen Dinge, ist frei von Sorge für andere und lebt in der reinen Welt des Geistes. Der Staatsmann hingegen muß seine Kräfte dem Wohl der Menschen widmen; für ihn ist Besitz oft notwendig und schafft ihm die Möglichkeit, Gutes zu tun, wie denn auch Perikles den vielen Bedürftigen stets aus seinen persönlichen Mitteln half. Das erfuhr Anaxagoras an sich selbst. Man erzählt, daß er sich im Alter, da er sich von dem mit Geschäften überhäuften Perikles gänzlich vergessen fühlte, verhüllten Hauptes in einen Winkel gesetzt habe, um sich durch Hunger zu töten. Kaum war das Perikles zu Ohren gekommen, als er erschrocken zu dem Alten hineilte und dabei nicht so sehr den Freund als sich selbst beklagte, daß er einen so unersetzlichen Ratgeber für die Leitung des Staates verlieren sollte. Anaxagoras enthüllte darauf sein Haupt und sagte: Ja, Perikles, wer der Leuchte bedarf, der schüttet Öl auf die Lampe.

Es konnte natürlich nicht fehlen, daß die Spartaner mit der Zeit auf die wachsende Macht Athens eifersüchtig wurden. Für Perikles war das der Anlaß, das Selbstbewußtsein der Athener nur noch mehr zu steigern und ihnen ihre führende Stellung zum Bewußtsein zu bringen. In dieser Absicht setzte er einen

Volksbeschluß durch, daß alle Griechen in Europa oder Asien eingeladen werden sollten, Abgeordnete zu einem Kongreß nach Athen zu schicken, der über den Wiederaufbau der von den Persern niedergebrannten Tempel, über die Opfer, die man noch von den Perserkriegen her als Gelübde für Griechenland den Göttern schuldig war, wie auch über die allgemeine Sicherheit der Meere und einen dauerhaften Frieden beratschlagen sollte. Hierzu wurden zwanzig Männer, sämtlich über fünfzig Jahre alt, ausgewählt und nach allen Teilen Griechenlands und den Kolonien geschickt. Allerorts suchten die Abgesandten für die Teilnahme an der Beratung über den Frieden und den Zusammenschluß der griechischen Staaten zu wirken. Aber die Sache kam nicht zustande, und es fanden sich keine Abgeordneten in Athen ein, weil, wie es heißt, die Spartaner die Absicht Athens durchkreuzten und erreichten, daß der gesamte Peloponnes zuallererst den Plan ablehnte. Ich habe dies nur mit angeführt, um von dem hochfliegenden Geist und den weitgreifenden Ideen des Mannes einen Beweis zu geben.

Als Feldherr war er besonders durch seine Vorsicht berühmt. Er ließ sich nie auf einen Kampf ein, wenn die Aussicht auf Erfolg zu gering und das Risiko zu groß waren. Heerführer, denen durch Tollkühnheit ein glänzender Sieg geglückt war und die gerade darum von der Menge als große Männer gefeiert wurden, nahm er sich nicht zum Muster, sondern erklärte immer, soviel an ihm läge, sollten seine Mitbürger unsterblich bleiben für alle Zeiten.

Als einst Tolmides, Sohn des Tolmaios, im Vertrauen auf sein bisheriges Glück und seinen militärischen Ruhm gerade zu einem sehr ungünstigen Zeitpunkt einen Einfall in Böotien vorbereitete und schon an die tausend unternehmungslustiger junger Athener beredet hatte, sich dem Söldnerheer als Freiwillige anzuschließen, suchte Perikles ihn in öffentlicher Versammlung davon abzubringen und sprach dabei die denkwürdigen Worte: Wenn er auch auf Perikles nicht hören wollte, würde er gut daran tun, den besten aller Ratgeber abzuwarten, die Zeit. Damals fand die Äußerung nur schwachen Beifall. Aber als wenige Tage danach die Nachricht kam, daß Tolmides im Gefecht von Koroneia geschlagen worden und gefallen war und mit ihm eine große Anzahl der jungen Athener, da stieg Perikles in der Liebe und Achtung seiner Mitbürger, weil man neben seiner überlegenen Klugheit auch erkannt hatte, wie sehr ihm das Wohl des Volkes am Herzen lag.

Am meisten Anerkennung fand sein Feldzug auf der thrakischen Halbinsel, der den dort wohnenden Griechen Ruhe und Sicherheit gab. Denn er verstärkte nicht nur die Macht der dortigen Städte durch Ansiedlung von tausend Athenern, sondern schloß auch die Landenge durch eine von Meer zu Meer reichende Befestigungsmauer nach Norden hin ab, schützte dadurch die Halbinsel gegen die Streifzüge der umwohnenden Thrakier und machte so dem fast dauernden Kriegszustand ein Ende, unter dem das Land durch die Einfälle benachbarter Stämme und die überall hausenden Räuberbanden schwer gelitten hatte.

Aber auch über die Grenzen des Landes drang sein Ruhm, als er mit einer Flotte von hundert Galeeren von Pegai auslief und den Peloponnes umsegelte. Er verwüstete die Städte an der Küste, drang dann tiefer in das Land ein und zwang mit seinen schwerbewaffneten Landungstruppen die Feinde, hinter den Mauern ihrer Städte Schutz zu suchen, auch da noch immer eines Angriffs gewärtig. Nur die Sikyonier stellten sich ihm bei Nemea zum Kampf im offenen Feld. Aber Perikles schlug sie in die Flucht und errichtete auf dem Schlachtfeld das Siegeszeichen. In Achaia, das mit Athen im Bund stand, verstärkte er die Besatzung seiner Flotte und segelte zur gegenüberliegenden Küste, verwüstete Akarnanien, trieb die Oiniaden hinter ihre Stadtmauer, brandschatzte ihr Gebiet und kehrte dann nach Hause zurück. Auf solche Weise zeigte er sich den Feinden als ein furchtbarer Gegner, seinen Mitbürgern als ein ebenso unternehmender wie behutsamer Feldherr; denn auf dem ganzen Feldzug hatte ihn kein Mißgeschick getroffen, auch nicht durch Zufall.

Außerdem unternahm er mit einer großen und trefflich ausgerüsteten Flotte eine Expedition zum Schwarzen Meer. Den dortigen Griechenstädten kam er in allen ihren Wünschen entgegen und knüpfte das Band mit der Mutterstadt noch fester.

Den Königen und Fürsten der eingeborenen Völkerschaften aber führte er die Macht der Athener und ihre unumschränkte Herrschaft zur See vor Augen. Den Sinopiern ließ er dreizehn Schiffe zurück nebst Truppen unter dem Kommando des Lamachos zur Unterstützung gegen den Tyrannen Timesilaos. Nachdem dieser mit seinen Anhängern vertrieben worden war, bewirkte er einen Volksbeschluß, daß sechshundert Athener, die sich freiwillig dazu meldeten, in Sinope sich niederlassen und die Häuser sowie Ländereien der Anhänger des Tyrannen unter sich verteilen sollten.

In anderen Fällen jedoch fügte er sich nicht so den Wünschen des Volkes und ließ sich keineswegs mit fortreißen, als die Athener, stolz auf ihre Macht und ihre Erfolge, auf den Gedanken kamen, sich erneut Ägyptens zu bemächtigen und die Seeprovinzen des persischen Reiches anzugreifen. Viele hatte auch schon die unselige und verderbliche Begier nach dem Besitz des reichen Sizilien ergriffen, die dann später von Alkibiades und seinen Anhängern zu heller Flamme entfacht werden sollte. Andere träumten von einer Eroberung Etruriens und Karthagos, eine Hoffnung, die nicht so ganz unbegründet schien, da die Athener über ein immer mehr sich ausdehnendes Machtgebiet herrschten und ihnen das Glück immer günstig blieb.

Allein Perikles wußte diese Eroberungssucht zurückzuhalten und setzte jenen zu weit ausgreifenden Plänen Schranken. Ihm kam es in erster Linie auf die Erhaltung und Sicherung des Erworbenen an, und dazu mußte er vor allem die Macht der Spartaner in Schach halten. Wo er konnte, trat er ihnen entgegen, wie sich besonders im Kampf um Delphi, einem der sogenannten heiligen Kriege, zeigte. Die Spartaner waren nämlich mit einem Heer nach Delphi gezogen und hatten den Tempel, der bisher den Phokiern gehörte, den Delphiern übergeben. Aber gleich nach ihrem Abzuge rückte Perikles mit Truppen heran und setzte die Phokier wieder in den Besitz des Tempels. Da die Spartaner das von den Delphiern erhaltene Vorrecht zur ersten Orakelbefragung auf die Stirn des ehernen Wolfes eingegraben hatten, ließ er sich ein gleiches Vorrecht für die Athener geben und es an die rechte Seite ebendieses Wolfes einschneiden.

Bald auch zeigten die Ereignisse, wie richtig die Politik des Perikles war, die Macht der Athener in Griechenland zusammenzuhalten. Als erste fielen die Euböer ab, und Perikles zog mit einem Heer gegen sie zu Felde. Gleich darauf kam Nachricht, daß die Megarer zu den Feinden übergegangen wären und bereits ein spartanisches Heer unter Führung des Königs Pleistonax an den Grenzen von Attika stände. Perikles kehrte darum in aller Eile aus Euböa zurück, wagte aber nicht, sich mit dem ihm überlegenen Feinde auf einen Kampf einzulassen. Er hatte jedoch in Erfahrung gebracht, daß König Pleistonax ganz vom Rat des Kleandrides abhängig war, der ihm wegen seiner Jugend von den Ephoren als Berater und Aufpasser beigegeben war. Perikles versuchte es daher mit Bestechung, und es gelang ihm auch, Kleandrides durch eine hohe Geldsumme insgeheim zu bestimmen, mit den spartanischen Truppen aus Attika abzuziehen, die sich dann auflösten und in ihre Dörfer zurückkehrten. Aus Zorn darüber verurteilten die Spartaner den König zu einer so hohen Geldstrafe, daß er sie nicht bezahlen konnte und daher außer Landes gehen mußte.

Kleandrides, der geflüchtet war, wurde zum Tod verurteilt. Er war der Vater des Gylippos, der die Athener in Sizilien besiegte. Auch dem Sohn war anscheinend die Geldgier als Familienfehler angeboren, denn nach glänzenden Waffentaten wurde er schmachvoller Handlungen überführt und aus Sparta verbannt.

In der Rechnung über die Kosten dieses Feldzuges hatte Perikles eine Summe von zehn Talenten mit eingesetzt unter dem Titel: Notwendige Ausgaben. Das Volk war damit zufrieden, ohne weiter nachzuforschen oder das Geheimnis wissen zu wollen. Einige, und unter diesen der Philosoph Theophrastos, erzählen, es wären jährlich zehn Talente von Perikles nach Sparta geschickt worden, womit er die offiziellen Persönlichkeiten gewonnen und den Krieg abgewendet hätte, nicht um Frieden, sondern um Zeit zu erkaufen, damit er ungestört rüsten und den Krieg um so nachdrücklicher führen konnte.

Nunmehr wandte er sich sogleich gegen die Abtrünnigen, setzte mit fünfzig Schiffen und fünftausend Schwerbewaffneten nach Euböa über und brachte die dortigen Städte wieder zum Gehorsam. In Chalkis begnügte er sich mit Vertreibung der sogenannten Hippobaten (Ritter), die sich durch Reichtum und Ansehen auszeichneten; dagegen verjagte er die Bewohner der Hestiaiotis und besiedelte ihr Land mit Athenern; gegen diese allein war er so unerbittlich, weil sie ein attisches Schiff gekapert und die Mannschaft umgebracht hatten.

Als dann zwischen Athen und Sparta ein Friede auf dreißig Jahre zustande gekommen war, ließ Perikles die Expedition gegen Samos beschließen unter dem Vorwand, die Samier seien dem Befehl, den Feldzug gegen Milet abzubrechen, nicht nachgekommen. Da man aber allgemein annimmt, er habe den Krieg gegen Samos nur Aspasia zuliebe unternommen, ist es hier vielleicht angebracht, festzustellen, welche außerordentliche Kunst, welche besondere Gewalt diese Frau besessen hat, deren Einfluß die größten Staatsmänner unterlagen und die selbst die Philosophen zu Lobeshymnen begeisterte.

Aspasia stammte, wie festzustehen scheint, aus Milet und war eine Tochter des Axiochos. Man sagt, sie habe sich eine gewisse Thargelia, eine Ionierin aus alter Zeit, zum Muster genommen und nur einflußreichen Persönlichkeiten ihre Gunst geschenkt. Thargelia, eine Frau von ungemeiner Schönheit, dabei geistreich und witzig, hatte zu vielen Griechen nahe Beziehungen gehabt. Es war ihr insgeheim gelungen, all ihre Freunde für den persischen Großkönig zu gewinnen, so daß durch alle diese hochstehenden und mächtigen Männer der persische Einfluß in den Griechenstädten Kleinasiens weit verbreitet wurde. Perikles soll, wie manche behaupten, Aspasia nur wegen ihrer Klugheit und politischen Einsicht geschätzt haben, denn auch Sokrates besuchte sie zuweilen mit seinen Schülern, und ihre Bekannten brachten oft ihre Frauen mit, um ihre Unterhaltung zu hören, obgleich sie kein sehr ehrbares Gewerbe betrieb, sondern eine Menge Hetären unterhielt. Aischines erzählt, der Viehhändler Lysikles, ein wenig geachteter Mann aus kleinen Verhältnissen, sei durch den Umgang mit Aspasia, der er nach Perikles' Tod nähertrat, zu einem der angesehensten Männer in Athen geworden. Und im »Menexenos« des Pluto liegt, so scherzhaft auch der Anfang dieses Gesprächs ist, wenigstens so viel historische Wahrheit, daß diese Frau im Ruf stand, viele Athener suchten sie nur wegen ihrer geistreichen Unterhaltung auf.

Bei alledem ist nicht zu leugnen, daß die Neigung des Perikles für Aspasia eine wirkliche Herzensangelegenheit gewesen ist. Denn er hatte eine Verwandte zur Frau, die vorher mit Hipponikos vermählt gewesen war und diesem den Kallias, den »Reichen«, geboren hatte. Aus ihrer Ehe mit Perikles stammten zwei Söhne, Lanthippos und Paralos. Da aber das Zusammenleben auf die Dauer beiden nicht behagte, gab er sie mit ihrer Einwilligung einem anderen zur Frau und heiratete Aspasia. Er liebte Aspasia so zärtlich, daß er sie, wie man erzählt, alle Tage zweimal, wenn er auf den Markt ging und wenn er wieder nach Hause kam, umarmte und küßte. Der Ruf Aspasias soll so weit gedrungen sein, daß sogar Kyros, der seinem Bruder, dem persischen Großkönig, den Thron streitig machte, der geliebtesten unter seinen Bettgenossinnen, die eigentlich Milto hieß, den Namen Aspasia gab. Als Kyros in der Schlacht gefallen war, gelangte sie in den Besitz des Großkönigs, bei dem sie bald in hohem Ansehen stand.

Man gibt, wie gesagt, Perikles Schuld, er habe den Krieg gegen Samos hauptsächlich Milets wegen auf Bitten Aspasias unternommen, die selbst Milesierin war. Samos und Milet waren um der Stadt Prine willen in einen Krieg verwickelt. Da Samos im Erfolg war, lehnte es die Aufforderung Athens ab, die Waffen ruhen zu lassen und die Entscheidung des Streitfalles einem Schiedsspruch Athens anheimzustellen. Perikles segelte also mit einer Flotte nach Samos und beseitigte die dort regierende Oligarchie; auch ließ er sich fünfzig der angesehensten Bürger und ebensoviel Kinder als Geiseln stellen, die er nach Lemnos schickte. Man erzählt, die Geiseln hätten ihm jeder ein Talent als Bürgschaft angeboten und die Gegner der Demokratie eine noch weit höhere Summe. Auch soll der Perser Pissuthnes, Statthalter von Sardes, ihm zehntausend Goldstücke geschickt und sich für die Stadt verwendet haben. Allein Perikles nahm von dem allen nichts an, sondern verfuhr mit Samos, wie er beschlossen hatte, führte die Demokratie ein und segelte dann nach Athen zurück.

Aber kurz darauf befreite Pissuthnes heimlich die in Lemnos internierten Geiseln, worauf die Samier sofort wieder abfielen und von neuem zum Krieg rüsteten. Perikles lief also zum zweitenmal mit einer starken Flotte gegen sie aus, ohne daß sie sich dadurch zum Frieden bewegen oder einschüchtern ließen. Sie waren im Gegenteil fest entschlossen, ihm die Herrschaft über das Meer aus der Hand zu winden. Bei der Insel Tragiai kam es zu einem erbitterten Seegefecht, in dem Perikles entscheidend siegte und mit seinen vierundzwanzig Schiffen siebzig feindliche Schiffe, von denen zwanzig mit Fußvolk bemannt waren, in die Flucht schlug.

In Verfolgung seines Sieges bemächtigte er sich des Hafens und belagerte die Samier, die aber nicht den Mut verloren, ständig Ausfälle machten und vor den Mauern sich im offenen Feld zur Wehr setzten. Als dann eine zweite, größere Flotte von Athen ankam und Samos völlig eingeschlossen wurde, segelte Perikles mit sechzig Schiffen auf die hohe See hinaus, um, wie die meisten Quellen angeben, den den Samiern zu Hilfe kommenden phönikischen Schiffen entgegenzufahren, um sie weit draußen zu schlagen, nach Stesimbrotos aber, um Kypros anzugreifen, was jedoch nicht wahrscheinlich ist. Welches indes auch seine Absicht gewesen sein mag, so scheint er hier einen Fehler begangen zu haben. Denn kaum war er abgesegelt, als Melissos, ein Philosoph, der damals die samischen Truppen führte, im Hinblick auf die geringe Zahl der Schiffe und die Unerfahrenheit der zurückgebliebenen Befehlshaber seine Mitbürger zu einem Angriff gegen die Athener beredete. Die Samier siegten auch, machten viele Gefangene und zerstörten eine Menge Schiffe. Auch bekamen sie nun wieder freie Hand zur See, so daß sie sich mit allen Kriegsbedürfnissen, die ihnen vorher abgingen, versehen konnten.

Die Samier rächten sich nun für die ihnen vormals angetane Schmach an den Athenern und ließen ihnen eine Eule auf die Stirn brennen, weil die Athener ihnen eine Samaina eingebrannt hatten. Die Samaina ist ein Schiff, dessen Bug wegen des vorn umgebogenen Schnabels die Form eines Schweinerüssels hat und das, hochbordig und bauchig, als Fracht- wie als Schnellsegler gleich brauchbar ist. Seinen Namen hat es davon, weil es zuerst auf Samos nach der Erfindung des Polykrates gebaut worden ist.

Auf die Nachricht von der Niederlage der Einschließungstruppen eilte Perikles zu Hilfe herbei, besiegte den Melissos und trieb den Feind hinter die Mauern zurück. Danach begann er, die Stadt ringsum mit einem Befestigungswerk zu umgeben in der Absicht, sie lieber mit der Zeit auszuhungern, als das Blut seiner Mitbürger zu vergeuden. Allein die Athener waren mit diesem Hinziehen nicht einverstanden und wünschten zu kämpfen.

Perikles half sich mit einem Ausweg. Er teilte das Heer in acht Abteilungen ein, ließ sie losen und gestattete der Abteilung, die die weiße Bohne zog, zu feiern und sich's bequem zu machen, während die anderen den Dienst versahen, Und von dieser weißen Bohne her heißt es noch heute, sich einen weißen Tag machen, wenn man feiert.

Im neunten Monat mußten die Samier sich endlich ergeben, worauf Perikles ihre Mauern niederlegen ließ, ihnen alle Schiffe nahm und sie überdies mit einer hohen Kriegsentschädigung belegte, wovon sie einen Teil gleich ablieferten, das übrige aber zu einem bestimmten Termin zu bezahlen versprachen und dafür Geiseln stellten. Duris, ein Samier, weiß noch einen sehr wenig schönen Vorfall zu berichten und beschuldigt Perikles und die Athener brutaler Grausamkeit, wovon aber weder Thukydides noch Ephoros noch Aristoteles etwas wissen. Es klingt auch wenig wahrscheinlich, wenn er erzählt, Perikles habe die samischen Schiffskapitäne und Seeleute auf den Markt von Milet führen, sie zehn Tage lang an den Pfahl binden lassen und endlich Befehl gegeben, den Unglücklichen die Schädel mit Knüppeln einzuschlagen und ihre Leichname unbeerdigt zu lassen. Aber Duris, der selbst da, wo kein persönliches Interesse mitspricht, in seiner Erzählung sich nicht immer an die Wahrheit hält, hat allem Anschein nach die Leiden seines Vaterlandes vergrößert, um Athen zu verleumden.

Nach Unterwerfung von Samos kehrte Perikles wieder in die Heimat zurück. Er veranstaltete eine höchst ehrenvolle Leichenfeier für die Gefallenen, wobei die Grabrede, die er nach altem Herkommen hielt, allgemeine Bewunderung fand. Beim Herabsteigen von der Rednertribüne empfingen ihn die Frauen und schmückten ihn, wie einen sieghaften Wettkämpfer, mit Kränzen und Bändern. Nur Elpinike ging auf ihn zu und sagte: Es ist sehr bewunderungswürdig, Perikles, und verdient Kranz über Kranz, daß du uns so viel tapfere Bürger umgebracht hast, nicht im Kampf mit Phönikien und Persien, wie mein Bruder Kimon, sondern bei der Unterjochung eines verbündeten und verwandten Staates! Perikles, sagt man, lächelte darüber und antwortete gelassen mit dem Verse des Archilochos: Du, ein so altes Weib, bedienst dich noch der Salben!

Auf den Sieg über Samos war Perikles besonders stolz und äußerte, ein Agamemnon habe das nichtgriechische Ilion erst in zehn Jahren bezwingen können, er aber die erste und mächtigste Stadt unter den Ioniern binnen neun Monaten überwältigt. Indessen war diese hohe Meinung nicht ganz unberechtigt, da der samische Krieg für Athen äußerst kritisch war und ihm fast die Herrschaft zur See gekostet hätte, wie Thukydides versichert.

Nicht lange danach, als schon der Peloponnesische Krieg seine Schatten vorauswarf, beantragte Perikles in der Volksversammlung, Kerkyra in dem Konflikt mit den Korinthern zu Hilfe zu kommen, um diese als Seestützpunkt wichtige Insel für Athen zu gewinnen, bevor noch die Feindseligkeiten mit Sparta zum Ausbruch kamen. Die Athener bewilligten die Hilfe, und Perikles entsandte Lakedaimonios, den Sohn Kimons, aber wie zum Hohn, mit nur zehn Schiffen nach Kerkyra. Das Haus Kimons stand seit langem in freundschaftlichen Beziehungen zu Sparta. Damit man also Lakedaimonios, wenn ihm auf dem Zug kein Erfolg beschieden war, um so mehr des Einverständnisses mit Sparta verdächtigen konnte, gab er ihm nur so wenige Schiffe mit und schickte ihn gegen seinen Willen ab. Indessen mußte Perikles wegen dieser zehn Schiffe manchen Tadel hören, da sie den Freunden keine wirksame Hilfe brachten, den Gegnern aber willkommenen Anlaß zur Beschwerde gaben. Daher entsandte er sehr bald noch weitere Schiffe, die aber erst nach dem Seegefecht bei Sybota eintrafen. Die Korinther waren über diese Einmischung nicht wenig aufgebracht und führten in Sparta Klage gegen die Athener. Zugleich mit ihnen beschwerten sich auch die Megarer, daß sie entgegen den gemeinsamen Rechten und den abgeschlossenen Verträgen von allen unter Herrschaft Athens stehenden Märkten und Häfen ausgeschlossen und vertrieben würden. Die Ägineter, die ebenfalls Unrecht und Gewalt erlitten zu haben glaubten, beschwerten sich darüber nur insgeheim in Sparta, da sie nicht wagten, öffentlich über Athen Beschwerde zu führen. Zu gleicher Zeit war auch die Stadt Potidaia abgefallen, eine korinthische Kolonie, die aber zum athenischen Machtbereich gehörte, und wurde daraufhin von den Athenern belagert, was den Ausbruch des Krieges noch mehr beschleunigte. Indessen waren Gesandte nach Athen geschickt worden, und auch Archidamos, der König von Sparta, versuchte, die meisten Beschwerden in Güte zu erledigen und die Bundesgenossen zu beruhigen. So schien es, daß der Krieg wegen der übrigen Ursachen noch abgewendet werden könnte, sofern sich Athen nur bewegen ließ, den Volksbeschluß gegen die Megarer aufzuheben und sich mit ihnen zu verständigen. Da aber Perikles sich der Aufhebung dieses Beschlusses hartnäckig widersetzte und das Volk zu bestimmen suchte, bei der Feindschaft gegen Megara zu beharren, wurde ihm allein die Schuld am Krieg beigemessen.

Man erzählt, es sei eine spartanische Gesandtschaft nach Athen gekommen, um in der megarischen Angelegenheit zu vermitteln. Als nun Perikles die Unmöglichkeit des Nachgebens damit begründete, das Gesetz verbiete, eine Tafel abzunehmen, worauf ein Volksbeschluß niedergeschrieben wäre, habe Polyarkes, einer der spartanischen Gesandten, zu ihm gesagt: Du sollst ja die Tafel auch gar nicht abnehmen, kehre sie einfach um, das verbietet kein Gesetz. Trotz dieses geschickten, einen Ausweg bietenden Wortes lehnte Perikles jedes Einlenken ab. Aller Wahrscheinlichkeit nach hat also ein persönliches Moment bei der Feindschaft gegen Megara mitgespielt. Um die Megarer als staatsfeindlich hinzustellen, erhob er gegen sie die Anklage, sie hätten sich einen Teil des geheiligten Feldes zwischen Eleusis und Megara widerrechtlich angeeignet, und setzte einen Volksbeschluß durch, daß ein athenischer Gesandter sowohl nach Megara wie nach Sparta geschickt werden sollte, um über die Megarer Klage zu führen.

Diese von Perikles veranlaßte Maßnahme eröffnete immerhin den Weg zu einem friedlichen Schiedsverfahren. Als aber der Gesandte Athens, Anthemokritos mit Namen, auf Anstiften der Megarer, wie man glaubte, ermordet worden war, stellte Charinos gegen sie den Antrag auf tödliche und unversöhnliche Feindschaft: jeden Megarer, der attisches Gebiet betrat, mit dem Tod zu bestrafen, und die Feldherren sollten bei Ablegung des feierlichen Eides schwören, jährlich zweimal in das megarische Gebiet einzufallen; endlich sollte Anthemokritos bei dem thriasischen Tor, jetzt Dipylos genannt, auf Staatskosten beigesetzt werden. Die Megarer aber leugneten jede Anteilnahme an der Ermordung des Anthemokritos und schoben alle Schuld auf Perikles und Aspasia; dabei zitierten sie die bekannte Stelle aus den Acharnern des Aristophanes:

> Da kamen Jünglinge nach Megara, berauscht
> Vom Wein entführten sie die Buhlerin Simaitha.
> Die Megaräer drob, entbrannt vor Zorn,
> Stahl'n Aspasien zween Dirnen.

Nun, der wahre und eigentliche Grund zum Krieg läßt sich schwerlich noch ermitteln. Aber alle geben einstimmig Perikles die Schuld, daß der Volksbeschluß gegen die Megarer nicht aufgehoben wurde. Die einen behaupten, er habe sich aus Prestigegründen und in klarer Erkenntnis aller Folgen der Aufhebung des Beschlusses widersetzt, weil er darin einen Versuch sah, Athen zum Nachgeben zu zwingen. Nachgeben aber ein Eingeständnis der Schwäche bedeutet hätte. Andere glauben, nur ein unzeitgemäßer Ehrgeiz, die Macht Athens darzutun, habe ihn bestimmt, alle Vorschläge der Spartaner abzulehnen.

Es gibt aber noch eine andere, für Perikles weniger günstige Erklärung, für die allerdings viele Zeugen vorhanden sind. Der Bildhauer Phidias hatte, wie bereits erwähnt, die Ausführung der Athene-Statue übernommen. Da er ein Freund des

Perikles war und großen Einfluß bei ihm besaß, hatte er schon darum viele persönliche Feinde und Neider. Die Gegner des Perikles wollten nun bei Phidias die Probe machen, wie das Volk eine Anklage gegen Perikles aufnehmen würde. Zu diesem Zweck wurde Menon, einer der Gehilfen des Phidias, bewogen, sich als Bittender auf den Markt zu setzen und wegen einer gegen Phidias anzustrengenden Klage um Schutz und Sicherheit zu bitten. Das Volk gewährte ihm diesen Schutz, und nun wurde die Klagesache in einer Volksversammlung förmlich untersucht, ohne daß man Phidias die geringste Unterschlagung nachweisen konnte. Denn auf Perikles' Rat hatte er das Gold so geschickt am Bildwerk angebracht, daß es mit leichter Mühe abgemacht und gewogen werden konnte, was denn auch Perikles damals die Ankläger tun hieß.

Der eigentliche Grund aber, der dem Phidias Neid und Verfolgung zuzog, war das Aufsehen, das seine Werke erregten, hauptsächlich weil er in dem auf dem Schild dargestellten Streit mit den Amazonen sich selbst in der Gestalt eines kahlköpfigen Greises, der mit beiden Händen einen Stein in die Höhe hob, abgebildet und auch das schön getroffene Bild des Perikles, der gegen die Amazonen streitet, angebracht hatte. Die Stellung der Hand, die einen Speer vor Perikles' Gesicht hält, ist etwas künstlich und hat offenbar den Zweck, die Ähnlichkeit zu verdecken, die jedoch seitwärts davon gut zu erkennen ist. Phidias wurde daher ins Gefängnis geworfen und starb an einer Krankheit oder, wie einige behaupten, an Gift, das ihm seine Feinde beibrachten, um Perikles in üblen Ruf zu bringen. Dem Ankläger Menon gewährte das Volk auf Glykons Vorschlag Befreiung von allen Abgaben und befahl zugleich dem Stadtkommandanten, für die Sicherheit des Mannes Sorge zu tragen.

Um eben dieselbe Zeit wurde auch Aspasia vor Gericht gezogen, wobei der Komödiendichter Hermippos die Klage führte und sie überdies noch beschuldigte, dem verbotenen Umgang des Perikles mit freigeborenen Frauen in ihrem Haus Vorschub geleistet zu haben. Ferner stellte Diopeithes den Antrag, daß gegen alle, die die anerkannte Religion verachteten und über göttliche Dinge Vorträge hielten, Anklage erhoben werden sollte. Das zielte auf Anaxagoras, durch den man aber vor allem Perikles treffen wollte. Das Volk gab allen diesen Verleumdungen willig Gehör und bestätigte auch den Antrag des Drakontides, Perikles habe über das verwendete Geld vor den Prytanen des Senats Rechenschaft abzulegen, die Richter aber sollten in diesem Fall ihre Stimmsteine vom Altar der Athene nehmen und das Urteil über ihn sprechen. Aganon jedoch setzte eine Abänderung des letzten Punktes durch, an dessen Stelle gesetzt wurde, daß die Untersuchung von fünfzehnhundert Richtern vorzunehmen sei, wenn jemand wegen Unterschlagung, Bestechung oder dergleichen Vergehen eine Klage erheben wollte.

Es gelang Perikles, Aspasia freizubekommen, da er, wie Aischines sagt, bei der Verhandlung bittere Tränen vergoß und das Mitleid der Richter anrief. Für Anaxagoras war er aber so besorgt, daß er ihn aus Athen fortschickte. Da aber Perikles wegen dieser Vorfälle die Stimmung des Volkes gegen sich hatte, mußte er einen ungünstigen Ausgang seines eigenen Prozesses befürchten. Und aus diesem Grund soll er die schon lange unter der Asche glimmende Kriegsstimmung zu heller Flamme angefacht haben. Er hoffte auf solche Weise den Anklagen zu entgehen und die Mißstimmung zu unterdrücken, da er bei seinem Ansehen und seiner Macht der einzige war, auf den sich die Stadt in Nöten und Gefahren verlassen konnte. Das sind also die mancherlei Gründe, die angeführt werden, warum Perikles die Athener verhindert hat, im Streitfall mit Megara einzulenken und sich mit Sparta zu verständigen. Aber die Wahrheit kennt niemand.

Sparta sah wohl ein, daß Athen leichter zur Nachgiebigkeit geneigt sein würde, wenn es gelang, Perikles zu stürzen. Durch eine Gesandtschaft forderten sie daher die Athener auf, den Fluch zu sühnen, der, wie Thukydides erzählt, von mütterlicher Seite her auf Perikles lastete (weil die Alkmäoniden, aus deren Geschlecht die Mutter stammte, Kylon am Altar der Athene ermordet hatten). Aber dieses Vorgehen hatte gerade den gegenteiligen Erfolg. Anstatt in Schande zu geraten, wurde Perikles von den Athenern nur noch mehr Vertrauen und Achtung entgegengebracht, da man erkannte, daß die Feinde ihn vor allen haßten und fürchteten. Um späteren Verdächtigungen der Feinde vorzubeugen, gab er auch, noch ehe Archidamos mit dem peloponnesischen Heer in Attika eingefallen war, den Athenern die Erklärung ab, er werde seine Ländereien der Stadt übereignen, falls Archidamos bei der Verwüstung Attikas etwa seine Ländereien schonen sollte, unter dem Vorwand, seine Gastfreundschaft genossen zu haben.

Unter Führung des Königs Archidamos fielen nun die Spartaner und ihre Bundesgenossen mit einem starken Heer in Attika ein, verwüsteten das Land und rückten bis Acharnai vor. Dort blieben sie stehen, in der Hoffnung, Stolz und Ehre würden die Athener zu einem Angriff auf den in das Land eingedrungenen Feind veranlassen. Perikles jedoch hielt es für gefährlich, gegen die sechzigtausend Mann starke Invasionsarmee einen Kampf zu wagen und damit Athen selbst aufs Spiel zu setzen. Viele aber kränkte diese Vorsicht, und sie drängten zur Schlacht. Perikles suchte sie zu beschwichtigen und äußerte dabei: Für gefällte Bäume wachsen rasch andere, der Verlust an Mannschaft aber ist nicht leicht zu ersetzen. Er berief auch keine Volksversammlung ein in der Befürchtung, dann gegen seinen Willen zur Schlacht gezwungen zu werden. Sondern wie der Kapitän bei aufkommendem Sturm alles festmachen läßt, die Segel refft und die nötigen Kommandos gibt, ohne auf die Tränen und Bitten der Seekranken und verängstigten Passagiere zu achten, so auch handelte Perikles: Er ließ die Stadt nach außen abschließen, stellte rings auf den Mauern Wachen auf und handelte nur nach eigener Einsicht, ohne sich um Geschrei und Kritik zu kümmern. Die Freunde bestürmten ihn mit Bitten, die Feinde drohten und verdächtigten ihn. Man sang Spottlieder auf ihn, nannte ihn einen feigen General und Verräter. Besonders Kleon benutzte jetzt den Unwillen der öffentlichen Meinung gegen Perikles, um sich selbst beim Volk in Gunst und Ansehen zu bringen. Das zeugen die Verse des Dichters Hermippos:

> Warum willst du, König der Satyrn, die Lanze
> Nicht in die Hand nehmen, und weißt doch immer
> So schön und trefflich über den Krieg zu sprechen?
> Ja, du redest immer von Mut und Heldentum,
> Aber des blanken Schwerts geschärfte Spitze
> Macht dir schon Bangigkeit und Zähneklappern,
> So sehr auch der bissige Kleon dich reizet.

Doch dies alles machte auf Perikles nicht den geringsten Eindruck, und er ertrug die Schmähungen und bitteren Vorwürfe in stiller Gelassenheit. Nur eine Flotte von hundert Schiffen entsandte er zum Peloponnes, fuhr aber nicht selbst mit, sondern blieb zu Hause und hielt die Stadt im Zaum, bis die Peloponnesier wieder abgezogen waren. Um indes die Bevölkerung, die wegen der Unbilden des Krieges unruhig und aufgebracht war, zu beruhigen, ließ er Gelder verteilen und brachte neue Ansiedlungen in Vorschlag. So vertrieb er sämtliche Ägineter und verteilte die Insel durchs Los unter athenische Bürger. Einen gewissen Trost gewährte ihm auch der Schaden, den die Feinde selbst erlitten hatten, denn die zum Peloponnes entsandte Flotte verwüstete eine große Strecke Landes samt vielen Dörfern und kleinen Städten. Perikles selbst machte nach dem Abzug des Feindes aus Attika einen Einfall in das megarische Gebiet und brandschatzte es.

So hatten die Spartaner zwar den Athenern viel Schaden zugefügt, aber auch selbst stark zu leiden gehabt. Sie würden also den Krieg wohl kaum lange fortgesetzt haben – wie übrigens

Perikles längst vorausgesehen hatte –, wenn nicht die göttliche Vorsehung in das menschliche Planen eingegriffen hätte.

Vor allen Dingen brach zu dieser Zeit in Athen die Pest aus und raffte die junge rüstige Mannschaft, die Stärke des Staates dahin. Darunter litt die Bevölkerung an Leib und Seele, und ihre ganze Erbitterung richtete sich gegen Perikles, so daß sie sich an ihm, wie Fieberkranke am Arzt oder ihren Angehörigen, zu vergreifen suchten. Seine Gegner redeten dem Volk vor, die Seuche wäre nur aufgekommen als eine Folge des starken Zusammenströmens der Landbevölkerung in der Stadt. Viele an freie Luft und Bewegung gewöhnte Menschen hausten jetzt inmitten der Sommerglut in kleinen Häusern oder stinkend heißen Hütten, eng gedrängt und untätig. Schuld daran wäre Perikles, der wegen des Krieges die ganze Landbevölkerung in die Stadt getrieben hätte. Sie lebten dort eingesperrt wie das Vieh und steckten sich untereinander an, ohne daß irgendwelche Maßregeln getroffen wären, um diese Leute zu beschäftigen oder ihre Lage zu erleichtern.

Um Abhilfe zu schaffen und zugleich dem Feind Abbruch zu tun, rüstete Perikles einhundertfünfzig Schiffe aus und bemannte sie mit seinen besten Truppen an Fußvolk und Reiterei. Dadurch schöpften die Athener wieder neuen Mut, während die Feinde vor dieser ansehnlichen Macht in nicht geringe Besorgnis gerieten. Schon war die Flotte segelfertig, schon hatte Perikles seine Galeere bestiegen, als plötzlich eine Sonnenfinsternis eintrat und das Tageslicht dahinschwand, worüber alles in Schrecken geriet, da man darin ein ungünstiges Vorzeichen erblickte. Als Perikles sah, daß der Kapitän seines Schiffes von ratloser Furcht befallen war, hielt er ihm seinen Mantel vor die Augen, zog ihn dann wieder weg und fragte, ob er das wohl für ein Unglück oder eine schlimme Vorbedeutung halte. Der Kapitän verneinte. Nun, fuhr Perikles fort, was ist denn an einer Sonnenfinsternis anders, nur daß eben der Gegenstand, der die Sonne verdeckt, weit größer ist.

Jedenfalls erzählt man so die Geschichte in den Philosophenschulen.

Perikles ging nun unter Segel, scheint aber auf dieser Expedition wenig dem großen Einsatz Entsprechendes ausgerichtet zu haben. Unter anderem belagerte er das heilige Epidauros und war schon nahe daran, es zu erobern, als die Seuche alles verdarb. Sie befiel nicht nur die Athener und rieb sie auf, sondern alle, die mit dem Heer irgendwie in Berührung kamen. Eine grenzenlose Erbitterung bemächtigte sich der Athener gegen Perikles. Vergebens suchte er sie zu beruhigen und ihnen wieder Mut zu machen. Er mußte nachgeben und sie zur Abstimmung zulassen, wodurch sie die Möglichkeit gewannen, ihn des Kommandos zu entsetzen und ihm eine Geldbuße aufzuerlegen, die nach der geringsten Angabe fünfzehn, nach der höchsten aber fünfzig Talente betragen haben soll.

Diese politische Niederlage würde wohl kaum von weiteren Folgen gewesen sein, da das Volk den Zorn gegen ihn, wie die Biene den Stachel, mit einem einzigen Stich verlor. Damals aber hatten auch seine häuslichen Umstände eine sehr traurige Wendung genommen. Die Pest hatte ihm viele seiner besten Freunde genommen, und seine Familie war schon seit langer Zeit durch Uneinigkeit zerrüttet. Xanthippos, der älteste von seinen ehelichen Söhnen, der, selbst verschwenderisch veranlagt, obendrein noch eine junge, sehr luxuriöse Frau geheiratet hatte, war mit der gar zu großen Genauigkeit seines Vaters, der ihm das Geld in kleinen Summen kärglich zuzählte, sehr unzufrieden. Er hatte daher von einem seiner Freunde Geld auf den Namen seines Vaters geborgt. Als der Freund die Summe zurückforderte, verklagte ihn Perikles. Im Ärger darüber machte der liebe Jüngling Xanthippos seinen Vater überall schlecht und suchte ihn dem Spott preiszugeben durch intime Mitteilungen über die Häuslichkeit des Perikles und seine philosophischen Dispute mit den Sophisten. Unter anderem soll Perikles einst, als ein gewisser Epitimios im Fünfkampf versehentlich ein Pferd mit dem Wurfspieße getroffen und getötet hatte, mit Protagoras einen ganzen Tag lang die Frage untersucht haben, wen man wohl mit dem größten Rechte die Schuld am Unfall zuschreiben könnte, dem Wurfspieß, dem Werfer oder dem Veranstalter der Wettspiele. Außerdem soll Xanthippos, wie Stesimbrotos, die schändlichste Verleumdung hinsichtlich seiner eigenen Frau und Perikles verbreitet und überhaupt bis an seinen Tod mit dem Vater in unversöhnlicher Feindschaft gelebt haben. Xanthippos starb an der Pest. Um eben diese Zeit verlor Perikles auch seine Schwester und die meisten seiner Verwandten und Freunde, die ihm bei der Staatsleitung zur Seite gestanden hatten.

Aber in allem Leid zerbrach die edle Größe seiner Seele nicht, und keiner hat ihn je weinen sehen, auch nicht am Grabe eines Angehörigen, bis er auch Paralos, den letzten seiner ebenbürtigen Söhne, verlor. Dieser Verlust beugte ihn tief, und so sehr er auch seinem Charakter treu zu bleiben und die ihm eigene Geistesgröße zu behaupten suchte, ward er doch, als er dem Toten den Kranz aufsetzte, von Schmerz so überwältigt, daß er in lautes Weinen ausbrach und einen Strom von Tränen vergoß, was er in seinem ganzen Leben noch nie getan hatte.

Da die Athener jetzt im Krieg die Erfahrung machten, daß keiner der übrigen Redner und Feldherren den Einfluß oder die Fähigkeiten besaß, wie sie zur Leitung des Staates unter so kritischen Umständen notwendig waren, so begannen sie bald, Perikles zu vermissen, und riefen ihn wieder zur Rednertribüne und zum Feldherrnzelt. Aber er hielt sich, niedergedrückt von der Last seines Kummers, untätig zu Hause, bis endlich Alkibiades und andere Freunde ihn zu bestimmen vermochten, sich wieder öffentlich zu zeigen. Das Volk entschuldigte sich wegen der an ihm verübten Ungerechtigkeit, und so übernahm er von neuem die Regierung.

Als erstes brachte er den Antrag ein, das Gesetz wegen der unechten Kinder, das er vormals selbst in Vorschlag gebracht hatte, wieder aufzuheben, damit sein Name und Geschlecht aus Mangel an Erben nicht ganz verlöschen sollte. Mit diesem Gesetz hat es folgende Bewandtnis: Perikles hatte vor geraumer Zeit, als er noch auf der Höhe seiner Macht stand und es ihm, wie gesagt, nicht an rechtmäßigen Söhnen fehlte, ein Gesetz bestätigen lassen, wonach das volle Bürgerrecht nur die besitzen sollten, deren beiderseitige Eltern Athener waren. Als nun der König von Ägypten dem Volk von Athen ein Geschenk von vierzigtausend Scheffel Weizen schickte und dieser unter die Bürger verteilt werden sollte, entstanden aus jenem Gesetz eine Unzahl von Prozessen um das volle Bürgerrecht von solchen, die man bisher übersehen oder vergessen hatte. Viele wurden aber auch fälschlicherweise unter die unechten Athener gezählt. Beinahe fünftausend wurden nicht als Vollbürger anerkannt und als Sklaven verkauft. Als vollwertige Athener wurden bei dieser Durchprüfung 14040 bestätigt und anerkannt. So hart es nun auch war, daß ein Gesetz, welches schon an Tausenden vollzogen worden, durch eben den Mann, der es veranlaßt hatte, wieder aufgehoben werden sollte, so rührte doch das jetzige häusliche Unglück des Perikles, wofür er für seinen Stolz und Hochmut schon genug bestraft zu sein schien, das Volk zum Mitleid. Man glaubte, nachdem er so schwer gebüßt hätte, bedürfe er der menschlichen Nachsicht, und bewilligte ihm, seinen unechten Sohn in seine Kurie einzuschreiben und ihm seinen eigenen Namen zu geben. Dieser wurde in der Folge, nachdem er bei den arginusischen Inseln die Peloponnesier in einem Seegefecht geschlagen hatte, samt seinem Unterkommandanten zum Tod verurteilt. Um diese Zeit scheint die Pest auch Perikles ergriffen zu haben. Zwar verlief die Krankheit nicht so schnell und heftig wie in den meisten anderen Fällen, sondern schleichend und langwierig, unterbrochen von Perioden der Besserung. Aber sie zehrte die Kräfte seines Körpers und seiner Seele auf. So erzählt Theophrastos in seinen Charakterstudien an der Stelle, wo er die Frage untersucht, ob der Charakter sich nach den Zufällen des Glücks verändere und unter dem Druck körperlicher Leiden seine Größe verliere, Perikles habe einem ihn besuchenden Freund ein von den Frauen ihm um den Hals gehängtes Amulett gezeigt, um ihm zu verstehen zu geben, er müsse sich wohl sehr schlecht befinden, da er sich solche Possen gefallen ließe.

Als er dem Ende nahe war, saßen die angesehensten Bürger und die ihm noch gebliebenen Freunde an seinem Krankenlager, sprachen von der Größe seiner Verdienste und seiner Macht und zählten alle seine Taten und die Menge der Siegeszeichen her, deren er als Feldherr nicht weniger als neun dem Staate zu Ehren errichtet hatte. Sie glaubten, daß er von diesen Reden nichts mehr verstünde und schon den Gebrauch der Sinne verloren hätte. Allein er hörte mit großer Aufmerksamkeit zu, fiel ihnen plötzlich ins Wort und sagte, er wundere sich, daß sie nur solche Dinge von ihm erwähnten und priesen, woran das Glück den Hauptanteil hätte und deren sich auch andere Feldherren rühmen könnten, hingegen das Wichtigste und Rühmlichste ganz übergingen. Denn, setzte er hinzu, um meinetwillen hat kein athenischer Bürger Trauer anzulegen brauchen.

So verdient denn dieser Mann Bewunderung, nicht nur wegen seiner Güte und Milde, von der er bei allen Schwierigkeiten und Anfeindungen niemals abwich, sondern auch wegen jener edlen Gesinnung, da er unter so vielen rühmlichen Dingen dies für das Größte und Schönste hielt, daß er sich bei seiner großen Macht nie durch Neid oder Haß hatte hinreißen lassen, noch gegen irgend jemanden sich als unversöhnlicher Feind erwiesen hatte. Ja, meines Erachtens ist das Menschliche seines Wesens, die Reinheit und Unbescholtenheit seines Wandels bei so großer Machtfülle schon allein hinreichend, jenen kindischen und eitlen Beinamen des Olympiers untadelhaft und selbst ihm angemessen zu machen. Ebenso halten wir ja auch die Götter, insofern sie Quelle des Guten, am Bösen hingegen unschuldig sind, für würdig, die ganze Welt zu beherrschen und zu regieren; freilich nicht wie die Dichter, die uns durch die abgeschmacktesten Meinungen verwirren und sich dann durch ihre eigenen Erzählungen Lügen strafen. Denn sie beschreiben uns den Ort, wohin sie die Wohnung der Götter versetzen, als einen sicheren und unerschütterlichen Sitz, der von Winden und Wolken frei ist, immerfort einen heiteren, lachenden Himmel genießt und von einem reinen Licht ohne Wechsel erhellt wird, weil nur ein solcher Aufenthalt für das selige und unsterbliche Wesen sich schicke; die Götter selbst hingegen stellen sie als solche dar, die voller Unruhe, feindseliger Gesinnung, Zorn und anderen Leidenschaften sind, die nicht einmal verständigen Menschen geziemen. Doch dies möchte vielleicht hier nicht am rechten Ort stehen.

Die politischen Ereignisse der nachfolgenden Zeit ließen den Athenern den Verlust sehr bald schmerzlich spürbar werden, und sie zögerten nicht, ihrer Sehnsucht nach ihm Ausdruck zu geben. Viele, denen bei Lebzeiten seine große Macht ein Dorn im Auge gewesen war, weil sie dadurch nicht emporkommen konnten, gestanden nun, da er ihnen nicht mehr im Weg war und sie die anderen Redner und Volksführer kennenlernten, freimütig zu, daß nie ein Charakter bei allem Stolz herablassender und bei aller Sanftmut erhabener gewesen wäre. Jene so sehr beneidete Macht, die man vorher als Alleinherrschaft, als Diktatur bezeichnet hatte, wurde jetzt als ein heilsames und schützendes Bollwerk der Staatsverfassung angesehen. Jetzt aber rissen Verderbnis und Gemeinheit im Staate ein, die Perikles stets niedergehalten und dadurch verhindert hatte, daß sie durch Mißbrauch der Macht zu einem unheilbaren Übel wurden.

Alkibiades

Das Geschlecht des Alkibiades führte nach der Überlieferung seine Abstammung auf Eurysakes, Sohn des Ajax, zurück. Mütterlicherseits gehörte er zu dem Haus Alkmaions, denn seine Mutter Dainomache war eine Tochter des Megakles. Sein Vater Kleinias hatte sich in der Seeschlacht bei Artemision mit seiner auf eigene Kosten ausgerüsteten Triere rühmlich hervorgetan und fiel nachher im Gefecht gegen die Böotier bei Koroneia. Nach dem Tod des Vaters erhielt Alkibiades die ihm verwandten Söhne des Lanthippos, Perikles und Ariphron zu Vormündern. Man behauptet nicht ohne Grund, daß die Zuneigung und Freundschaft des Sokrates nicht wenig zu Alkibiades' Berühmtheit beigetragen habe. Denn so berühmt Nikias, Demosthenes, Lamachos, Phormion, Thrasybulos und Theramenes zu ihrer Zeit auch waren, so ist doch von allen diesen nicht einmal der Name ihrer Mutter auf die Nachwelt gekommen. Von Alkibiades dagegen wissen wir sogar, daß seine aus Sparta stammende Amme Amykla und sein Hofmeister Zopyros hieß.

Von Alkibiades' Schönheit sei nur so viel gesagt, daß sie in allen Lebensaltern blühte und ihn als Kind, als Jüngling, als Mann immer gleich anziehend und liebenswert machte. Denn nicht bei allen schönen Menschen ist, wie Euripides sagt, auch der Herbst noch schön; diesen Vorzug hatte Alkibiades bei der herrlichen Anlage und Bildung seines Körpers nur mit sehr wenigen gemein. Auch soll ihm beim Sprechen das Anstoßen mit der Zunge recht gut gestanden und seiner Geschwätzigkeit eine einnehmende und gefällige Anmut gegeben haben. Auf dieses Lispeln spielt auch Archippos an, um den Sohn des Alkibiades lächerlich zu machen:

> Er geht mit Pracht einher und schleppt
> den Mantel nach;
> Um seinem Vater recht in allem gleich zu scheinen.
> Trägt er den Nacken krumm und lispelt,
> wenn er spricht.

Alkibiades' Charakter zeigte sich in der Folge recht unbeständig und veränderlich, wie das bei einem reich bewegten Leben und mannigfaltigen Glückswechsel leicht zu begreifen ist. Der stärkste Antrieb seines von vielen Leidenschaften erfüllten Wesens war das Bestreben, eine Rolle zu spielen und sich vor allen anderen hervorzutun. Als er einst beim Ringen nahe daran war, niedergeworfen zu werden, versuchte er, um sich zu helfen, seinen Gegner in den Arm zu beißen. Der andere ließ sofort los und sagte: Pfui, Alkibiades, du beißt ja wie ein Weib. – Nicht doch, versetzte er, sondern wie ein Löwe. Als kleiner Knabe spielte er einst in einer engen Gasse mit seinen Freunden Würfel. Eben war an ihn die Reihe zu werfen gekommen, als ein beladener Wagen heranfuhr. Er bat den Fuhrmann, ein wenig zu warten, da die Würfel gerade in den Weg gefallen waren, den das Fuhrwerk nehmen mußte. Aber der Fuhrmann gab ihm nur eine grobe Antwort und fuhr weiter. Die anderen Knaben machten Platz, Alkibiades aber warf sich der Länge nach vor den Wagen hin und rief dem Kutscher zu, er möchte nur weiterfahren, wenn er Lust hätte. Kurz vor dem am Boden Liegenden hielt der Wagen endlich an, und die Leute auf der Straße kamen schreiend und aufgeregt herbeigelaufen.

Als es an das Lernen ging, zeigte er sich in allem folgsam und willig. Nur die Flöte zu spielen weigerte er sich standhaft, weil er das für etwas Niedriges und Unedles hielt. Das Spielen der Leier, sagte er, verdirbt nichts an Miene oder Haltung, die einem freien Mann anstehen; aber das Blasen der Flöte entstellt das Gesicht so sehr, daß es kaum für die besten Freunde noch kenntlich ist. Überdies gestatte die Leier dem Spieler, dabei zu sprechen oder zu singen, während die Flöte jedem den Mund verstopfe. So mögen denn die Kinder der Thebaner auf der Flöte blasen, denn sie verstehen nichts von der Kunst der Unterhaltung.

Unsere Stadt hat Pallas Athene zur Gründerin, und Apollo ist unser Schutzgott; sie aber hat die Flöte fortgeworfen, und er hat einen Flötenspieler geschunden. Durch solche teils im Scherz, teils im Ernst vorgebrachten Gründe verleidete Alkibiades aber auch anderen das Spielen dieses Instruments. Bald hieß es unter den Knaben, Alkibiades habe recht, wenn er die Kunst des Flötenspiels verabscheue und alle, die sie erlernten, lächerlich mache. So geschah es, daß bei der vornehmen Jugend die Flöte allmählich aus der Mode kam und schließlich ganz der Verachtung anheimfiel.

Schon in früher Jugend drängten sich viele angesehene und vornehme Männer um Alkibiades und suchten seine Gunst. Doch allzu deutlich verrieten ihre Huldigungen, daß sie nur vom Glanz seiner äußeren Schönheit angelockt worden waren. Aber die innige Zuneigung, die Sokrates ihm entgegenbrachte, legte beredtes Zeugnis ab für den inneren Wert und die ungewöhnlichen Anlagen des Alkibiades. Sokrates sah durch die schöne äußere Hülle die schöne Seele hindurchschimmern; und da ihm der Reichtum des Knaben, der vornehme Stand, der Schwarm von Freunden und Fremden, die den Knaben durch Schmeicheleien und Liebkosungen an sich zu ziehen suchten, ernste Sorge machte, nahm er sich vor, ihn zu schützen, immer um ihn zu bleiben und ihn zu hegen wie eine Pflanze, deren schöne Blüte auch herrliche Frucht tragen soll. Alkibiades war durch Glücksgüter von Jugend an verwöhnt und verzärtelt; und viele, die ihn umschmeichelten und umwarben, suchten ihn abzuhalten, auf die Ratschläge des weisen Lehrers zu hören. Aber seine gute Natur ließ ihn den Wert in Sokrates erkennen, und er zog ihn bald in sein Haus, während er die reichen und vornehmen Liebhaber von sich fernhielt. Bald wurde er sein vertrauter Freund und hörte gern die Vorstellungen eines Liebhabers, der, statt unmännlichen Vergnügungen nachzujagen oder um Küsse und Umarmungen zu betteln, ihm die Gebrechen seiner Seele aufdeckte und seinen törichten Hochmut dämpfte: »Da ließ er, der stolze Hahn, die Flügel zaghaft hängen.«

Er sah in der Tat in Sokrates einen von den Göttern gesandten Helfer und Schützer der Jugend. Er begann seine Überheblichkeit abzulegen und sich für weniger vollkommen zu halten, seinen neu gewonnenen Freund aber zu bewundern und in Verehrung zu ihm aufzusehen. So kam es unvermerkt dahin, daß in ihm Gegenliebe oder, wie Plato sich ausdrückt, das Abbild der Liebe entstand.

Allgemein erregte es Verwunderung, wenn man sah, daß er mit Sokrates täglich zusammen war, mit ihm sich im Ringen übte, ja bei Feldzügen mit ihm das Zelt teilte. Denn gegen seine übrigen Liebhaber war er abweisend, und gegen manche benahm er sich sogar ungezogen, wie zum Beispiel gegen Anytos. Dieser, auch ein Liebhaber des Alkibiades, gab einst einigen Freunden ein Gastmahl und lud ihn auch dazu ein. Alkibiades schlug die Einladung ab, aber zechte zu Hause mit einigen Freunden und zog dann mit der berauschten Gesellschaft lärmend zu Anytos. An der Tür des Saales blieb Alkibiades stehen, und als er die zahlreichen goldenen und silbernen Trinkgeräte auf den Tischen sah, befahl er seinem Sklaven, die Hälfte davon wegzunehmen und nach Hause zu tragen. Dann ging er wieder fort, ohne auch nur einen Fuß in den Saal gesetzt zu haben. Die Gäste äußerten darüber ihren Unwillen und sagten, Alkibiades habe sich ungezogen und fle-

Alkibiades
Kopenhagen, Ny Carlsberg Glyptothek

gelhaft gegen Anytos benommen. Keineswegs, versetzte Anytos, sondern im Gegenteil sehr gütig und menschenfreundlich. Denn es stand ihm ja frei, alles wegzunehmen, und doch hat er uns noch die Hälfte gelassen. (Athenaios erzählt diese Anekdote ebenfalls, setzt aber hinzu, Alkibiades habe die weggenommenen Gefäße in das Haus eines armen Bürgers tragen lassen, um ihm damit aufzuhelfen.)

Sokrates hatte in seiner Liebe zu Alkibiades zwar viele und mächtige Nebenbuhler, aber sein Einfluß trug doch oft den Sieg davon, da seine weisen Lehren auf den gutgearteten Knaben tiefen Eindruck machten, sein Herz rührten und ihm oft Tränen der Reue entlockten. Zuweilen aber geschah es doch, daß Alkibiades sich von den Schmeichlern, die ihn mit allerlei Vergnügungen lockten, verführen ließ, Sokrates entschlüpfte und sich wie ein entlaufener Sklave vor ihm zu verbergen suchte. Denn vor Sokrates allein schämte und fürchtete er sich, während er für alle anderen nur Verachtung hatte. Kleanthes sagte einst, Sokrates könne seinen Geliebten nur durch die Ohren regieren, seine Nebenbuhler hingegen fänden an ihm ja manche Stellen, bei denen sie ihn fassen könnten, wie zum Beispiel den Bauch, die Gurgel und die Zeugungsteile. Alkibiades hatte freilich einen großen Hang zur Wollust, wie sich schon aus den von Thukydides erwähnten körperlichen Ausschweifungen schließen läßt. Seine Verführer suchten ihn indessen mehr bei seinem Ehrgeiz und Geltungsbedürfnis zu packen, setzten ihm viel zu früh große Dinge in den Kopf und suchten ihm weiszumachen, wenn er erst anfinge, sich mit den öffentlichen Angelegenheiten zu befassen, so würde er bald nicht nur die übrigen Staatsmänner und Feldherren in den Schatten stellen, sondern sogar einen Perikles an Macht und Ansehen übertreffen. So wie nun das im Feuer erweichte Eisen durch kaltes Wasser wieder gehärtet wird, so brachte auch Sokrates, so oft er Alkibiades von Hochmut und Eitelkeit erfüllt sah, ihn durch Vorstellungen wieder zur Vernunft, machte ihn demütig und kleinlaut und führte ihm zum Bewußtsein, wieviel ihm noch fehlte und wie wenig er der Vollkommenheit nahe war.

Schon in den ersten Jünglingsjahren nahm er am Feldzug gegen Potidaia teil, bei dem Sokrates sein Zeltgenosse und sein Nebenmann im Glied war. In der sehr hitzigen Schlacht, zu der es kam, zeichneten sich beide durch Tapferkeit aus. Als Alkibiades verwundet wurde, stellte sich Sokrates vor ihn, um ihn zu decken, und rettete ihm so vor aller Augen das Leben. Mit größtem Recht gebührte also Sokrates der Ehrenpreis. Da aber die Feldherren geneigt schienen, ihn Alkibiades wegen seiner vornehmen Geburt zuzuwenden, legte Sokrates, um den Ehrgeiz des Jünglings noch mehr anzustacheln, als erster ehrenvolles Zeugnis für ihn ab und verlangte, Alkibiades sollte den Ehrenkranz nebst der Rüstung erhalten. Im Treffen bei Delion, wo die Athener geschlagen wurden, war Alkibiades zu Pferde, während Sokrates mit wenigen anderen sich zu Fuß zu retten suchte. Als Alkibiades den Freund erblickte, jagte er nicht vorbei, sondern blieb ihm ständig zur Seite und brachte ihn heil zurück, obgleich die Feinde heftig nachdrängten und viele Athener niedergemacht wurden. Das war einige Jahre später.

Hipponikos, dem Vater des Kallias, einem sehr reichen und hochangesehenen Mann, gab Alkibiades einst eine Ohrfeige, nicht etwa im Zorn oder in der Hitze des Streites, sondern, weil er mit seinen Freunden eine Wette abgeschlossen hatte. Als man über diese Ungezogenheit in der ganzen Stadt sprach und jeder, wie leicht zu denken, seinen Unwillen darüber äußerte, ging Alkibiades gleich am nächsten Morgen zum Haus des Hipponikos, klopfte an die Tür, legte, als er vor ihn trat, seinen Mantel ab und bot ihm seinen Körper dar, um sich von ihm züchtigen und auspeitschen zu lassen. Aber Hipponikos unterdrückte seinen Zorn und verzieh ihm. Ja, einige Zeit nachher gab er ihm sogar seine Tochter Hipparete zur Frau. Doch behaupten einige, nicht Hipponikos, sondern dessen Sohn Kallias habe Alkibiades

Hipparete mit einer Mitgift von zehn Talenten gegeben. Aber bei der ersten Niederkunft habe ihm Alkibiades noch weitere zehn Talente abgezwungen unter dem Vorwand, es wäre so ausgemacht, für den Fall, daß sie Kinder bekämen. Kallias fürchtete, es könnte auf sein ganzes Vermögen abgesehen sein, wandte sich um Entscheidung an das Volk und vermachte Alkibiades sein Haus und seine Güter, falls er ohne Nachkommen sterben sollte. Hipparete war eine tugendhafte Frau und liebte ihren Mann aufs zärtlichste. Aber der Umgang, den Alkibiades mit einer Menge Hetären, einheimischen wie fremden, unterhielt, kränkte sie so sehr, daß sie sein Haus verließ und bei ihrem Bruder Zuflucht suchte. Da Alkibiades sich nicht daran kehrte, sondern seinen ausschweifenden Lebenswandel fortsetzte, wollte sie sich scheiden lassen, mußte aber den Scheidungsbrief persönlich dem Archonten vorlegen und konnte sich nicht durch einen Anwalt vertreten lassen. Als sie nun dem Gesetz gemäß vor dem Archonten erschien, kam Alkibiades herbeigeeilt, ergriff sie und trug sie über den Markt davon, ohne daß jemand wagte, ihn aufzuhalten oder sie ihm zu entreißen. Sie blieb nun bei ihm bis an ihren Tod, der nicht lange nachher erfolgte, als Alkibiades nach Ephesos abgesegelt war. Dieser Gewaltstreich galt indes weder für gesetzwidrig noch für grausam. Denn das Gesetz zwingt doch wohl deshalb eine Frau, die sich scheiden lassen will, in eigner Person vor Gericht zu erscheinen, damit der Mann Gelegenheit bekommen soll, sich mit ihr zu vergleichen und sie wieder aufzunehmen.

Alkibiades besaß einen ungewöhnlich großen und schönen Hund, den er für siebzig Minen gekauft hatte. Diesem Hund schnitt er den prächtigen Schwanz ab. Als seine Freunde ihn deshalb zur Rede stellten und sagten, alle Welt schimpfe auf ihn und bedaure den Hund, versetzte er lachend: Nun, so habe ich meinen Zweck völlig erreicht. Ich wollte gerade, daß die Athener darüber sprechen, damit sie nicht Schlimmeres von mir erzählen.

Obwohl nun Alkibiades dank seiner vornehmen Abstammung, seines Reichtums, seiner im Krieg bewiesenen Tapferkeit und seiner zahlreichen Freunde und Verwandten alle Wege zu einer hohen Staatslaufbahn offenstanden, so wollte er doch Einfluß und Ansehen beim Volk lieber seiner einnehmenden und hinreißenden Beredsamkeit als irgendeinem anderen Vorzug zu verdanken haben. Daß er ein geübter Redner war, bezeugen nicht nur die Komödiendichter, sondern auch der größte aller Redner, Demosthenes, in seiner Klage gegen Meidias, wo es unter anderem heißt, Alkibiades sei für den beredtesten Mann gehalten worden. Theophrastos, ein Historiker und vielseitiger Gelehrter, sagt über den Redner Alkibiades, es habe ihm nicht an Reichtum der Gedanken und klarem Aufbau des Themas gefehlt. Aber für das, was er sagen wollte, suchte er auch die am besten entsprechende Form; und da ihm die geeigneten Worte und Wendungen nicht immer gleich zur Verfügung standen, blieb er oft im Reden stecken und überlegte eine Weile, bis er den gesuchten Ausdruck gefunden hatte.

Berühmt war er auch durch die vielen Rennpferde, die er hielt, nebst der Menge der Wagen. Er allein schickte sieben Gespanne zu den Olympischen Spielen, was weder ein Privatmann noch ein König je getan hatte. Und daß er siegte und auch noch den zweiten und vierten, wie Thukydides berichtet, oder nach Euripides, den dritten Preis davontrug, übertraf alles bisher Dagewesene bei solchen Wettkämpfern. Euripides sagt darüber in den bekannten Strophen: Dich besinge ich, Sohn des Kleinias! Schön ist der Sieg, aber das Schönste ist, wie noch kein anderer Grieche, den ersten, den zweiten und den dritten Preis im Wagenrennen ohne Mühe erhalten zu haben und mit zwiefachem Ölzweig bekränzt vom Herold diesen Sieg verkünden zu hören.

Noch glänzender wurde der Sieg durch den Eifer vieler Städte, ihn besonders zu ehren. Die Epheser errichteten ihm ein prächtig geschmücktes Zelt; die Stadt der Chier stellte das Futter für seine Pferde und zahlreiche Opfertiere, und die Lesbier versahen ihn mit Wein und allem, was er für seine kostbaren und zahlreichen Gastereien brauchte. Allerdings machte auch der Wetteifer der Städte, ihn mit Geschenken zu überhäufen, viel böses Blut und gab Anlaß zu neidischem Gerede.

So jung Alkibiades noch war, als er sich den öffentlichen Angelegenheiten widmete, gewann er doch bald über alle anderen politischen Führer die Oberhand. Seine beiden bedeutendsten Gegner waren: Nikias, Sohn des Nikeratos, und Phaiax, Sohn des Erasistratos. Nikias war weit älter als er und galt als der beste Heerführer. Phaiax stand erst wie Alkibiades am Anfang seiner Laufbahn, war ebenfalls von vornehmer Abkunft, ihm aber an Geistesgaben und Rednertalent weit unterlegen. So unterhaltend und witzig er auch in Gesellschaften war, so wenig konnte er es im öffentlichen Redekampf mit Alkibiades aufnehmen. Eupolis sagt daher von ihm:

Im Schwatzen wohl geübt, doch nicht zu reden fähig.

Man kennt noch eine, dem Phaiax zugeschriebene Rede gegen Alkibiades, in der unter anderem gesagt wird, Alkibiades habe die vielen silbernen und goldenen Prachtgefäße, die der Stadt gehörten, täglich bei Tisch gebraucht, als wären es seine eigenen.

In Athen lebte damals ein gewisser Hyperbolos, dessen auch Thukydides als eines nichtswürdigen Charakters gedenkt und der den Komödiendichtern reichlichen Stoff zu Spöttereien auf dem Theater gab. Da er sich aus übler Nachrede nichts machte und gegen Ehre genau so gleichgültig war wie gegen Schande – ein Betragen, das bei manchen Geradheit und Charakterfestigkeit heißt, im Grunde aber nur Frechheit und Gewissenlosigkeit ist –, so war er bei niemandem gut angeschrieben. Doch bediente sich das Volk seiner oft, um angesehene Männer zu beschimpfen und ihnen Steine in den Weg zu legen. Auf Verhetzung dieses Mannes hin war damals das Volk im Begriff, wieder einmal vom Scherbengericht Gebrauch zu machen, wie immer, wenn es einen zu mächtig gewordenen Bürger kaltstellen wollte, weniger aus Besorgnis vor ihm, als um Neidgefühle abzureagieren. Da es kein Geheimnis war, daß entweder Nikias, Phaiax oder Alkibiades verbannt werden sollte, schloß Alkibiades durch Verabredung mit den anderen beiden die Parteien zusammen und kehrte nun das Scherbengericht gegen Hyperbolos selbst, der sich dessen freilich am allerwenigsten versah. Denn noch nie war einem schlechten, unbedeutenden Mann die Ehre dieser Strafe angetan worden, wie auch der Komödiendichter Plato sagt, wenn er Hyperbolos' gedenkt:

> Das Schicksal, das ihn traf, hat er zwar wohl verdient;
> Doch war's zu groß für ihn und seinen schlechten Ruf.
> Für solche Leute war die Scherbe nicht erfunden.

Das Ansehen, das Nikias bei den Feinden genoß, verursachte Alkibiades nicht weniger Verdruß als die hohe Achtung, die seinem Gegner von den Athenern entgegengebracht wurde. Alkibiades vertrat nämlich die Angelegenheiten Spartas in Athen und hatte für die bei Pylos gemachten spartanischen Gefangenen aufs beste gesorgt. Als nun aber Nikias den Frieden vermittelt und auch die Rückgabe der Gefangenen erwirkt hatte, wurde er von den Spartanern hochgeehrt. Aber auch bei den Griechen hieß es, den Krieg, den Perikles begann, habe Nikias beendet, weshalb man allgemein nur vom »Frieden des Nikias« sprach. Dadurch fühlte sich Alkibiades in den Hintergrund gedrängt, und aus purer Eifersucht auf Nikias beschloß er, den Friedensvertrag wieder zu brechen.

Als erstes begann er, den Argivern, die, wie er in Erfahrung brachte, aus Furcht und Haß sich wieder von den Spartanern lossagen wollten, insgeheim Hoffnung auf ein Bündnis mit Athen zu machen. Daher redete er den Häuptern der argioischen Demokraten durch Abgesandte oder in eigener Person zu, sich nicht aus Furcht vor Sparta zu Zugeständnissen verleiten zu lassen, sondern auf Athen zu vertrauen. Sie brauchten sich nur ein wenig zu gedulden, dann würden die Athener den Vertrag mit Sparta bereuen und den Frieden aufsagen. Als nun Sparta mit den Böotiern ein Bündnis schloß und die Stadt Panakton nicht, wie es abgemacht war, in unversehrtem Zustand, sondern geschleift den Athenern zurückgab, erkannte er, daß die Spartaner über sein Vorgehen bereits sehr aufgebracht waren, und suchte sie nur noch mehr aufzuhetzen. Zugleich griff er Nikias selbst an und machte ihm in verleumderischer Absicht den Vorwurf, er habe sich als Befehlshaber geweigert, das belagerte Sphakteria tatkräftig anzugreifen, und als es dann von anderen bezwungen war, habe er die eingeschlossene Mannschaft aus Gefälligkeit für Sparta freigelassen und zurückgegeben. Auch hätte er die Spartaner, so sehr er ihr Freund wäre, nicht bestimmen können, dem Bündnis mit den Böotiern und Korinthern zu entsagen; dagegen hinderte er andere griechische Staaten, sich Athen anzuschließen, wenn es den Spartanern nicht genehm sei.

Schon geriet Nikias dadurch in eine schlimme Lage, als noch zum Glück spartanische Gesandte in Athen eintrafen, die gemäßigte Vorschläge machten und erklärten, sie hätten zu jedem billigen Vergleich die nötige Vollmacht. Aber Alkibiades, dem diese Wendung der Dinge unerwünscht war, wußte sich eine Privatunterredung mit den Gesandten zu verschaffen und sagte zu ihnen: Was habt ihr gemacht, ihr Spartaner? Wußtet ihr denn nicht, daß der Senat sich stets mäßig und nachgiebig zeigt, das Volk hingegen anmaßend ist und die Lage auszunutzen gedenkt? Sagt ihr nun, daß ihr unbeschränkte Vollmacht besitzt, so wird das Volk unmäßige Forderungen stellen und nichts davon ablassen. Weg also mit der Offenherzigkeit! Wollt ihr bei den Athenern Entgegenkommen finden und euch nicht gegen eure Absicht etwas abringen lassen, so gebt bei den Verhandlungen zu verstehen, daß ihr nicht mit unbeschränkter Vollmacht versehen seid. Ich werde euch dabei, Sparta zu Gefallen, wirksam unterstützen. Dies alles bekräftigte er durch einen Eid. Dadurch machte er sie von Nikias abwendig, so daß sie ihm völlig Vertrauen schenkten und ihn ob seiner politischen Klugheit sehr bewunderten.

Am nächsten Tage trat die Volksversammlung zusammen, und die Gesandten erschienen. Alkibiades fragte sie in sehr freundlichem Ton, mit welchen Vollmachten sie kämen, um einen Vergleich abschließen zu können. Sie antworteten verabredungsgemäß, daß die ihnen gegebene Vollmacht nicht unbeschränkt wäre. Darauf stellte sich Alkibiades sehr entrüstet und erhob großen Lärm, so als ob nicht er, sondern sie Unrecht täten. Er nannte sie Schelme und Betrüger, deren Absichten ebenso unlauter wären wie ihre Handlungen. Der Senat wurde darüber aufgebracht, das ganze Volk geriet in Unwillen, und Nikias, der von der ganzen Komödie nichts ahnte, war über die veränderte Sprache der Gesandten sehr betroffen und stand beschämt vor dem Volk.

Damit war der Verständigungsversuch gescheitert. Alkibiades wurde nun zum Feldherrn ernannt, und er gewann alsbald die Argeier, Mantineier und Eleier zu Bundesgenossen der Athener. Die Art, wie dies alles bewerkstelligt wurde, konnte freilich niemand gutheißen. Indessen vollbrachte er hierbei ein politisches Meisterstück. Es gelang ihm, fast den ganzen Peloponnes in Zwietracht und Aufruhr zu bringen. Dann wußte er den Spartanern bei Mantineia eine so starke Truppenmacht entgegenzustellen und sie so weit ab von Athen in einen gefährlichen Kampf zu verwickeln, daß ihnen ein Sieg keinen beträchtlichen Vorteil verschaffen konnte, während im Fall einer Niederlage Sparta kaum noch zu retten war.

Kurz nach der Schlacht, die für die Athener ungünstig verlief, beseitigte der Rat der Tausend in Argos die Volksregierung und stellte die Stadt unter die Oberhoheit Spartas. Aber nicht lange danach griff das Volk von Argos wieder zu den Waffen und beseitigte die Herrschaft der Aristokratie. Alkibiades eilte zur Hilfe herbei, bestätigte den Sieg des Volkes und beredete es, lange Mauern bis an das Meer hinunterzuführen, um so die Stadt mit dem das Meer beherrschenden Athen in enge Verbindung zu bringen. Er ließ Baumeister und Maurer aus der Stadt kommen und betrieb das Werk mit so viel Eifer, daß er selbst nicht weniger Gunst und Ansehen gewann als sein Vaterland. Auf gleiche Weise beredete er auch die Einwohner von Patrai, ihre Stadt durch lange Mauern mit dem Meer zu verbinden. Als bei dieser Gelegenheit jemand die Patraier warnte, die Athener würden sie verschlingen, versetzte Alkibiades: Das werden sie vielleicht tun, aber nach und nach, und sie werden bei den Füßen anfangen; die Spartaner hingegen werden euch auf einmal verschlingen und beim Kopf anfangen.

Doch riet er den Athenern, auch die Herrschaft zu Lande zu behaupten und jenen Eid, den sie die angehenden Bürger im Tempel der Agraulos schwören ließen, durch die Tat zu bestätigen. Die jungen Bürger schwuren nämlich, Weizen, Gerste, Weinstock und Ölbaum als die Wahrzeichen von Attika anzusehen, wodurch ihnen beigebracht wurde, alles angebaute und fruchtbare Land als ihre Heimat zu betrachten.

Aber bei all diesen politischen Taten und Handlungen, bei so vielen Beweisen von Klugheit und Beredsamkeit, führte Alkibiades doch ein Leben in Schwelgerei und Üppigkeit. Er war ebenso ausschweifend im Trunk wie in der Liebe, zeigte übertriebene Pracht und Weichlichkeit in der Kleidung, so daß er immer mit nachschleppendem Purpurmantel über den Markt stolzierte. Wenn er an Bord war, ließ er seine Matratze in Gurten aufhängen, um weicher zu schlafen, statt sie wie alle anderen auf den Boden zu legen; ferner führte er einen goldenen Schild, auf dem statt der sonst gebräuchlichen Wappen ein mit dem Donnerkeil bewaffneter Eros abgebildet war. Die angesehenen Athener sahen dem allem mit Abscheu und Unwillen zu; mehr aber noch befürchteten sie, daß diese Liederlichkeit und Verachtung aller Gesetze zuletzt in eine unleidliche Tyrannei ausarten könne. Die Gesinnung des Volkes gegen ihn schildert Aristophanes nicht übel, wenn er sagt:

> Bald haßt, bald liebt es ihn, doch kann es ihn
> nicht missen.

Und noch besser stellt er sie in folgendem Bild dar:

> Erzieht in der Stadt euch ja nicht einen Löwen;
> Und wer ihn doch erzieht, bequeme sich nach ihm.

Und in der Tat, seine Geldspenden, die prachtvollen Schauspiele, die er veranstaltete, seine von niemandem übertroffene Freigebigkeit gegen die Stadt, der Ruhm seiner Vorfahren, seine hinreißende Beredsamkeit, seine Schönheit, der Glanz seiner kriegerischen Taten, all dies machte, daß die Athener nur zu gern alles andere übersahen, seine Fehler gelassen ertrugen und sie nachsichtig als lustige Streiche oder Ausbrüche eines überschäumenden Bluts bezeichneten. Von der Art war zum Beispiel, daß er den Maler Agatharchos einschloß und ihn erst, nachdem er sein Haus ausgemalt hatte, mit Geschenken wieder entließ; daß er dem Taureas, der wie er einen Chor ausstattete und ihm den Sieg streitig machte, eine Ohrfeige versetzte; daß er unter den gefangenen Meliern sich ein Mädchen zur Beischläferin erlas und das mit ihr erzeugte Kind erziehen ließ. Dies nannte man einen Zug von Menschenliebe, obwohl er am meisten daran schuld war, daß die junge Mannschaft der Melier abgeschlachtet wurde, da seine Stimme bei der Entscheidung darüber den Ausschlag gab. Als der Maler Aristophon die Hetäre Nemea mit Alkibiades auf dem Schoß gemalt hatte, lief alles herbei und betrachtete das Gemälde mit großem Vergnügen. Aber die Alten murrten auch darüber, weil sie darin Willkür und Gesetzlosigkeit erblickten. Nicht mit Unrecht sagt Archestratos, Griechenland hätte keinen zweiten Alkibiades ertragen können.

Als Alkibiades einst in einer Volksversammlung stürmischen Beifall geerntet hatte und im Triumph von der Menge nach Hause begleitet wurde, ging Timon, der Menschenhasser, der sonst jeden mied, auf ihn zu, faßte ihn bei der Hand und sagte: Du tust wohl daran, mein Sohn, daß du mächtig wirst, denn du wirst allen diesen zum Unglück mächtig werden. Einige lachten darüber, andere schimpften, aber auf viele machten diese Worte tiefen Eindruck. So schwankend und ungewiß war die Meinung, die man von Alkibiades hatte, weil sein Charakter in allen Farben schillerte.

Auf Sizilien hatten sich die Wünsche der Athener schon zu Perikles' Lebzeiten gerichtet. Gleich nach seinem Tod begannen sie, diese Wünsche in die Tat umzusetzen. Bei jeder sich bietenden Gelegenheit sandten sie den von Sizilien bedrohten Städten Hilfe, um so allmählich eine größere Unternehmung vorzubereiten. Aber Alkibiades war es, der die Begehrlichkeit der Athener vollends entflammte und sie beredete, nicht nur von Zeit zu Zeit kleine Geschwader zu entsenden, sondern eine mächtige Flotte auszurüsten mit dem Ziel einer völligen Eroberung Siziliens. Wenn er so dem Volk große Hoffnungen vorspiegelte, dachte er dabei auch für sich selbst Größe und Ruhm zu gewinnen. Denn nach seinen Plänen sah er Sizilien nur als den Anfang, nicht, wie die übrigen, als das Ende des Krieges. Nikias stellte dem Volk die Schwierigkeit vor, Syrakus zu erobern, und suchte es davon abzubringen. Alkibiades träumte dagegen schon von Karthago und Afrika, wollte nach deren Bezwingung Italien und den Peloponnes angreifen und betrachtete Sizilien nur als das Vorspiel einer umfassenden Eroberung. Durch solche Hoffnungen gewann er vor allem die Jugend, die von diesen Aussichten ganz hingerissen war und den wunderbaren Erzählungen der Alten von einem früheren sizilischen Kriegszug aufmerksam lauschte; ja viele saßen in den Ringschulen und auf den Ruhebänken der Anlagen und zeichneten die Umrisse Siziliens oder die Lage Afrikas und Karthagos in den Sand.

Der Philosoph Sokrates und der Astronom Meton sollen sich von dem Unternehmen nicht viel Gutes für die Stadt versprochen haben. Sokrates hatte vermutlich sein vertrauter Schutzgeist darüber etwas vorhergesagt. Meton aber, es sei nun, daß er aus vernünftiger Überlegung Unheil fürchtete oder wirklich etwas von Wahrsagekunst verstand, stellte sich rasend, nahm eine brennende Fackel in die Hand und zündete sein eigenes Haus an. Einige behaupten, Meton habe, ohne sich einer verstellten Raserei zu bedienen, nachts sein Haus in Brand gesteckt und am anderen Morgen das Volk flehentlich gebeten, seinen Sohn mit Rücksicht auf das kommende Unglück vom Kriegsdienst freizulassen. Diesen Zweck erreichte er denn auch.

Nikias wurde neben Alkibiades zum Feldherrn erwählt, wenn auch gegen seinen Willen, da ihm der Kollege nicht genehm war. Die Athener versprachen sich nämlich eine besonders glückliche Durchführung des Unternehmens, wenn sie die Führung des Krieges Alkibiades nicht allein anvertrauten, sondern sein Draufgängertum mit der Bedachtsamkeit des Nikias vereinigten. Denn auch der dritte Feldherr, Camachos, schien, ungeachtet seines Alters, im Krieg nicht weniger hitzig und waghalsig zu sein als Alkibiades. Als man nun über die Größe und Art der Zurüstung beratschlagte, versuchte Nikias nochmals Einspruch zu erheben und den Athenern vom Krieg abzuraten. Aber Alkibiades trat ihm entgegen und behielt die Oberhand. Darauf brachte der Redner Demostratos den Antrag ein, die Feldherren sollten für die Vorbereitungen wie überhaupt für die ganze Kriegführung unbeschränkte Vollmacht haben.

Das Volk bestätigte den Antrag, und alles Nötige wurde nun vorbereitet. Aber in die Tage der Abfahrt fiel gerade das Fest der Adoniazusen, was als böses Vorzeichen angesehen wurde.

An diesem Fest nämlich stellten die athenischen Frauen die Bildnisse ihrer Toten auf dem Paradebett aus und begingen mit Klagegeschrei und Trauerliedern symbolische Leichenfeiern. Auch versetzte der sogenannte Hermokopidenfrevel selbst solche, die auf dergleichen Dinge sonst nichts gaben, in heftige Aufregung. In einer einzigen Nacht wurde nämlich fast allen Hermen das Gesicht verstümmelt. Man verbreitete zwar das Gerücht, der Frevel sei von den Korinthern zugunsten ihrer Tochterstadt Syrakus verübt worden, um eine Verzögerung herbeizuführen oder die Athener ganz vom Krieg abzubringen. Allein diese Ablenkung verfing beim Volk so wenig wie die Meinung anderer, daß dergleichen nichts Schlimmes zu bedeuten habe, sondern einer der üblichen Streiche sei von ausgelassenen jungen Leuten, die im Rausch zwischen Scherz und grobem Unfug nicht mehr zu unterscheiden vermögen. Das Geschehnis erregte in Athen nicht nur Unwillen, sondern auch ernste Besorgnis. Denn man glaubte in dem Unfug eine weitreichende Verschwörung zu erblicken und untersuchte jeden Verdacht aufs schärfste, so daß der Senat wie das Volk in wenigen Tagen mehrmals zusammentreten mußten.

Der Demokrat Androkles veranlaßte einige seiner Sklaven und Schutzverwandten, als Zeugen gegen Alkibiades und seine Freunde aufzutreten und sie außer der Verstümmelung noch zu beschuldigen, sie hätten die eleusinischen Mysterien beim Weine durch Nachäffung verhöhnt. Sie sagten aus, Theodoros hätte dabei den Herold, Polytion den Fackelträger und Alkibiades den Hierophanten gespielt; die übrigen dabei Anwesenden hätten sich in parodistischer Weise in die Mysterien einweihen lassen. Das alles steht ausdrücklich in der von Thessalos eingereichten Klage, worin er Alkibiades der Verhöhnung der eleusinischen Göttinnen beschuldigt. Im Volk entstand ein Sturm der Entrüstung gegen Alkibiades, und es wurde von Androkles, seinem heftigsten Gegner, immer noch mehr aufgehetzt. Alkibiades sah sich schon in einer sehr bedrohten Lage.

Aber bald konnte er feststellen, daß alle Matrosen und Soldaten, die an dem sizilischen Unternehmen beteiligt waren, ihm völlig ergeben waren. Überdies hörte er, daß tausend schwerbewaffnete Argeier und Mantineier öffentlich erklärt haben sollten, sie hätten sich bloß Alkibiades zu Gefallen zu einem so weiten Zug über das Meer bereitfinden lassen und würden, falls man ihm Unrecht antäte, sofort wieder heimkehren. Daraufhin faßte er wieder Mut und erschien am bestimmten Tag vor Gericht, um sich zu verteidigen.

Seine Feinde sahen ihre Pläne dadurch gestört, mußten sie doch befürchten, daß das Volk bei der Untersuchung zu nachsichtig gegen Alkibiades verfahren würde, weil es ihn nicht entbehren konnte. Um dem vorzubeugen, bedienten sie sich eines Verschleierungsmanövers. Sie schickten einige Redner vor, die nicht für ausgesprochene Gegner des Alkibiades galten, aber ihn nicht weniger haßten als seine erklärten Feinde. Sie stellten dem Volk vor, daß es nicht ratsam wäre, einen Mann, der mit dem Oberbefehl einer so großen Macht betraut wäre, durch eine Gerichtsverhandlung gerade in dem Augenblick aufzuhalten, wo die Truppen zur Abfahrt bereitständen, wodurch kostbare Zeit verloren gehen könnte. Er möge also zunächst einmal absegeln und nach glücklicher Beendigung des Krieges wieder vor Gericht erscheinen, um sich zu verteidigen. Alkibiades blieb die tückische Absicht bei diesem Aufschub nicht verborgen. Er trat also vor und erklärte, es wäre doch hart, ihn als Befehlshaber eines großen Heeres gegen den Feind zu schicken, während in der Heimat grundlose Beschuldigungen gegen ihn umliefen und ihn in dauernder Ungewißheit hielten. Man sollte ihm also Gelegenheit geben, sich gleich zu rechtfertigen, und falls ihm das nicht gelänge, ihn sofort aburteilen; aber wenn man ihn für unschuldig befände, sollte man ihn ins Feld ziehen lassen, ohne daß er Intrigen hinter seinem Rücken zu besorgen brauchte.

Aber er drang damit nicht durch, sondern erhielt Befehl, unverzüglich abzufahren; und so ging er endlich mit den übrigen Befehlshabern in See. Das gegen Sizilien ausgesandte Expeditionskorps bestand aus hundertundvierzig Trieren, fünftausendeinhundert Schwerbewaffneten, dreizehnhundert Bogenschützen, Schleuderern und anderen leichten Truppen, dazu kam die nötige Menge Kriegsmaterial. Alkibiades landete in Italien und nahm Rhegion in Besitz. Darauf trug er den übrigen Befehlshabern seinen Plan vor, wie der Krieg weiterzuführen wäre. Nikias wandte sich gegen seine Ansichten, aber Lamachos trat auf seine Seite. So segelte er nach Sizilien und brachte Katane zur Übergabe. Weiter jedoch kam er nicht, da er in diesem Augenblick nach Athen zurückgerufen wurde, um sich vor Gericht zu stellen.

Anfangs nämlich hatte es Alkibiades, wie erwähnt, nur mit unbestimmten Beschuldigungen und haltlosen Gerüchten einiger geringer Sklaven und Schutzverwandten zu tun gehabt. In seiner Abwesenheit aber setzten seine Feinde alle Hebel gegen ihn in Bewegung. In der Anklage verknüpften sie den an den Hermen verübten Frevel mit der Verhöhnung der Mysterien und behaupteten, beides wäre von der gleichen Verschwörerbande mit dem Ziel eines Umsturzes der bestehenden Verfassung ins Werk gesetzt worden. Das verfehlte nicht seine Wirkung. Die Athener begannen nun jeden, der von irgendeiner Seite beschuldigt wurde, ohne weitere Untersuchung ins Gefängnis zu werfen und bereuten, Alkibiades bei so schweren Vergehungen nicht gleich damals vor Gericht gezogen und abgeurteilt zu haben. Jeder seiner Freunde, Verwandten oder Bekannten, der jetzt dem aufgebrachten Volk in den Weg kam, wurde auf das schandbarste behandelt. Seine Angeber hat Thukydides nicht namentlich angeführt, andere nennen Diokleidas und Teukros.

Bei alledem wußten die Angeber nichts Bestimmtes oder Nachweisbares auszusagen. Einer gab auf die Frage, wie er denn die Gesichter der Täter bei dem nächtlichen Hermenfrevel erkannt hätte, zur Antwort: Beim Mondschein. Damit verfing er sich in Widersprüche, da der Frevel gerade zur Zeit des Neumonds verübt worden war. Auf vernünftige Leute machte das starken Eindruck, aber das Volk wurde deshalb um nichts vorsichtiger gegenüber den Verdächtigungen; im Gegenteil blieb es bei seinem überstürzten Verfahren und ließ jeden, der angegeben wurde, auf der Stelle ins Gefängnis abführen.

Unter denen, die in Untersuchungshaft saßen, war auch der Redner Andokides, den der Geschichtsschreiber Hellanikos unter die Nachkommen des Odysseus rechnet. Dieser Andokides galt als ein Gegner der Demokratie und eifriger Förderer der Oligarchie. Was ihn der Mitschuld an der Verstümmelung der Hermen am meisten verdächtig machte, war die Tatsache, daß die große Hermessäule nahe bei seinem Haus, ein Weihgeschenk des ägäischen Stammverbands, fast allein unter den wenigen besonders schönen Bildsäulen unverletzt geblieben war. Daher heißt sie noch heute Andokides-Säule, wenn auch die Inschrift nichts davon besagt.

Andokides machte nun im Gefängnis nähere Bekanntschaft mit einem gewissen Timaios, der aus der gleichen Ursache verhaftet worden war. Timaios war von geringer Herkunft, war aber ein sehr entschlossener und verständiger Mann und redete nun Andokides zu, er solle sich doch nebst einigen anderen als Täter bei dem Hermenfrevel angeben; denn der Volksbeschluß verspräche denen, die freiwillig geständen, Begnadigung. Der Gang der Untersuchung würde für alle mißlich, für die Vornehmen aber geradezu verheerend sein. Daher wäre es immer noch besser, durch eine Lüge sein Leben zu retten, als mit anderen wegen der gleichen Beschuldigung schimpflich zu sterben. Auch mit Rücksicht auf das Gemeinwohl wäre es ratsam, einige wenige Personen von zweideutigem Ruf aufzuopfern und dafür viele tüchtige Männer der Wut des Volkes zu entreißen. Die Vorstellungen und Gründe des Timaios machten auf Andokides Eindruck. Er gab also sich und einige andere als Täter an und erhielt für seine Person die zugesagte Begnadigung. Aber alle, die er genannt hatte, mußten sterben, sofern sie nicht rechtzeitig geflüchtet waren. Um seine Angabe noch glaubhafter zu machen, hatte Andokides auch einige seiner Sklaven mitgenannt.

Damit war jedoch der Zorn des Volkes noch nicht verraucht.

Nachdem es sich die Bilderstürmer vom Hals geschafft hatte, bekam es gleichsam Muße, seine ganze Wut gegen Alkibiades auszutoben. Daher wurde nun die Salaminia nach Sizilien abgeschickt, um Alkibiades zurückzubringen, aber mit der klugen Weisung, auf keinen Fall Gewalt gegen ihn zu brauchen oder Hand an ihn zu legen, sondern ihn durch gütliche Vorstellungen zu bestimmen, zur Untersuchung seiner Sache nach Athen zurückzukehren und sich vor dem Volk zu rechtfertigen. Man befürchtete nämlich, daß es unter den in Feindesland stehenden Truppen zu Aufruhr und Meuterei kommen könnte, was Alkibiades auch leicht hätte bewerkstelligen können, wenn er gewollt hätte. Nach seinem Fortgang verloren auch die Soldaten allen Mut, da sie voraussahen, wie saumselig und lässig der Krieg unter Nikias geführt werden würde, nachdem durch die Abberufung des Alkibiades dem Unternehmen gleichsam die Seele genommen war. Lamachos war zwar ein tapferer, kriegsgeübter Mann, hatte aber wegen seiner Armut kein Gewicht und Ansehen. Schon bei seiner Abfahrt brachte Alkibiades die Athener um den Besitz von Messene. Eine Partei der Messener nämlich war gesonnen, den Athenern die Stadt in die Hände zu spielen, und da Alkibiades diese genau kannte, verriet er sie der den Syrakusanern freundlichen Partei und vereitelte dadurch die Sache. In Thurioi begab er sich an Land und wußte sich so gut zu verstecken, daß alles Suchen nach ihm vergeblich war. Als ihn aber einer erkannte und sagte: Ja, Alkibiades, traust du denn deinem eigenen Vaterland nicht? – antwortete er: Doch! In allen Dingen, nur nicht, wenn es um mein Leben geht. Dann würde ich selbst meiner Mutter nicht trauen, weil sie leicht aus Versehen ein schwarzes Steinchen statt des weißen abgeben könnte.

Die gegen ihn eingereichte Klage lautete nach einigen Duellen: Thessalos, Kimons Sohn von Lakia, beschuldigt Alkibiades, Kleinias' Sohn von Skambonidai, eines gegen die Göttinnen Demeter und Persephone begangenen Verbrechens: Er hat die Mysterien nachgeäfft, sie in seinem Haus seinen Freunden in eben der Kleidung, in welcher der Hierophant die Heiligtümer zeigt, dargestellt und sich selbst zum Hierophanten, Polytion zum Fackelträger, Theodoros zum Herold, seine übrigen Freunde zu Mysten und Epopten gemacht, was wider die heiligen Gebräuche und die von den Stiftern der Mysterien, Herolden und eleusinischen Priestern festgesetzten Satzungen verstößt. Die Athener verurteilten ihn nun in Abwesenheit zum Tod, zogen seine Güter ein und verordneten noch überdies, daß alle Priester und Priesterinnen ihn verfluchen sollten. Dieser Anordnung widersetzte sich, wie es heißt, nur Theano, Menons Tochter, und sie erklärte, sie sei Priesterin um zu segnen, nicht um zu fluchen.

Auf die Nachricht, daß die Athener ihn zum Tod verurteilt hatten, rief Alkibiades: Gut, ich will ihnen zeigen, daß ich noch lebe. Zu dieser Zeit hielt er sich in Argos auf, denn nach seinem Entweichen von Thurioi hatte er sich zuerst zum Peloponnes begeben. Hier aber war er vor seinen Feinden nicht sicher, und da er nun kein Vaterland mehr besaß, ließ er in Sparta um Schutz und Sicherheit bitten unter dem Versprechen, er werde dem Staate jetzt mehr Nutzen und Vorteil bringen, als er ihm während seiner Feindschaft geschadet hätte. Die Spartaner waren bereit ihn aufzunehmen, und so ging er mit Freuden dorthin. Als erstes bestimmte er die Spartaner, die noch unschlüssig waren, ob sie Syrakus Hilfe schicken sollten,

Gylippos als Befehlshaber nach Sizilien zu entsenden und die Macht der Athener dort zu zerschlagen. Sein zweites Werk war, daß er den Athenern vom Peloponnes aus wieder den Krieg ins Land schickte, das dritte und wichtigste aber, daß er Dekelaia befestigen ließ, wodurch er Athen den härtesten und empfindlichsten Schlag versetzte.

Auf solche Weise gewann er in Sparta bald die allgemeine Achtung; aber nicht weniger Bewunderung erregte sein persönliches Auftreten. Namentlich die Menge wußte er für sich einzunehmen und bezauberte sie durch die Art, wie er sich an die spartanische Lebensweise gewöhnte. Wenn man sah, wie er sich völlig kahl schor, im kalten Wasser badete, mit Gerstenbrot vorliebnahm und an der schwarzen Suppe Geschmack fand, traute man seinen Augen kaum und bezweifelte, ob dieser Mann jemals in seinem Haus einen Koch gehabt, einen Salbenbereiter gesehen oder einen milesischen Purpurmantel anzurühren gewagt hätte. Denn neben vielen anderen Gaben besaß er auch, wie man erzählt, in hohem Grade die Kunst, die besonders geeignet ist, die Menschen zu gewinnen, nämlich sich den Neigungen, Sitten und der Lebensart anderer anzupassen und sie sich völlig zu eigen zu machen. Daher wandelte er sich im Äußeren ebenso rasch wie ein Chamäleon, nur mit dem Unterschiede, daß dieses Tier wenigstens eine Farbe, nämlich die weiße, nicht anzunehmen vermag, Alkibiades hingegen alle Sitten, die ihm vorkamen, sie mochten gut oder böse sein, sich leicht aneignen und nachahmen konnte. So war er in Sparta ein Freund des Sports, war sehr mäßig in seiner Lebensweise und ging immer mit tiefernstem Gesicht umher; in Ionien war er weichlich, suchte Lustbarkeiten und Vergnügungen; in Thrakien liebte er den Trunk, in Thessalien saß er immer zu Pferde; im Haus des Satrapen Tisaphernes übertraf er selbst die persische Prachtliebe an Prunk und Schwelgerei. Nicht etwa, daß er sich dabei auch innerlich wandelte und mit der veränderten Lebensweise auch seinen Charakter gewechselt hätte. Nur weil er die, mit denen er gerade umging, leicht hätte verletzen können, wenn er sich ganz nach seiner eigenen Art gegeben hätte, nahm er gewissermaßen immer gleich die Farbe seiner Umgebung an, als eine Art Schutzvorrichtung oder Maske, wenn man so will.

In Sparta zum Beispiel ließ sich hinsichtlich seines äußeren Auftretens das Sprichwort auf ihn anwenden: »Das ist Achills Sohn nicht. Nein, es ist der leibhaftige Zögling des Lykurgos.« Aber in bezug auf sein wahres Wesen galt das Wort: »Noch ist's dasselbe Weib.« Denn während König Agis auf einem Feldzug außer Landes war, wußte er dessen Gattin Timaia so in sich verliebt zu machen, daß sie von ihm schwanger wurde und auch kein Geheimnis daraus machte. Als sie einen Knaben gebar, ließ sie ihn zwar öffentlich Leotychidas nennen, im Haus aber flüsterte sie ihren Freundinnen und Dienerinnen ins Ohr, er hieße Alkibiades; so heftig war die Leidenschaft, die sie beherrschte. Alkibiades selbst hatte die Unverfrorenheit, zu sagen, er habe es nicht getan, um den König zu beleidigen oder weil er sich von Leidenschaft habe hinreißen lassen, sondern damit seine Nachkommen über Sparta herrschen sollten. Dem König Agis wurde das natürlich von vielen Seiten hinterbracht, und weil er sich ausrechnete, daß es mit der Zeit stimmte, maß er der Sache um so leichter Glauben bei. Denn bei einem Erdbeben war er erschrocken von der Seite seiner Gattin aus dem Schlafzimmer geflüchtet und hatte sie darauf zehn Monate lang nicht mehr besucht. Da nun Leotychidas nach dieser Zeit geboren wurde, so wollte er ihn nie als seinen Sohn anerkennen. Leotychidas wurde deshalb späterhin von der Nachfolge in der Königswürde ausgeschlossen.

Nach der unglücklichen Niederlage der Athener in Sizilien kamen zu gleicher Zeit Gesandte von Chios, Lesbos und Kyzikos nach Sparta, um wegen ihres Abfalls von Athen mit den Spartanern zu verhandeln. Für die Lesbier verwendeten sich die Böotier, für die Kyzikener Pharnabazos, aber auf Alkibiades' Rat beschloß man, zuallererst den Chiern Hilfe zu schikken. Alkibiades begleitete persönlich die Expedition. Er brachte beinahe ganz Ionien zum Abfall und verursachte auch sonst als ständiger Ratgeber der spartanischen Feldherren den Athenern viel Schaden.

Allein Agis konnte den Schimpf nicht vergessen, den ihm Alkibiades durch die Beziehungen zu seiner Gattin angetan hatte. Überdies sah sich der König durch ihn in den Schatten gestellt. Denn immerwährend mußte er hören: Alkibiades macht alles, ihm sind die vielen Erfolge Spartas zu verdanken. Auch viele vornehme und ehrgeizige Spartaner sahen den Machthaber Alkibiades mit scheelen Augen an und fanden, daß er ihnen im Weg stand. Dank ihrem Einfluß setzten sie es durch, daß die spartanische Regierung Befehl nach Ionien schickte, ihn heimlich aus dem Weg zu räumen. Aber Alkibiades bekam Wind davon und war auf seiner Hut. Wenn er auch noch weiter an den Unternehmungen der Spartaner teilnahm, hütete er sich wohl, ihnen Gelegenheit zur Ausführung des Befehls zu geben.

Doch da die Gefahr schließlich für ihn zu groß wurde, suchte und fand er Zuflucht bei dem persischen Satrapen Tisaphernes, an dessen Hof er in kurzer Zeit der erste und angesehenste Mann wurde. Denn der Perser, der selbst nicht aufrichtig, sondern hinterhältig und arglistig war, fand an der außerordentlichen Gewandtheit und Verschlagenheit des Alkibiades großes Gefallen. Auch gab es nicht leicht ein Temperament oder einen Charakter, der durch die Liebenswürdigkeit des Alkibiades im täglichen Umgang, in gesellschaftlicher Unterhaltung und bei der Tafel sich nicht hätte gewinnen und einnehmen lassen. Selbst die ihn fürchteten oder beneideten, unterlagen dem Zauber seines Wesens. Und der rohe und grausame Tisaphernes, der mehr als jeder andere Perser ein Feind der Griechen war, wurde durch die Schmeicheleien des Alkibiades so zugänglich, daß er diesen an Liebenswürdigkeiten noch zu überbieten suchte. Einem seiner Tiergärten, der mit seinen sprudelnden Bächen und anmutigen Wiesen, der königlichen Pracht seiner Lauben und Lusthäuser der schönste weit und breit war, gab er den Namen Alkibiades. Diese Benennung blieb noch lange nachher üblich.

Alkibiades hatte von den treulosen Spartanern nun nichts mehr zu hoffen und fürchtete außerdem die Nachstellungen des Königs Agis. Fortan suchte er ihnen nur noch zu schaden und Tisaphernes gegen sie aufzubringen. Er riet ihm, Sparta nicht mehr so nachdrücklich zu unterstützen, um nicht die Athener gänzlich zugrunde zu richten, sondern lieber durch Minderung der Hilfe die Macht der Spartaner allmählich zu schwächen. Wenn sich dann beide im Krieg aufgerieben hätten, würden sie sich um so leichter dem Willen des Perserkönigs fügen. Tisaphernes befolgte diesen Rat und zeigte Alkibiades bei jeder Gelegenheit seine Achtung und Bewunderung. So kam es, daß beide Teile, Athen wie Sparta, ihr Augenmerk auf Alkibiades richteten. Nach den vielen Unglücksfällen, die die Athener seit seinem Fortgang erlitten hatten, bereuten sie das gegen ihn verhängte Todesurteil. Alkibiades seinerseits aber fürchtete, daß sein Vaterland schließlich ganz zugrunde gehen und er dann den Spartanern, seinen ärgsten Feinden, in die Hände fallen würde.

Damals war fast die ganze Streitmacht der Athener bei Samos versammelt. Von dort aus suchten sie mit ihrer Flotte die abgefallenen Städte zurückzugewinnen und die ihnen noch verbliebenen Besitzungen zu schützen. Sie waren zwar ihren Feinden noch so ziemlich gewachsen, aber waren in ernster Sorge vor Tisaphernes und den hundertfünfzig phönikischen Trieren, die den Gerüchten nach in kurzem gegen sie erscheinen sollten. Dann allerdings blieb für Athen keine Rettung mehr. Alkibiades, der das wußte, schickte nun insgeheim Boten an die Führer der Athener in Samos und machte ihnen Hoffnung auf die Freundschaft des Tisaphernes. Aber das geschähe nicht, wie er verlauten ließ, aus Liebe und Vertrauen zum Volk, sondern nur um der Aristokraten willen, sofern sie den Mut aufbrächten, die zügellose Herrschaft des Volkes zu beschränken und so sich selbst und das Vaterland vor dem Untergang zu retten.

Der Plan des Alkibiades fand allgemeinen Beifall. Nur der Feldherr Phrynichos widersetzte sich dem Ansinnen. Er hegte nämlich den Verdacht, der sich später auch bestätigte, daß es Alkibiades im Grunde gar nicht um Demokratie oder Aristokratie zu tun war; er wollte nur um jeden Preis zurückkehren und suchte zu diesem Zweck auf Kosten des Volkes Anschluß an die Aristokratie. Da sich Phrynichos aber überstimmt sah und nun als Feind des Alkibiades erkannt war, gab er dem Astyochos, dem Befehlshaber der feindlichen Flotte, heimlich Nachricht von der Sache und mahnte ihn, auf seiner Hut zu sein und den mit beiden Seiten verhandelnden Alkibiades dingfest zu machen. Allein hier geriet ein Verräter, ohne es zu ahnen, an einen anderen Verräter. Astyochos war nämlich Tisaphernes völlig ergeben, und da er sah, daß Alkibiades bei diesem alles galt, entdeckte er ihm den Rat des Phrynichos. Alkibiades ließ nun unverzüglich Phrynichos bei den Führern in Samos verklagen. Da alle sehr aufgebracht darüber waren und sich gegen Phrynichos zusammenschlossen, wußte dieser sich aus der unangenehmen Lage nicht anders zu retten, als daß er dem einen Übel durch ein noch größeres abzuhelfen suchte. Er schickte noch einmal Botschaft an Astyochos, machte ihm Vorwürfe wegen seines Verrats und erbot sich, ihm die Schiffe samt dem Lager der Athener in die Hände zu liefern.

Die Verräterei des Phrynichos brachte indes den Athenern keinen Schaden, weil Astyochos ihn wieder verriet und Alkibiades von dem Anschlag Nachricht gab. Da Phrynichos dies vorhersah und einer zweiten Anklage von Alkibiades' Seite gewärtig war, ließ er, um ihm zuvorzukommen, die Athener wissen, die Feinde hätten die Absicht, sie mit der Flotte anzugreifen; er riet ihnen daher, dicht bei den Schiffen ein befestigtes Lager zu beziehen. Die Athener waren gerade beim Ausbau der Befestigungen, als wieder ein Brief von Alkibiades ankam, mit dem Rat, sich ja vor Phrynichos in acht zu nehmen, der damit umgehe, den Feinden das Schiffslager in die Hände zu spielen. Aber diesmal glaubten sie ihm nicht, in der Meinung, Alkibiades habe um die Absichten des Feindes gewußt und sich den Umstand zunutze gemacht, um Phrynichos zu verleumden. Darin irrten sie freilich. Später jedoch wurde Phrynichos von Hermon, einem der Wachtsoldaten, auf offenem Markte mit einem Dolch erstochen, worauf die Athener, nach Untersuchung der Sache, den toten Phrynichos des Hochverrats schuldig erklärten, Hermon aber und seine Mithelfer mit Kränzen belohnten.

Damals auf Samos behielten Alkibiades' Freunde die Oberhand und entsandten nun Peisandros nach Athen. Dort sollte er den Umsturz einleiten und die Aristokraten ermuntern, die Regierung zu übernehmen und die Demokratie zu stürzen; denn Alkibiades könne nur unter dieser Bedingung die Freundschaft und Bundesgenossenschaft des Tisaphernes für sie gewinnen. Unter diesem Vorwand wurde auch tatsächlich die Demokratie beseitigt. Nachdem aber die sogenannten Fünftausend oder genauer die Vierhundert sich mit Gewalt der Regierung bemächtigt hatten, ließen sie Alkibiades links liegen und führten den Krieg nur noch lässig weiter. Denn infolge des Umsturzes konnten sie sich auf die unzufriedenen Bürger nicht mehr verlassen, und zudem hofften sie, daß Sparta sich nun gegen sie nachgiebig zeigen würde, da es stets die Anhänger der Oligarchie begünstigt hatte.

Das Volk in der Stadt hielt sich gleichwohl ruhig, durch Furcht gebannt, da die Vierhundert nicht wenige, die offenen Widerstand wagten, hatten hinrichten lassen. Aber bei dem Heer auf Samos entfachte die Revolution in Athen einen wahren Sturm der Entrüstung. Man beschloß, mit allen Streitkräften geradeswegs nach Piräus zu fahren. Alkibiades wurde herbeigerufen, zum Oberbefehlshaber ernannt und erhielt den Auftrag, an der Spitze der Truppen der Herrschaft der Tyrannen ein Ende zu machen.

Alkibiades aber glaubte durchaus nicht, wie so manche andere, die plötzlich durch Volksgunst emporgekommen waren, er müßte denen, die den umherirrenden Flüchtling zum Befehlshaber einer so ansehnlichen Land- und Seemacht ernannt hatten, nun sich in allem fügen und dürfte keine eigene Meinung haben. Er handelte vielmehr, wie es einem wahren Führer zukommt. Der blinden Wut der Athener tat er Einhalt und hielt sie von törichten Schritten ab, so daß er wenigstens diesmal ohne Zweifel das Vaterland rettete. Denn wäre die Armee von Samos abgezogen, so hätten sich die Feinde, ohne Widerstand zu finden, ganz Ioniens, des Hellesponts und aller Inseln bemächtigen können, während Athener gegen Athener kämpften und den Kriegsschauplatz in ihre Vaterstadt verlegten. Daß dies verhindert wurde, ist vor allem das Verdienst des Alkibiades. Er machte nicht nur dem ganzen Heer Vorstellungen, sondern suchte auch auf den einzelnen Mann mit Bitten und Drohungen einzuwirken. Darin unterstützte ihn Thrasybulos von Steiria, der ihm immer zur Seite blieb und seine dröhnende Stimme ertönen ließ; soll er doch der stimmgewaltigste unter den Athenern gewesen sein.

Nicht weniger verdienstvoll war es, daß er die athenische Flotte sofort auslaufen ließ. Seine Absicht dabei war, der phönikischen Flotte, die von den Persern den Spartanern zu Hilfe geschickt war, entgegenzufahren und sie zu veranlassen, sich entweder auf Athens Seite zu stellen oder wenigstens nicht zugunsten Spartas einzugreifen. Tisaphernes ließ auch wirklich die Flotte, die schon bis Aspendos gekommen war, anhalten und betrog so die Spartaner um ihre Hoffnung. Beide kriegführenden Teile schrieben Alkibiades das Nichteingreifen der persischen Flotte zu; namentlich warfen ihm die Spartaner vor, er habe den Persern den Rat gegeben, ruhig die Griechen sich gegenseitig aufreiben zu lassen. Denn so viel steht fest, daß die Macht, zu der eine so ansehnliche Flotte gestoßen wäre, der anderen die Herrschaft zur See entrissen haben würde.

Bald darauf wurde in Athen die Herrschaft der Vierhundert wieder beseitigt, wobei Alkibiades' Freunde die demokratische Partei eifrig unterstützten. Die Bürger in der Stadt wünschten und bestanden nun darauf, daß Alkibiades zurückkehrte. Aber er selbst wollte nicht der Gnade und Barmherzigkeit seiner Mitbürger die Rückberufung verdanken, nicht mit leeren Händen, ohne etwas Großes vollbracht zu haben, sondern mit Ruhm und Ehren zurückkommen.

So stach er erst mit einigen Schiffen von Samos aus in See und kreuzte an den Küsten von Kos und Knidos. Als er dort erfuhr, daß der spartanische Admiral Mindaros mit seiner gesamten Flotte zum Hellespont unterwegs war und die athenische Flotte ihr folgte, segelte er ebenfalls dorthin, um den Athenern Beistand zu bringen. Zum Glück traf er mit achtzehn Trieren gerade zu der Zeit ein, als beide Flotten in der Nähe von Abydos in einem hartnackigen, aber schon bis zum Spätnachmittag unentschieden sich hinziehenden Kampf verwickelt waren. Sein Erscheinen hatte bei den Kämpfenden eine der erwarteten gerade entgegengesetzte Wirkung: Die Feinde faßten neuen Mut, und die Athener gerieten in Bestürzung. Alkibiades aber signalisierte von seinem Admiralsschiff aus den Athenern, daß er als ihr Freund käme, und griff sofort die Spartaner, da wo sie eben im Vorteil waren und schon den Fliehenden nachjagten, energisch an. Nach kurzem Kampf schlug er die feindlichen Schiffe in die Flucht, jagte sie gegen die Küste hin und setzte ihnen so heftig nach, daß er viele Schiffe in Grund bohrte und zerstörte. Erst dem Satrapen Pharnabazos gelang es, mit seinen persischen Hilfstruppen von der Küste aus den Rückzug des Restes der spartanischen Flotte zu decken. Aber schließlich hatten die Athener dreißig feindliche Schiffe erbeutet und die ihnen vorher abgenommenen zurückerobert. An Ort und Stelle errichteten sie das Siegeszeichen.

Nach diesem glänzenden Erfolg wollte Alkibiades, eitel wie er war, sich dem Tisaphernes in seinem ganzen Glanz zeigen. Er nahm deshalb ansehnliche Geschenke mit, sowohl in seinem, als im Namen der Athener, und begab sich mit dem Gefolge eines Feldherrn zu Tisaphernes. Allein hier fand er eine ganz andere Aufnahme, als er erwartet hatte. Tisaphernes war schon lange von den Spartanern des Verrats beschuldigt worden und befürchtete, deswegen bei seinem König in Ungnade zu fallen. Daher kam ihm Alkibiades gerade recht. Er ließ ihn ergreifen und zu Sardes ins Gefängnis werfen, um sich durch diese hinterlistige Maßnahme von jedem Vorwurf zu reinigen.

Nach Verlauf von dreißig Tagen wußte Alkibiades sich heimlich ein Pferd zu verschaffen, entwischte seinen Wächtern und kam glücklich nach Klazoinenai. Um den Verdacht gegen Tisaphernes noch zu vermehren, verbreitete er das Gerücht, er wäre von diesem selbst freigelassen worden.

Von Klazomenai nahm er ein Schiff und fuhr zum Lager der Athener zurück. Als er dort erfuhr, daß Mindaros mit der spartanischen Flotte und Pharnabazos mit der Landmacht sich in Kyzikos vereinigt hätten, stellte er seinen Soldaten die Notwendigkeit vor, die Feinde nicht nur zur See, sondern auch zu Lande anzugreifen; das könnte am besten bei Kyzikos geschehen. Denn wenn Athen nicht auf allen Punkten Sieger bliebe, würde es seine Macht nicht behaupten können. Er besetzte also seine Schiffe mit der nötigen Mannschaft und fuhr bis nach Prokonnesos, einer Insel gegenüber Kyzikos. Dort gab er Befehl, die kleinen Fahrzeuge in die Mitte der Flotte zu nehmen und unbedingt darauf zu achten, daß der Feind keinerlei Kunde von seiner Annäherung bekäme. Sehr zu seinem Vorteil brach plötzlich ein Unwetter herein, begleitet von starkem Regen, Donner und undurchdringlicher Dunkelheit. Das war ihm eine große Hilfe, seine Vorbereitungen zu verbergen. So merkten die Feinde nichts von seiner Anwesenheit, und selbst die Athener glaubten bei diesem Wetter nicht mehr an die Abfahrt und wurden durch den Befehl zum Auslaufen überrascht.

Nicht lange danach zerteilte sich auch die Finsternis, und nun bekam man auch die peloponnesische Flotte zu Gesicht, die vor dem Hafen von Kyzikos auf offener Reede vor Anker lag. Alkibiades besorgte, der Feind könnte beim Anblick der überlegenen athenischen Flotte zum Land zu entweichen, und gab daher den Kommandanten Befehl, langsam zu fahren und ihm in weitem Abstand zu folgen. Er selbst zeigte sich dem Feind nur mit vierzig Schiffen und forderte ihn zum Kampf heraus. Dieser ließ sich auch täuschen und griff voller Verachtung die paar sich nähernden Schiffchen an. Als aber das Gros der athenischen Flotte herankam, ergriff Panik die Reihen der Spartaner, und sie wandten sich zur Flucht. Alkibiades durchbrach mit zwanzig seiner besten Schiffe die feindliche Linie, stieß bis zur Küste vor und setzte an Land. Dort kam es noch zu einem Kampf mit den feindlichen Landtruppen, der für ihn ebenfalls zu einem Erfolg wurde. Mindaros fiel in der Schlacht, und Pharnabazos konnte sich nur durch die Flucht retten.

Die Athener hatten die gesamte feindliche Flotte erobert und eine große Menge Beute gemacht. Nun unterwarfen sie auch Kyzikos, so daß sie nun Herr des ganzen Hellesponts waren und die Spartaner überall aus den östlichen Meeren vertreiben konnten. Es fiel ihnen auch ein Brief in die Hände, der den Ephoren die erlittene Niederlage in lakonischer Kürze meldete: Flotte vernichtet. Mindaros gefallen. Mannschaften hungern. Wir wissen nicht, was tun.

Durch diesen Sieg wurden die Soldaten des Alkibiades so stolz und bildeten sich so viel ein, daß sie, die unüberwindlichen Krieger, es unter ihrer Würde hielten, mit den Kameraden der anderen Armeen, die so oft geschlagen waren, noch irgendeine Gemeinschaft zu haben. Nicht lange vorher nämlich hatte der Athener Thrasyllas bei Ephesos eine Schlappe erlitten, und Athen zur Schande hatten die Epheser ein ehernes Siegeszeichen errichtet. Das hielten Alkibiades' Soldaten der Mannschaft des Thrasyllas vor, erhoben dagegen sich und ihren Feldherrn in den Himmel und weigerten sich, mit den anderen zusammen zu exerzieren oder das Lager zu beziehen. Als aber Pharnabazos die Athener, die in das Gebiet von Abydos eingefallen waren, mit einem starken Korps aus Infanterie und Reiterei angriff und Alkibiades, der sogleich herbeieilte, in Verbindung mit Thrasyllas ihn zurückschlug und bis in die Nacht verfolgte, versöhnten sich die Soldaten und kehrten zusammen als gute Freunde ins Lager zurück.

Am folgenden Tage errichtete Alkibiades ein Siegeszeichen und zog dann, ohne auf Widerstand zu stoßen, plündernd durch das Gebiet des Pharnabazos. Darauf wandte er sich gegen die abgefallene Stadt Chalkedon, die eine spartanische Besatzung in ihre Mauern aufgenommen hatte.

Während nun die Athener die Stadt durch einen von Meer zu Meer reichenden Befestigungswall einschlossen, rückte Pharnabazos zum Entsatz Chalkedons heran. Zu gleicher Zeit machte auch Hippokrates, der spartanische Befehlshaber in der Stadt, mit allen verfügbaren Truppen einen Ausfall. Alkibiades stellte sein Heer so auf, daß er beiden gleichzeitig die Spitze bieten konnte, nötigte Pharnabazos zu schimpflicher Flucht und besiegte auch Hippokrates, der mit vielen der Seinigen auf dem Platz blieb.

Nach diesem Sieg ging er wieder zu Schiff, um in den Städten am Hellespont Geld einzutreiben, und eroberte bei der Gelegenheit die Stadt Selybria. Dort setzte er sich unnötigerweise einer großen Gefahr aus. Einige Einwohner von Selybria hatten sich bereit erklärt, ihm die Stadt auszuliefern, und wollten um Mitternacht das verabredete Zeichen zum Vorgehen geben. Aber aus Furcht vor einem der Mitverschworenen, der plötzlich anderen Sinnes geworden war, sahen sie sich gezwungen, das Signal zu früh aufleuchten zu lassen. Alkibiades, dessen Truppen auf das gegebene Zeichen noch nicht bereit waren, stürmte nun gleich mit etwa dreißig Mann den Mauern zu und befahl den übrigen, so rasch wie möglich zu folgen. Als das Tor sich öffnete, stießen noch zwanzig Leichtbewaffnete zu ihm; mit diesen drang er sogleich in die Stadt ein, sah aber, daß die Selybrier sich ihnen entgegenwarfen, und geriet in schwere Bedrängnis. Wollte er mit seiner schwachen Abteilung standhalten, so sah er sich ohne Rettung verloren; zu fliehen aber war er zu stolz, da er bisher in allen seinen Feldzügen unbesiegt geblieben war. Endlich ließ er mit der Trompete Ruhe gebieten und befahl einem seiner Leute, öffentlich auszurufen, die Athener wünschten keinen Kampf gegen die Selybrier. Diese Erklärung minderte bei vielen die Lust zum Widerstand, da sie glaubten, daß der Feind schon mit starken Kräften in die Stadt eingedrungen wäre. Andere wieder hofften auf einen gütlichen Vergleich. Während sie nun untereinander darüber beratschlagten, stießen die übrigen Truppen zu Alkibiades, so daß für ihn die Gefahr vorbei war. Schließlich aber wurde der Kampf doch vermieden, da die Selybrier um Schonung baten, die ihnen auch zugestanden wurde. Nur eine Geldentschädigung mußten sie zahlen. Alkibiades legte eine Besatzung in die Stadt und zog wieder ab.

Inzwischen war auch von den athenischen Führern, die Chalkedon belagerten, mit Pharnabazos ein Vergleich abgeschlossen worden, den Alkibiades dann anerkannte. Danach sollte Chalkedon wieder in den Besitz der Athener kommen, die sich dagegen verpflichteten, das Gebiet des Pharnabazos fortan unangetastet zu lassen. Nach Abschluß dieses Vertrages wandte sich Alkibiades gegen Byzanz, das ebenfalls abgefallen war, und schloß die Stadt ein. Einige Byzantiner erboten sich, ihm die Stadt zu übergeben unter der Bedingung, sie zu schonen. Da ließ Alkibiades das Gerücht verbreiten, die in Ionien ausgekrochenen Unruhen nötigten die Athener, die Belagerung abzubrechen, und wirklich ging er am hellen Tage mit der ganzen Flotte unter Segel. Des Nachts aber kehrte er wieder zurück, stieg mit den Schwerbewaffneten ans Land und näherte sich in aller Stille der Stadtmauer. Inzwischen drang die athenische Flotte gegen den Hafen vor und erzwang unter großem Lärm und Geschrei die Einfahrt. Dieser unerwartete Angriff von See her rief bei den Byzantinern eine Panik hervor. Alles eilte zum Hafen, um sich gegen die eingedrungenen Schiffe zu wenden. Das gab den Athenerfreunden in der Stadt Zeit, Alkibiades ungehindert die Tore zu öffnen. Er schonte seiner Zusage gemäß die Stadt, und so war auch Byzanz den Athenern wieder zurückgewonnen.

Alkibiades sehnte sich schon lange nach Hause, und noch mehr wünschte er, sich nach seinen zahlreichen Siegen vor seinen Mitbürgern zu zeigen. So ging er nun endlich nach Athen unter Segel. Alle seine Schiffe waren ringsum mit Schilden und anderen Beutestücken geschmückt; ihnen folgten die vielen eroberten Schiffe, noch zahlreicher aber waren die Schiffsschnäbel und Abzeichen der zerstörten Schiffe, deren Zahl sich auf zweihundert belief. Duris von Samos weiß zu berichten, Ehrysogonos, ein Sieger in den Mythischen Spielen, habe den Ruderern auf der Flöte vorgespielt, Kallippides, ein tragischer Schauspieler, mit langem Talar und anderem Theaterprunk bekleidet, den Rudermeister vorgestellt, und das Admiralsschiff sei mit purpurnen Segeln in den Hafen eingelaufen. Aber davon hatten weder Theopompos, noch Ephoros, noch Xenophon etwas gemeldet. Auch ist es unwahrscheinlich, daß Alkibiades, der in der Verbannung soviel Unbill erlitten hatte, vor den Athenern in einem so prunkhaften Aufzug erschienen sein sollte, als wenn er von einem Trinkgelage käme. Vielmehr fuhr er mit geheimem Zagen in den Hafen ein und getraute sich nicht eher das Schiff zu verlassen, bis er vom

Verdeck aus seinen Vetter Euriptolemos mit vielen Freunden und Bekannten erblickte, die ihm entgegenkamen und ihn auszusteigen baten.

Als er ans Land gekommen war, schien die herbeigeströmte Menge die anderen Befehlshaber gar nicht zu bemerken. Alle liefen nur auf ihn zu, hießen ihn mit lautem Freudengeschrei willkommen und geleiteten ihn zur Stadt. Die Nächststehenden schmückten ihn mit Kränzen; wer nicht an ihn herankam, begnügte sich, ihn von ferne zu bestaunen, und die Alten zeigten ihn den Kindern. Doch mischte sich in die allgemeine Freude auch viel Bedauern. Bei dem gegenwärtigen Glück erinnerten sich die Athener der vielen erlittenen Unglücksfälle, und es kam ihnen zum Bewußtsein, daß weder die Eroberung Siziliens noch irgendeine andere ihrer Hoffnungen gescheitert sein würde, wenn sie Alkibiades damals an der Spitze des Staates und der Armee belassen hätten. Denn schon in der kurzen Zeit, seitdem er wieder Führer war, hatte er die Stadt, die fast gänzlich vom Meer verdrängt, zu Lande kaum noch über die Vorstädte Herr und dabei durch innere Zwietracht zerrüttet war, aus dem traurigen und jämmerlichen Verfall emporgehoben und ihr nicht nur die Herrschaft zur See, sondern auch zu Lande überall den Sieg über ihre Feinde verschafft.

Der Volksbeschluß über seine Rückberufung und die Aufhebung des über ihn verhängten Todesurteils war schon vorher ausgefertigt worden. Nach seiner Rückkehr fand eine Volksversammlung statt, in der Alkibiades auftrat und sein Schicksal unter Tränen und Klagen erzählte. Dem Volk machte er nur gelinde Vorwürfe, schrieb vielmehr alles, was ihm begegnet war, einem bösen Geschick oder neidischen Dämonen zu. Schließlich sprach er noch weitläufig über die geringen Aussichten der Feinde und ermahnte die Athener, den Kopf hochzuhalten. Das Volk beschenkte ihn hierauf mit goldenen Kränzen und übertrug ihm den unbeschränkten Oberbefehl zu Wasser wie zu Lande. Überdies wurde verordnet, daß ihm sein

Vermögen zurückgegeben werden sollte; auch mußten die Eumolpiden und Herolde die auf Befehl des Volkes gegen ihn ausgesprochenen Flüche wieder aufheben.

So glänzend auch das Glück war, das Alkibiades jetzt genoß, so wurde doch mancher geängstigt durch den Zeitpunkt, an dem seine Rückkehr erfolgte. Er war nämlich gerade an dem Tag in den Hafen eingelaufen, als zu Ehren der Göttin Athene das Fest der Reinigung begangen wurde. Diese geheimen Zeremonien verrichteten die Praxiergiden am fünfundzwanzigsten Tage des Monats Thargelion; sie nahmen dabei der Göttin allen Schmuck ab und verhüllten die Bildsäule. Daher galt dieser Tag bei den Athenern als Unglückstag, an dem man nichts unternehmen durfte. Es schien also gleichsam, als ob die Göttin Alkibiades nicht gnädig und huldreich empfange, sondern mit verhülltem Antlitz sich von ihm abwende.

Indes ging Alkibiades doch alles nach Wunsch, und es wurde schon eine Flotte von hundert Trieren ausgerüstet, die sogleich in See gehen sollte, als ein nicht unedler Ehrgeiz ihn bestimmte, noch die Feier der Mysterien abzuwarten. Seitdem nämlich die Spartaner Dekeleia befestigt hatten und so den Athenern den Weg nach Eleusis sperrten, mußte der Festzug ohne allen Prunk zu Schiff dorthin ziehen. Alle Opferriten, die heiligen Reigentänze und viele Zeremonien während der Prozession, die sonst bei der Überführung des Jakchos von Athen nach Eleusis üblich waren, mußten notgedrungen unterbleiben. Alkibiades hielt es nun für eine schöne Gelegenheit, den Göttern seine Ehrfurcht zu erweisen wie bei den Menschen Ehre einzulegen, wenn er dem Fest seinen alten Glanz wiedergab, den Aufzug zu Lande nach Eleusis geleitete und ihn gegen Angriffe der Feinde schützte. Wenn dann König Agis in Dekeleia nichts gegen den Zug unternahm, hoffte er ihn dadurch zu demütigen und das Ansehen der Spartaner zu schädigen. Andernfalls aber wollte er angesichts aller Athener einen erhabenen, gottgefälligen Kampf für ihr ehrwürdiges Heiligtum wagen.

Nachdem er die Eumolpiden und Herolde von seinem Vorhaben unterrichtet hatte, stellte er Posten auf die vorliegenden Anhöhen und schickte mit Anbruch des Tages einige leichte Truppen voraus. Sodann ließ er die Priester, die Mysien und die Mystagogen in die Mitte nehmen, zu beiden Seiten von Bewaffneten umgeben, und führte dann den Zug in schönster Ordnung und in feierlicher Stille nach Eleusis. Es war ein erhabener, würdiger Anblick, als Alkibiades, als Kriegsmann gewaffnet, die Prozession geleitete, und alle, die ohne Neid gegen ihn waren, verglichen seine Führung mit dem Amte des Hierophanten und der Mystagogen. Der Feind wagte auch keinen Angriff, und so führte Alkibiades den Zug auch glücklich wieder nach Athen zurück.

Auf diesen Erfolg war er ungemein stolz und erfüllte das Heer mit dem fast überheblichen Gedanken, daß es unter seiner Führung unüberwindlich wäre und jedem Feind Trotz bieten könnte. Besonders aber die breiten Massen wußte er zu gewinnen und sie so für sich zu begeistern, daß sie gern bereit waren, ihn zum alleinigen und unbeschränkten Führer des Staates zu machen. Ja, viele sprachen sogar offen davon und legten ihm nahe, er sollte sich über die Verfassung hinwegsetzen, alle Schwätzer und Volksverderber beseitigen und den Staat allein nur nach seiner eigenen Ansicht leiten, ohne sich weiter vor Verleumdungen und Intrigen zu fürchten.

Wie er persönlich über die Diktatur gedacht haben mag, wissen wir nicht; aber die einflußreichsten Bürger gerieten in Sorge über seine Absichten. Sie suchten daher seine Abfahrt tunlichst zu beschleunigen, bewilligten ihm alle Forderungen und ernannten die von ihm gewünschten Mitbefehlshaber. Alkibiades ging also mit den hundert Schiffen in See und griff die Insel Andros an; er besetzte sie auch, vermochte aber die Stadt selbst nicht zu erobern. Das aber bot seinen Gegnern die erste Handhabe zu neuen Angriffen gegen ihn. Wenn je ein Mann durch seinen eigenen Ruhm gestürzt worden ist, so Alkibiades. All das Ungewöhnliche, das er vollbracht hatte, ließ von seinen Fähigkeiten und seiner Tatkraft eine so hohe Meinung aufkommen, daß der geringste Fehlschlag ihn sofort in den Verdacht der Fahrlässigkeit brachte. Man wollte einfach nicht glauben, daß auch seinem Können Grenzen gesteckt waren, sondern war überzeugt, daß er alles, was er wirklich im Ernst anpackte, auch durchzuführen vermochte. Auch rechneten die Athener darauf, daß bald Nachricht von der Bezwingung der Chier kommen würde. Sie waren daher sehr aufgebracht, als sie hörten, daß nicht alles gleich im Handumdrehen nach ihren Wünschen ging. Dabei berücksichtigten sie nicht, daß es Alkibiades oft an Geld mangelte und er daher genötigt war, sich von der Flotte zu entfernen und an anderen Orten Sold und Lebensmittel für die Truppen zu beschaffen, während er es mit einem Gegner zu tun hatte, der von dem mächtigen Perserkönig mit Mitteln überreich versorgt wurde.

Eben darin lag auch der Grund für die letzte Klage, die gegen ihn erhoben wurde. Lysander nämlich, der neue Oberbefehlshaber der spartanischen Flotte, vermochte dank der reichen, ihm vom König Kyros zugewendeten Hilfsgelder seinen Matrosen einen Sold von vier Obolen statt der üblichen drei zu geben, während Alkibiades kaum die drei Obolen aufzubringen vermochte. Um Geld zu beschaffen, fuhr er nach Karlen und übertrug in seiner Abwesenheit Antiochos das Kommando über die Flotte, der zwar ein guter Seemann, aber militärisch ein unbesonnener Gernegroß war. Obgleich er von Alkibiades den bestimmten Befehl hatte, sich auf keinen Fall in ein Gefecht einzulassen, wie sehr ihn auch der Feind dazu herausfordern sollte, setzte er sich mit größter Unverfrorenheit über die Weisungen hinweg. Er bemannte zwei Trieren, fuhr mit diesen auf Ephesos zu und segelte hart an den feindlichen Schiffen vorüber, wobei er durch Beschimpfungen und höhnische Possen den Gegner herauszufordern suchte. Lysander verfolgte ihn zuerst mit nur wenigen Schiffen. Als aber die Athener zu Hilfe herbeieilten, lief der Spartaner mit seiner ganzen Flotte aus, schlug die Athener, tötete Antiochos selbst, erbeutete viele Schiffe und Gefangene und errichtete ein Siegeszeichen. Auf die Nachricht von diesem Unfall kehrte Alkibiades schleunigst nach Samos zurück und ging mit allen seinen Schiffen in See, um Lysander eine neue Schlacht anzubieten. Allein dieser begnügte sich mit dem errungenen Vorteil und fand nicht für gut, mit Alkibiades selbst anzubinden.

Zu den Gegnern des Alkibiades im Heer gehörte auch ein gewisser Thrasybulos, der sich nun sogleich nach Athen begab, um Alkibiades öffentlich anzuklagen und das Volk gegen ihn aufzuhetzen. Er brachte vor, Alkibiades sei allein schuld am Verlust der vielen Schiffe bei der letzten Niederlage, denn er mißbrauche sein Amt und vertraue das Kommando Unfähigen an, die sich nur durch Zechereien und Matrosenschwänke bei ihm beliebt gemacht hätten; inzwischen fahre er an der Küste umher, suche überall Geld zu erpressen, lebe üppig und in Freuden und belustige sich mit Hetären von Abydos und Ionien, während die feindliche Flotte ganz in der Nähe liege. Überdies machte man ihm zum Vorwurf, daß er sich in Thrakien bei Bisanthe ein festes Schloß erbaut hatte, um einen Zufluchtsort zu besitzen, falls er in seinem Vaterland nicht länger bleiben könnte oder wollte. Die Athener ließen sich leicht bereden und wählten unverzüglich andere Feldherren, wodurch sie ihren Zorn und Unwillen gegen Alkibiades deutlich genug zum Ausdruck brachten. Auf diese Nachricht hin nahm Alkibiades von seinen Soldaten Abschied und verließ das Heer für immer. Er wandte sich nach Thrakien, brachte einige Söldnertruppen zusammen und führte auf eigene Faust Krieg gegen die unabhängigen Stämme. Dadurch gewann er viel Beute und Reichtümer, schützte aber auch die dort angesiedelten Griechen gegen die unruhigen Nachbarvölker.

Einige Jahre danach lagen die Feldherren Tydeus, Menander und Adeimantos mit der gesamten athenischen Flotte bei Aigospotamoi. Ihre ganze Tätigkeit bestand darin, jeden Morgen gegen Lysander, der mit seiner Flotte bei Lampsakos lag, auszulaufen, ihm zum Schein eine Schlacht anzubieten und dann wieder heimzugondeln. Den Rest des Tages lagen sie müßig herum und ließen die Mannszucht verkommen. Alkibiades, der gerade in der Nähe war, konnte den Unfug nicht ruhig mit ansehen. Er ritt zu den Befehlshabern hin und stellte ihnen vor, daß sie hier in einer Gegend ohne Hafen und Städte einen sehr ungünstigen Ankerplatz gewählt hätten, ihren Kriegsbedarf weither von Sestos holen müßten und die Mannschaft an Land nach Belieben umherschwärmen und sich verkrümeln ließen angesichts einer feindlichen Flotte, die einem unbeschränkten Befehlshaber auf den ersten Wink zu gehorchen gewohnt war.

Aber die Mahnung des Alkibiades beachteten die athenischen Feldherren sowenig wie seinen Rat, die Flotte von dort weg nach Sestos zu bringen. Ja, Tydeus forderte ihn höhnisch auf, er solle seiner Wege gehen, denn er habe hier nichts zu suchen und führe nicht das Kommando. Alkibiades, der Verrat witterte, entfernte sich und sagte zu seinen Bekannten im Lager, die ihn begleiteten, wenn er von den Feldherren nicht so schimpflich behandelt worden wäre, so hätte er sie binnen wenigen Tagen auch wider ihren Willen gezwungen, eine Schlacht anzunehmen oder ihre Schiffe im Stich zu lassen. Einige sahen darin nur Prahlerei; andere aber hielten es durchaus für möglich, wenn er genügend Fußvolk und Reiterei aus Thrakien herangeführt und die Spartaner zu Lande in ihrem Lager angegriffen hätte. Indes bewies bald der Ausgang, daß er richtig gesehen hatte. Eines Tages überfiel Lysander plötzlich und überraschend die athenische Flotte bei Aigospotamoi, und nur acht Schiffe mit Konon entkamen, während alle übrigen – man zählte an die zweihundert – dem Feind zur Beute fielen.

Außerdem machte Lysander an dreitausend Gefangene und ließ sie alle niedermachen. Bald darauf eroberte er Athen selbst, verbrannte alle noch vorhandenen Schiffe und legte die langen Mauern nieder.

Da die Spartaner durch diesen Sieg die unumstrittene Herrschaft zu Lande wie zu Wasser errungen hatten, mußte Alkibiades befürchten, von ihnen aufgegriffen zu werden. Er wandte sich daher nach Bithynien und nahm eine ungeheure Menge Reichtümer mit, wiewohl er in den bisher bewohnten Schlössern noch weit mehr zurückließ. In Bithynien aber büßte er durch Raub-Überfälle der dort wohnenden Thrakier den größten Teil seines Vermögens wieder ein. Darauf beschloß er, sich an den Hof des Artaxerxes zu begeben in der Hoffnung, der König werde bei näherer Bekanntschaft an ihm ebensoviel Gefallen finden wie einst dessen Vorgänger an Themistokles, zumal ihn eine weit edlere Absicht zum König führte. Denn er war nicht wie Themistokles gesonnen, seinen Landsleuten zu schaden, sondern seinem Vaterland gute Dienste gegen die Feinde zu leisten und den König um Unterstützung zu bitten. Da er glaubte, daß Pharnabazos ihm am ersten eine sichere und bequeme Gelegenheit zu dieser Reise verschaffen könnte, so ging er zu ihm nach Phrygien und lebte dort eine Zeitlang in Achtung und Freundschaft.

Die Athener trugen schwer am Verlust ihrer Vormachtstellung. Als aber Lysander ihnen jetzt ihre Freiheiten nahm und den Rat der Dreißig über die Stadt setzte, gaben sie sich angesichts ihrer Verzweiflung Betrachtungen hin, an die sie vorher, als noch Rettung möglich war, nicht gedacht hatten. Voller Reue erinnerten sie sich an alle ihre begangenen Fehler und Torheiten, unter denen der zum zweitenmal an Alkibiades ausgelassene Zorn ihnen als der folgenschwerste erschien. Denn sie hatten ihn, ohne daß er eines Verbrechens schuldig war, nur wegen des Fehlers eines seiner Unterführer mit Schimpf und Schande davongejagt und so den Staat um den tapfersten und erfahrensten Feldherrn gebracht. Dennoch blieb ihnen auch in der gegenwärtigen Lage noch eine schwache Hoffnung übrig, daß für Athen noch nicht alles verloren wäre, solange Alkibiades lebte. Denn sowenig er es in seiner ersten Verbannung über sich gebracht hatte, in untätiger Ruhe zu leben, sowenig würde er auch jetzt, wenn er nur irgend die Möglichkeit dazu besaß, dem Übermut der Spartaner und den Ungerechtigkeiten der Dreißig gleichgültig zusehen.

Nicht ganz ohne Grund freilich hing das Volk solchen Träumen nach, da selbst die Dreißig es für notwendig erachteten, genaue Kunde von Alkibiades einzuziehen und sorgfältig alle seine Schritte zu überwachen. Endlich aber stellte Kritias Lysander vor, daß die Herrschaft Spartas über Griechenland solange nicht gesichert wäre, wie die Athener eine demokratische Verfassung hätten, und wenn sich auch die Athener willig und geduldig der Oligarchie fügten, so würde doch Alkibiades zeit seines Lebens sie immer zum Widerstand gegen die neue Regierung ermutigen. Lysander gab jedoch diesen Vorstellungen nicht eher Gehör, bis er von der Regierung in Sparta Geheimbefehl erhielt, Alkibiades aus dem Weg zu räumen; sei es nun, daß auch die Führer in Sparta den kühnen und großen Unternehmungsgeist des Mannes fürchteten oder dem König Agis einen Gefallen tun wollten.

Lysander ließ daher Pharnabazos ersuchen, die ihm gegebene Weisung zur Ausführung zu bringen. Dieser übergab den Auftrag seinem Bruder Magaios und seinem Oheim Susamithres. Zu jener Zeit lebte Alkibiades in einem kleinen Flecken in Phrygien zusammen mit seiner Freundin Timandra. Eines Nachts träumte ihm, daß er die Kleider seiner Freundin anhätte, die seinen Kopf in den Armen hielte und sein Gesicht nach Frauensitte malte und schminkte. Andere sagen, er hätte geträumt, Magaios schnitte ihm den Kopf ab und verbrenne seinen Körper. Diesen Traum soll er kurz vor seinem Tod gehabt haben.

Die Häscher, die gegen ihn ausgeschickt wurden, wagten es nicht, zu ihm hineinzugehen, sondern umringten das Haus und steckten es in Brand. Als Alkibiades das merkte, raffte er Kleider und Decken zusammen und warf sie auf das Feuer; dann wickelte er seinen Mantel um die linke Hand, nahm in die rechte sein Schwert und sprang unversehrt durch das Feuer, ehe noch die darübergeworfenen Decken verbrannt waren. Sein Anblick verscheuchte sogleich die Häscher, und keiner getraute sich, den Fliehenden aufzuhalten oder anzugreifen. Aber von ferne schossen sie mit Pfeilen und Wurfspießen auf ihn und trafen ihn tödlich. Als er gefallen war, hob Timandra seinen Leichnam auf, bedeckte ihn mit ihren eigenen Kleidern und hielt ihm dann ein so prächtiges Leichenbegängnis, wie es die Umstände erlaubten.

Einige Schriftsteller, die im übrigen mit dieser Erzählung von Alkibiades' Tod übereinstimmen, sagen, daß weder Pharnabazos, noch Lysander, noch die Spartaner dazu Anlaß gegeben hätten, sondern Alkibiades selbst. Er habe nämlich ein Mädchen aus vornehmem Haus verführt und bei sich behalten; über diesen Schimpf seien die Brüder des Mädchens so in Zorn geraten, daß sie das Haus, in dem Alkibiades sich eben aufhielt, bei Nachtzeit angezündet und ihn, als er dem Feuer entrann, niedergeschossen hätten. Alkibiades starb im Alter von vierzig Jahren.

Alexander

Wenn ich hier das Leben König Alexanders erzähle, so möchte ich bei dem Reichtum der Ereignisse die Bitte an die Leser vorausschicken: zu entschuldigen, daß ich nicht alle berühmten Begebenheiten genau und umständlich berichte, sondern die meisten nur kurz berühre. Denn ich gebe Lebensdarstellung und keine Geschichte; und die Vorzüge oder Fehler eines Menschen spiegeln sich nicht so sehr in seinen glänzenden Taten, vielmehr verrät oft eine unbedeutende Handlung, eine Rede oder ein Scherz den Charakter viel deutlicher als große Kriegsunternehmungen, blutige Schlachten oder Belagerungen. So wie der Maler nur aus bestimmten charakteristischen Augen des Gesichts die Ähnlichkeiten herauszuholen sucht und sich um das übrige wenig bekümmert, ebenso muß es auch mir vergönnt sein, mehr die inneren Charakterzüge aufzusuchen und nach diesen das Leben eines Menschen zu schildern, die Beschreibung der großen Taten und Schlachten aber anderen zu überlassen.

Man nimmt allgemein an, daß Alexander väterlicherseits von Karanos her den Herakles, und mütterlicherseits von Neoptolemos den Aiakos (einen Sohn des Zeus und der Aegina) zu Ahnherren hatte. Als sein Vater Philipp, erzählt man, in seinen jungen Jahren in Samothrake zugleich mit der Prinzessin Olympias in die Mysterien eingeweiht wurde, verliebte er sich in die ebenfalls noch sehr junge Waise und nahm sie mit Einwilligung ihres Bruders Arymbas, Königs von Epirus, zur Frau. In der Nacht vor der Vermählung hatte die Braut einen Traum: Es war ihr, als wenn bei einem Gewitter der Blitz ihr in den Leib schlüge und durch diesen Schlag Helles Feuer hervorbräche und dann plötzlich verlöschte. Philipp selbst träumte bald nach der Vermählung, daß er auf den Schoß seiner Gattin ein Siegel drückte, dessen Prägung, wie ihn deuchte, das Bild eines Löwen darstellte. Alle Wahrsager fanden den Traum bedenklich und erklärten, Philipp müßte sehr acht haben auf das Betragen seiner Gattin. Nur der Wahrsager Arisiandros gab die Deutung, die Königin sei schwanger – denn leere Gefäße pflegt man nicht zu versiegeln – und sie werde einen Knaben von feurigem, löwenartigem Mut gebären. Einmal sah man auch, als Olympias schlief, eine Schlange neben ihr ausgestreckt liegen. Dieser Vorfall soll hauptsächlich dazu beigetragen haben, die Liebe und Zärtlichkeit Philipps zu mindern, so daß man ihn seitdem sehr selten mit ihr schlafen gehen sah. Vielleicht weil er sich vor den Zauberkünsten und Zaubertränken Olympias' fürchtete oder weil er glaubte, daß sie mit einem höheren Wesen Umgang habe und daher von ihm nicht besucht werden dürfte. Es gibt auch noch eine andere Erklärung für die Beziehung Olympias' zu den Überirdischen. Alle Frauen in diesem Land, sagt man, sind von uralten Zeiten her den orphischen Mysterien und dem geheimen Dienst des Dionysos ergeben. Olympias neigte in besonderem Maß diesen Mysterien zu und gab sich bei den wilden Zeremonien völlig den Verzückungen hin. Bei den schwärmerischen Umzügen der Bacchantinnen führte sie große gezähmte Schlangen mit sich, die oft aus dem Efeu und den heiligen Körben der Mysten hervorkrochen und sich zum Entsetzen der Männer um die Thyrsosstäbe und Kränze der Frauen ringelten.

Nach jenem Traum schickte Philipp den Chairon aus Megapolis nach Delphi. Das Orakel, das Philipp von dort erhielt, befahl ihm, wie die Legende berichtet, dem Jupiter Ammon zu opfern und diesen Gott besonders zu verehren. Auch soll er ein Auge verloren haben, weil er durch einen Spalt in der Tür gelugt und den Gott in Gestalt einer Schlange bei seiner Frau hatte liegen sehen. Als Alexander später seinen Zug nach Asien antrat, gab ihm Olympias das Geleit, wie Eratosthenes erzählt, und entdeckte ihm unter vier Augen das Geheimnis seiner Geburt mit der Ermahnung, sich einer solchen Abkunft würdig zu erweisen. Andere freilich melden, sie selbst habe sich über dergleichen Gerüchte geärgert und oft gesagt: Wenn doch Alexander endlich aufhören wollte, mich bei Hera in Verdacht zu bringen.

Als Philipp eben Potidaia erobert hatte, erhielt er zu gleicher Zeit drei Freudenbotschaften. Die eine war, daß sein Feldherr Parmenion die Illyrier in einer großen Schlacht besiegt hatte; die zweite, daß eins seiner Rennpferde bei den Olympischen Spielen den ersten Preis erhalten hatte, und die dritte Botschaft meldete ihm die Geburt Alexanders. Die Freude, die er begreiflicherweise darüber empfand, vermehrten die Wahrsager noch durch die Erklärung, daß der unter drei Siegen geborene Prinz unbesiegbar sein werde. In der Nacht von Alexanders Geburt ging der Tempel der Artemis zu Ephesos in Flammen auf. Viele gaben dem Ereignis die Deutung, daß ein großes Unglück über Asien kommen werde.

Alexanders Gestalt geben die Statuen des Lysippos am besten wieder; auch nur von ihm wollte sich Alexander darstellen lassen. Die Haltung des Halses, der sich ein wenig nach links neigte – eine Eigentümlichkeit, die viele Nachfolger und Freunde Alexanders dann nachahmten – und den strahlenden Glanz der Augen hat Lysippos sehr gut zum Ausdruck gebracht. Apelles aber, der ihn mit dem Donnerkeil in der Hand malte, hat die Gesichtsfarbe nicht getroffen, sondern sie etwas zu bräunlich und dunkel angegeben. Alexander war, wie berichtet wird, hellfarbig, und diese Helle spielte an der Brust und im Gesicht etwas ins Rötliche.

Alexander der Große
Konstantinopel, Ottomanisches Museum

Daß seine Haut lieblich geduftet, und nicht nur der Mund, sondern auch der ganze Körper einen angenehmen Geruch ausströmte, der sogar seine Gewänder durchdrang, habe ich in den Denkschriften des Aristoxenos gelesen. Die Ursache davon lag vermutlich in der sehr hitzigen und feurigen Mischung seines Körpers. Denn nach der Lehre Theophrasts entsteht der Wohlgeruch dadurch, daß das Feuchte vom Warmen aufgesogen wird; daher liefern auch die trockensten und heißesten Länder der Erde die meisten und schönsten Gewürze, weil die Sonne die auf der Oberfläche der Körper befindliche Feuchtigkeit, die Ursache der Fäulnis, verzehrt. Eben diese Hitze des Körpers machte wahrscheinlich Alexander auch zum Trunk und Jähzorn geneigt.

Schon im Knabenalter zeigte sich seine Selbstbeherrschung, denn so leidenschaftlich und ungestüm er sonst war, ließ er sich doch von der Sinnenlust nicht so leicht hinreißen, sondern gab sich ihr nur in weiser Mäßigung hin. Sein ehrgeiziges Streben aber ließ ihn schon weit über seine Jahre hinaus ernst und zielbewußt erscheinen. Nicht der Ruhm als solcher genügte ihm, auf welchem Gebiet es immer sei; hierin ganz der Gegensatz zu seinem Vater, der sich mit seinen Rednerkünsten brüstete, als wenn er ein Sophist und nicht ein König wäre, und auf die Siege seiner Rennpferde in Olympia sogar Münzen prägen ließ. Als einige Freunde, denen Alexander im Schnellauf überlegen war, in ihn drangen, sich bei den Olympischen Spielen als Wettläufer zu beteiligen, gab er zur Antwort: Gern, vorausgesetzt, daß ich dort Könige zu Gegnern haben könnte. Überhaupt scheint er für das Athletentum nicht viel übrig gehabt zu haben. Denn soviel Wettkämpfe er auch für Dichter, Sänger und Musikanten oder auch Jagdspiele und Fechtkonkurrenzen veranstaltete, für Boxen oder den Fünfkampf hat er kaum je einen Preis ausgesetzt.

Als er einst in noch sehr jungen Jahren in Abwesenheit Philipps persische Gesandte empfing, bestrickte er sie nicht weniger durch seine Liebenswürdigkeit als durch seine ernste Unterhaltung. Er stellte nicht Fragen nach Nichtigkeiten, wie Kinder oft tun, sondern erkundigte sich nach der Länge des Weges, nach der Art im Innern Asiens zu reisen und dann zum König selbst, wie er als Heerführer verfahre, und wie groß die Militärmacht der Perser sei. Darüber verwunderten sich die Gesandten, und des Vaters vielgepriesene politische Gewandtheit erschien ihnen gering gegenüber dem kühnen und weitblickenden Geist des Sohnes.

Wenn wieder einmal Nachricht einlief, daß Philipp eine berühmte Stadt erobert oder einen glänzenden Sieg errungen hatte, hörte er mit finsterer Miene zu und sagte dann zu seinen Gespielen: Mein Vater wird mir noch alles vorwegnehmen und mir keine Möglichkeit mehr übriglassen, die Welt durch eine große Tat in Erstaunen zu setzen.

Zu seiner Ausbildung waren natürlich viele Erzieher, Hofmeister und Lehrer bestimmt. Über sie alle aber war Leonidas gesetzt, ein Mann von strengen Grundsätzen, ein naher Verwandter Olympias. Er schämte sich keineswegs des Titels eines Hofmeisters, da ihm sein Amt eine schöne und ehrenvolle Aufgabe bot; aber allgemein nannte man ihn wegen seines Ranges und der Verwandtschaft zum Königshaus den Vormund und Führer Alexanders.

Eines Tages bot ein Thessalier namens Philoneikos dem König Philipp ein Pferd, Bukephalos genannt, zum Kauf an. Man ging aufs Feld hinaus, um das Pferd auszuprobieren, fand es aber wild und unbrauchbar. Es ließ niemanden aufsitzen, hörte auf kein Anreden und stieg hoch, sobald ihm einer nahekam. Philipp, ärgerlich darüber, wollte das unbändige Pferd schon wieder abführen lassen, als Alexander, der dabeistand, sagte: Schade um das schöne Pferd, das man sich nur entgehen läßt, weil keiner mutig und geschickt genug ist, es richtig zu behandeln. Anfangs schwieg Philipp dazu; als aber Alexander immer wieder davon anfing und wiederholte, wie schade es um das Pferd wäre, sagte er: Wie, willst du etwa älteren Leuten Vorwürfe machen und behaupten, daß du gescheiter wärest und besser mit Pferden umzugehen wüßtest? Nun, erwiderte Alexander, mit dem Pferd da könnte ich jedenfalls besser umgehen als jeder andere. Philipp versetzte: Wenn du es aber nicht kannst, was zahlst du dann als Strafe für deine Dreistigkeit? – Nun, beim Zeus, dann bezahle ich den Preis des Pferdes.

Darüber gab es ein fröhliches Gelächter. Nachdem man sich über die Summe einig geworden war, trat Alexander zu dem Pferde und kehrte es gegen die Sonne. Offenbar hatte er bemerkt, daß das Tier vor dem hin und her schwankenden Schatten scheute, der gerade vor ihm auf den Boden fiel. Alexander führte es eine Zeitlang am Zügel und klopfte es beruhigend, solange es noch aufgeregt war. Dann ließ er sacht den Mantel fallen und schwang sich behende in den Sattel, hielt aber das Tier erst noch kurz am Zügel und saß ganz still. Als er aber bemerkte, daß die Unruhe des Pferdes sich gelegt hatte und es nur noch vorwärts drängte, gab er ihm den Hals frei, und unter lautem Zuruf und mit kräftigem Schenkeldruck jagte er in voller Karriere davon. Philipp und seine Begleiter standen zuerst sprachlos vor Angst; als er aber nach einer Weile das Tempo mäßigte, kehrtmachte und mit freudigem Stolz zurückgetrabt kam, jubelte ihm alles zu. Sein Vater aber, heißt es, brach in Freudentränen aus, küßte ihn beim Absteigen und sagte: Suche dir, mein Sohn, ein Königreich, das deiner würdig ist; Makedonien ist zu klein für dich.

Philipp kannte den eigenwilligen und schwer lenkbaren Charakter seines Sohnes, der sich gegen jeden Zwang aufbäumte, durch Vernunftgründe sich aber leicht zur Pflichterfüllung bestimmen ließ. Er suchte ihn auch mehr durch Überzeugung zu leiten als durch Befehle zu zwingen. Da die Erziehung und Bildung seines Sohnes eine äußerst schwierige Aufgabe war, mochte er sie auch nicht den üblichen Lehrern der Musik und der gewöhnlichen Wissenschaften anvertrauen. Vielmehr berief er dazu den berühmtesten und gelehrtesten unter allen Philosophen, Aristoteles, den er dafür auf fürstliche Art entlohnte. Philipp ließ nämlich die Stadt Stageira, aus der Aristoteles stammte und die er vor einiger Zeit zerstört hatte, wieder aufbauen und setzte die entronnenen oder in Sklaverei geratenen Bürger in ihr Besitztum wieder ein. Zum Ort des Studiums wies er Lehrer und Schüler den Nymphen-Hain bei Miëza an.

Offenbar wurde Alexander nicht nur in Ethik und Politik von Aristoteles unterrichtet, sondern auch in die geheimen esoterischen Lehren eingeweiht, die »akroamatischen« und »epoptischen«, wie sie die Philosophen nannten, die nur einem engen Kreis bekannt waren und vor der Öffentlichkeit geheimgehalten wurden. Später, während des Feldzuges in Asien, erhielt Alexander Kunde, daß Aristoteles ein Buch über diese Lehren herausgegeben hätte. Alexander schrieb ihm und machte ihm darüber Vorwürfe. Am Schluß des Briefes hieß es: Ich für meine Person will mich lieber durch Kenntnis des erhabensten Wissens vor allen anderen auszeichnen als durch Macht oder Größe. Aristoteles erwiderte, er habe nur Bruchstücke jener Lehren veröffentlicht. In der Tat enthielt auch sein Werk über Metaphysik, um das es sich hierbei handelt, nichts, was zum Unterricht oder zum Lernen verwendbar wäre. Es ist eigentlich nur für die Eingeweihten zur Erinnerung geschrieben.

Überdies hat Aristoteles meines Erachtens in Alexander auch die Neigung zur Arzneiwissenschaft geweckt. Denn Alexander befaßte sich nicht nur mit der Theorie, er half auch seinen Freunden in Krankheitsfällen und verordnete ihnen Diät und Arzneimittel, wie aus seinen Briefen zu ersehen ist. Überhaupt war er sehr wiß- und lernbegierig und ein eifriger Bücherleser. Die »Ilias« betrachtete er als ein Lehrbuch der Kriegskunst und nannte sie auch so. Er besaß eine von Aristoteles durchgesehene und verbesserte Ausgabe, die immer nur als die »Ausgabe aus dem Salbenkästchen« bezeichnet wurde. Diese hatte er immer neben seinem Dolch unter dem Kopfkissen liegen, wie Onesikritos, der Geschichtsschreiber Alexanders, erzählt.

Da es ihm im Innern Asiens an Büchern fehlte, beauftragte er Harpalos, ihm welche zu verschaffen. Dieser sandte ihm denn auch die Werke des Philistos, viele Tragödien von Euripides, Sophokles und Aischylos und die Dithyramben des Telestes und Philoxenes.

Alexander liebte und verehrte Aristoteles, wenigstens anfangs, aber nicht minder als seinen Vater, denn diesem, sagte er, habe er das leibliche Leben, Aristoteles aber das geistige Leben zu verdanken. Später aber entstand in ihm ein gewisses Mißtrauen gegen Aristoteles; nicht daß er ihn auf irgendeine Weise seine Ungnade hätte fühlen lassen, aber die spontane Herzlichkeit und Vertrautheit ihrer Beziehungen hörte auf, was als eine ernste Entfremdung angesehen wurde. Nie aber verlor Alexander die leidenschaftliche Liebe zur Philosophie, die ihm Aristoteles von Jugend an eingeimpft hatte.

Als Philipp gegen Byzanz zu Felde zog, wurde dem damals erst sechzehnjährigen Alexander unterdessen die Regierung Makedoniens nebst dem Reichssiegel mit unbeschränkter Vollmacht anvertraut. Während seiner Regentschaft unterwarf er die abgefallenen Maider, eroberte ihre Stadt, vertrieb alle Barbaren von dort, siedelte Kolonisten aus verschiedenen Völkerstämmen an und nannte die Stadt fortan Alexandropolis. Auch an der Schlacht bei Chaironeia gegen die Griechen nahm er teil; er soll als erster in die heilige Schar der Thebaner eingebrochen sein und damit den Sieg entschieden haben. Noch in unseren Zeiten zeigte man am Fluß Kephisos eine uralte Eiche, die Alexandereiche heißt, bei der damals sein Zelt gestanden hat. Nicht weit davon befindet sich der Friedhof der gefallenen Makedonier.

Diese Taten Alexanders erwarben ihm in erhöhtem Maße die Liebe und Zuneigung seines Vaters. Ja, Philipp war so stolz auf seinen Sohn, daß er es gern hörte, wenn die Makedonier Alexander ihren König, Philipp ihren Feldherrn nannten. Aber durch die vielen Heiraten und Liebeshändel Philipps entstanden in der Familie schwere Mißhelligkeiten; man kann sagen, daß das ganze Reich unter den Zänkereien der Frauen litt. Auch zwischen Vater und Sohn verursachte das viel häßlichen Streit und Zank, und die eifersüchtige und vergrämte Olympias hetzte Alexander immer noch mehr gegen den Vater auf. Gelegentlich der Hochzeitsfeier des alternden Philipp mit der blutjungen Kleopatra kam der Zwist durch Attalos, den Oheim Kleopatras, zum offenen Ausbruch. Attalos, der sich im Wein übernommen hatte, ermahnte nämlich die Makedonier, sie sollten zu den Göttern beten, daß Philipp mit der Kleopatra noch einen rechtmäßigen Thronfolger zeugen möchte. Darüber geriet Alexander in Wut. Was, Schurke, rief er, hältst du mich für einen Hurensohn? und warf ihm einen Becher an den Kopf. Philipp sprang auf, zog das Schwert und wollte gegen seinen Sohn losgehen. Aber zum Glück für beide strauchelte er vor Zorn und Trunkenheit und fiel zu Boden. Da höhnte Alexander: Seht doch, meine Freunde, dieser Mann schickt sich an, von Europa nach Asien hinüberzuziehen, und dabei stolpert er schon, wenn er von einem Tisch zum anderen gehen will. Nach dieser peinlichen Szene nahm Alexander Olympias zu sich, brachte sie nach Epirus in Sicherheit und begab sich selbst nach Illyrien.

Indessen kam der Korinther Demaratos, der sich als Freund des Hauses ein offenes Wort erlauben durfte, zu Philipp. Als ihn der König nach der ersten freundlichen Begrüßung fragte, wie es um die Eintracht unter den Griechen stände, antwortete Demaratos: Dir steht es freilich zu, Philipp, dich um Griechenland zu kümmern, wo du dein eigenes Haus in Zwietracht und Unheil gestürzt hast. Dieses Wort brachte Philipp wieder zur Besinnung, und er entsandte Demaratos zu Alexander, um den Sohn wieder ins Vaterhaus zurückzuholen.

Als später dann Pausanias, der auf Attalos' und Kleopatras Anstiften schwer mißhandelt worden war und dafür keine Genugtuung erhalten konnte, Philipp ermordete, wurde die Schuld größtenteils Olympias zugeschrieben, da sie den ohnehin aufgebrachten Jüngling noch mehr aufgehetzt und erbittert hatte. Auch auf Alexander fiel einiger Verdacht; denn er soll Pausanias, der sich nach jener Mißhandlung an ihn gewandt und beklagt hatte, die Verse aus Euripides' Medea zitiert haben:

Den Vater samt der Braut und auch den Bräutigam – Doch ließ er alle, die an der Verschwörung teilhatten, feststellen und bestrafen. Auch verhehlte er Olympias seinen Unwillen nicht, als sie in seiner Abwesenheit Kleopatra grausam mißhandelt hatte.

So übernahm nun Alexander mit zwanzig Jahren die Regierung, die auf allen Seiten von Mißgunst und Neid, von bitterem Haß und Gefahren bedroht war. Denn die Barbarenstämme an der Grenze wollten das aufgezwungene Joch nicht länger tragen und verlangten ihr angestammtes Königtum zurück. Philipp hatte Griechenland zwar mit den Waffen besiegt, aber noch nicht die Zeit gehabt, die Verhältnisse neu zu ordnen. Bei seinem Tod war das aus den Fugen geratene Land in voller Gärung. Die Makedonier sahen die Lage sehr pessimistisch an, und in ihrer Besorgnis rieten sie Alexander, auf Griechenland ganz zu verzichten und jede gewaltsame Eroberung zu unterlassen, die aufständischen Barbaren aber durch milde Behandlung zu ihrer Pflicht zurückzubringen und so jede Empörung gleich im Anfang zu ersticken. Allein Alexander selbst ging von anderen Grundsätzen aus; er glaubte, nur durch hartes unerschrockenes Zugreifen seinem Reiche Rettung und Sicherheit verschaffen zu können und war überzeugt, daß bei der geringsten Nachgiebigkeit alle Feinde zugleich über ihn herfallen würden.

Zunächst machte er den Aufständen der Barbaren und den Kämpfen in jener Gegend ein rasches Ende. Er stieß mit seiner Armee bis an die Donau vor und bereitete dort dem Syrmios, dem König der Triballier, eine vernichtende Niederlage. Auf die Nachricht, daß Theben abgefallen und Athen mit ihm im Bund war, führte er sogleich seine Armee durch den Paß von Thermopylä, um, wie er sagte, als Mann vor den Griechen zu erscheinen. Denn Demosthenes habe ihn, solange er im Land der Illyrier und Triballier war, einen Knaben, und als er in Thessalien stand, einen Jüngling genannt; nun wolle er ihm unter den Mauern von Athen beweisen, daß er ein Mann wäre.

Als er nun vor Theben stand, wollte er den Bewohnern noch einmal Gelegenheit geben, zur Besinnung zu kommen. Er forderte von ihnen nur die Auslieferung des Phoinix und des Prothydes, der Rädelsführer der Erhebung, versprach aber allen, die sich der makedonischen Oberhoheit fügen würden, völlige Sicherheit von Person und Eigentum. Die Thebaner aber stellten die Gegenforderung, ihnen Philotas und Antipater auszuliefern, und erließen einen Aufruf, daß sich alle Griechen ihnen anschließen sollten, die für die Befreiung des Landes zu kämpfen gesonnen wären. Daraufhin befahl Alexander seinen Truppen den Angriff auf die Stadt. Die Thebaner bewiesen in dem Kampf gegen den überlegenen Feind eine Tapferkeit und einen Mut, die ihre schwachen Kräfte fast ausgeglichen hätten. Aber als die in Kadmeia liegende makedonische Besatzung einen Ausfall machte und ihnen in den Rükken fiel, wurde der größte Teil der Thebaner umzingelt und niedergemacht. Die Stadt selbst wurde erobert, völlig ausgeplündert und dann dem Erdboden gleichgemacht. Hauptsächlich wollte wohl Alexander durch dieses harte Verfahren ein Exempel statuieren und den Griechen jede Lust zu weiteren Aufständen nehmen. Er verteidigte seinen Schritt übrigens auch damit, daß er den Beschwerden seiner Bundesgenossen, der Phokier und Platäer, habe nachgeben müssen, die gegen

Theben schwere Klagen vorgebracht hatten. Mit Ausnahme der Priester, sämtlicher Gastfreunde der Makedonier, auch der Nachkommen Pindars sowie aller, die sich der Empörung widersetzt hatten, ließ er die übrigen, an die dreißigtausend, als Sklaven verkaufen. Die Zahl der Umgekommenen belief sich auf sechstausend. Bei der Einnahme der Stadt brachen einige Thrakier in das Haus einer vornehmen und tugendhaften Frau ein, namens Timotleia, und raubten alles, was sie fanden. Der Anführer schändete inzwischen die Frau und fragte sie dann, ob sie noch irgendwo Gold oder Silber verborgen hätte. Sie gab das zu, führte ihn allein in den Garten, zeigte ihm einen Brunnen und sagte, hier habe sie bei der Einnahme der Stadt ihre kostbarsten Kleinodien hineingeworfen. Als der Thrakier sich bückte, um nachzusehen, trat Timokleia hinter ihn, stieß ihn in den Brunnen hinab und warf Steine auf ihn, bis er tot war. Als sie dann gefesselt vor Alexander geführt wurde, zeigte sie in Miene und Haltung eine unnachahmliche Würde und Seelengröße und verriet nicht die geringste Furcht. Auf die Frage des Königs, wer sie sei, antwortete sie: Ich bin die Schwester des Theagenes, der für die Freiheit der Griechen gegen Philipp gekämpft hat und als Befehlshaber bei Chaironeia gefallen ist. Alexander konnte nicht umhin, ihre Antwort wie ihre Tat zu bewundern, und gab Befehl, sie mit ihren Kindern freizulassen.

Mit den Athenern söhnte er sich jedoch wieder aus, obwohl sie das traurige Geschick Thebens tief schmerzte. Denn zum Zeichen der Trauer brachen sie die eben begonnene Feier der Mysterien ab und gewährten allen politischen Flüchtlingen freundliche Aufnahme in der Stadt. Ob nun Alexander gleich dem Löwen seinen Mut gekühlt hatte oder der Tat des Grauens und Schreckens ein Beispiel der Milde folgen lassen wollte – genug, er erließ den Athenern nicht nur alle Schuld, er ermahnte sie auch, auf die politischen Verhältnisse ein wachsames Auge zu haben, denn wenn ihm etwas zustoßen sollte, würde Athen die Herrscherin über Griechenland sein müssen.

In der Folge soll ihn jedoch die grausame Behandlung Thebens sehr oft gereut und ihn gegen andere milde gestimmt haben. Wenn er später in der Trunkenheit Kleitos niederstieß und wenn seine Makedonier vor den Indern verzagten, so daß der Feldzug sein Ziel nicht erreichte, so schrieb er all dieses Mißgeschick, wie man erzählt, dem Zorn und der Rache des Dionysos, des Schutzgottes Thebens, zu. Unter den entkommenen Thebanern war später nicht ein einziger, der nicht Gewährung fand, wenn er mit einer Bitte zu Alexander kam.

Als die Griechen auf der Landenge bei Korinth einen Kongreß abhielten, beschlossen sie einen Kriegszug gegen die Perser zu unternehmen und ernannten Alexander zum Oberbefehlshaber des Expeditionsheeres. Bei dieser Gelegenheit machten ihm viele Staatsmänner und berühmte Gelehrte ihre Aufwartung, um ihm Glück zu wünschen. Alexander wartete, daß auch der bekannte Diogenes von Sinope, der sich gerade in Korinth aufhielt, sich bei ihm einfinden werde. Aber der nahm nicht die geringste Notiz von Alexander und ließ sich nicht in seiner beschaulichen Muße im Zypressenhain von Kraneion stören. So mußte sich denn Alexander zu ihm bemühen und fand ihn in der Sonne liegen. Als Diogenes so viele Menschen auf sich zukommen sah, richtete er sich ein wenig auf und blickte Alexander kurz an. Der König grüßte ihn freundlich und fragte, womit er ihm dienen könnte. Darauf sagte Diogenes: Geh mir nur, bitte, ein wenig aus der Sonne. Alexander aber, von diesem Wort betroffen, bewunderte den Stolz und die Seelengröße des Mannes, der für ihn nur Verachtung gezeigt hatte. Als seine Begleiter beim Fortgehen sich über Diogenes lustig machten, rief er: Wahrhaftig, wenn ich nicht Alexander wäre, möchte ich Diogenes sein.

Um sich bei Apollo Rat zu holen wegen des Feldzuges gegen die Perser, begab er sich nach Delphi. Es traf sich aber, daß gerade die ungünstigen Tage waren, an denen nach dem heiligen Gesetz kein Orakel erteilt werden durfte. Alexander schickte zuerst nach der Hohepriesterin und ließ sie um ihr Erscheinen bitten. Als sie ihm die Bitte abschlug, ging er selbst zu ihr und brachte sie mit Gewalt zum Tempel. Überwältigt von der Beharrlichkeit Alexanders, rief sie: Wahrlich, mein Sohn, du bist unüberwindlich. Darauf sagte Alexander, er brauche nun keine Weissagung mehr, denn er habe das gewünschte Orakel bereits von ihr erhalten.

Die Zahlenangaben über die Stärke des asiatischen Expeditionsheeres schwanken; manche geben 30.000 Mann Fußvolk und 5000 Mann Reiterei an, andere wieder nennen 34.000 Mann zu Fuß und 4000 Mann Reiterei. Zum Unterhalt für diese Truppen besaß er, nach Aristobulos, nicht mehr als siebzig Talente, nach Duris führte er nur für dreißig Tage Verpflegung mit; und Onesikritos behauptet sogar, er habe noch zweihundert Talente Schulden gehabt. So beschränkt er nun auch in seinen Mitteln war, stellte er doch vor der Abfahrt die Vermögensverhältnisse seiner nächsten Mitarbeiter fest und wies dem einen ein Landgut, dem anderen ein Dorf, einem dritten die Einkünfte einer Stadt oder eines Hafens an. Als so fast alles königliche Besitztum verteilt war, fragte Perdikkas: Und du, König, was behältst du für dich übrig? Alexander antwortete: Die Hoffnung. – Gut, versetzte jener, so wollen auch wir, die wir mit dir ins Feld ziehen, an dieser Hoffnung teilhaben. Damit schlug Perdikkas den Besitz aus, der ihm schon zugefallen war, und mancher andere folgte seinem Beispiel. Trotzdem verschenkte Alexander fast alles, was er in Makedonien besaß.

Mit so stolzer Zuversicht und in so heiterer Stimmung setzte Alexander über den Hellespont nach Asien über. Bei Ilion stieg er an Land und brachte dort der Athene ein blutiges Opfer und den Heroen Trankopfer dar. Die Grabsäule des Achilles bekränzte er, nachdem er sich mit Öl gesalbt und der Sitte gemäß mit seinen Freunden nackt einen Wettlauf um die Säule gemacht hatte. Er pries Achilles glücklich, weil er im Leben einen treuen Freund und nach seinem Tod einen großen Künder seiner Taten gefunden habe. Als er in der Stadt umherging und die Sehenswürdigkeiten besichtigte, fragte man ihn, ob er die Leier des Paris-Alexander sehen wolle. Aber er meinte, auf diese lege er keinen Wert, dagegen suche er die Leier des Achilles, zu der er die Taten der Helden gesungen habe.

Inzwischen hatten die Feldherren des Dareios eine starke Truppenmacht zusammengezogen und sie hinter dem Fluß Granikos aufgestellt, um ihm den Übergang zu verwehren. Alexander mußte also gleichsam an den Toren Asiens um den Eintritt in das Reich kämpfen. Aber viele seiner Unterführer erschraken vor der Tiefe des Flusses und der steilen schroffen Höhe des jenseitigen Ufers, das unter fortwährenden Kämpfen erstiegen werden mußte. Auch warnten ihn einige, sich über das alte Herkommen in bezug auf den laufenden Monat hinwegzusetzen. Denn im Monat Daisos (Mai) pflegten die Makedonier nie mit der Armee auszurücken. Dieses Bedenken beseitigte Alexander dadurch, daß er Befehl gab, den vorhergehenden Monat Artemisios zweimal zu rechnen. Als Parmenion ihn bat, doch nicht zu so vorgerückter Tagesstunde ein so schweres Wagnis zu unternehmen, antwortete er: Wenn ich mich vor dem Granikos fürchtete, müßte sich ja der Hellespont schämen, den ich ohne weiteres überschritten habe. Und dann stürzte er sich mit dreißig Reiterschwadronen in den Fluß. Angesichts des steilen, vom Feind stark besetzten Ufers setzte er mitten im Geschoßhagel über den Strom, der Roß und Reiter fast überspülte und mit sich fortriß. Es schien mehr eine Tat verzweifelter Tollkühnheit, als ruhiger Überlegung. Aber er wollte um jeden Preis den Übergang erzwingen. Als er endlich unter äußersten Mühen das jenseitige, noch dazu schlammige und schlüpfrige Ufer mit seinem Vortrupp erreicht hatte, wurde er sogleich in ein wild durcheinanderwogendes Gefecht verwickelt, bevor sich noch seine nachfolgenden

Truppen einigermaßen ordnen konnten. Denn die Feinde drangen sogleich heftig auf die Angreifer ein, stellten Pferd gegen Pferd und fochten mit den Speeren, und wenn diese zerbrochen waren, mit den Schwertern. Alexander war in dem Getümmel leicht zu erkennen an seinem Schild und seinem Helmbusch, an dessen beiden Seiten hohe weiße Federn aufragten. Daher drangen die Gegner besonders auf ihn ein, und er wurde von einem Wurfspeer am Verschlußstück des Panzers getroffen, ohne jedoch verwundet zu werden. In diesem Augenblick sprengten auch die beiden feindlichen Führer Rhoisakes und Spithridates zugleich gegen ihn heran. Dem einen wußte er geschickt auszuweichen, dem Rhoisakes aber brachte er zuerst einen Stoß mit der Lanze gegen den Harnisch bei, und als sie zerbrach, griff er zum Schwert. Während dieses Kampfes griff Spithridates von der Seite an, hob sich rasch im Sattel empor und führte mit der persischen Streitaxt einen Hieb nach ihm, der den Helmbusch nebst der einen Feder herabschlug. Mit knapper Not hielt der Helm den Schlag aus, und die Schneide der Streitaxt streifte nur das Haar. Spithridates holte schon zum zweitenmal aus, aber der Unterfeldherr Kleitos, mit dem Beinamen der Schwarze, kam ihm zuvor und durchbohrte ihn mit der Lanze. Zu gleicher Zeit fiel auch Rhoisakes durch Alexanders Schwert.

Während dieses hitzigen und gefährlichen Reiterkampfes setzte die Phalanx der Makedonier über den Fluß, und das beiderseitige Fußvolk rückte nun gegeneinander an. Jedoch leisteten die Perser weder herzhaften noch langen Widerstand, sondern flohen bald Hals über Kopf davon. Eine Ausnahme machten die griechischen Söldner in persischen Diensten. Sie zogen sich dicht zusammengeschlossen auf einen Hügel zurück und verlangten Bürgschaft für ihre Sicherheit. Alexander aber sprengte, mehr in der Hitze des Zorns als mit Überlegung, als erster unter sie und verlor sein Pferd, das von einem Schwerthieb in die Weiche getroffen wurde – doch war es nicht der Bukephalos. An dieser Stelle hatten die Angreifer die meisten Verluste, denn hier hatten sie es mit Männern zu tun, die keine Hoffnung mehr hatten und zu kämpfen wußten.

Von den Persern sollen in dieser Schlacht 20.000 Mann Fußvolk und 2500 Reiter geblieben sein. Alexander hingegen hatte, wie Aristobulos meldet, im ganzen nur 34 Tote, darunter neun vom makedonischen Fußvolk. Diesen ließ Alexander eherne Bildsäulen errichten, die von Lysippos ausgeführt wurden. Auch die Griechen sollten an seinem Sieg teilhaben. Vor allem schickte er den Athenern dreihundert erbeutete Schilde. Auf die übrige Beute, die für die Ehrung aller Griechen insgesamt bestimmt war, ließ er die Inschrift setzen: Alexander, Philipps Sohn, und die Griechen, mit Ausnahme der Lakedaimonier, von den in Asien wohnenden Barbaren. Die Trinkgeschirre, Purpurkleider und anderen erbeuteten Kostbarkeiten übersandte er fast alle seiner Mutter.

Durch diesen Sieg nahm die Lage Alexanders eine sehr günstige Wendung. Die Folge war zunächst, daß Sardes, das Bollwerk der persischen Herrschaft über die Küste sowie das ganze Land ringsum kampflos in seine Hände fiel. Nur die beiden Städte Halikarnassos und Milet leisteten Widerstand, bis er sie im Sturm eroberte.

Nachdem er so einen Teil der Küstengebiete unterworfen hatte, war er sich über die Fortsetzung des Feldzuges noch nicht ganz im klaren. Es drängte ihn, sofort weiter gegen Dareios vorzurücken und die ganze Entscheidung auf das Wagnis einer großen Schlacht zu setzen. Dann wieder hielt er es für klüger, zunächst die gesamten Seeprovinzen zu erobern und, nachdem er so seine Truppen an den Krieg gewöhnt und sich die reichen Hilfsquellen dieser Gebiete zunutze gemacht hatte, den Marsch ins Innere Asiens anzutreten.

Zu dieser Zeit geschah nun in Lykien etwas sehr Merkwürdiges. Eine Quelle in der Nähe von Tanthos begann plötzlich heftig aufzusprudeln, lief über und stieß aus der Tiefe eine eherne Tafel hervor, auf der uralte Schriftzeichen eingegraben waren. Diese kündeten, der Herrschaft der Perser werde durch die Griechen ein Ende gemacht werden. Damit war Alexanders Plan entschieden. Er zog südwärts und hatte binnen kurzer Zeit die ganze Seeküste bis Phoinike und Kilikien vom Feind gesäubert.

Sein Marsch längs der Küste von Pamphylien hat vielen Geschichtsschreibern Stoff zu Wundererzählungen gegeben. So soll durch göttliche Fügung vor Alexander das Meer zurückgewichen sein, das sonst ununterbrochen die dortige Küste überbrandet und am Steilhang des Gebirges nur höchst selten einige schmale Klippen zum Vorschein kommen läßt. Alexander selbst erzählt in seinen Briefen nichts von einem Wunder. Er berichtet nur, er habe von Phaselis aus den Weg durch die Klimax (Leiter) genommen und sei auch durchgekommen.

Darauf zog er nordwärts, bezwang die Pisidier, soweit sie Widerstand leisteten, und eroberte Phrygien. Nach Einnahme der Stadt Gordion, nach der Überlieferung die Residenz des alten Königs Midas, sah er dort den berühmten Wagen, der mit Kornelkirschenbast mit dem Joch fest zusammengeschnürt war. Man erzählte ihm auch die Sage, an die die Barbaren fest glaubten, daß dem die Herrschaft über den ganzen bewohnten Erdkreis zufallen würde, der den Knoten am Wagen zu lösen verstünde. Die meisten berichten nun, das Geflecht wäre so viele Male ineinander verschlungen und das Ende so versteckt gewesen, daß Alexander, nicht imstande, den Knoten auszulösen, ihn mit dem Schwert durchhauen hatte, wodurch dann mehrere Enden zum Vorschein gekommen wären. Nach Arisiobulos fand Alexander ganz leicht die Lösung des Knotens: er nahm nur den Pflock, der den Iochriemen festhielt, aus der Deichsel heraus und zog auf diese Weise das Joch vom Wagen ab.

Nach Unterwerfung der Paphlagonier und Kappadokier erhielt Alexander die Nachricht vom Tod Memnons. Dieser

Feldherr des Dareios, ein Grieche, galt als die Seele des persischen Widerstandes in Kleinasien. Von ihm hatte man am ersten erwartet, daß er Alexander viel zu schaffen machen und ihm tausend Schwierigkeiten und Hindernisse in den Weg legen würde. Sein Tod bestärkte Alexander in dem Beschluß, weiter nach Asien hinein vorzudringen. Bereits auch war Dareios von Susa her im Anzug mit stolzem Vertrauen auf seine ungeheure Macht: eine Armee von 600.000 Streitern. Überdies war seine Zuversicht auch durch einen Traum erhöht, den die Magier mehr seinen Wünschen als der Wahrheit gemäß auslegten. Es träumte ihm nämlich, das Heer der Makedonier stände in hellen Flammen, Alexander aber warte ihm auf in eben dem Gewande, das Dareios selbst als Oberpostmeister im Dienst des Großkönigs getragen hatte, dann trat Alexander in das Heiligtum des Belos ein und verschwand dort. Vermutlich wollte die Gottheit dadurch andeuten, die Makedonier würden weithin leuchtende Taten verrichten.

Alexander aber, ebenso wie Dareios, der vom Postmeister zum König aufgerückt war, würde über Asien herrschen, aber bald darauf sein Leben ruhmvoll beschließen.

Die Zuversicht des Perserkönigs wurde noch ganz erheblich bestärkt durch den langen Aufenthalt Alexanders in Kilikien, den Dareios ihm als Mutlosigkeit auslegte. Dieser Verzug rührte jedoch von einer Krankheit her, die Alexander sich durch die anhaltenden Strapazen zugezogen hatte, oder, wie andere erzählen, durch das Baden im eiskalten Wasser des Kybnos. Keiner der Ärzte wagte die Behandlung zu übernehmen, da sie kein Heilmittel der Krankheit für gewachsen hielten und im Fall eines ungünstigen Ausgangs die Vorwürfe und Beschuldigungen der Makedonier fürchten mußten. Da entschloß sich endlich der Akarnier Philippos, die Heilung zu versuchen, obgleich er sich über den Ernst des Falles durchaus im klaren war. Aber er vertraute auf die Freundschaft, die Alexander ihm entgegenbrachte, und hätte sich zudem für pflichtvergessen gehalten, wenn er nicht die Gefahr mit seinem König geteilt und selbst unter Daransetzung seines Lebens das Äußerste gewagt hätte. Er bereitete also eine Medizin und bat den König, sie ohne Bedenken zu nehmen, wenn ihm daran gelegen wäre, zur Fortsetzung des Feldzuges bald wieder zu Kräften zu kommen.

Inzwischen schickte Parmenion aus dem Lager einen Brief und riet dem König darin, Philippos auf keinen Fall zu trauen, da er von Dareios durch eine große Geldsumme und das Versprechen auf die Hand einer der Königstöchter gewonnen wäre, Alexander aus dem Weg zu räumen. Alexander las den Brief und legte ihn unter sein Kopfkissen, ohne seinem Freund etwas davon zu sagen. Als nun Philippos zur bestimmten Zeit mit den Vertrauten hereintrat und in einem Becher die Arznei brachte, gab ihm Alexander den Brief zu lesen, nahm aber unterdessen den Trank ein ohne das geringste Zögern. Es war nun eine ergreifende Szene, als der eine den Brief überlas, der andere die Arznei austrank und dann beide einander mit ganz verschiedenen Blicken ansahen. Mit heiterer Miene gab Alexander sein unerschütterliches Vertrauen zum Freund zu erkennen, Philippos aber war ganz außer sich über die niederträchtige Verleumdung; er hob die Hände zum Himmel, rief die Götter zu Zeugen an, warf sich vor dem Krankenbett nieder und beschwor den König, getrost zu sein und seiner Kunst zu vertrauen. Die Arznei wirkte nämlich anfangs mit großer Heftigkeit auf den Körper und drängte gleichsam alle Lebenskräfte in die Tiefe. Der Kranke verlor die Sprache, sank in Ohnmacht und äußerte nur noch ganz schwache Lebenszeichen. Aber durch Philippos' Hilfe wurde er in kurzer Zeit wiederhergestellt. Sobald es seine Kräfte erlaubten, zeigte sich Alexander seinen Makedoniern, die sich nicht trösten lassen wollten, bis sie ihren König persönlich gesehen hatten.

Im Heer des Dareios befand sich ein seinem Vaterland entflohener Makedonier namens Amyntas, der den Charakter

Alexanders gut kannte. Als er nun Dareios' Absicht merkte, in die engen Gebirgspässe einzudringen und Alexander entgegenzurücken, gab er ihm den dringenden Rat, stehen zu bleiben, wo er war, denn in der flachen und ausgedehnten Ebene konnten die weit überlegenen Kräfte der Perser gegen den schwächeren Gegner voll zur Entfaltung gebracht werden. Dareios wandte dagegen ein, er befürchte nur, die Feinde möchten zuvor abziehen und Alexander ihm entrinnen. Mein König, versetzte Amyntas, darüber brauchst du dir keine Sorge zu machen. Wie ich Alexander kenne, wird er dich unbedingt angreifen und ist vielleicht schon im Anmarsch.

Dareios hörte nicht auf Amyntas' Rat, sondern setzte seine Truppen in Bewegung und marschierte nach Kilikien. Zu gleicher Zeit rückte Alexander gegen ihn nach Syrien vor. In der Dunkelheit der Nacht aber verfehlten sich beide Gegner und kehrten daher wieder um. Alexander, über diesen glücklichen Zufall erfreut, beschleunigte seinen Marsch, um den Feind noch in den Pässen selbst zu fassen. Dareios dagegen suchte sein voriges Lager wieder zu erreichen und seine Armee aus den Engen herauszuziehen. Er erkannte nun, daß er sich in ein stark durchschnittenes, vom Meer, vom Gebirge und dem Fluß Pinaxos eingeengtes Gelände hineinmanövriert hatte, das seiner Reiterei keine Entwicklungsmöglichkeiten ließ, dem schwächeren Feind aber alle Vorteile bot.

Wenn nun auch Alexander der Gunst des Schicksals den ihm sehr erwünschten Kampfplatz verdankte, so hat doch sein Feldherrngeschick gewiß nicht weniger zum Sieg beigetragen als die vom Glück gebotenen Vorteile. Trotz der weit überlegenen Zahl des ihm gegenüberstehenden Feindes wußte er doch zu vermeiden, daß er von ihm umzingelt wurde. Vielmehr dehnte er seinen rechten Flügel über den linken des Gegners aus, fiel ihm dann in die Flanke und schlug die vor ihm stehenden Perser in die Flucht. Er selbst kämpfte dabei immer mit in vorderster Reihe, wurde auch durch einen

Schwerthieb an der Hüfte verwundet, und zwar, wie Chares sagt, von Dareios selbst; denn zwischen beiden soll es zu einem Zweikampf gekommen sein. Doch nennt Alexander in dem Brief, worin er Antipater berichtet, nicht den Namen des Gegners, der ihm die Wunde beigebracht hatte; er erwähnt nur, daß er leicht an der Hüfte verwundet worden wäre.

So also hatte Alexander hier bei Issos einen glänzenden Sieg erfochten und hundertundzehntausend Perser vernichtet. Allein Dareios selbst entkam ihm, da er einen Vorsprung von vier oder fünf Stadien hatte. Bei der Verfolgung fielen aber Alexander die Wagen und Waffen des Königs in die Hände. Als er zurückkam, fand er seine Makedonier beschäftigt, die ungeheure Menge von Schätzen aus dem eroberten Lager fortzuschleppen, wiewohl die Perser nur mit wenigem Gepäck zur Schlacht angerückt waren und den größten Teil in Damaskus zurückgelassen hatten. Für Alexander selbst hatte man das Zelt des Dareios vorbehalten. Es war überreich an glänzender Dienerschaft, köstlichem Gerät und prunkenden Schätzen. Alexander legte sogleich die Waffen ab und ging zum Bad mit den Worten: Jetzt wollen wir den Schweiß der Schlacht im Bad des Dareios abwaschen. Einer der Vertrauten versetzte: Nicht doch, sondern in Alexanders Bad; denn die Besitztümer des Besiegten gehören dem Sieger und müssen nach ihm benannt werden. Als Alexander die vielerlei Ladegeräte, die Krüge, Wannen und Salbenfläschchen, alle aus Gold in kunstvoller Arbeit, erblickte, als er den köstlichen Geruch der seltensten Gewürze und Essenzen spürte, als er dann endlich in das Zelt selbst trat, das durch seine Höhe und Größe, durch die Pracht der Ruhestätten, Tische und des Tafelgeschirrs sein Staunen erregte, sah er seine Freunde mit bedeutsamer Miene an und sagte: Das also hieß, scheint mir, König sein und herrschen.

Eben wollte er sich zur Tafel setzen, als ihm gemeldet wurde, daß die Mutter, die Gattin und die zwei unverheirateten Töchter des Dareios, die sich unter den Gefangenen befanden, beim Anblick des königlichen Wagens ein lautes Klagegeschrei erhoben hätten in dem Glauben, Dareios wäre umgekommen. Das Schicksal dieser Frauen machte auf Alexander tiefen Eindruck, einen tieferen vielleicht als sein eigenes. Lange saß er in Schweigen versunken. Endlich entsandte er Leonnatos und ließ den Frauen sagen: Dareios sei noch am Leben, und vor Alexander brauchten sie sich nicht zu fürchten. Denn er führe nur gegen Dareios Krieg wegen der Herrschaft in Asien. Die Frauen sollten aber auch fernerhin alle Ehrungen genießen, die ihnen unter Dareios' Regierung zugekommen wären.

Erschienen den Frauen schon diese Worte milde und glückverheißend, so zeigte noch mehr die Behandlung, die sie in der Gefangenschaft erfuhren, die hochherzige Gesinnung des Königs. Er gestattete ihnen, soweit sie den Wunsch dazu hatten, die gefallenen Perser zu bestatten und Schmuck und Gewänder, die dazu nötig waren, aus der Beute zu entnehmen. Ebenso ließ er ihnen die Bedienung und die Ehrenbezeigungen, die sie bisher genossen hatten, und entzog ihnen nicht das geringste, ja erhöhte sogar noch ihre Einkünfte. Aber das war die schönste und königlichste Gnade, die er diesen edlen und sittsamen Frauen in der Gefangenschaft erwies, daß sie nichts Schändliches hörten, nicht einmal zu argwöhnen oder befürchten brauchten, sondern mitten im feindlichen Lager wie in einem heiligen abgeschlossenen Bezirk geweihter Jungfrauen fern von Worten und Blicken der Männer lebten.

Gleichwohl war bekannt, daß die Gattin des Dareios bei weitem die schönste unter allen Königinnen war, wie auch Dareios selbst an Schönheit und edlem Wuchs die Männer übertraf; und die Töchter sollen darin den Eltern gleich gewesen sein. Allein Alexander, den der Sieg über sich selbst königlicher dünkte als der Sieg über die Feinde, rührte nicht eine von ihnen an. Überhaupt hatte er vor seiner Ehe zu keiner Frau nahe Beziehungen, Barsina ausgenommen, die Witwe Memnons, die bei Damaskus in Gefangenschaft geraten war. Da sie ganz nach griechischen Sitten gebildet und dabei von sanftem, freundlichem Wesen war, überdies von ihrem Vater her aus königlichem Geblüt stammte, würdigte sie Alexander seiner Liebe, und zwar, wie Aristobulos berichtet, auf den Rat Parmenions, der in ihn drang, sich mit einer so schönen und edlen Frau zu verbinden. Beim Anblick der übrigen gefangenen Frauen, die alle herrlich waren von Gestalt und Schönheit, sagte Alexander scherzend: Diese Perserinnen sind wahre Marter für die Augen. Um aber ihren Reizen die Schönheit seiner Jugend und Enthaltsamkeit entgegenzustellen, ließ er sie wie schöne leblose Statuen an sich vorüberwandeln.

Einst schrieb ihm Philoxenos, der Befehlshaber der Küstenbesatzungen, daß ein gewisser Tarentiner Theodoros ihm zwei Knaben von ausnehmender Schönheit zum Kauf angeboten hätte und fragte an, ob er sie für den König kaufen sollte. Alexander war darüber so aufgebracht, daß er seine Freunde immer wieder fragte, was für eine Schändlichkeit Philoxenos denn an ihm gesehen habe, daß er nichts weiter zu tun wüßte, als ihn in Schimpf und Schande zu bringen. Philoxenos selbst machte er bittere Vorwürfe und schrieb ihm, er möge Theodoros samt seiner Ware zum Henker schicken. Ebenso gab er Agnon einen derben Verweis, weil er ihm geschrieben hatte, er wolle den Knaben Krobylos, von dessen Schönheit ganz Korinth schwärmte, kaufen und ihm zusenden.

Als er erfuhr, daß die beiden Makedonier Damos und Timotheos, die bei Parmenions Armee standen, die Frauen einiger makedonischer Söldner geschändet hätten, befahl er Parmenion in einem Schreiben, diese Leute, wenn sie schuldig befunden würden, wie wilde Tiere, die dem Menschen nur Schaden brächten, zu töten. In demselben Brief sagte er von sich ausdrücklich: Ich für meine Person möchte mir nicht einmal nachsagen lassen, daß ich die mit Vergnügen angehört, die die Schönheit der Gattin des Dareios rühmten, geschweige, daß ich diese Frau selbst gesehen oder auch nur zu sehen gewünscht hätte. Oftmals sagte er auch: Der Schlaf und der Liebesgenuß lehrten ihn am deutlichsten, daß er sterblich wäre; denn Ermüdung wie Sinnenlust stammten aus der gleichen Quelle: der Schwäche der menschlichen Natur.

Auch der Schlemmerei war er abhold, wie unter anderem die Antwort beweist, die Ada von ihm bekam. Er hatte sie zur Königin von Karlen gemacht und ihr den Ehrentitel einer Mutter gegeben. Zum Dank dafür sandte sie ihm Tag für Tag eine Menge köstlicher Speisen und Leckerbissen und zuletzt auch die geschicktesten Köche und Bäcker. Darauf ließ ihr Alexander sagen, er brauche diese samt und sonders nicht, denn er habe von seinem Lehrer Leonidas weit bessere Köche bekommen: für das Frühstück wäre ein Nachtmarsch und für das Abendessen ein kärgliches Frühstück der beste Koch. Derselbe Leonidas, sagte er, ging immer an meine Bettkästen und Kleiderschränke und öffnete sie, um zu sehen, ob meine Mutter mir auch keine Leckereien und überflüssiges Zeug zugesteckt hätte.

Auch die Neigung zum Wein war bei ihm gar nicht so groß, als man gemeinhin glaubt; sie schien es nur, weil er immer lange beim Weine saß, doch verging die Zeit mehr mir Plaudern als mit Trinken, zumal wenn er Muße hatte. Aber sobald Geschäfte vorlagen, hielten ihn nicht Wein, nicht Schlaf, nicht Lustbarkeit, Hochzeit oder Schauspiel davon ab, wie es bei anderen Feldherren oft der Fall ist. Das beweist schon sein Leben, das bei aller Kürze doch von so vielen Ruhmestaten erfüllt war.

In Zeiten der Ruhe pflegte er, sobald er aufgestanden war und den Göttern geopfert hatte, sitzend das Frühstück einzunehmen. Den übrigen Teil des Tages verbrachte er mit Jagen, mit Erteilung der nötigen Befehle, mit Entscheidung von Rechtshändeln oder auch mit Lesen. Wenn er einen Marsch ausführte, bei dem es nicht besonders eilig war, übte er sich unterwegs im Bogenschießen oder in der Kunst, auf den fahrenden Wagen aufzusteigen und wieder herabzuspringen. Oft jagte er auch zum Vergnügen Füchse oder Vögel, wie aus den Tagesberichten zu ersehen ist. Sobald er ins Quartier kam, begab er sich ins Bad oder zum Salben und erkundigte sich zugleich bei Oberkoch und Oberbäcker nach den Vorbereitungen zum Abendessen. Dieses pflegte er spät, wenn es schon dunkelte, und zwar liegend einzunehmen. Während der Tafel bewies er eine ungemeine Sorgfalt und Aufmerksamkeit, daß nichts ungleich oder nachlässig verteilt würde; das Trinken aber zog er, wie gesagt, durch seine Neigung zum Plaudern immer sehr in die Länge. Er war wohl unter allen Königen der beste Gesellschafter und liebenswürdigste Gastgeber; nur beim Wein konnte seine Prahlerei lästig fallen und verriet allzusehr den Soldaten. Dabei fiel er nicht nur selbst in Großsprecherei, sondern gab auch Schmeichlern gern Gehör. Die feiner Empfindenden an der Tafel setzte das oft in peinliche Verlegenheit, weil sie weder mit den Schmeichlern wetteifern, noch in Lobpreisungen ihnen nachstehen durften; denn das eine hielten sie für unwürdig, letzteres aber konnte ihnen gefährlich werden. Nach dem Trinken badete er sich noch einmal und schlief dann oft bis zum Mittag; zuweilen brachte er auch den ganzen Tag im Bett zu.

Er für seine Person legte auf Leckerbissen so wenig Wert, daß er oft die seltensten Früchte und Fische, die ihm von der Küste zugeschickt wurden, unter seine Freunde verteilte und für sich selbst nichts übrig behielt. Doch war am Abend seine Tafel immer reich besetzt, und der Aufwand dafür nahm mit seinen Erfolgen zu, bis er zuletzt auf zehntausend Drachmen stieg. Die gleiche Summe wurde auch für die ausgesetzt, die Alexander bewirteten.

Nach der Schlacht bei Issos entsandte Alexander eine Truppenabteilung nach Damaskus und nahm den gesamten Troß, die Kriegskasse, die Frauen und Kinder der Perser in Beschlag. Bei dieser Gelegenheit heimsten die thessalischen Reiter die meisten Schätze ein. Alexander hatte sie absichtlich mit diesem Auftrag betraut, weil sie sich in der Schlacht ganz besonders ausgezeichnet hatten. Auch die übrige Armee schwamm im Überfluß. Damals fanden die Makedonier zum erstenmal Geschmack an Gold und Silber, an den Frauen und der Lebensweise der Barbaren. Gleich Hunden, die eine lockende Fährte gefunden haben, lechzten sie danach, die persischen Reichtümer aufzuspüren und zu erjagen.

Alexander fand es jedoch ratsam, sich erst der Küstengebiete zu versichern. Die Könige von Kypros kamen selbst, um ihm die Insel zu übergeben. Auch ganz Phönikien unterwarf sich freiwillig, nur Tyros leistete hartnäckigen Widerstand. Sieben Monate lang mußte er die Stadt mit Schanzen und Kriegsmaschinen und von der Seeseite mit zweihundert Trieren belagern. Dabei träumte er eines Nachts, Herakles reiche ihm von der Mauer herab die Hand entgegen und riefe ihn zu sich. Viele Tyrer aber träumten, Apollo verkünde ihnen, er wolle zu Alexander übergehen, da ihm das, was in der Stadt vorgehe, nicht mehr gefiele. Sie meinten also, den Gott wie einen Menschen als Überläufer auf frischer Tat ertappt zu haben, legten Ketten um die Bildsäule Apolls, nagelten sie auf dem Sockel fest und nannten ihn auch Alexandristes, Anhänger Alexanders.

Die Belagerung der Stadt endete zuletzt auf folgende Weise. Nach den anstrengenden Kämpfen der letzten Zeit gab Alexander dem größten Teil seines Heeres einige Ruhetage und bestimmte nur eine kleine Abteilung zu einem Vorstoß gegen die Mauern, um den Feind nicht ganz unbehelligt zu lassen. Als vorher noch der Seher Aristandros ein Opfer brachte und die Zeichen betrachtete, gab er, allerdings etwas kühn, den Umstehenden die Versicherung, daß die Stadt noch im laufenden Monat erobert werden würde. Darüber gab es nun Spott und Gelächter, weil es schon der letzte Tag des Monats war. Allein der König, der die Verlegenheit des Sehers bemerkte und die Wahrsagungen immer soviel als möglich unterstützte, gab sogleich Befehl, diesen Tag nicht für den dreißigsten, sondern für den achtundzwanzigsten des Monats zu zählen. Darauf ließ er mit der Trompete das Angriffssignal blasen und unternahm den Sturm gegen die Mauern mit stärkeren Kräften, als er anfangs vorgesehen hatte. Dem heftigen Kampf, der sich nun entspann, vermochten die übrigen Truppen im Lager nicht ruhig zuzusehen, und sie eilten in hellen Scharen zur Unterstützung herbei. Da sank den Tyrern der Mut, und so wurde denn die Stadt am gleichen Tage auch wirklich erobert.

Als Alexander darauf Gaza, die mächtigste Stadt Syriens, belagerte, ließ ein Vogel einen Erdklumpen aus der Luft niederfallen, der Alexander auf die Schulter traf. Der Vogel ließ sich dann auf eine der Belagerungsmaschinen nieder und verwikkelte sich unversehens in das Geflecht von Seilen, die zur Handhabung der Spanntaue dienten. Die Deutung, die Aristandros dem Zeichen gab, erwies sich als richtig. Alexander wurde zwar an der Schulter verwundet, aber nahm die Stadt ein.

Von der eroberten Beute schickte er einen großen Teil an seine Mutter Olympias, seine Schwester Kleopatra und seine Freunde daheim. Außerdem übersandte er seinem Erzieher Leonidas fünfhundert Talente Weihrauch und hundert Talente Myrrhen zur Erinnerung an eine Szene aus der Kindheit. Als nämlich der junge Alexander bei einem Opfer mit beiden Händen Räucherwerk nahm und ins Feuer warf, hatte ihn Leonidas gescholten und gesagt: So verschwenderisch kannst du mit dem Räucherwerk umgehen, wenn du einmal das Weihrauchland erobert haben wirst; jetzt aber mußt du sparsam mit unseren Vorräten sein. Nun schrieb ihm Alexander: Wir schikken dir Weihrauch und Myrrhen im Überfluß, damit du nicht mehr so karg zu sein brauchst gegen die Götter.

Als man ihm ein Kästchen brachte, das man unter dem erbeuteten Gepäck und den Reichtümern des Dareios für das kostbarste Stück hielt, fragt er seine Freunde, welche Sache von besonderem Wert sie ihm hineinzulegen rieten. Der eine nannte nun dieses, der andere jenes; endlich sagte er selbst: Ich will die »Ilias« darin aufbewahren.

Homer war ihm allerdings ein nützlicher und hilfreicher Berater, wenn der Bericht der Alexandriner wahr ist, den sie Herakleides verdanken. Wie sie erzählen, wollte Alexander nach der Eroberung Ägyptens eine große und volkreiche griechische Stadt erbauen und ihr seinen Namen beilegen. Er hatte auch schon nach dem Vorschlag der Baumeister einen bestimmten Platz ausgewählt und wollte ihn eben abmessen und einhegen lassen. Da hatte er eine wunderbare Traumerscheinung. Ein ehrwürdiger Greis im schneeweißen Haar trat an sein Lager und sprach diese Verse:

Dann kommt eine der Inseln im vielauswogenden Meer vor des Ägyptens Strom, und Pharos wird sie genannt. Alexander stand sogleich auf und begab sich nach Pharos, damals noch eine Insel, ein wenig oberhalb der Kanobischen Mündung des Nils, jetzt aber durch einen Damm mit dem Festland verbunden. Als er nun das in der Tat vortreffliche Gelände in Augenschein nahm – ein Streifen Land in der Form einer breiten Landzunge trennt eine geräumige Bucht vom Meer und bildet so einen natürlichen Hafen –, rief er aus: Homer hat man immer nur als Dichter bewundert, nun aber stellt sich heraus, daß er auch ein tüchtiger Baumeister ist.

Er gab auch gleich Befehl, den Grundriß der neuen Stadt dem Gelände entsprechend zu entwerfen. Man hatte aber gerade keine Kreide zur Hand, nahm daher Gerstenmehl und zeichnete damit auf dem dunklen Boden einen Umriß etwa in Form eines Kreises, dessen innere Peripherie zwei gerade gegeneinander zulaufende Grundlinien in Form eines makedonischen Kriegsmantels (Chlamys) umfaßten. Alexander betrachtete sich gerade den Entwurf, der seinen vollen Beifall fand, als plötzlich vom Fluß und Sumpf her eine Unmenge

Vögel von allerlei Arten, große und kleine, gleich einer Wolke angeflogen kamen. Sie ließen sich auf dem Platz mit der Zeichnung nieder und pickten das Mehl bis auf das letzte Krümchen auf. Alexander geriet schon über die Vorbedeutung in ernste Besorgnis, allein die Wahrsager beruhigten ihn durch die Deutung, daß die Stadt, die er gründen wollte, reich und wohlhabend sein und vielen Menschen aus allerlei Völkern Nahrung geben werde. Darauf gab Alexander den Bauleitern Weisung, mit der Anlage der Stadt unverzüglich zu beginnen.

Inzwischen unternahm er einen Zug zum Tempel des Ammon. Es war ein welter und überaus beschwerlicher Weg, besonders mit zwei großen Gefahren verknüpft. Die eine war der Wassermangel, wodurch das Land viele Tagereisen weit völlig zur Wüste wurde. Die andere kam von den heftigen Südstürmen, die oft die Reisenden im tiefen und unabsehbaren Sand überfielen. Ein solcher Sandsturm, der die leicht beweglichen Sandmassen zu Bergen austürmte und die ganze Ebene wie zu einem wogenden Meer machte, soll auch das Heer des Kambyses überfallen haben, wobei fünfzigtausend Menschen umgekommen sein sollen. Dieser Gefahren wegen fanden viele das Unternehmen höchst bedenklich. Nur Alexander ließ sich nicht leicht von dem einmal gefaßten Vorsatz abbringen. Das Glück, das sich seinen Unternehmungen immer willfährig zeigte, gab allen seinen Beschlüssen eine besondere Festigkeit, und der Feuergeist, mit dem er seine Entschlüsse ausführte, machten seinen Starrsinn unbesieglich, so daß er nicht nur die Feinde, sondern auch Raum und Zeit bezwang.

Die wunderbaren Ereignisse, wodurch ihm die Götter auf dieser Reise aus allen Fährnissen halfen, haben jedenfalls mehr Glauben gefunden als die Orakel, die er nachher erhielt; ja, man könnte sagen, die göttliche Hilfe habe den Orakelsprüchen erst Glaubwürdigkeit verschafft. Fürs erste fielen in den Tagen so starke und anhaltende Regengüsse, daß alle Besorgnisse wegen des Durstes behoben wurden. Zugleich verlor sich durch den Regen die Trockenheit des Sandes und machte ihn feucht und fest. Auch die Luft wurde rein und erfrischend. Allerdings waren auch die Merkzeichen, nach denen sich die Führer zu richten pflegten, weggeschwemmt worden, so daß die Karawane in die Irre ging und ratlos umherzog. Da erschienen Raben und übernahmen die Führung des Zuges. Sie flogen voraus, wenn die Reisenden ihnen folgten, und warteten, wenn man zögerte und zurückblieb. Das Wunderbarste dabei war, wie Kallisthenes meldet, daß sie bei Nachtzeit die Verirrten zurückriefen und durch ihr Krächzen wieder auf den rechten Weg brachten.

Als Alexander die Wüste glücklich hinter sich hatte und nun zu dem Tempel in der Oase kam, begrüßte ihn der Oberpriester Ammons im Namen des Gottes als eines Vaters. Alexander richtete darauf die Frage an ihn, ob nicht einer der Mörder seines Vaters der Strafe entgangen wäre. Versündige dich nicht, mahnte ihn der Priester, denn du hast keinen Sterblichen zum Vater. Alexander änderte also den Ausdruck und fragte, ob er an allen Mördern Philipps die Rache vollzogen habe. Dann fragte er nach seiner eigenen Herrschaft, ob der Gott ihm die Macht über alle Völker geben werde. Die Antwort des Gottes durch das Orakel versprach ihm die Herrschaft und beruhigte ihn, daß Philipp volle Genugtuung erhalten habe. Zum Dank dafür brachte Alexander dem Gotte prächtige Weihgeschenke dar und ließ auch unter die Priester große Geldsummen verteilen.

So lauten die meisten Berichte über Alexanders Orakel. Er selbst schrieb an seine Mutter, er habe einige geheime Weisungen erhalten, die er nach seiner Rückkehr ihr allein anvertrauen wolle. Manche wissen zu berichten, der Oberpriester habe ihn aus Höflichkeit griechisch begrüßen wollen mit der Anrede: O Paidion (liebes Kind), aber am Ende des Wortes nach seiner fehlerhaften Aussprache statt des »n« ein »s« gebraucht und gesagt: O Pai Dios! (Lieber Sohn des Zeus.) Alexander sei über die fehlerhafte Aussprache sehr erfreut gewesen, und so wurde überall verbreitet, der Gott habe ihn »Pai Dios« (Sohn des Zeus) begrüßt.

Überhaupt trat er den Barbaren gegenüber ungemein stolz auf und gab sich den Anschein, als wäre er von seiner göttlichen Abkunft völlig überzeugt. Gegenüber den Griechen machte er seine Göttlichkeit nur selten und mit viel Zurückhaltung geltend. Doch in einem Brief, den er an die Athener wegen der Stadt Samos schrieb, hieß es: Ich für meine Person hätte euch diese schöne und berühmte Stadt nicht gegeben. Doch behaltet sie nun, da ihr sie von dem Mann bekommen habt, der damals euer Herr war und als mein Vater galt – womit er Philipp meinte. Als er später einmal von einem Pfeil verwundet wurde und starke Schmerzen litt, rief er: Was da fließt, meine Freunde, ist Blut, und nicht nur »klarer Saft, wie er den Wunden seliger Götter entfließt«. – Aus alledem geht hervor, daß er selbst von seiner vermeintlichen Göttlichkeit nicht überzeugt noch verblendet war, sondern sich ihrer nur bediente, um die Menschen sich um so leichter unterwürfig zu machen.

Als Alexander aus Ägypten nach Phönikien zurückgekommen war, veranstaltete er zu Ehren der Götter Opfer und feierliche Aufzüge, auch Wettkämpfe in musikalischen und tragischen Aufführungen. So glänzend ihre Ausstattung war, ruhmvoller noch waren die Namen der Choregen. Veranstalter dieser Aufführungen waren nämlich die Könige von Kypros, während es in Athen nur Bürger waren, die von ihren Stammverbänden mit einem solchen Amt betraut wurden.

In jenen Tagen schickte Dareios vertraute Freunde mit einem Handschreiben an Alexander und machte ihm den Vorschlag, zehntausend Talente als Lösegeld für die Gefangenen zu nehmen, alle Länder diesseits des Euphrats zu behalten, sich mit einer der Töchter des Dareios zu vermählen und fortan sein Freund und Bundesgenosse zu sein. Alexander fragte nun seine Umgebung darüber um Rat, und als Parmenion sagte: Wenn ich Alexander wäre, nähme ich es an – versetzte er: Ja, wahrlich, ich auch, wenn ich Parmenion wäre. Dann schrieb er an Dareios, wenn er zu ihm kommen wolle, so dürfe er der freundlichsten Aufnahme versichert sein, andernfalls werde er nunmehr gegen ihn ziehen müssen.

Doch bald reute ihn diese Antwort, da die Gattin des Dareios im Kindbett starb. Alexander konnte seinen Schmerz nicht verbergen, daß ihm der Tod die Möglichkeit entzogen hatte, seine Großmut zu beweisen. Daher ließ er auch die Königin mit großem Prunk und allen fürstlichen Ehren bestatten. Ein den Frauen dienender Eunuch namens Tireos, der mit in Gefangenschaft geraten war, entfloh aus dem Lager und eilte zu Pferde zu Dareios, um ihm die Nachricht vom Tod der Königin zu bringen. Dareios schlug sich die Stirn und erhob ein lautes Wehklagen. Welch böses Geschick verfolgt die Perser, rief er, daß des Königs Weib und Schwester im Leben bittere Gefangenschaft tragen, im Tod aber ein königliches Begräbnis entbehren muß! Der Eunuch erwiderte: Was das Begräbnis betrifft, mein König, und die einer Königin zukommende Ehre und Würde, so hast du keinen Grund, dich über das böse Geschick der Perser zu beklagen. Meine Gebieterin Stateira, ebenso wie deine Mutter und deine Kinder, hat von all den Gütern und Vorzügen, die sie ehedem genossen, nichts entbehren müssen, außer dein Licht zu sehen, das unser Herr Dromasdes wieder in vollem Glanz möge leuchten lassen! Auch im Tod hat es der Königin an keiner der ihr zukommenden Ehren gefehlt, ja, die Feinde weinten sogar um sie. Denn Alexander ist als Sieger ebenso edel, wie er furchtbar ist in der Schlacht. Nach diesen Worten rissen Schmerz und Verwirrung Dareios zu einem unziemlichen Verdacht hin. Er nahm den Eunuchen mit in das Innere des Zeltes und sagte zu ihm: Wenn nicht auch du, wie das Glück der Perser, auf die Seite der Makedonier getreten bist, wenn ich, Dareios, noch dein

Herr und Gebieter bin, so sage mir, ich beschwöre dich bei dem großen Licht des Mithras und den Rechten des Königs, weine ich jetzt wirklich nur über das geringste Leid, das Stateira betroffen hat? War nicht während ihres Lebens unsere Lage noch bedauernswürdiger oder hätte uns wohl ein schimpflicheres Unglück treffen können, wenn wir in die Hände eines grausamen und unbarmherzigen Feindes gefallen wären? Denn welche Verpflichtung kann wohl ein junger Mann haben, der Frau seines Feindes eine so außerordentliche Ehre zu erweisen?

Während er noch redete, fiel Tireos ihm zu Füßen und beschwor ihn, Alexander nicht Unrecht zu tun, noch seine tote Schwester und Gattin zu beschimpfen. Er flehte ihn an, sich nicht des besten Trostes in seinem Unglück zu berauben, daß er nämlich von einem Gegner überwunden sei, der über die menschliche Natur erhaben wäre. Vielmehr solle er Alexander bewundern, der gegen die Frauen der Perser mehr Ehrfurcht bewies als Mut gegen die Männer. Da Tireos dies alles mit feierlichen Eiden beteuerte und noch viel von Alexanders Selbstbeherrschung und Großmut erzählte, ging Dareios zu seinen Vertrauten hinaus und betete mit gen Himmel erhobenen Händen: Ihr Götter, die ihr über Geschlechter und Königreiche waltet, vergönnt mir doch, die Macht der Perser wiederherzustellen und das Reich meinen Erben in dem Glanz zu hinterlassen, in dem ich es selbst übernahm, auf daß ich als Besieger Alexanders ihm die Wohltaten vergelten kann, die er in meinem Unglück den mir teuersten Menschen erwiesen hat. Sollte aber jetzt die vom Schicksal verhängte und dem ewigen Wechsel aller menschlichen Dinge angemessene Zeit herannahen, da die Herrschaft der Perser ein Ende nehmen muß, dann lasset, ihr Götter, keinen anderen Sterblichen als Alexander auf dem Thron des Kyros sitzen.

Nachdem Alexander alle Länder diesseits des Euphrats unterworfen hatte, brach er auf, um gegen Dareios selbst zu ziehen, der mit einem Millionenheer aus dem Inneren Asiens herannahte.

Die große Entscheidungsschlacht gegen Dareios ist nicht, wie meistens angegeben wird, bei Arbela, sondern bei Gaugamela geschlagen worden. Dieser Name soll soviel wie »Kamelhaus« bedeuten, weil einer der alten Könige dem schnelllaufenden Kamel, auf dem er den Feinden entkommen war, hier ein Unterkommen gegeben und für dessen Verpflegung die Einkünfte einiger Dörfer bestimmt hatte.

Im Monat Boedromion (September) ereignete sich eine Mondfinsternis zu der Zeit, als in Athen die Feiern der Mysterien begannen. In der elften Nacht nach dieser Finsternis, als beide Heere sich gegenüberstanden, ließ Dareios seine Truppen unter die Waffen treten und musterte die Reihen bei Fakkelschein. In derselben Nacht war Alexander, während seine Soldaten schliefen, vor seinem Zelte beschäftigt, mit dem Seher Aristandros geheime Zeremonien zu verrichten und Phobos, dem Gott der Furcht und Panik, Opfer zu bringen. Als man nun die ganze Ebene zwischen dem Niphates und den Bergen der Gordyeier von Feuern erleuchtet sah und verworrenes dumpfes Getöse und Lärmen aus dem feindlichen Lager wie aus einem unabsehbaren Meer herüberschallen hörte, gerieten die älteren Generäle, besonders Parmenion, in nicht geringes Erstaunen über die ungeheure Stärke des Gegners und besprachen sich miteinander, wie schwierig und gefährlich das Unternehmen wäre, gegen ein so ungeheures Heer am hellen Tag einen offenen Kampf zu wagen.

Als Alexander mit dem Opfer fertig war, traten sie zu ihm und rieten, die Feinde bei Nacht anzugreifen, und so gewissermaßen durch die Finsternis einen hüllenden Schleier über die furchtbare Gefahr zu decken. Der König aber sprach die denkwürdigen Worte: Ich stehle mir den Sieg nicht. Manche fanden diese Entgegnung kindisch und unüberlegt und begriffen nicht, daß man in dieser Lage noch scherzen konnte. Andere jedoch sahen darin nicht nur das feste Vertrauen Alexanders in die Gegenwart, sondern auch seinen sicheren Blick in die Zukunft, da er Dareios im Fall einer Niederlage keine Möglichkeit mehr geben wollte, sich zu neuem Widerstand zu ermannen. Denn Dareios würde alle Schuld auf die Nacht und die Dunkelheit schieben, wie er die Schuld an seiner letzten Niederlage dem bergigen Gelände, den engen Pässen und dem Meer gegeben hatte. Bei der riesigen Ausdehnung seines Landes und seinen fast unerschöpflichen Hilfsmitteln würde er auch kaum je aus Mangel an Mannschaften oder Material zur Aufgabe des Krieges bestimmt werden können, wenn ihm nicht eine klare Niederlage seine Ohnmacht unzweifelhaft vor Augen führte und ihm jede Hoffnung auf eine günstige Wendung nahm.

Danach legte sich Alexander in seinem Zelt zur Ruhe und verfiel, wie berichtet wird, für den Rest der Nacht ganz gegen seine Gewohnheit in einen so tiefen Schlaf, daß bei Anbruch des Tages die eintreffenden Truppenkommandanten sich sehr verwunderten und von sich aus einstweilen den Mannschaften befahlen, den Morgenimbiß zu nehmen. Als jedoch die Zeit drängte, ging Parmenion in das Zelt, trat vor das Lager und rief Alexander zwei- oder dreimal beim Namen. Als dieser endlich erwachte, fragte Parmenion, was ihm denn begegnet sei, daß er so fest und ruhig schlafe, als wenn er bereits den Sieg errungen habe und die wichtigste und entscheidendste Schlacht nicht noch bevorstehe? Da antwortete Alexander lächelnd: Wieso? Meinst du nicht, daß wir schon gesiegt haben, da wir endlich der Mühe überhoben sind, in dem weiten und verwüsteten Land fortwährend umherzuziehen und Dareios zu suchen, der jeder Schlacht ausweicht?

Aber nicht nur vor der Schlacht, sondern auch im Kampf selbst zeigte sich besonders in gefährlichen Augenblicken seine Geistesgegenwart und ruhige Entschlossenheit. Denn schon zu Beginn des Gefechts begann der linke Flügel unter

Parmenion zu weichen und in Unordnung zu geraten, da die baktrische Reiterei mit wildem Ungestüm in die Reihen der Makedonier einbrach und Mazaios gleichzeitig eine Reiterabteilung um den Flügel der Phalanx herumschickte, um über die Bedeckung des Gepäcks herzufallen. Parmenion, im höchsten Grade beunruhigt, schickte Alexander wiederholt Meldung, Lager und Gepäck wären verloren, wenn Alexander nicht eiligst von der Front ein starkes Korps nach rückwärts zu Hilfe schickte. Alexander wollte gerade seinem Flügel das Zeichen zum Angriff geben. Als er die Meldung Parmenions erhielt, gab er dem Überbringer die Antwort, Parmenion müsse wohl seinen Verstand eingebüßt haben. Denn in der Bestürzung habe er wohl vergessen, daß den Siegern auch das zufällt, was dem Feind gehört, der Überwundene sich aber nicht um Gut und Besitz kümmern müsse, sondern allein nur darum, wie er einen ehrlichen Soldatentod sterbe.

Nach diesem Bescheid an Parmenion setzte er seinen Helm auf. Die übrige Rüstung hatte er schon im Zelt angelegt: ein gegürtetes Oberkleid von sizilischer Arbeit und darüber einen linnenen Doppelpanzer von der bei Issos gemachten Beute. Der Helm, ein Werk des Theophilos, war nur von Eisen, schimmerte aber wie reines Silber. Der Halskragen war ebenfalls von Eisen und mit vielen Edelsteinen geschmückt. Sein Schwert, ein Geschenk des Königs von Kition, war von besonderer Härtung und Leichtigkeit, wie er denn im Gefecht sich vorzugsweise des Schwertes bediente. Außerdem trug er noch einen Reitermantel, eine Arbeit des alten Helikon und ein Geschenk der Stadt Rhodos. Solange er die Truppen in Schlachtordnung aufstellte, oder, um sie anzureden und die nötigen Befehle zu erteilen, zwischen den Gliedern herumritt, benutzte er ein anderes Pferd, um den schon ziemlich betagten Nukephalos zu schonen. Sobald es aber ins Gefecht ging, ließ er sich sein altes Leibroß vorführen, schwang sich hinauf, und sogleich begann auch der Angriff.

Jetzt hielt er noch eine lange Ansprache an die Thessalier und die übrigen Griechen, und jubelnd riefen sie ihm zu, er solle sie nur gegen die Barbaren führen. Bestärkt in seiner Zuversicht nahm er die Lanze in die linke Hand, hob die rechte gen Himmel und betete zu den Göttern, sie möchten, wenn er wirklich ein Sohn des Zeus wäre, den Griechen im Kampf beistehen und ihnen Kraft und Stärke verleihen. Der Seher Aristandros, der im weißen Gewand mit einer goldenen Krone auf dem Haupt ihm zur Seite ritt, zeigte auf einen Adler, der über Alexander schwebte und durch seinen Flug das Heer gerade gegen die Feinde hin leitete. Dieser Anblick beseelte alle mit Mut und Vertrauen, und so siegesgewiß gingen sie vor, daß die Phalanx der gegen die feindlichen Reihen anstürmenden Reiterei gleich einer Meereswoge in vollem Lauf nachfolgte.

Allein ehe noch die Vordersten zum Handgemenge kamen, wichen die Perser schon, und man setzte ihnen eifrig nach. Denn Alexander wollte den besiegten Flügel auf das feindliche Zentrum werfen, wo Dareios sich aufhielt. Von fern hatte er ihn durch die vordersten Reihen hindurch mitten in der königlichen Leibschwadron bemerkt, wo er in seiner Schönheit und Größe auf dem hohen Wagen alle überragte, von einer Menge Reitern in schimmernder Rüstung gedeckt, die sich dicht um den Wagen schlossen, bereit, die Feinde mutig zu empfangen. Aber Alexander wurde ihnen, je näher er kam, immer furchtbarer, und da er die Fliehenden auf die noch Standhaltenden warf, so wurden auch diese von der Panik erfaßt und mitgerissen. Nur die Tapfersten und Edelsten ließen sich für ihren König niederhauen, stürzten übereinander, und noch sterbend klammerten sie sich an die Feinde und ihre Pferde fest, um die Verfolgung aufzuhalten.

Dareios, der alle diese Schrecken vor Augen hatte, sah nun die letzten vor ihm stehenden Truppen in wilder Panik auf sich zustürzen. Aber es war unmöglich, den Wagen umzuwenden und davonzufahren, denn um die Räder häuften sich die Gefallenen, und die Pferde, eingeklemmt in Bergen von Leichen, bäumten sich auf und brachten auch den Fahrer in Verwirrung. Dareios ließ daher Wagen und Waffen im Stich, bestieg einen tüchtigen Renner und entfloh. Doch würde er allem Anschein nach diesmal nicht entkommen sein, wenn nicht wiederum Meldereiter von Parmenion gekommen wären, um Alexander zum anderen Flügel zu Hilfe zu rufen, wo noch eine ansehnliche Macht des Feindes standhielt und nicht weichen wollte. Überhaupt wirft man Parmenion Mangel an Energie und Entschlußkraft in dieser Schlacht vor, sei es nun, daß das Alter seinen sonst so kühnen Mut geschwächt hatte, oder daß er, wie Kallisthenes behauptet, auf Alexanders zunehmende Macht und Größe eifersüchtig war. Der König war über diesen Hilferuf sehr ungehalten, doch ließ er, ohne seinen Truppen den wahren Grund zu sagen, zum Rückzug blasen, um, wie er vorgab, weiterem Blutvergießen Einhalt zu tun und weil die Nacht schon hereinbrach. Er wandte sich nun zum gefährdeten Flügel, hörte aber schon unterwegs, daß auch dort die Feinde geschlagen wären und in voller Auflösung flüchteten.

Der Ausgang der Schlacht bedeutete offenbar den völligen Zusammenbruch des Persischen Reiches. Daher ließ sich Alexander zum König von Asien ausrufen, hielt den Göttern zu Ehren prachtvolle Opferfeste und beschenkte seine Kampfgenossen mit Reichtümern, Häusern und Statthalterschaften. Um den Griechen die ganze Fülle seiner Macht zu zeigen, schrieb er an sie, daß alle Tyrannenregierungen in den Städten aufgehoben seien und alle frei nach ihren eigenen Gesetzen leben sollten. An die Platäer schickte er einen Erlaß, sie sollten ihre Stadt wieder aufbauen zum Lohn dafür, daß ihre Väter einst ihr Land den Hellenen für den Freiheitskampf Griechenlands zur Verfügung gestellt hätten.

Darauf wandte sich Alexander nach Babylonien, das sich ihm ohne Widerstand unterwarf. Auf seinem Zug durch das Land erregte eine Erdspalte sein Erstaunen, aus der wie aus einer Quelle ununterbrochen Feuer hervorbrach. In der Nähe befand sich ein Strom von Naphtha, das infolge seiner Menge eine Art See bildete. Dieses Naphtha hat einige Ähnlichkeit mit dem Asphalt, ist aber gegen das Feuer so empfindlich, daß es, ehe die Flamme noch wirklich darankommt, durch den bloßen Schein des Lichtes sich entzündet und oft die dazwischen befindliche Luft mit in Flammen setzt. Um dem König die besondere Eigenschaft und Wirksamkeit des Naphthas zu zeigen, besprengten die Einwohner die nach seinem Quartier führende Straße nur ganz leicht mit dieser Materie, stellten sich dann, als es finster geworden war, an das eine Ende und hielten Fackeln an die besprengten Teile. Der Anfang fing sofort Feuer, das sich im Nu weiterverbreitete und, ehe man sichs versah, bis ans andere Ende fortlief, so daß die ganze Straße auf einmal in Flammen stand.

Unter denen, die den König beim Salben und Baden zu bedienen und durch scherzhafte Possen aufzuheitern pflegten, war auch der Athener Athenophanes. Zufällig stand gerade im Badezimmer neben Alexander ein Knabe namens Stephanos, von häßlichem und possierlichem Ansehen, der aber ein ausgezeichneter Sänger war. Athenophanes meinte nun: Majestät, wollen wir nicht diese Materie mal an Stephanos ausprobieren? Wenn es an dem nämlich haftet, ohne zu erlöschen, will ich gern zugeben, daß die Kraft des Naphthas groß und unwiderstehlich ist. Der Knabe selbst erbot sich bereitwillig zu dem Versuch, aber kaum hatte man ihn damit bestrichen und das Feuer nahegebracht, als eine so heftige Flamme sich über den ganzen Körper verbreitete, daß Alexander in die größte Besorgnis geriet. Wären nicht glücklicherweise viele Bediente zugegen gewesen, die Gefäße voll Badewasser bereit hielten, so wäre man des um sich greifenden Feuers nicht mehr Herr geworden. Nur mit größter Mühe löschte man den ganz in Flammen stehenden Körper des Knaben, der an den Folgen noch lange zu leiden hatte.

Alexander nahm hierauf Susa in Besitz und fand in dem dortigen Schloß vierzigtausend Talente an gemünztem Geld und noch unbeschreiblich viele andere Schätze und Kostbarkeiten. So soll man auch fünfhundert Talente hermionischen Purpurs vorgefunden haben, der schon seit hundertneunzig Jahren aufbewahrt wurde und noch immer seine Frische und leuchtende Farbe behalten hatte. Als Ursache gibt man an, daß beim Färben für die roten Stoffe Honig, für die weißen aber weißes Öl benutzt worden ist, denn diese Materialien behalten sehr lange ihren reinen und schimmernden Glanz. Deinon erzählt auch, daß die Könige von Persien Wasser aus dem Nil und der Donau in ihrer Schatzkammer aufbewahrt hätten, um dadurch gleichsam die Größe ihrer alle Länder umfassenden Herrschaft zu bekunden.

Das Eindringen in die Provinz Persis war wegen des wilden und unwegsamen Gebirges mit großen Schwierigkeiten verbunden; überdies wurde das Land von den edelsten Persern verteidigt, denn Dareios selbst war ja entflohen. Allein Alexander fand an einem beide Sprachen (die persische und die griechische) beherrschenden Mann, der einen Lykier zum Vater und eine Perserin zur Mutter hatte, einen kundigen Führer, der ihn auf einem Seitenweg sicher durch das Gebirge geleitete. Von diesem Mann soll Pythia schon in Alexanders Kindheit prophezeit haben, daß ein Wolf (Lykos) Alexander auf seinem Zug gegen Persien als Führer dienen werde. In Persepolis fand man, wie berichtet wird, an gemünztem Geld nicht weniger als in Susa, und zum Abtransport der Schätze und Gerätschaften waren nicht weniger als zehntausend Maultiergespanne und fünftausend Kamele erforderlich. Beim Andrang der Menge in den königlichen Palast war eine große Bildsäule des Xerxes aus Versehen umgeworfen worden. Als Alexander sie liegen sah, blieb er stehen und redete sie an, als spräche er mit dem Könige selbst: Sollen wir dich wegen deines Krieges gegen die Griechen hier liegen lassen oder sollen wir dich aufrichten, weil du ein tapferer und großer Mann warst? Er stand noch eine Weile schweigend und ging dann nachdenklich weiter.

Da es gerade Winter war, blieb Alexander vier Monate in der Stadt, um seinen Soldaten eine längere Erholungszeit zu gönnen.

Als Alexander sich zum erstenmal auf den Thron der Perserkönige unter dem goldenen Baldachin niederließ, soll der Korinther Demaratos, ein ergebener Freund Alexanders schon von seinem Vater her, nach Art alter Leute in Tränen ausgebrochen sein und gesagt haben: Eine wie große Freude ist jenen Griechen entgangen, die sterben mußten, bevor sie Alexander auf dem Thron des Dareios sehen konnten.

Kurz bevor er den Zug gegen Dareios fortsetzte, hielt er noch mit seinen Vertrauten ein fröhliches Gelage; dazu waren auch Hetären gekommen, um mit ihren Freunden an der Zecherei teilzunehmen. Die berühmteste von ihnen war Thais, eine gebürtige Athenerin, die spätere Geliebte des Königs Ptolemaios. Nach mehreren fein angebrachten Scherzen und Lobsprüchen auf Alexander wurde sie im Taumel des Rausches hingerissen, eine Rede zu halten, die zwar dem Charakter ihrer Vaterstadt völlig entsprach, für ihren Stand aber wohl etwas zu anmaßend war. Für all die Mühseligkeiten, sagte sie, die sie während des langen Umherziehens in Asien erduldet habe, ernte sie am heutigen Tage den schönsten Lohn, da sie der stolzen Königsburg der Perser Hohn sprechen könne. Aber noch größere Freude würde es ihr machen, den Palast jenes Xerxes, der Athen niedergebrannt hatte, vor den Augen des Königs mit eigener Hand anzuzünden und in Asche zu legen, damit die Kunde in die Welt ginge, ein schwaches Weib in Alexanders Gefolge habe für Griechenland an Persien härtere Rache genommen als einst jene berühmten Führer der griechischen Heere und Flotten.

Dieser Vorschlag wurde mit Jubel und Händeklatschen begrüßt. Man drang auf Alexander ein und redete ihm zu, bis er sich verlocken ließ und aufsprang. Den Kranz auf dem Haupt, eine Fackel in der Hand ging er voran, die Zechgenossen folgten ihm in jubelndem Zug und umringten den Palast. Auch andere Makedonier, die davon gehört hatten, liefen voller Freude mit brennenden Fackeln herbei, meinten sie doch, die Verbrennung und Zerstörung des königlichen Palastes sei ein sicheres Zeichen dafür, daß ihr König die Gedanken wieder auf die Heimat richte und seine Residenz nicht unter den Barbaren aufrichten wolle. So erzählen die einen diese Begebenheit, andere wollen wissen, der Brand sei mit Vorbedacht angelegt worden. Darin stimmen jedoch alle überein, daß Alexander das Geschehene bald bereut und Befehl gegeben habe, das Feuer wieder zu löschen.

Alexander war schon von Natur sehr freigebig, aber je mehr seine Macht und Reichtümer zunahmen, um so größer wurde auch seine Freude am Geben. Auch schenkte er mit der ihm eigenen liebenswürdigen Güte, durch die allein Wohltaten erst ihren wahren Wert erhalten. Wie ungeheuer groß die Schätze waren, die er unter seine Getreuen und seine Leibwache verteilte, geht aus einem Brief Olympias' an ihren Sohn hervor. Du mußt denen, schrieb sie, die du belohnen willst, auf eine andere Art deine Gnade und Anerkennung erweisen. Jetzt aber machst du sie alle Königen gleich und gibst ihnen die Möglichkeit, sich zahlreiche Freunde zu erwerben. Du selbst aber verlierst dabei alle deine Freunde. Dergleichen Mahnungen bekam er oft von seiner Mutter Olympias zu hören, aber er hielt die Briefe immer geheim. Nur einmal, als sein intimster Freund Hephaistion mit ihm zusammen, wie es ihre Gewohnheit war, einen Brief Olympias' öffnete und durchlas, wehrte er es ihm nicht, zog aber dann seinen Ring vom Finger und drückte ihm dessen Siegel auf den Mund.

Seine Mutter überhäufte er mit Geschenken, erlaubte ihr aber nie, sich in Staatsangelegenheiten einzumischen oder ihm Ratschläge zu erteilen. Wenn sie ihm dann heftige Vorwürfe machte, ertrug er es schweigend. Einmal aber, als er ein Schreiben von Antipater durchgelesen hatte, worin sich dieser über Olympias beschwerte, meinte er, Antipater scheint nicht zu wissen, daß eine einzige Mutterträne tausend solcher Briefe auslöschen kann.

Doch mußte er nun auch erleben, daß die ihm Nahestehenden sich übertriebenem Luxus Hingaben und in ihrer Lebensweise oft in lächerliche Ausartungen verfielen. Das ging so weit, daß Agnon von Teos silberne Nägel unter seinen Stiefeln trug, Leonnatos sich den Sand für seine Sportübungen auf einer Kamelkarawane aus Ägypten nachkommen ließ und Philotas für seine Jagden Netze von hundert Stadien Länge mit sich führte. Beim Baden und Salben verwendeten sie immer häufiger die kostbarsten Essenzen anstatt des einfachen Olivenöls und hatten in ihrem Gefolge eine Unmenge von Kammerdienern, Masseuren und Salbenbereitern. Alexander machte ihnen darüber Vorwürfe, aber auf seine milde und vernünftige Art. Er wundere sich sehr, sagte er ihnen, daß sie nach so langen und schweren Kämpfen und so vielen Siegen anscheinend nicht mehr wüßten, daß der Zermürber weit besser schliefe als der Zermürbte; auch jetzt, wo sie in ihrer Lebensweise schon mit den verweichlichten Personen wetteiferten, müßte ihnen doch zum Bewußtsein kommen, daß nichts sklavischer sei, als sich fauler Üppigkeit zu ergeben. Mühe und Arbeit aber wahres Königtum bedeute. Ja, fuhr er fort, wie kann einer noch selbst sein Pferd warten oder Lanze und Helm putzen, wenn er es verlernt hat, eigenhändig seinen Körper zu pflegen, der dem Menschen doch immer das Wertvollste sein muß? Wißt ihr nicht, sagte er, daß nur der seines Sieges wirklich sicher sein kann, der nichts von dem nachahmt, was der Besiegte getan hat?

Alexander steigerte noch die Anforderungen an sich selbst und setzte sich immer den größten Gefahren und Beschwerlichkeiten aus, sei es auf Feldzügen oder auf Jagden. Ein spartanischer Gesandter, der zugegen war, als Alexander einen riesigen Löwen erlegte, rief: Wahrlich, Alexander, du hast wacker mit dem Löwen darum gekämpft, wer von euch beiden der König ist. Krateros stiftete eine Bronzegruppe dieser Jagd für Delphi. Sie stellte den König im Kampf mit dem Löwen, die Hunde und ihn selbst dar, wie er dem Könige zu Hilfe kommt; Lysippos und Leochares haben sie ausgeführt.

So scheute Alexander keine Gefahr, um seine Kräfte zu stählen und zugleich seiner Umgebung ein Beispiel zu geben und sie zu gleichem Tun aufzumuntern. Allein seine Freunde waren des ewigen Umherziehens und Kriegführens schon herzlich müde, wollten lieber den erworbenen Reichtum und die hohe Stellung in Muße und Üppigkeit genießen. Daher begannen sie allmählich, über den König zu murren und sich unehrerbietige Äußerungen über ihn zu erlauben. Anfänglich blieb er dabei ganz ruhig und gelassen und äußerte nur, es sei das übliche Schicksal der Herrscher, sich für erwiesene Wohltaten und Gefälligkeiten schmähen zu lassen. Mit der Zeit aber erbitterten und verhärteten ihn die endlosen Verleumdungen der Menschen untereinander, die einige wahre Tatsachen nur dazu benutzten, um für ihre Lügen Glauben zu finden. Besonders aber, wenn er sich selbst Verleumdungen ausgesetzt sah, konnte er völlig außer sich geraten und wurde dann grausam und unerbittlich, da ihm sein Ruf wichtiger war als Leben und Königtum.

Nunmehr setzte Alexander seine Truppen erneut in Marsch, um sich mit Dareios nochmals zu messen. Als dann aber die Nachricht kam, daß der Satrap Bessos, Statthalter von Baktriana, den Großkönig gefangen genommen habe, entließ Alexander die Thessalier in die Heimat und gab ihnen über den festgesetzten Sold noch ein Geschenk von zweitausend Talenten. Das langwierige Nachsetzen hinter Dareios war mit außerordentlichen Strapazen verknüpft – innerhalb elf Tagen mußte man im Sattel dreitausenddreihundert Stadien zurücklegen, so daß der größte Teil seiner Leute gänzlich von Kräften kam, hauptsächlich wegen Wassermangels. In dieser Not begegneten ihm einige Makedonier, die auf Maultieren etwas Wasser in Schläuchen von einem Fluß heranbrachten. Als sie Alexander in der Mittagshitze vor Durst fast verschmachten sahen, füllten sie schnell einen Helm mit Wasser und boten es ihm an. Er wollte aber erst wissen, für wen sie es geholt hätten. Für unsere Kinder, sagten sie, aber wenn du nur am Leben bleibst; wir können ja neue Kinder zeugen, wenn wir diese verlieren. Auf diese Antwort ergriff er den Helm. Im Umblicken aber bemerkte er, daß alle Reiter in seiner Nähe den Kopf hängen ließen und schmachtend nach dem Trank blickten. Da gab er den Helm, ohne zu trinken, zurück, dankte den Leuten für ihren guten Willen und sagte: Wenn ich allein trinken wollte, würden meine Reiter vollends den Mut verlieren. Diese großzügige Gesinnung machte auf die Reiter tiefen Eindruck; sie spornten ihre Pferde und riefen ihm zu, er solle sie nur getrost weiterführen. Fortan fühlten sie weder Ermüdung noch Durst, ja auch der Tod könnte ihnen nichts anhaben, solange sie einen solchen König hätten.

Trotz allen guten Willens sollen aber nicht mehr als sechzig Mann mit Alexander in das feindliche Lager eingedrungen sein. Sie ritten über Gold und Silber hinweg, das überall am Weg verstreut lag, vorbei an zahllosen Wagen mit Frauen und Kindern, die ohne Fuhrmann umherirrten, und setzten immer nur den Vordersten nach, bei denen sie den Großkönig anzutreffen hofften. Endlich fanden sie ihn: Dareios lag von vielen Speeren durchbohrt in seinem bedeckten Reisewagen. Er war schon dem Tod nahe, bat aber noch um einen Trunk. Nachdem ihm frisches, kühles Wasser gereicht worden war, sagte er zu Polystratos, der es ihm darbot: Mein Freund! Das ist das höchste Maß meines Unglücks, Wohltaten empfangen zu müssen, ohne sie vergelten zu können. Aber Alexander wird dich dafür belohnen, so wie die Götter Alexander für die Wohltaten belohnen werden, die er meiner Mutter, meiner Frau und meinen Kindern erwiesen hat. Durch dich reiche ich ihm meine Hand. Mit diesen Worten ergriff er Polystratos' Rechte und verschied.

Als Alexander hinzukam, verhehlte er seinen Schmerz nicht über das unglückliche Ende des Dareios, nahm seinen Mantel und bedeckte damit den Leichnam. Den Satrapen Bessos, der ihm später in die Hände fiel, ließ er auseinanderreißen. Zwei gerade Bäume wurden zusammengebogen und an jeden ein Glied des Körpers gebunden. Dann ließ man die Bäume zurückschnellen, und durch den Schwung riß der Körper auseinander. Die Leiche des Dareios ließ Alexander in königlichem Totenschmuck der Mutter zuführen. Den Bruder des Königs, Oxathres, nahm er unter seine Freunde auf.

Nunmehr zog Alexander mit dem rüstigsten Teil des Heeres nach Hyrkanien am Kaspischen Meer. In der dortigen Gegend fiel ein Haufe Barbaren überraschend über Alexanders Leute her, die den Bukephalos bei sich hatten, und raubten das Pferd. Äußerst aufgebracht ließ Alexander den Einwohnern durch seinen Herold drohen, er werde sie mit Weib und Kind niedermachen lassen, wenn sie ihm nicht das Pferd zurückschickten. Sie fanden sich auch alsbald ein und brachten ihm nicht nur sein Pferd, sondern übergaben ihm auch ihre Städte, wofür er sie sehr entgegenkommend behandelte und sogar den Pferdedieben eine Art Lösegeld bezahlte. Von da nahm er seinen Weg nach Parthien, und während der Ruhezeit dort legte er zum erstenmal fremde Tracht an. Vielleicht geschah es, um sich den Landesbräuchen anzupassen, in der Meinung, daß die Angleichung in die Lebensweise viel zur Milderung der rohen Sitten jener Völker beitragen werde. Vielleicht aber war es auch ein Versuch, den persischen Fußfall bei den Makedoniern einzuführen, indem er sie allmählich an die Veränderung in seinem Auftreten gewöhnte. Doch legte er nicht die eigentliche medische Tracht an, die allzu fremd und auffallend war, und verschmähte auch die langen Beinkleider, das Oberkleid mit Ärmeln und die Tiara. Vielmehr wählte er eine Kleidung, die aus der medischen und persischen geschickt zusammengesetzt war und sich weniger prunkvoll ausnahm als die persische, doch etwas reicher war als die medische. Anfangs legte er sie nur an, wenn er mit den Fremden zu verhandeln hatte, oder im Palast im Kreis seiner Getreuen. Später erschien er damit auch in der Öffentlichkeit, besonders beim Ausreiten oder bei Audienzen.

Dieser Anblick war für die Makedonier sehr kränkend. Doch aus Bewunderung für seine sonstigen großen Eigenschaften glaubten sie ihm manches nachsehen zu müssen, was ihm Vergnügen machte oder seine Eitelkeit befriedigte. Gar nicht zu sprechen von seinen Leistungen. Er hatte erst kürzlich einen Schuß in das Schienbein bekommen, so daß ein Stück vom Knochen abgesplittert war und herausgenommen werden mußte. Auch war er von einem Stein im Nacken getroffen worden, wodurch er für geraume Zeit das Augenlicht verlor. Dennoch ließ er nicht ab, sich ohne Schonung allen Gefahren auszusetzen. Ja, er ging sogar über den Fluß Orexartes – den er für den Don hielt –, schlug die Skythen in die Flucht und verfolgte sie hundert Stadien weit, ungeachtet einer schweren Dysenterie.

Hier soll nun auch die Königin der Amazonen zu ihm gekommen sein, wie viele Geschichtsschreiber melden. Aristobulos, Ptolemaios und andere hingegen erklären die Geschichte für ein Märchen. Das scheint auch Alexander selbst zu bestätigen, denn in einem Brief an Antipater, in dem er alles genau erzählt, sagt er nur, der König der Skythen habe ihm seine Tochter zur Frau geben wollen; die Amazonenkönigin aber erwähnt er mit keinem Wort.

Alexander hegte nun die Besorgnis, die Makedonier möchten die Lust verlieren, ihm noch weiter auf seinen Kriegszügen zu folgen. Er hatte daher den Hauptteil seines Heeres zurückgelassen und nur seine Kerntruppen, zwanzigtausend Mann zu Fuß und dreißigtausend zu Pferde, mit nach Hyrkanien genommen. Diese versammelte er nun und sagte zu ihnen, bisher hätten die Barbaren sie gleichsam nur wie im Traum gesehen, aber wenn sie jetzt, nachdem sie Asien in Aufruhr gebracht hätten, umkehrten und wieder nach Hause zögen, dann würden die Barbaren über sie herfallen wie über einen Haufen Weiber. Wer gehen wolle, der möge gehen; aber er rufe die Götter zu Zeugen an, daß man ihn, als er im Begriff war, die ganze Welt für dic Makedonier zu erobern, mit seinen Freunden und einigen Freiwilligen schmählich im Stich gelassen habe. Fast die gleichen Worte stehen auch in einem Brief an Antipater, in dem es dann noch heißt, daß nach seiner Rede die Soldaten wie ein Mann gerufen hätten, er solle sie nur führen, wohin er wolle und wäre es bis ans Ende der Welt. Da nun der Versuch bei diesen gelungen war, hielt es nicht mehr schwer, auch die Masse des übrigen Heeres zu gewinnen, und alle waren bereit, ihm zu folgen.

Von dieser Zeit an richtete sich Alexander in seinem Auftreten immer mehr nach den Bräuchen des Landes und machte auch den Versuch, die Sitten der fremden Völker denen der Makedonier anzupassen. Hoffte er doch, bei einer solchen Annäherung und wachsenden Gemeinsamkeit seine Herrschaft mehr auf friedliche Weise als durch Gewaltmittel sicherzustellen, besonders, wenn er wieder in die Ferne ziehen mußte. Zu diesem Zweck wählte er dreißigtausend junge Perser aus und ließ sie unter Leitung zahlreicher Erzieher und Lehrer nicht nur in den griechischen Wissenschaften unterrichten, sondern auch im Gebrauch makedonischer Waffen üben. Auch seine Heirat mit Roxane, einer schönen und reizvollen Perserin, in die er sich bei einem Trinkgelage, bei dem er sie zum erstenmal erblickte, verliebt hatte, lag auf der Linie dieser Politik. Und sie verfehlte nicht ihre Wirkung. Denn das Vertrauen der Barbaren zu ihm wuchs durch seine Verbindung mit einer

Frau ihres Volkes, und sie verehrten ihn um so mehr, weil er seine Leidenschaft bezwungen und das einzige weibliche Wesen, für das er wirkliche Liebe empfand, nur durch das Band der Ehe an sich zu fesseln wagte.

Da er bemerkte, daß unter seinen vertrautesten Freunden Hephaistion seine Politik der Verschmelzung billigte und auch selbst persische Lebensart annahm, Krateros hingegen den väterlichen Sitten treu blieb, so ließ er durch Hephaistion die Angelegenheiten der Asiaten erledigen, während Krateros den Verkehr mit Makedoniern und Griechen behielt. Wenn er diesem auch große Achtung entgegenbrachte, so gehörte seine Liebe doch Hephaistion, und er sagte oft, er hielte Hephaistion für einen Freund Alexanders, Krateros aber für einen Freund des Königs. Daher bestand auch eine geheime Feindschaft zwischen beiden, und nicht selten gerieten sie hart aneinander. In Indien kam es einmal zu einem so hitzigen Streit, daß sie das Schwert zogen und die beiderseitigen Freunde schon zu Hilfe eilten. Alexander griff noch gerade rechtzeitig ein und machte Hephaistion vor aller Ohren heftige Vorwürfe; er sei wohl nicht bei Sinnen, wenn er nicht wüßte, daß er ohne Alexander nichts wäre. Auch Krateros gab er unter vier Augen einen harten Verweis. Dann söhnte er beide miteinander aus und schwur bei Ammon und den übrigen Göttern einen heiligen Eid, sie wären zwar seine liebsten Freunde, aber wenn er noch einmal von einem Streit zwischen ihnen höre, werde er beide hinrichten lassen oder wenigstens den, der angefangen habe. Daher sollen sie auch später nicht einmal im Scherz etwas gegeneinander gesagt oder getan haben.

Philotas, der Sohn Parmenions, genoß damals unter den Makedonien, großes Ansehen. Denn er galt als ein tapferer und zuverlässiger Soldat, und nächst Alexander war im ganzen Heer keiner so freigebig, keiner seinen Freunden so ergeben wie er. Einst bat ihn, erzählt man, ein Bekannter um eine Summe Geld, und er befahl, sie ihm zu geben. Als der

Verwalter sich entschuldigte, er hätte zur Zeit kein Geld, antwortete er: Was, hast du denn nicht einen Becher oder einen Mantel? – Andererseits war er auf seine großen Reichtümer stolz und aufgeblasen und trieb einen Prunk in seinem Auftreten, wie es sich für einen Privatmann nicht schickte. Auch fehlte seiner Hoheit und Würde jedes Feine und Gefällige, und in seinen Äußerungen war er oft plump und verletzend, wodurch er sich reichlich unbeliebt machte. Sein Vater Parmenion sagte einmal zu ihm! Etwas weniger hochnäsig, mein Sohn.

Bei Alexander selbst war er schon seit geraumer Zeit schlecht angeschrieben. Als nämlich nach der Niederlage des Dareios in Kilikien der gesamte Troß der Perser in die Hände der Makedonier fiel, fand sich unter den vielen ins Lager gebrachten Gefangenen eine junge Frau, Antigone von Pydna, von ungewöhnlicher Schönheit. Diese nahm Philotas zu sich. Vor seiner Geliebten renommierte nun der junge Mann gern beim Wein mit seinen Heldentaten, prahlte sogar, all die großen Erfolge wären im Grunde nur seinem Vater und ihm zu verdanken, und ohne sie beide würde das bartlose Jüngelchen, wie er Alexander nannte, nicht einmal König sein. Dergleichen Reden hinterbrachte nun Antigone einem ihrer Bekannten, und da dieser, wie es zu gehen pflegt, sie wieder einem anderen erzählte, kam die Sache endlich bis zu Krateros, der nun Antigone insgeheim zu Alexander brachte. Nachdem er alles vernommen hatte, befahl ihr der König, den Verkehr mit Philotas fortzusetzen und alles, was sie ferner von ihm hören würde, ihm persönlich zu berichten. Philotas, der von diesen Schlingen nichts wußte, war weiter mit Antigone sehr vertraut und führte oft in der Hitze oder aus Großsprecherei die unziemlichsten Reden gegen den König.

Trotzdem hielt Alexander, obgleich schon starke Beweise gegen Philotas vorlagen, immer noch zurück und ließ sich nichts anmerken, sei es nun, weil er sich auf die Treue und Ergebenheit Parmenions verließ oder weil er das Ansehen und die Macht von Vater und Sohn fürchtete.

Allein um diese Zeit zettelte der Makedonier Limnos aus Chalaistra ein Attentat gegen Alexander an und suchte seinen Geliebten, den jungen Nikomachos, als Teilnehmer zu gewinnen. Dieser aber wollte mit der Sache nichts zu tun haben und entdeckte den Anschlag seinem Bruder Kebalinos, der sogleich zu Philotas ging und ihn bat, ihnen eine Audienz bei Alexander zu erwirken, da sie eine höchst wichtige Angelegenheit vorzutragen hätten. Aus Gründen aber, die unbekannt geblieben sind, ließ Philotas sie nicht zum König gelangen unter dem Vorwand, dieser wäre mit wichtigeren Dingen beschäftigt; und das geschah zweimal nacheinander. Jene wendeten sich nun, ohne sich weiter um Philotas zu kümmern, an einen anderen, und als sie nun vor Alexander geführt wurden, entdeckten sie ihm erst die Verschwörung des Limnos und erwähnten dann auch nebenbei mit Behutsamkeit das Benehmen des Philotas, der ihr Gesuch zweimal abgewiesen hätte. Darüber war Alexander besonders aufgebracht.

Als nun Limnos bei der Verhaftung sich zur Wehr setzte und niedergestochen wurde, wuchs noch das Mißtrauen Alexanders, da er glaubte, ihm wären dadurch die Beweise für die Verschwörung entgangen. Seine Erbitterung löste auch den Feinden des Philotas, die ihn schon lange haßten, die Zunge. Sie scheuten sich nicht, öffentlich zu erklären, der König mußte verblendet sein, wenn er glaubte, daß ein Bauer aus Chalaistra wie Limnos sich an eine so kühne Unternehmung gegen ihn gewagt haben sollte; nein, dieser wäre bloß der Handlanger oder das Werkzeug gewesen, das von höherer Hand gebraucht wurde, und die eigentlichen Drahtzieher der Verschwörung müßte man bei denen suchen, die an der Bereinigung der Sache das meiste Interesse hätten. Nachdem sie so das Mißtrauen des Königs auf die gewünschte Fährte gelenkt hatten, brachten sie noch tausend andere Beschuldigungen gegen Philotas vor. Er wurde nun verhaftet und auf die Folter gespannt, wobei die obersten Befehlshaber zugegen waren und Alexander selbst hinter einem Vorhang die Aussagen mit anhörte. Als Philotas erbärmlich jammerte und sich an Hephaistion mit unanständigen Bitten wandte, soll Alexander gesagt haben: So schwach und feige bist du, Philotas, und hast dich doch so großer Dinge unterfangen!

Nachdem Philotas hingerichtet war, schickte Alexander einige Vertraute nach Medien und ließ auch Parmenion aus dem Weg raumen, einen Mann, der der treuste Mitarbeiter Philipps gewesen war und unter den älteren Getreuen Alexander am meisten zu dem Kriegszug nach Asien ermuntert hatte, dem von seinen drei Söhnen schon zwei in diesem Krieg gefallen waren und der nun mit dem dritten zugleich sterben mußte.

Diese Vorgänge jagten den Freunden Alexanders Schrecken ein, besonders Antipater. Er trat insgeheim mit den Aitolern in Verbindung und schloß mit ihnen ein enges Bündnis. Diese hatten Grund genug, Alexander zu fürchten, weil sie die Stadt Oiniadai zerstört hatten. Auf die Nachricht davon hatte Alexander erklärt, nicht die Einwohner von Oiniadai, sondern er selbst werde dafür an den Aitolern Rache nehmen.

Nicht lange danach trug sich die Geschichte mit Kleitos zu. Den nackten Tatsachen nach erscheint sie noch weit härter und grausamer als das Geschehnis mit Philotas. Wenn man aber Anlaß und Umstände mit in Betracht zieht, so ergibt sich, daß der König die Tat keineswegs mit Vorsatz begangen hat, sondern des Kleitos böser Dämon den König in Zorn und Trunkenheit dazu angestachelt hat. Die Sache verlief so:

Dem König waren von der Küste griechische Früchte zugesandt worden, die noch so frisch und schön waren, daß er in seiner Freude Kleitos rufen ließ, um sie ihm zu zeigen und einen Teil davon zu geben. Kleitos war eben mit einem Opfer beschäftigt, unterbrach es aber sofort, um zum König zu gehen. Dabei liefen ihm drei Schafe nach, über die bereits das

Trankopfer gegossen war, das sie den Göttern weihte. Als der König davon erfuhr, berief er sofort die Seher Aristandros und Kleomantis aus Sparta. Auf ihre Erklärung, daß das Zeichen von schlimmer Vorbedeutung wäre, befahl er, in aller Eile für Kleitos ein Sühnopfer darzubringen. (Drei Tage zuvor hatte zudem der König einen seltsamen Traum gehabt. Es schien ihm, als sähe er Kleitos in schwarzer Kleidung unter Parmenions Söhnen sitzen, die alle tot waren.) Kleitos mochte aber das Ende des Sühnopfers nicht abwarten, sondern eilte zum König, der eben den Dioskuren ein Opfer dargebracht hatte.

Hierauf wurde nun wacker gezecht, und dabei sang jemand Hohn- und Spottlieder – sie waren von einem gewissen Pranichos oder, wie andere sagen, von Pierion verfaßt – auf ein paar Generale, die vor kurzem eine böse Schlappe durch die Barbaren erlitten hatten. Die älteren unter den Anwesenden ärgerten sich darüber und machten dem Verfasser wie dem Sänger Vorwürfe. Alexander hingegen und einige seiner Freunde hörten mit Vergnügen zu und ermunterten den Sänger, noch mehr vorzutragen. Am meisten ärgerte sich darüber Kleitos, der schon angetrunken und auch von Natur leicht grob und ausfallend war. Er erklärte, es sei ungehörig, in Gegenwart von Barbaren und Feinden Makedonier zu verhöhnen, die, wenn sie auch einmal Unglück gehabt hätten, immer noch besser wären als so manche hier, die sich über sie lustig machten. Alexander entgegnete, Kleitos wolle anscheinend nur sich selbst verteidigen, wenn er Feigheit für Unglück ausgäbe. Darauf sprang Kleitos auf und rief höchst beleidigt: Ja, das war wohl auch Feigheit, du Göttersohn, daß ich dir das Leben rettete, als du dem Schwert des Spithridates bereits den Rücken kehrtest? Nur durch das Blut der Makedonier und diese meine Wunden bist du so groß geworden, daß du deinen Vater Philipp verleugnest und dich dem Jupiter Ammon als Sohn aufdrängst.

Wütend entgegnete Alexander: Glaubst du etwa, du Schurke, du könntest noch lange deine Freude daran haben, bei jeder Gelegenheit solche Reden zu führen und die Makedonier gegeneinander aufzuhetzen? – Nein, gewiß nicht, versetzte Kleitos, uns ist schon längst die Freude vergangen, wenn wir sehen müssen, welchen Dank wir ernten für alle unsere Mühen. Nein, glücklich preisen wir die, die gefallen sind, ehe sie mit ansehen mußten, daß Makedonier mit medischen Ruten gezüchtigt werden und gezwungen sind, sich an Perser zu wenden, damit sie Zutritt zu ihrem König bekommen.

Nun sprangen Alexanders Freunde auf und schalten Kleitos wegen seiner frechen Rede, während die älteren sich bemühten, den Aufruhr zu beschwichtigen. Alexander aber wandte sich an die beiden Makedonier Xenodochos und Artemios und sagte: Dünkt euch nicht, daß diese Griechen unter den Makedoniern umherwandeln wie Halbgötter unter wilden Tieren? – Kleitos aber wollte keine Ruhe geben, sondern rief, Alexander solle nur immer reden, wie es ihm beliebe, aber in Zukunft keine freien Männer mehr, die gewohnt wären, offen ihre Meinung zu sagen, zur Tafel laden, sondern sich an Barbaren und Sklaven halten, die vor dem persischen Gürtel und dem weißgemusterten Purpurgewand bereitwillig auf die Knie fielen.

Nun konnte Alexander nicht mehr an sich halten. Er nahm einen der Äpfel von der Tafel, warf ihn Kleitos an den Kopf und suchte nach seinem Schwert. Aber Aristophanes, einer von der Leibwache, hatte es rechtzeitig beiseite geschafft. Die anderen suchten nun Alexander zurückzuhalten und zu beruhigen. Aber er riß sich los, rief auf makedonisch nach seinen Waffenträgern und befahl dem Trompeter, Alarm zu blasen. Als dieser zögerte und nicht wollte, schlug ihn Alexander mit der Faust ins Gesicht. Später aber wurde der Mann für seine Weigerung sehr gelobt, weil man es ihm zu verdanken hatte, daß nicht das ganze Lager in Aufruhr geriet. Indes schafften die Freunde Kleitos, der noch immer weiter schimpfte, mit vieler Mühe zum Saal hinaus. Aber gleich darauf suchte er durch eine andere Tür wieder hereinzukommen und zitierte frech und höhnisch jene Verse aus der »Andromache« des Euripides, deren Anfang lautet:

Ach, welch schlimme Sitte herrscht in Griechenland!

Da riß Alexander voller Wut einem Trabanten einen Speer aus der Hand und durchbohrte Kleitos, der ihm gerade durch den Türvorhang entgegentrat. Kaum war Kleitos schreiend und stöhnend zu Boden gefallen, verrauchte auch der Zorn Alexanders. Er kam wieder zur Besinnung, und da er seine Freunde sprachlos um sich herumstehen sah, riß er hastig den Speer aus der Leiche und wollte ihn sich selbst in den Hals jagen. Er wurde aber von seinen Leibwächtern daran gerhindert, die seine Hände faßten und ihn mit Gewalt ins Schlafzimmer brachten.

Er verbrachte eine schlimme Nacht unter beständigem Weinen. Als er am folgenden Tage, von Jammern und Klagen erschöpft, apathisch dalag und nur zuweilen tiefe Seufzer ausstieß, gerieten seine Freunde über dieses Schweigen in Besorgnis und drangen mit Gewalt ins Gemach. Aber alle ihre Vorstellungen waren vergeblich. Erst als der Seher Arisiandros ihn an den Traum, in dem er Kleitos gesehen hatte, und an die schlimmen Vorzeichen beim Opfer erinnerte und dabei zu verstehen gab, daß alles vom Geschick schon längst vorbestimmt gewesen sei, schien er sich etwas zu beruhigen. Man bat daher den Philosophen Kallisthenes, einen Verwandten und Schüler des Aristoteles, und Anaxarchos von Abdera, zu Alexander hineinzugehen. Kallisthenes sprach mit philosophischer Ruhe und suchte sanft und milde, ohne wehezutun, dem Schmerz beizukommen. Anaxarchos war hingegen schon immer in der Philosophie seinen eigenen Weg gegangen und auch bekannt dafür, daß er von allen anderen Gelehrten recht gering dachte. Sobald er eingetreten war, rief er mit lauter Stimme: Das ist also Alexander, auf den jetzt die ganze Welt blickt! Da liegt er weinend wie ein Sklave und zittert vor dem Gesetz und dem Tadel der Menschen, und sollte doch selbst für die Menschen Gesetz und Richtschnur sein, sofern er gesiegt hat, um Herr zu sein und wirklich zu herrschen und sich nicht unter das Joch der öffentlichen Meinung zu beugen. Weißt du nicht, fuhr er fort, daß Themis und Dike, die Hüterinnen des Rechts und der Gerechtigkeit, nur deshalb den Platz neben dem Thron des Zeus haben, damit alles, was der Herrscher tut, recht und gerecht ist? Durch solche Reden milderte Anaxarchos zwar den Schmerz des Königs, machte aber seinen Sinn noch herrischer und rücksichtsloser gegen die Menschen.

Zugleich gewann Anaxarchos damit in hohem Maße die Gunst des Königs und schreckte auch nicht davor zurück, Alexander den Umgang mit Kallisthenes zu verleiden, der wegen seiner strengen Anschauungen ohnehin nicht beliebt war. Allerdings setzte sich Kallisthenes durch seinen Mangel an Lebensklugheit oft Verleumdungen seiner Feinde aus. Die Einladung zur königlichen Tafel lehnte er meist ab. Wenn er aber einmal erschien, saß er schweigend und in sich gekehrt und gab so sein Mißfallen über das, was vor sich ging, deutlich zu erkennen. Alexander sagte daher auch von ihm:

Den Weisen hass' ich, der für sich selbst nicht weise ist! –

Als eines Tages, erzählt man, viele zur königlichen Tafel geladen waren, bat man Kallisthenes, wenn der Becher zu ihm käme, eine Lobrede auf die Makedonier zu halten. Kallisthenes war wegen seiner Beredsamkeit berühmt, und nun verbreitete er sich über das Thema mit solcher Fülle und Gewandtheit, daß alle aufsprangen, ihm Beifall klatschten und ihm ihre Kränze zuwarfen. Alexander aber rief ihm mit einem Verse des Euripides zu: »Ein schöner Anlaß macht die Rede leicht.« Willst du uns aber einen vollgültigen Beweis deiner Fertigkeit geben, so halte nun eine Anklagerede gegen die Makedonier, damit sie ihre Fehler erkennen und sich bessern.

Kallisthenes widerlegte nun alles, was er zum Lobe der Makedonier gesagt hatte, und richtete Anklage auf Anklage gegen sie. Als er auf die Griechen zu sprechen kam und ihre Uneinigkeit als den einzigen Grund bezeichnete, daß Philipp über sie Herr werden konnte, führte er den Vers an:

Immer gelangte im Streit der Schlimmste zu Ehren und Würden. – Dadurch zog er sich bei den Makedoniern bitteren und schweren Haß zu, und Alexander selbst äußerte: Kallisthenes habe nicht einen Beweis seiner Beredsamkeit, sondern seiner Feindschaft gegen die Makedonier gegeben.

Kallisthenes war es auch, der die persische Sitte des Fußfalls mit aller Festigkeit und allem Freimut des Philosophen ablehnte und offen über das zu sprechen wagte, worüber die besten und getreuesten der Makedonier insgeheim murrten. Da er so die Einführung des Fußfalls verhinderte, bewahrte er die freien Griechen vor einer großen, Alexander aber vor einer noch größeren Schande, sich selbst aber stürzte er damit ins Verderben, da er in den Verdacht geriet, den König mit Gewalt zwingen zu wollen, statt ihn durch gute Gründe zu überreden.

Bei einem Gelage reichte Alexander einst, wie Chares von Mytilene erzählt, die Schale, aus der er getrunken hatte, einem seiner Freunde. Dieser nahm sie, erhob sich, trat zu dem Altar und trank. Ehe er dann Alexander küßte und wieder an seinen Platz ging, machte er vor dem König den Fußfall. Dies machten der Reihe nach auch alle anderen, und zuletzt nahm auch Kallisthenes die Schale; aber da der König nicht auf ihn achtete, sondern sich gerade mit Hephaistion unterhielt, trat er zum König, um ihn gleich zu küssen. Allein Demetrios rief: Küß ihn nicht, König! Er ist der einzige, der dir den Fußfall verweigert hat. Alexander wich also dem Kuß aus, und Kallisthenes sagte darauf ganz laut: Nun, so muß ich eben um einen Kuß ärmer fortgehen.

Bei diesem zunehmenden Widerwillen des Königs fand auch Hephaistion leicht Glauben, als er ihm hinterbrachte,

Kallisthenes habe ihm das Versprechen gegeben, den Fußfall zu machen, aber sein Versprechen nicht gehalten. Dann kamen auch noch Lysimachos und Agnon dazu und berichteten, der Sophist ginge mit stolzer Miene umher, als ob er der Tyrannei ein Ende gemacht hätte; auch hielten sich die Jüngeren zu ihm und verehrten ihn, als sei er der einzige Freie unter all den Tausenden. Als daher die von Hermolaos gegen Alexander angestiftete Verschwörung an den Tag kam, fand auch die Angabe der Verleumder des Kallisthenes willigen Glauben, daß er Hermolaos auf die Frage: wie einer der berühmteste Mann werden könnte, geantwortet habe: indem du den berühmtesten umbringst. – Ja, um Hermolaos zu der Tat anzureizen, habe er ihm vorgestellt, er solle sich nicht vor dem goldenen Lager fürchten und daran denken, daß er einen Mann vor sich habe, der genau wie andere Menschen Krankheiten und Wunden ausgesetzt wäre.

Bei alledem hat keiner der Mitverschworenen des Hermolaos, selbst unter den größten Martern, das geringste gegen Kallisthenes ausgesagt. Ja, als Alexander gleich nach der Entdekkung an Krateros, Attalos und Alketas darüber schrieb, gab er selbst zu, die Pagen hätten auf der Folter gestanden, sie hätten die Tat ganz von sich allein aus unternommen, und niemand wüßte darum. Später aber mißt er in einem Brief an Antipater auch dem Kallisthenes einige Schuld bei: Die Pagen, sagt er, sind von den Makedoniern gesteinigt worden; aber den Sophisten will ich selbst bestrafen und alle, die ihn mir geschickt haben, oder meine Feinde in ihren Städten aufnehmen. – Diese Worte zielten unverkennbar gegen Aristoteles, denn Kallisthenes war ein Neffe des Aristoteles und von diesem erzogen worden.

Was den Tod des Mannes betrifft, so berichten einige, Alexander habe ihn aufhängen lassen; nach anderen ist er in der Haft an einer Krankheit gestorben. Chares erzählt, Kallisthenes wurde nach seiner Verhaftung sieben Monate im Gefängnis gehalten, um im großen Rat in Gegenwart des Aristoteles gerichtet zu werden, und starb in den Tagen, als Alexander auf dem indischen Feldzug verwundet wurde, an Verfettung und Läusesucht. Doch dieses geschah erst später.

Als Alexander seinen Marsch nach Indien antreten wollte, stellte er fest, daß seine Armee mit zuviel Beute beladen und daher in ihren Bewegungen sehr schwerfällig war. Als am Morgen des Marschtages alles gepackt bereitstand, ließ er seine und seiner Freunde Wagen in Brand stecken und befahl dann, auch unter die Wagen der übrigen Makedonier Feuer zu legen. Es zeigte sich, daß es schwieriger und bedenklicher war, den Entschluß zu fassen, als ihn auszuführen, denn nur wenige murrten; die meisten aber jubelten ihm begeistert zu, teilten ihre übriggebliebenen Vorräte mit denen, die gar nichts hatten, und verbrannten oder vernichteten alles Überflüssige. Das bestärkte den König in seinem Vorhaben und erfüllte ihn mit Zuversicht. Jetzt wurde er aber auch furchtbar und unerbittlich in der Bestrafung von Vergehen. So ließ er Menandros, einen seiner Getreuen, den er zum Kommandanten einer Festung ernannt hatte, auf der Stelle hinrichten, weil er sich weigerte, zurückzubleiben; und von den aufständischen Barbaren tötete er Orsodates mit eigener Hand.

Um diese Zeit brachte ein Schaf ein Lamm zur Welt, das am Kopf ein Zeichen in Form und Farbe einer Tiara, dazu auf beiden Seiten ein Paar Hoden hatte. Das erregte beim König einen solchen Abscheu, daß er von den Babyloniern, die er auf seinen Feldzügen zu diesem Zweck mitführte, ein Reinigungsopfer für sich darbringen ließ. Dabei erklärte er seinen Freunden, er wäre nicht so sehr um seinet- als um ihretwillen in Sorge, denn er fürchtete, daß der Himmel nach seinem Tod die höchste Gewalt einem niedrigen Schwächling zuwenden möchte. Doch behob bald ein anderes glücklicheres Zeichen seine Besorgnis. Der Oberaufseher des königlichen Zeltes, der Makedonier Prorenos, ließ am Fluß Oxos einen Platz für das königliche Zelt ausheben und stieß dabei auf eine Quelle von einer fetten, ölartigen Flüssigkeit. Sobald man die oberste Schicht abgeschöpft hatte, quoll ein reines helles Öl hervor, das sich weder in Geruch noch Geschmack von wirklichem Öl unterschied, auch ihm in Fettigkeit und Durchsichtigkeit nicht im geringsten nachstand, obgleich es im ganzen Land keine Ölbäume gab. Wie groß Alexanders Freude darüber war, ist aus einem Brief an Antipater zu ersehen, worin er dieses Ereignis unter die wichtigsten Vorbedeutungen zählt, die ihm die Götter je gegeben hätten. Die Seher erklärten, das Zeichen künde einen zwar ruhmvollen, aber sehr beschwerlichen und mühseligen Feldzug, weil das Öl den Menschen von den Göttern als Hilfe und Linderung bei schweren Arbeiten verliehen wäre.

Auf diesem Zug nun war Alexander in den Schlachten, zu denen es kam, großen Gefahren ausgesetzt und trug auch schwere Verwundungen davon. Seine Truppen aber erlitten die meisten Verluste durch Mangel an Lebensmitteln und die Ungunst des Klimas. Indessen setzte der König eine Ehre darein, das Glück durch Kühnheit und die Macht durch Tapferkeit zu überbieten. So glaubte er, für den Beherzten ist nichts in der Welt unbezwinglich, für den Zaghaften aber nichts fest und sicher genug. Als er die Burg des Sisimithres belagerte, die hoch oben auf einem steilen und unzugänglichen Felsen lag, wollten seine Leute schon den Mut verlieren. Da fragte er Oxyartes, wie es denn eigentlich mit dem Mut des Sisimithres stände. Als Oryartes antwortete, er wäre die feigste Memme, die man sich denken könnte, versetzte Alexander: Damit sagst du, daß wir den Felsen leicht nehmen werden, weil seine Spitze wacklig ist. – Wirklich wußte er auch Sisimithres so in Furcht zu setzen, daß ihm das Bergschloß bald in die Hände fiel.

Bei einem Kastell Nysa scheuten sich die Makedonier zum Sturm vorzurücken, weil ein tiefer Strom daran vorbeifloß.

Alexander trat zu seinen Leuten ans Ufer und rief: Ich Tor, warum habe ich nicht schwimmen gelernt – und wollte schon mit dem Schild in der Hand über den Fluß setzen.

Später erschienen von den belagerten Städten Abgesandte und baten um Frieden. Beim Anblick des Königs, der nur in seinen Waffen, ohne allen Prunk vor ihnen stand, gerieten sie erst in Bestürzung. Da ließ Alexander ein Kissen bringen und wies den ältesten unter ihnen, Akufis hieß er, an, sich darauf niederzulassen. Vor Staunen über die Großmut und Leutseligkeit des Königs fragte ihn Akufis, was sie tun sollten, um seine Freunde zu werden. Alexander antwortete: Sie sollen dich zu ihrem Regenten erwählen und uns hundert der besten Männer als Geiseln schicken. – Nein, König, versetzte jener lachend, ich werde ja viel besser regieren, wenn ich dir die schlechtesten zuschicke und die besten behalte.

König Taxiles besaß in Indien, wie man erzählt, ein Reich so groß wie Ägypten, das für Viehzucht und Ackerbau besonders ergiebig war. Er galt als weiser, verständiger Mann und empfing Alexander mit den Worten: Wozu sollen wir, Alexander, miteinander Krieg führen und streiten, da du nicht gekommen bist, um uns das Wasser oder das tägliche Brot zu nehmen, das einzige, wofür vernünftige Menschen kämpfen müssen? Mit den anderen sogenannten Gütern und Reichtümern will ich dir gern, insofern ich dir überlegen bin, Gutes erweisen; muß ich dir darin aber nachstehen, so weigere ich mich nicht, die Wohltaten, die du mir erzeigen willst, mit Dank anzunehmen. Über diese Anrede erfreut, reichte ihm Alexander die Hand: Denkst du etwa, sagte er, unsere Begegnung werde dieser schönen und freundschaftlichen Reden wegen ohne allen Streit abgehen? Nein, das wird dir nichts helfen. Ich werde mit dir im Wohltun kämpfen und wetteifern, daß du mich nicht an Edelmut übertriffst. So erhielt Alexander viele Geschenke von Taxiles, gab ihm aber noch weit mehr und schickte ihm zuletzt noch tausend Talente. Durch diese

Freigebigkeit machte er zwar seine Freunde sehr unwillig, gewann aber auf der anderen Seite die Liebe und Zuneigung vieler Barbaren.

Die tapfersten und streitbarsten unter den Indern waren die Söldner, die von einer Stadt zur anderen zogen, jede auf das tapferste verteidigten und dadurch Alexander schwere Verluste zufügten. In einer dieser Städte schloß er mit den Söldnern einen Vergleich und bewilligte ihnen freien Abzug, ließ sie aber dann unterwegs überfallen und sämtlich niedermachen. Das war ein dunkler Punkt in der Kriegslaufbahn dieses Königs, der sonst immer den Krieg auf eine anständige und Königen geziemende Weise zu führen pflegte. Nicht weniger Verdruß machten ihm auch die Philosophen der Inder; sie schmähten und beschimpften die einheimischen Fürsten, die zu Alexander übergetreten waren, und wiegelten die freien Völkerschaften auf.

Von der Schlacht gegen König Poros gibt Alexander selbst in seinen Briefen Bericht. Die beiden Heerlager standen, durch den Fluß Hydaspes getrennt, einander gegenüber. Poros stellte seine Elefanten an seinem Ufer auf, um den Übergang ständig unter Beobachtung zu halten. Alexander aber ließ alle Tage im Lager Lärm und Getümmel machen, um die Barbaren zu gewöhnen und ihre Wachsamkeit einzuschläfern. In einer stürmischen und finsteren Nacht rückte er dann mit einem Teil des Fußvolks und den besten Reiterschwadronen ein Stück am Fluß entlang und setzte in einer gehörigen Entfernung vom Feind nach einer großen Insel über. Dort überraschte ihn ein Gewitter und Wolkenbruch, mehrfach schlug der Blitz in seine Truppen ein, und vor seinen Augen sanken manche getroffen nieder. Trotzdem setzte er den Marsch fort und wollte von der Insel aus das gegenüberliegende Ufer gewinnen. Aber der Hydaspes, der von den Regengüssen hoch angeschwollen war, durchbrach das Ufer und wühlte sich ein neues Bett, in das sich die Wasserfluten ergossen. Die Truppen Alexanders gelangten zwar auf das Stück zwischen dem alten und dem neuen Bett, konnten aber auf dem völlig durchnäßten und schlüpfrigen Boden nicht festen Fuß fassen. In dieser Lage soll Alexander ausgerufen haben: Wenn ihr nur ahntet, Athener, welchen Gefahren ich mich aussetze, nur um von euch gepriesen zu werden! Nach seiner eigenen Erzählung ließen die Truppen hier die Flöße zurück und wateten mit den Waffen in der Hand, oft bis zur Brust im Wasser, durch das neue Flußbett.

Als der Übergang glücklich bewerkstelligt war, ging Alexander mit der Reiterei allein weiter vor und ließ die Infanterie auf zwanzig Stadien folgen. Denn er rechnete damit, daß der Feind ihn nur mit seiner Reiterei angreifen würde, die er dann leicht überwältigen konnte. Sollte aber der Gegner mit seiner gesamten Streitmacht anrücken, so konnte er seine eigene Infanterie noch rechtzeitig heranziehen. Das erstere trat ein. Alexander schlug die tausend Reiter und die sechzig Wagen, die gegen ihn vorgingen, in die Flucht, nahm sämtliche Wagen und erlegte von den Reitern vierhundert Mann. Daraus schloß Poros, daß Alexander mit der Hauptmacht über den Fluß gegangen sei.

Daher zog er ihm mit seinem ganzen Heer entgegen und ließ nur eine Abteilung an der alten Stelle zurück, um den Rest der feindlichen Truppen am Übergang zu verhindern. Alexander erkannte die Gefahr, die ihm von den Elefanten und der weit überlegenen Zahl der Feinde drohte; er stieß selbst gegen den linken Flügel des Gegners vor, während er Koinos den Angriff auf den rechten Flügel übertrug. Der Feind wurde auf beiden Flügeln geworfen, zog sich aber nun zum Zentrum zusammen, wo die Elefanten standen, und sammelte sich dort wieder. An dieser Stelle kam es dann zu einem hartnäckigen und blutigen Kampf. Erst gegen Abend wurde der Feind zum Weichen gebracht. So lautet der Bericht, den Alexander selbst in seinen Briefen gegeben hat.

Die meisten Historiker berichten übereinstimmend, daß König Poros vier Ellen und eine Spanne maß, was die Höhe eines Reiters zu Pferde übertrifft. Die Wuchtigkeit und Größe seines Körpers paßte gut zu dem riesigen Elefanten, auf dem er saß, obgleich es der größte unter allen war. Rührend waren die Klugheit und die Sorge des Tieres für seinen Herrn. Solange der König bei Kräften war, wehrte sich der Elefant mit Wut gegen die andringenden Feinde und trat viele zu Boden. Als er aber merkte, daß sein König, von mehreren Pfeilen getroffen, die Kräfte verlor, ließ er sich vorsichtig auf die Knie nieder und zog seinem Herrn mit dem Rüssel einen Pfeil nach dem anderen aus dem Körper.

Poros geriet in Gefangenschaft, und Alexander fragte ihn, wie er ihn behandeln sollte. Poros antwortete: Königlich! Alexander fragte nochmals, ob er nichts weiter verlange, aber er sagte nur: Im Wort »königlich« liegt alles. Alexander beließ ihm also nicht nur unter dem Namen eines Satrapen das ganze Reich, das Poros bisher beherrscht hatte, sondern fügte auch noch ein großes, von Alexander bezwungenes Gebiet hinzu, das fünfzehn Völkerschaften, fünftausend größere Städte und eine Unmenge Dörfer umfaßt haben soll. Außerdem eroberte Alexander noch ein anderes, dreimal so großes Gebiet, über das er Philoppos, einen seiner Vertrauten, zum Satrapen setzte.

Durch die Schlacht gegen Poros kam auch Bukephalos ums Leben, doch nicht sogleich, sondern er ging erst später trotz aller Pflege an den erhaltenen Wunden ein, wie die meisten Quellen angeben. Onesikritos aber berichtet, Bukephalos sei an Alter und Entkräftung eingegangen, nachdem er es auf dreißig Jahre gebracht hatte. Alexander war über diesen Verlust tief betrübt und trauerte um das Pferd ebenso sehr, als wenn er einen vertrautesten Freund verloren hätte. Zum Andenken an sein treues Leibroß erbaute er am Fluß Hydaspes eine Stadt, die er Bukephalia nannte. Ebenso soll er auch bei dem Verlust eines geliebten Hundes, Peritas genannt, den er selbst aufgezogen hatte, eine Stadt gleichen Namens erbaut haben. Jedenfalls behauptet das Sotion, der es vom Lesbier Potamon gehört haben will.

Der gefährliche und verlustreiche Kampf gegen Poros hatte den Makedoniern alle Lust genommen, weiter in Indien vorzurücken.

Es hatte sie schon genug Mühe gekostet, einen Feind zu überwältigen, der nicht mehr als zwanzigtausend Mann zu Fuß und zweitausend zu Pferde ihnen entgegengestellt hatte. Daher widersetzten sie sich standhaft, als Alexander nun mit aller Gewalt auch noch den Ganges überschreiten wollte. Sie hatten gehört, daß dieser Strom zweiunddreißig Stadien breit und hundert Klafter tief war und das jenseitige Ufer geradezu wimmelte von Soldaten, Elefanten und Pferden. Erzählte man doch von achtzigtausend Reitern, zweihunderttausend Mann Fußvolk, achttausend Wagen und sechstausend Elefanten, mit denen die Könige der Gandariden und Praisier zu ihrem Empfang bereit ständen. Das war in der Tat kein leeres Gerede. Denn als Androkottos nicht lange danach König wurde, schenkte er Seleukos fünfhundert Elefanten und machte sich mit einem Heer von sechshunderttausend Mann ganz Indien untenan.

Anfangs lag Alexander voller Zorn und Grimm im Zelt eingeschlossen auf seinem Lager. Alle seine Taten hatten in seinen Augen nicht den geringsten Wert, wenn er nicht noch den Ganges überschreiten sollte; den Rückmarsch aber betrachtete er als offenkundiges Eingeständnis seiner Schwäche und Niederlage. Da aber seine Freunde ihm ernste Vorstellungen machten, auch die Soldaten unter Tränen und Wehklagen vor das Zelt kamen und flehentlich baten, ließ er sich endlich umstimmen und traf Anstalten zum Rückmarsch, wobei er noch um des Ruhmes willen allerlei Listen und Kunstgriffe anwendete. Er ließ nämlich Waffen, Pferdekrippen und -zäume von ungewöhnlicher Größe verfertigen, die nach dem Abmarsch des Heeres rings in der Gegend verstreut zurückbleiben sollten. Auch errichtete er Altäre für die griechischen Götter, und noch heute kommen die Könige der Praisier über den Ganges, um auf diesen Altären Opfer nach griechischer Sitte darzubringen. Androkottos, der in seiner Jugend Alexander noch persönlich gesehen hatte, soll später oft gesagt haben, Alexander hätte sich ohne Mühe auch der Länder jenseits des Ganges bemächtigen können, denn der dortige König wäre wegen seiner Bosheit und niedrigen Herkunft allgemein verhaßt und verachtet gewesen.

Alexanders Wunsch war es nun, noch den Ozean zu Gesicht zu bekommen. Zu diesem Zweck ließ er eine Menge Ruderfahrzeuge und Flöße herstellen, mit denen er dann langsam die Flüsse hinabfuhr. Doch ging diese Fahrt nicht ohne Mühen und Kämpfe ab, denn Alexander ging oft an Land, bestürmte die Städte, auf die er traf, und unterwarf sie. Bei den Mallern jedoch, die für das kriegerischste Volk unter den Indern galten, wäre er beinahe ums Leben gekommen. Er hatte nämlich durch Pfeilschüsse die Feinde von der Mauer vertrieben und war als erster auf einer angelegten Leiter auf die Mauerkrone hinaufgestiegen. Die Leiter zerbrach aber hinter ihm, und da er mit seinen wenigen Begleitern den Schüssen der am Fuß der Mauern standhaltenden Maller ausgesetzt war, faßte er sich ein Herz und sprang mitten unter die Feinde hinab, wobei er glücklicherweise auf die Füße zu stehen kam. Da er im Sprung die Waffen schwang, glaubten die Feinde, eine schimmernde Erscheinung vor ihm herfliegen zu sehen, und wichen erschreckt zurück. Als sie aber sahen, daß er nicht mehr als zwei Schildträger bei sich hatte, stürzten sie wieder vor, griffen ihn mit Schwertern und Speeren an und brachten ihm, so tapfer er sich auch wehrte, mehrere Wunden bei. Einer der Maller jagte ihm aus einiger Entfernung mit solcher Gewalt einen Pfeil gegen den Panzer, daß das Geschoß den Harnisch durchdrang und im Brustknochen stecken blieb. Alexander wich zur Seite aus und krümmte sich vor Schmerz; zugleich sprang der Schütze vor und holte mit seinem Krummsäbel zum Schlage aus. Peukestas und Limnaios stellten sich vor ihren König und wurden beide verwundet. Limnaios fiel, aber Peukesias hielt stand, und Alexander streckte den feindlichen Schützen nieder. Schon aus vielen Wunden blutend und zuletzt noch von einer Keule am Hals getroffen, stellte sich Alexander mit dem Rücken gegen die Mauer, um sich der andrängenden Feinde zu erwehren. Zum Glück aber kamen in diesem Augenblick die Makedonier zu seiner Rettung herbeigestürzt, befreiten ihn aus dem Getümmel und brachten den bewußtlos Gewordenen nach seinem Zelt. Im ganzen Lager verbreitete sich schon das Gerücht, daß der König tot wäre.

Nachdem man den hölzernen Schaft des Pfeiles mit vieler Mühe abgesägt und den Harnisch abgenommen hatte, konnte man endlich darangehen, die Pfeilspitze herauszuschneiden, die sich tief in eine Rippe eingebohrt hatte. Sie soll drei Finger breit und vier Finger lang gewesen sein. Während der Operation fiel Alexander in eine todähnliche Ohnmacht; sobald aber die Spitze herausgenommen war, kam er wieder zu sich, und die Gefahr ging vorüber. Aber er hatte noch ein langes Krankenlager zu überstehen. Als er dann hörte, daß die Makedonier vor seinem Zelt versammelt standen und voller Unruhe ihn zu sehen begehrten, nahm er seinen Mantel um und ging trotz seiner Schwäche zu ihnen hinaus. Nach seiner Heilung brachte er den Göttern Dankopfer dar, bestieg das Schiff und setzte die Fahrt fort. Unterwegs unterwarf er noch manchen Landstrich und eroberte viele Städte.

Von den Gymnosophisten (eine Sekte der Brahmanen), die unter anderem Sabbas zum Abfall verleitet und auch sonst den Makedoniern viel Schaden zugefügt hatten, fielen Alexander zehn in die Hände. Da sie wegen ihrer kurzen und witzigen Antworten berühmt waren, legte er ihnen allerhand verfängliche Fragen vor und erklärte zugleich, daß er den, der die schlechteste Antwort gäbe, zuerst hinrichten lassen werde, die anderen aber alle der Reihe nach hinterher; der älteste von ihnen sollte als Richter über die Antworten entscheiden. Die Frage an den ersten lautete, ob der Toten oder der Lebenden mehr seien. Er antwortete: Der Lebenden, denn die Toten sind ja nicht mehr. Der zweite sollte sagen, ob das Land oder das Meer größere Tiere hervorbringe. Das Land, sagte er, denn das Meer ist nur ein Teil des Landes. Auf die Frage, welches Tier das schlaueste wäre, antwortete der dritte: Das, das der Mensch noch nicht kennengelernt hat. Der vierte bekam die Frage, aus welchem Grund sie Sabbas zum Abfall bewogen hätten. Seine Antwort war: Damit er entweder rühmlich leben oder rühmlich sterben sollte. Der fünfte gab auf die Frage, ob er glaube, daß der Tag oder die Nacht eher gewesen sei, zur Antwort: Der Tag ist um einen Tag eher gewesen als die Nacht; und da dies Alexander befremdete, setzte er hinzu: Auf unlösbare Fragen gehören unlösbare Antworten. So ging das ähnlich weiter, und an den letzten kam die Frage, wie lange es für den Menschen ratsam sei zu leben. Seine Antwort war: Solange er nicht den Tod für besser hält als das Leben. Nunmehr wandte sich der König an den Richter und befahl ihm, sein Urteil zu sagen. Auf seinen Spruch, der eine habe immer schlechter geantwortet als der andere, rief Alexander: Nun, wegen dieses Spruches sollst du als erster sterben. Der Richter aber versetzte: Nicht doch, König, sonst würdest du ja lügen, da du gesagt hast, der solle zuerst sterben, der die schlechteste Antwort geben würde. – Darauf entließ Alexander sie alle reich beschenkt.

Einer der berühmtesten unter diesen Gymnosophisten, Kalanos genannt, ließ sich durch König Taxiles bestimmen, sich Alexander anzuschließen. Sein eigentlicher Name war Sphines, aber weil er die ihm Begegnenden in seiner indischen Sprache mit »kale« begrüßte, nannten ihn die Hellenen Kalanos. Man erzählt von diesem Philosophen, daß er einst Alexander ein eindrucksvolles Sinnbild seiner Herrschaft vor Augen stellte. Er legte nämlich eine trockene, ausgedörrte Rindshaut auf den Boden und trat dann auf den einen Rand. Sobald sie an der einen Stelle niedergedrückt wurde, ging sie an der anderen Stelle in die Höhe. So ging er ringsherum, um zu zeigen, daß es auf allen Seiten so ginge, bis er sich zuletzt auf die Mitte stellte, wodurch die Haut an allen Seiten festlag. Dieses Bild sollte den König belehren, besonders den Mittelpunkt seines Reiches kraftvoll niederzuhalten und nicht immer so weit umherzuschweifen.

Die langsame Fahrt auf den Flüssen zum Meer dauerte sieben Monate lang. Als Alexander mit seinen Schiffen endlich den Ozean erreicht hatte, fuhr er nach einer Insel hinüber, die von ihm selbst Skillustis, von anderen Psiltukis genannt wird. Dort landete er, brachte den Göttern Opfer dar und untersuchte, soweit es möglich war, die Beschaffenheit des Meeres und der Küste. Erst nachdem er ein feierliches Gebet an die Götter gerichtet hatte, daß kein Mensch nach ihm die Grenze seines Zuges überschreiten möchte, kehrte er zurück.

Der Flotte befahl er nun, an der Küste entlang zu fahren, so daß sie immer Indien zur Rechten behielt, und übergab Nearchos das Kommando über die Flotte. Alexander selbst zog mit seinen Truppen zu Lande weiter durch das Gebiet der Oreiter. Hier geriet er in die bitterste Not und verlor einen großen Teil seiner Leute. Kaum den vierten Teil seiner Streitkräfte brachte er aus Indien zurück, obwohl sie aus hundertzwanzigtausend Mann zu Fuß und fünfzigtausend Reitern bestanden hatten. Aber bösartige Krankheiten, schlechte Lebensmittel, brennende Hitze und namentlich der Hunger rieben die Truppen auf, da sie durch ein wüstes, unbebautes Land zogen, dessen armselige Bewohner nur wenige und elende Schafe besaßen, die immer nur Seefische als Futter bekamen und daher ein ungenießbares und übelriechendes Fleisch hatten. Erst nach einem mühseligen Marsch von sechzig Tagen erreichte Alexander die

Grenze von Gedrosien, wo die Truppen wieder alles im Überstuß bekamen, da die benachbarten Satrapen und Könige für die Verpflegung Vorsorge getroffen hatten.

Dort gönnte Alexander seiner Armee erst einige Zeit der Erholung und zog dann unter festlichem Jubel sieben Tage lang durch die Provinz Karmanien. Acht Pferde zogen den Wagen des Königs; auf der Plattform eines hohen von allen Seiten sichtbaren Gerüstes saß Alexander mit seinen Getreuen und schmauste und becherte ununterbrochen Tag und Nacht. Eine Menge Wagen, von purpurnen oder buntfarbigen Teppichen, teils auch von grünen Baumzweigen überschattet, führten die übrigen Freunde des Königs und die Generale, die mit Kränzen geschmückt, fröhlich zechten. Keinen Schild, keinen Helm, keine Lanze gab es zu sehen. Den ganzen Weg entlang standen große Fässer und Mischkrüge; daraus schöpften die Soldaten mit Schalen, Trinkhörnern und kostbaren Bechern und tranken einander zu, manche im Gehen, ohne den Marsch zu unterbrechen, andere am Wegrand hingestreckt. Alle Straßen waren erfüllt von Schalmeien- und Flötenspiel, Gesang und den Tänzen der Frauen. Diesem ungebundenen und fröhlichen Aufzug gesellte sich noch allerhand Possenspiel bakchischer Ausgelassenheit, so daß es schien, als wenn Bakchos selbst diesen wilden Jubel und Trubel anführte.

Als Alexander die Hauptstadt von Gedrosien erreicht hatte, ließ er seine Truppen nochmals ruhen und veranstaltete große Festlichkeiten. Er sah hierin, wie man erzählt, trunken dem Wettstreit der Chöre und Reigentänze zu. Sein Liebling Bagoas, der als Chorführer den Sieg davontrug, ging im vollen Schmuck des Festgewandes über das Theater auf den König zu und nahm neben ihm Platz. Als die Makedonier dies sahen, klatschten sie Beifall und riefen, der König solle ihn küssen, und gaben nicht eher Ruhe, bis der König ihn umarmte und zärtlich küßte.

Zu Alexanders größter Freude stieß hier Nearchos zu ihm. Nachdem er den Bericht über die Seereise angehört hatte, faßte Alexander den Entschluß, selbst mit einer großen Flotte den Euphrat hinabzuführen, dann um Arabien und ganz Afrika herumzuschiffen, und schließlich durch die Säulen des Herakles wieder in das Mittelländische Meer einzufahren. Zu dem Zweck wurden bei Thapsakos Schiffe von mancherlei Art erbaut, auch Matrosen und Steuerleute aus allen Gegenden zusammengebracht. Allein die Schwierigkeiten häuften sich. Auf die Kunde vom beschwerlichen Feldzug in Indien, von seiner Verwundung im Gefecht mit den Maltern und den ungeheuren Verlusten unter seinen Truppen, hatte man allgemein geglaubt, daß er nicht mehr zurückkehren werde. Die unterworfenen Völker waren nahe daran sich zu erheben; auch hatten sich die Satrapen und Feldherren viele Ungerechtigkeiten, Freveltaten und Unterdrückungen zuschulden kommen lassen. Überhaupt ging eine Welle der Unruhe und der Empörung durch das ganze Reich. Sogar Olympias und Kleopatra hatten sich mit Antipater überworfen und die Herrschaft unter sich geteilt, wobei Olympias Epeiros und Kleopatra Makedonien bekommen hatte. Als Alexander davon hörte, meinte er, seine Mutter Olympias habe doch den besseren Teil erwählt; denn die Makedonier würden sich nie und nimmer von einer Frau beherrschen lassen.

Aus allen diesen Gründen schickte er Nearchos zur Flotte zurück mit dem Befehl, alle Küstenländer zu unterwerfen. Alexander selbst brach ins Innere Asiens auf, um die schuldigen Statthalter zu bestrafen. So stieß er mit eigener Hand den Oxyarthes, einen der Söhne des Abulites, mit der Lanze nieder. Abulites selbst, der Befehl hatte, Lebensmittel heranzuschaffen, brachte statt dessen dreitausend Talente Geld. Alexander befahl, das Geld den Pferden vorzuschütten, und als diese es natürlich nicht anrührten, sagte er: Was helfen uns deine Vorräte, die du beschafft hast? – und ließ Abulites sofort ins Gefängnis werfen.

In Persis verteilte er zum erstenmal Geld unter die Frauen nach der Gewohnheit der früheren Könige, die jeder Frau ein Goldstück gegeben hatten, wenn sie zu den Persern kamen. Daher soll auch Ochos nicht ein einziges Mal nach Persien gekommen sein, weil er so geizig war, daß er sich seinem Vaterland ganz entfremdete. Als Alexander das Grabmal des Kyros erbrochen und beraubt fand, ließ er den Täter ohne Gnade hinrichten, obwohl er aus Pella, der Hauptstadt Makedoniens, stammte und zu einer angesehenen Familie gehörte. Bei dieser Gelegenheit las Alexander die Inschrift am Grabmal und gab Befehl, sie auch in griechischer Sprache darunterzusetzen. Sie lautete: Mensch, wer du auch sein und woher du auch kommen magst – denn kommen wirst du, das weiß ich – ich bin Kyros, der den Persern die Oberherrschaft gewann. Mißgönne mir also nicht die wenige Erde, die meinen Leichnam deckt! – Diese Worte machten auf Alexander tiefen Eindruck, da sie ihn so deutlich an die Unbeständigkeit und den Wechsel aller menschlichen Dinge gemahnten.

Um diese Zeit bat der indische Philosoph Kalanos, der nur kurze Zeit an einer Magenverstimmung gelitten hatte, man möge ihm einen Scheiterhaufen errichten. Als man ihm den Wunsch erfüllt hatte, kam er zu Pferde angeritten, goß unter Gebeten das Trankopfer über sich und warf einen Büschel von seinen Haaren auf den Holzstoß. Dann bestieg er den Scheiterhaufen, nahm von den anwesenden Makedoniern Abschied und rief ihnen zu, sie möchten sich heute noch mit ihrem König beim Wein einen lustigen Tag machen. Zum Schluß sagte er: Den König selbst werde ich binnen kurzem in Babylon wiedersehen. Mit diesen Worten legte er sich nieder, hüllte sich in seine Gewänder, und als das Feuer sich näherte, verharrte er unbeweglich in der Stellung, in der er sich niedergelegt hatte. So brachte er sich selbst den Göttern zum Opfer dar, nach der uralten Sitte der Weisen seines Landes. Ein gleiches tat viele Jahre später zu Athen ein anderer Inder, ein

Freund des Augustus; und noch heute zeigt man dort das sogenannte Indergrab.

Als Alexander vom Scheiterhaufen zurückkam, lud er viele seiner Freunde und Generale zur Tafel und veranstaltete ein Wetttrinken, bei dem er einen Kranz zum Preise aussetzte. Sieger im Trinken wurde ein gewisser Promachos, der es auf vier Choen (dreizehn Liter) brachte. Er erhielt also den ausgesetzten Kranz im Werte von einem Talent, überlebte aber seinen Sieg nur drei Tage. Von den übrigen, die dieser Zecherei beiwohnten, starben, wie Chares meldet, noch einundvierzig, weil sie nach dem Rausch von einer heftigen Kälte befallen wurden.

Nach seiner Ankunft in Susa nahm Alexander Stateira, eine Tochter des Dareios, zur Frau und feierte zugleich die Hochzeit seiner Freunde, an die er die vornehmsten Perserinnen verteilte. Auch veranstaltete er für alle Makedonier, die schon verheiratet waren, ein großes gemeinsames Hochzeitsmahl, bei dem jeder der eingeladenen Gäste, es waren rund neuntausend, eine goldene Trankopferschale zum Geschenk erhielt. Überhaupt war seine Freigebigkeit ganz außerordentlich, denn er bezahlte allen seinen Soldaten, die sich Geld geliehen hatten, die Schulden. Kurz, das Fest kostete ihn neuntausendachthundertsiebzig Talente.

Die dreißigtausend jungen Perser, die Alexander vormals zur Unterweisung und Ausbildung zurückgelassen hatte, waren indes zu prächtigen Männern herangewachsen und führten die Waffentänze mit solcher Gewandtheit und Leichtigkeit aus, daß Alexander seine helle Freude hatte. Allein die Makedonier schauten mißmutig drein, weil sie besorgt waren, daß sich der König nur noch wenig um sie kümmern werde. Als er daher die Kranken und Gebrechlichen in die Heimat entlassen wollte, erklärten sie es als Schmach und Beleidigung, daß er Männer, die er erst bis zum äußersten ausgenutzt hatte, sich nun mit Schande vom Hals schaffen und sie dem Vaterland und ihren Eltern in dem jämmerlichen Zustand wieder aufhängen wollte. Sie forderten, er solle sämtliche Makedonier für untauglich erklären und nach Hause schicken, da er jetzt die jungen Perser hätte, die trefflichen Waffentänzer, mit denen er herumziehen und den Erdkreis bezwingen könnte.

Alexander war darüber äußerst aufgebracht und überhäufte sie mit Schimpfworten. Ja er ging so weit, daß er alle Makedonier aus seiner Umgebung entfernte, alle Wachtposten mit Persern besetzte und aus ihnen auch seine Trabanten und Diener nahm. Die Makedonier fühlten sich sehr gedemütigt, nun von ihrem König verstoßen und beschimpft worden zu sein, und bei genauer Überlegung fanden sie, daß sie sich durch Zorn und Eifersucht hatten zu Torheiten hinreißen lassen. Wieder zur Vernunft gekommen, erschienen sie ohne Waffen, nur im Unterkleide, heulend und wehklagend vor dem Zelt des Königs und baten ihn, er möge mit ihnen, die so schlecht und undankbar gewesen wären, machen, was er wollte. Er ließ sie jedoch nicht gleich vor sich, so sehr ihn auch ihre Anhänglichkeit rührte. Aber die Soldaten wichen nicht von der Stelle; zwei Tage und Nächte blieben sie vor dem Zelte, baten und flehten und riefen nach ihrem gnädigen Herrn. Am dritten Tage kam er endlich heraus, und als er ihre klägliche Zerknirschung sah, kamen ihm die Tränen, und er weinte mit ihnen. Darauf hielt er, nach einigen gelinden Verweisen, eine liebreiche Rede an sie und entließ die Invaliden mit ansehnlichen Geschenken. Zugleich schrieb er an Antipater, daß sie bei allen Wett- und Schauspielen mit Kränzen geschmückt auf den ersten Plätzen sitzen sollten. Den Kindern der Gefallenen wies er den Sold ihrer Väter an.

Hierauf begab er sich nach Ekbatana in Medien, und nachdem er die dringendsten Regierungsgeschäfte erledigt hatte, überließ er sich aufs neue den Schauspielen und Lustbarkeiten, waren doch eben dreitausend Künstler aus Griechenland eingetroffen. In jenen Tagen wurde Hephaistion von einem hitzigen Fieber befallen. Als junger Mann und Soldat wollte er von einer strengen Diät nichts wissen; als sein Arzt Mankos zum Schauspiel gegangen war, setzte er sich zum Frühstück und ließ sich ein gekochtes Huhn und eine Kanne Wein gut schmecken. Das bekam ihm so schlecht, daß er bald darauf starb.

Grenzenlos war der Schmerz Alexanders über diesen Verlust. Er gab sogleich Befehl, allen Pferden und Maultieren die Mähnen abzuscheren, ließ die Zinnen der Mauern von den umliegenden Städten abbrechen und den unglücklichen Arzt ans Kreuz schlagen. Flötenspiel und laute Musik wurde im Lager auf lange Zeit verboten, bis vom Orakel des Ammon der Spruch eintraf, er solle Hephaistion als Heros verehren und ihm Opfer bringen. Um seinen Schmerz zu lindern, unternahm er einen Feldzug, der mehr zu einer Menschenjagd wurde. Er unterwarf das Volk der Kussaier und ließ alle Waffenfähigen über die Klinge springen. Diesen Feldzug nannte man das Totenopfer für Hephaistion.

Als Alexander dann auf dem Weg nach Babylon war, kam Nearchos, der vom Ozean wieder in den Euphrat eingelaufen war, ihm entgegen. Er berichtete Alexander, einige Chaldäer hätten ihm den Rat gegeben, der König möge auf jeden Fall die Stadt Babylon meiden. Alexander kehrte sich aber nicht daran und setzte seinen Zug fort. Als er sich den Mauern der Stadt näherte, sah er viele Raben miteinander streiten und kämpfen, und einige fielen neben ihm tot zur Erde. Bald darauf wurde ihm hinterbracht, Apollodoros, der Kommandant von Babylon, habe ein Opfer dargebracht, um das dem König bevorstehende Schicksal zu erfahren. Er ließ sogleich den Seher Pythagoras rufen, der die Tat ohne weiteres zugab. Als ihn der König nach der Beschaffenheit des Opfers fragte, gab er den Bescheid, die Leber sei fehlerhaft gewesen. Da rief der König: Wahrhaftig, ein schlimmes Zeichen! Aber er tat dem Seher nichts zuleide.

Jetzt aber reute es ihn sehr, daß er dem Rat des Nearchos nicht gefolgt war. Er hielt sich meist außerhalb der Stadt Babylon auf, wohnte in einem Zelt und unternahm zum Zeitvertreib Fahrten auf dem Euphrat. Aber immer mehr wurde er durch schlimme Vorzeichen beunruhigt. Einer der größten und schönsten unter den Löwen, die man für Alexander hielt, wurde von einem Esel angegriffen und mit den Hinterhufen totgeschlagen. Eines Tages hatte Alexander seine Kleider abgelegt, um sich zu salben, und spielte dann Ball. Als man die Kleider wieder holen wollte, bemerkten die jungen Freunde, die mit ihm Ball gespielt hatten, einen Menschen, der schweigend auf dem königlichen Thron saß und das Diadem nebst dem königlichen Gewand angelegt hatte. Auf die Frage, wer er wäre, blieb er geraume Zeit stumm. Endlich schien er sich zu besinnen und sagte aus, er heiße Dionysios und stamme aus Messenien; er sei wegen eines Vergehens von der Küste in das Innere des Landes gebracht worden und habe lange im Gefängnis gesessen. Jetzt aber sei ihm Serapis erschienen, habe seine Fesseln gelöst und ihn an diesen Ort geführt mit dem Befehl, das Diadem und die Gewänder des Königs anzulegen und sich schweigend auf den Thron zu setzen.

Auf den Rat der Seher ließ nun Alexander zwar den Menschen hinrichten, aber seine Unruhe und Furcht nahmen zu, und er verlor den Glauben an die Gunst der Götter und verlor auch das Vertrauen an seine Freunde. Am meisten mißtraute er Antipater und seinen Söhnen; der eine davon, Jollas, diente ihm als Obermundschenk, während Kassandros erst vor kurzem an den königlichen Hof gekommen war. Als nun Kassandros einige Perser vor dem König den Kniefall machen sah, lachte er laut auf, denn dieses Zeremoniell war ihm etwas ganz Neues und widersprach durchaus seiner griechischen Erziehung. Darüber geriet Alexander so sehr in Zorn, daß er ihn bei den Haaren packte und den Kopf mit beiden Händen heftig gegen die Wand stieß.

Als Kassandros ein andermal seinen Vater Antipater gegen mehrere Ankläger verteidigen wollte, fiel ihm Alexander hitzig in die Rede: Was sagst du? Meinst du etwa, diese Leute sollten, ohne daß ihnen ein Unrecht geschehen wäre, bloß um zu verleumden, einen so weiten Weg hierher gekommen sein? Als Kassandros einwandte, das sei ja eben ein Zeichen für Verleumdung, daß sie so weit hergekommen seien, damit man ihnen die Unwahrheit nicht nachweisen könne, lachte Alexander auf: Das sind so, sagte er, die Sophistereien des Aristoteles, mit gleicher Kunst für wie gegen eine Sache zu sprechen; aber wehe euch, wenn es sich zeigt, daß ihr diesen Leuten nur im geringsten unrecht getan habt. Seit dieser Zeit soll sich eine heftige und unauslöschliche Furcht in Kassandros' Seele festgesetzt haben.

Noch viele Jahre nachher, als er schon König von Makedonien und Herr über ganz Griechenland war, soll er einmal in Delphi, wo er den überraschenden Anblick einer Bildsäule Alexanders hatte, am ganzen Leibe von einem Zittern gepackt und beinahe in Ohnmacht gefallen sein.

Nachdem Alexander einmal dem Aberglauben verfallen war, wuchsen seine Bangigkeit und Erregung immer mehr. Schließlich sah er in jedem ungewöhnlichen oder auffälligen Ereignis, so unbedeutend es auch sein mochte, irgendeine schlimme Vorbedeutung, und im Palast wimmelte es von Zeichendeutern und Wahrsagern, die beständig Reinigungsopfer vollziehen mußten.

So gefährlich also auf der einen Seite Unglaube und Verachtung der Götter sind, ebenso gefährlich ist aber auch der Aberglaube, der sich gleich dem Wasser nach den Niederungen senkt und die Menschen mit Wahnvorstellungen erfüllt, wie es jetzt mit Alexander geschah.

Doch legte er die Trauer völlig ab, als das Orakel von Ammon ihm den Spruch von der Heroisierung des Hephaistion gesandt hatte, und übergab sich aufs neue Festen und Lustbarkeiten. Unter anderem gab er Nearchos ein prächtiges Gastmahl, badete danach und wollte sich schlafen legen, ließ sich aber dann durch Bitten des Medios verleiten, noch zu einem Trinkgelage zu ihm zu kommen. Dort trank er den ganzen nächsten Tag und bekam darauf einen Fieberanfall. Es ist jedoch unwahr, daß er den Becher des Herakles geleert oder plötzlich im Rücken einen heftigen Schmerz verspürt habe, als wenn er von einer Lanze durchbohrt würde. Das sind Phantasien, die manche hinzuzusetzen für gut befanden, um dem großen Schauspiel einen tragischen und rührenden Abschluß zu geben. Aristobulos berichtet vielmehr, Alexander habe in der Fieberhitze, vom Durst gequält, Wein getrunken; darauf habe er zu phantasieren angefangen und sei am dreißigsten Tage des Monats Daisios gestorben.

In den Tageschroniken findet sich über seine Krankheit folgender Bericht: Am achtzehnten Tage des Monats Daisios schlief der König im Baderaum, weil er einen Fieberanfall hatte. Am folgenden Tage begab er sich nach dem Bad in sein Schlafzimmer und verbrachte den Tag mit Medios beim Würfelspiel. Abends badete er noch einmal, brachte den Göttern die Opfer dar und aß mit gutem Appetit zu Abend. In der Nacht bekam er wieder Fieber. Am zwanzigsten badete er sich, hielt wieder das gewöhnliche Opfer, legte sich dann im Baderaum nieder und unterhielt sich mit Nearchos, der ihm von seiner Fahrt und dem großen Ozean erzählen mußte. Den einundzwanzigsten verbrachte er ebenso, doch stieg das Fieber; er hatte eine sehr schlechte Nacht, und am folgenden Tag hatte das Fieber eine gefährliche Höhe erreicht. Er ließ sich daher forttragen und nahm seine Lagerstätte neben dem großen Schwimmbassin; hier sprach er mit den Generalen über die erledigten Offiziersstellen und wie sie am besten neu zu besetzen wären. Am vierundzwanzigsten war das Fieber sehr hoch, doch ließ er sich zum Opferplatz tragen und wohnte dem Opfer bei. Auch gab er Befehl, sämtliche Generale sollten im Palast bleiben, die Obersten und Hauptleute aber während der Nacht sich vor dem Palast aufhalten. Am fünfundzwanzigsten Tage ließ er sich nach einer anderen Stelle des Palastes bringen und schlief ein wenig. Aber das Fieber ließ nicht nach, und als die Generale bei ihm eintraten, versagte ihm die Sprache. So blieb es auch am sechsundzwanzigsten Tag. Die Makedonier glaubten schon, daß ihr König gestorben wäre. Sie kamen vor die Türen des Palastes gelaufen und schrien und drohten den Vertrauten des Königs, bis man sie endlich einließ. Sobald ihnen die Türen geöffnet waren, zogen sie alle einzeln, ohne Waffen und Kriegsmantel am Lager ihres Königs vorbei. Am siebenundzwanzigsten wurden Python und Seleukos in den Serapistempel geschickt, um den Gott zu fragen, ob man den König zum Tempel bringen sollte. Der Gott antwortete, man solle ihn lassen, wo er sei. Am achtundzwanzigsten gegen Abend starb Alexander.

So steht es größtenteils Wort für Wort in den königlichen Tagesberichten. Auf den Verdacht, daß es sich um eine Vergiftung handeln könnte, kam vorerst niemand. Erst sechs Jahre danach ließ Olympias, wie es heißt auf eine Anzeige hin, viele Leute hinrichten und selbst die Gebeine des inzwischen verstorbenen Iollas aus dem Grabe reißen, weil er Alexander das Gift beigebracht haben sollte. Manche wollen wissen, Aristoteles habe Antipater zu diesem Schritt geraten, überhaupt sei durch ihn das Gift beschafft worden. Sie berufen sich dabei auf einen gewissen Agnothemis, der die Sache vom König Antigonos gehört haben will. Nach dieser Erzählung war das Gift ein eiskaltes Wasser, das wie ein feiner Tau aus einem Felsen bei Nonakris herausrieselt und nur in einem Eselhuf aufbewahrt werden kann, weil jedes andere Gefäß durch die Kälte und Schärfe in kurzer Zeit zerfressen wird.

Die meisten Historiker halten die Geschichte von der Vergiftung für reine Phantasie. Dafür haben sie einen gewichtigen Beweis. Denn obwohl der Leichnam wegen der Uneinigkeit unter den Generalen viele Tage lang in einem erstickend heißen Land unbestattet liegenblieb, zeigte er doch nicht die geringste Spur einer solchen Todesursache, sondern erhielt sich frisch und ohne Fäulnis.

Roxane trug bei Alexanders Tod gerade ein Kind von ihm unter dem Herzen und genoß deshalb die ganze Verehrung der Makedonier. Aber da sie auf Stateira in hohem Grad eifersüchtig war, lockte sie die Nebenbuhlerin durch einen heuchlerischen Brief zu sich, und als Stateira mit ihrer Schwester gekommen war, brachte Roxane beide um, warf die Leichen in einen Brunnen und ließ ihn zuschütten. Um diese Tat wußte auch Perdikkas und war ihr selbst dazu behilflich. Dieser Perdikkas gelangte nun auch plötzlich zu großem Ansehen, da er immer den Arrhidaios, den er die Statistenrolle des Königtums spielen ließ, überall mit sich herumführte. Arrhidaios war zwar ein Sohn Philipps, seine Mutter war aber eine übelberüchtigte Dirne mit Namen Phillina und war selbst durch eine körperliche Krankheit, die weder von natürlichen noch zufälligen Ursachen herrührte, blödsinnig geworden. Als Kind soll er vielversprechende Anlagen und einen guten Charakter gehabt haben; aber Olympias ließ ihm Gift beibringen, das ihm den Körper und Geist zerstörte.

Tiberius und Gaius Gracchus

1. Tiberius Gracchus

Tiberius und Gaius Gracchus waren die Söhne des Tiberius Gracchus; er war römischer Zensor gewesen, hatte zweimal das Konsulat verwaltet und zwei Triumphe gefeiert. Weit größeres Ansehen aber gewann er durch seine Unantastbarkeit und hohen Charaktereigenschaften. Daher wurde er auch für würdig befunden, Cornelia, die Tochter Scipios, des Besiegers Hannibals, nach dessen Tod heimzuführen, wiewohl er kein Freund, vielmehr ein Gegner Scipios gewesen war.

Von diesem Tiberius wird erzählt, daß er einst auf seinem Bett ein Schlangenpärchen entdeckte und einfing. Die Wahrsager, die das Wunderzeichen deuten sollten, warnten ihn davor, beide zusammen zu töten, aber auch davor, beide entschlüpfen zu lassen. Vielmehr sollte er sich für eins der Tiere entscheiden; und zwar würde das Männchen, wenn man es umbrächte, den Tod des Tiberius zur Folge haben, der des Weibchens aber den Tod Cornelias. Tiberius hing sehr an Cornelia und glaubte zudem, daß er wegen seines höheren Alters eher sterben werde als seine noch junge Frau. Daher tötete er das Männchen und ließ das Weibchen laufen. Nicht lange danach starb Tiberius und hinterließ zwölf Kinder, die ihm Cornelia geboren hatte.

Cornelia mußte nun die Sorge für Kinder und Haus allein übernehmen. Dabei bewies sie so viel Umsicht, so viel Liebe zu den Kindern, so viel Seelengröße, daß Tiberius, wie sich nun zeigte, gar nicht so schlecht beraten war, als er an Stelle einer solchen Gattin den Tod gewählt hatte. Sie wies sogar den König Ptolemaios ab, als dieser ihr Krone und Hand antrug. Die meisten ihrer Kinder starben früh; ihr blieben nur eine Tochter, die den jüngeren Scipio heiratete, und zwei Söhne, Tiberius und Gaius, deren Leben nun beschrieben werden soll. Die Mutter erzog sie mit so viel Sorgfalt, daß man die großen Vorzüge der Söhne mehr der Erziehung als der natürlichen Veranlagung zuschrieb, obwohl sie allgemein als die begabtesten unter den Römern galten.

So wie die Statuen und Gemälde der Dioskuren bei aller Gleichheit doch gewisse Unterschiede zwischen dem Faustkämpfer und dem Läufer erkennen lassen, so zeigten auch die beiden jungen Gracchen neben der großen Übereinstimmung in bezug auf Tapferkeit, Besonnenheit, Beredsamkeit und Geistesgröße doch bedeutende Verschiedenheiten in ihren politischen Grundsätzen und Tätigkeiten. Daher halte ich es nicht für undienlich, zuerst darauf näher einzugehen.

Was zunächst die Miene, den Blick und die Haltung betrifft, war Tiberius ruhig und gesetzt, Gaius hingegen rasch und hitzig. Bei öffentlichen Reden blieb Tiberius fast unbewegt auf einer Stelle, während Gaius als erster in Rom auf der Rostra auf und ab ging und im Eifer der Rede die Toga von der Schulter herabzog, so wie Kleon in Athen der erste Redner gewesen sein soll, der den Mantel zurückwarf und sich heftig auf den Schenkel schlug. Überdies war der Vortrag des Gaius aufreizend und leidenschaftlich bis zur Übertreibung. Tiberius' Art zu reden war gefälliger und mehr zu den Herzen der Zuhörer gehend, seine Ausdrucksweise war schlicht und sorgfältig gefeilt, die des Gaius überschwenglich und blumenreich.

Ein gleicher Unterschied bestand auch in ihrer Lebensweise und ihrem Auftreten. Tiberius lebte sehr einfach und anspruchslos. Gaius war zwar im Vergleich mit anderen Römern mäßig und bescheiden, aber an seinem Bruder gemessen, trieb er doch erheblichen Aufwand und hatte eine Vorliebe für modische Kostbarkeiten. So konnte ihm Drusus auch einst vorwerfen, daß er sich silberne Dreifüße kaufte und das Pfund mit 1250 Drachmen bezahlte.

So verschieden wie die Redeweise war auch der Charakter. Tiberius war milde und nachgiebig, Gaius aber heftig und jähzornig, so daß er oft beim Reden, von der Leidenschaft hingerissen, ins Schreien kam, Schmähungen ausstieß und darüber leicht den Faden verlor. Um diese Ausbrüche zu vermeiden, nahm er Licinius, einen nicht unbegabten Sklaven, zu Hilfe. Dieser Licinius mußte mit einem zur Begleitung des Gesanges gebrauchten Instrument beim Reden immer hinter ihm stehen, und sobald er merkte, daß seinem Herrn das Temperament durchging, das Instrument leise erklingen lassen, worauf Gaius sofort seine Heftigkeit mäßigte und sich zu einem sanfteren Ton umstimmen ließ.

Das etwa waren die Verschiedenheiten zwischen den beiden Brüdern. Aber an Tapferkeit gegen die Feinde, an Gerechtigkeit gegen ihre Untergebenen, an Gewissenhaftigkeit bei ihrer Pflichterfüllung und Mäßigkeit im Lebenswandel waren sie einander vollkommen gleich. Tiberius war um neun Jahre älter. Und dieser Altersunterschied rückte die Amtstätigkeit der Brüder zeitlich weit auseinander und war die Ursache, daß ihre Tätigkeit nicht zur vollen Auswirkung kam. Hätten sie gleichzeitig auf der Höhe ihrer Macht gestanden, so wären sie unüberwindlich gewesen, und ihr Wirken wäre überaus segensreich geworden.

Kaum dem Knabenalter entwachsen, genoß Tiberius bereits einen so guten Ruf, daß er mehr um seiner großen Eigenschaften als um seiner vornehmen Abstammung willen für würdig befunden wurde, in das Priesterkollegium der Auguren aufgenommen zu werden. Einen Beweis davon gab auch Appius Claudius, der Konsul und Zensor gewesen war, nun den

Vorsitz im römischen Senat führte und einer der angesehensten Männer seiner Zeit war. Bei einem Gastmahl der Auguren redete er sehr freundschaftlich mit Tiberius und trug ihm die Hand seiner Tochter an. Tiberius willigte freudig ein, und die Verlobung wurde sogleich abgeschlossen. Appius ging dann nach Hause, fragte schon an der Tür nach seiner Frau und rief ihr zu: Höre, Antistia, ich habe unsere Claudia mit einem Mann verlobt. Etwas befremdet sagte Antistia: Wozu denn diese Eile und Überstürzung, es sei denn, du hättest Tiberius Gracchus für sie gefunden.

Tiberius machte unter dem jüngeren Scipio, dem Mann seiner Schwester, den Feldzug in Afrika mit. Dort teilte er ständig das Zelt mit dem Führer und lernte dessen Wesen genau kennen. Scipio trug sich stets mit großen weitausschauenden Plänen, und so weckte er auch die Unternehmungslust des jungen Kriegsgefährten und spornte ihn zur Nachahmung seiner Taten an. Bald auch zeichnete sich Tiberius durch Disziplin und Tapferkeit vor allen Altersgefährten aus. Er erstieg auch als erster die feindlichen Mauern, wie Fannius meldet, der zugleich versichert, daß er selbst mit Tiberius hinaufgestiegen sei und an der kühnen Tat teilgenommen habe. Auch gewann Tiberius die Liebe und Zuneigung der Soldaten, die ihn nach seiner Abreise sehr vermißten.

Nach jenem Feldzug wurde er zum Quästor gewählt. Durch das Los erhielt er den Auftrag, unter dem Konsul Gaius Mancinus in den Krieg gegen die Numantiner zu ziehen. Mancinus war ein anständiger und wackerer Mann, aber der unglücklichste unter allen römischen Feldherren. Um so mehr trat bei den mannigfachen Unfällen und Fehlschlägen, die die Römer in diesem Feldzug erlitten, die Einsicht und Energie des Tiberius hervor. Ein besonderes Zeichen seines vornehmen Charakters war aber die Achtung und Ehrerbietung, die er dem Feldherrn entgegenbrachte, der vor lauter Mißgeschick den Kopf verloren hatte.

Nach mehreren schweren Niederlagen beschloß nun Mancinus, bei Nacht unter Zurücklassung des Lagers von der Stadt Numantia abzuziehen. Die Numantiner merkten aber die Absicht. Sie nahmen sogleich das Lager in Beschlag und setzten hinter dem fliehenden Feinde her, dessen Nachhut sie zusammenhieben. Das Gros des römischen Heeres aber wurde von ihnen umzingelt und in ein unwegsames Gelände gedrängt, aus dem es nicht mehr herauskonnte. Mancinus gab alle Hoffnung auf, sich noch mit Gewalt durchschlagen zu können, und ließ durch Abgesandte dem Feind Waffenstillstand und Frieden anbieten. Die Numantiner antworteten, sie trauten keinem Römer, ausgenommen nur Tiberius, und den sollte man ihnen schicken. Zum Teil war es die Persönlichkeit des Tiberius selbst, der ihnen das Vertrauen einflößte, da von ihm im Heer am meisten gesprochen wurde. Daneben lebte bei ihnen auch das Andenken an seinen Vater Tiberius, der mit den Hispaniern Krieg geführt, nach Unterwerfung vieler Völkerschaften mit den Numantinern Frieden geschlossen und das römische Volk auch veranlaßt hatte, den Frieden immer treu und redlich zu halten. So wurde nun Tiberius abgeschickt, und nach kurzer Unterhandlung brachte er einen Vergleich zustande, der ohne Zweifel zwanzigtausend römischen Bürgern, ohne die Sklaven und den Troß zu rechnen, das Leben rettete.

Das zurückgelassene Lager wurde von den Numantinern geplündert und ausgeraubt. Unter der Beute fanden sich auch die Rechnungsbücher des Tiberius mit allen Akten und Belegen aus seiner Amtszeit als Quästor. Da ihm viel daran gelegen war, sie wiederzubekommen, kehrte er, während die Armee schon ein gutes Stück weitergerückt war, in Begleitung von drei oder vier Freunden zur Stadt zurück. Am Tore ließ er die Häupter der Stadt herausrufen und bat um die Zurückgabe jener Aktenstücke, denn er würde seinen Gegnern leicht Anlaß zu Verleumdungen geben, wenn er über die verwalteten Gelder nicht Rechenschaft ablegen könnte. Die Numantiner waren über die Gelegenheit, ihm gefällig sein zu können, sehr erfreut und luden ihn ein, in die Stadt zu kommen. Da er Bedenken hatte und überlegte, gingen sie auf ihn zu, ergriffen seine Hände und baten ihn herzlich, sie nicht mehr als Feinde zu betrachten, sondern ihnen als Freunden volles Vertrauen zu schenken. Tiberius entschloß sich, ihrer Aufforderung zu folgen, da ihm seine Rechnungsbücher sehr wertvoll waren und da er auch besorgte, die Numantiner möchten sein Mißtrauen übelnehmen. Bei seiner Ankunft in der Stadt ließen sie erst einen Imbiß auftragen und baten ihn, sich niederzulassen und mit ihnen zu speisen. Darauf gaben sie ihm die Bücher zurück und forderten ihn auf, sich von der übrigen Beute auszusuchen, was ihm beliebte. Er nahm aber weiter nichts als den Weihrauch, den er zu den öffentlichen Opfern brauchte, und nach herzlichem Abschied von den Numantinern kehrte er zu seiner Truppe zurück. Allein nach seiner Rückkehr nach Rom wurden die Friedensbedingungen als schimpflich und entehrend verworfen und Anklage erhoben. Die Verwandten und Freunde der Soldaten, die den größern Teil des Volks ausmachten, traten auf Seite des Tiberius und nannten ihn den Retter so vieler ihrer Mitbürger. Alles Schimpfliche am Vertrag schoben sie dem verantwortlichen Führer Mancinus in die Schuhe. Indessen erhoben sich viele Stimmen in Rom, die darauf drangen, man solle auch in diesem Fall nach dem Beispiel der Vorfahren handeln. Damals hatte man nicht nur die Feldherren selbst, die durch einen schimpflichen Vergleich mit den Samnitern ihre Freilassung erkauften, nackt und wehrlos den Feinden ausgeliefert, sondern war auch mit allen Unterführern, die von dem Vertrag wußten oder am Abschluß beteiligt waren, in genau der gleichen Weise verfahren, um auf sie die Schmach des Vertragsbruchs und Meineids gegenüber den Feinden abzuwälzen.

Bei dieser Gelegenheit gab das Volk einen deutlichen Beweis, wie sehr es Tiberius zugetan war. Denn es beschloß, den

Konsul Mancinus wehrlos und in Fesseln den Numantinern auszuliefern; alle übrigen aber wurden um Tiberius willen verschont. Auch scheint Scipio, der damals den stärksten Einfluß in Rom ausübte, sich seiner angenommen zu haben. Doch verübelte man es Scipio sehr, daß er nicht auch Mancinus gerettet und sich auch in keiner Weise für die Aufrechterhaltung des Vertrages mit den Numantinern eingesetzt hatte, der doch von seinem Schwager und Freund abgeschlossen worden war. Die Mißhelligkeiten zwischen Scipio und Tiberius waren wohl hauptsächlich durch den Ehrgeiz des Tiberius verschuldet. Teils mochten wohl auch die Hetzereien seiner Freunde und der Sophisten dazu beigetragen haben; aber sie arteten doch nicht in erbitterte Feindschaft von schlimmen Folgen aus. Ja, es läßt sich vermuten, daß Tiberius nicht ins Unglück geraten sein würde, wenn Scipio Africanus ihm bei seinen Reformen zur Seite gestanden hätte. Aber Scipio lag gerade vor Numantia, als Tiberius seine großen Gesetzesvorschläge einbrachte. Die Veranlassung dazu war folgende:

Die Römer hatten von den Ländereien, die sie ihren Nachbarn im Krieg abgenommen hatten, einen Teil verkauft, den anderen aber zu Staatseigentum gemacht und den armen und unbegüterten Bürgern zur Benutzung überlassen, die dafür einen geringen Pachtzins in die Schatzkammer entrichteten. Da aber die Reichen anfingen, den Pachtzins immer mehr in die Höhe zu treiben, um dadurch die Armen aus ihrem Besitz zu verdrängen, wurde das sogenannte Licinische Gesetz erlassen, wonach niemand mehr als fünfhundert Morgen Land besitzen durfte. Diese Verordnung steuerte für eine kurze Zeit der Habsucht der Reichen und half den Armen, die nun draußen auf dem Land blieben und den ihnen von Anfang an überlassenen Pachtanteil selbst bewirtschafteten. Später aber brachten die Reichen die kleinen Pachtgüter in ihrer Nachbarschaft durch Strohmänner an sich und nahmen schließlich ganz offenkundig unter ihrem eigenen Namen den größten Teil davon in Besitz. Die arme Bevölkerung, auf diese Weise von Haus und Hof vertrieben, genügte fortan nur noch sehr unwillig ihrer Militärpflicht und zeigte nicht die geringste Lust, Kinder für den Staat großzuziehen. Die Folge davon war, daß sich binnen kurzem ein bedenklicher Rückgang der freien Bevölkerung in ganz Italien bemerkbar machte und sich überall auf dem Land Massen ausländischer Sklaven einnisteten, durch die jetzt die Reichen ihre Ländereien bestellen ließen, nachdem sie die freien Bürger daraus verdrängt hatten.

Schon Gaius Lälius, ein Freund Scipios, hatte den Versuch gemacht, diesen Mißständen abzuhelfen. Da aber die Besitzenden sich ihm hartnäckig widersetzten, befürchtete er möglicherweise Unruhen und ließ von seinem Vorhaben ab, daher er denn den Beinamen der Weise oder der Verständige bekam; denn beides scheint das Wort »sapiens« zu bedeuten.

Sobald aber Tiberius zum Volkstribun gewählt worden war, entschloß er sich, die Sache erneut in Angriff zu nehmen. Wie die meisten Quellen berichten, kam ihm die Anregung dazu hauptsächlich von dem Redner Diophanes, einem Verbannten aus Mitylene, und dem Philosophen Blossius, einem Italiener aus Kyme. In Rom wurde Blossius ein vertrauter Freund Antipaters von Tarsus, der ihn durch die Widmung philosophischer Schriften ehrte.

Andere geben indessen Cornelia, der Mutter des Tiberius, einen großen Anteil daran; denn oftmals habe sie ihren Söhnen Vorwürfe gemacht, daß sie von den Römern stets nur die Schwiegermutter Scipios, aber noch immer nicht die Mutter der Gracchen genannt werde. Allein sein Bruder Gaius sagte in einer Schrift: Als Tiberius auf der Reise nach Numantia durch Etrurien kam, habe er gesehen, wie überall das Land verödet und alle Feldarbeiter und Hirten ausländische Sklaven waren. Damals zuerst reifte der Plan in ihm, der ihnen allen soviel Unglück brachte. Am meisten aber mag wohl das Volk selbst seinen Eifer und seine Unternehmungslust angestachelt haben. Denn überall an Mauern, Häusern und Denkmälern heftete es Zettel an und forderte ihn darin auf, der armen Bevölkerung wieder zum Genuß der Staatsländereien zu verhelfen.

Indessen entwarf er den Gesetzesvorschlag nicht allein, sondern fragte mehrere angesehene und einsichtsvolle Männer um Rat, darunter den Pontifex Maximus Crassus, den Rechtsgelehrten Mucius Scävola, der damals Konsul war, und Appius Claudius, seinen Schwiegervater. In der Tat ist wohl auch niemals ein milderes und versöhnlicheres Gesetz gegen soviel Ungerechtigkeit und Habsucht erlassen worden. Denn es verlangte von denen, die eigentlich für ihren Ungehorsam hätten bestraft werden und nur gegen eine Geldbuße die so lange widerrechtlich benutzten Ländereien hätten herausgeben müssen, nichts weiter, als ihren unrechtmäßigen Besitz an die hilfsbedürftigen Bürger abzutreten und dafür noch eine Entschädigung zu erhalten.

Das Volk war bereit, unter das Geschehene einen Strich zu machen, und begnügte sich damit, durch diese maßvolle Neuregelung vor allen Bedrückungen und Ungerechtigkeiten gesichert zu sein. Aber die Reichen und Besitzenden empörten sich in ihrer Habgier gegen das Gesetz und richteten ihre ganze Wut gegen dessen Urheber. Mit allen Mitteln suchten sie das Volk dagegen aufzuhetzen und behaupteten, die ganze Landverteilung wäre für Tiberius nur ein Vorwand, die bisherige Verfassung umzustürzen und eine allgemeine Revolution herbeizuführen. Doch richteten sie damit nichts aus. Denn Tiberius verfocht diese gute und gerechte Sache mit einer Beredsamkeit, die auch einen geringeren Gegenstand hätte adeln können. Er war ihnen als Gegner überlegen, ja unüberwindlich, wenn er umlagert von Volk, auf der Rednertribüne stand und zu den Besitzlosen sagte: Die wilden Tiere haben ihre Höhlen; jedes von ihnen kennt seine Lagerstätte, seine Schlupfwinkel. Nur die Männer, die für Rom sterben und kämpfen, haben nichts als Luft und Licht; unstet, ohne Haus und Heim, müssen sie mit Weib und Kind im Land umherziehen. Die Feldherren lügen, wenn sie in der Schlacht ihre Soldaten auffordern, ihre Grabstätten und Heiligtümer gegen die Feinde zu verteidigen. Denn keiner von diesen Römern hat einen väterlichen Herd, keiner ein Grabmal seiner Ahnen. Nur für Wohlleben und Reichtum anderer müssen sie ihr Blut vergießen und sterben. Sie heißen Herren der Welt, ohne nur eine einzige Erdscholle ihr Eigentum nennen zu können.

Solche Worte, aus denen eine hohe Gesinnung und inniges Mitgefühl sprachen, und die das Volk aufwühlten und begeisterten, wagte keiner der Gegner zu widerlegen. Sie verzichteten also auf Erwiderung und wandten sich statt dessen an einen der Mittribunen, Marcus Octavius, einen jungen Mann von mäßigem und zurückhaltendem Wesen, bisher ein naher Freund des Tiberius. Aus Achtung für Tiberius lehnte er anfänglich jedes Eingehen auf das ihm gemachte Ansinnen ab. Aber als viele einflußreiche Männer seiner eigenen Sphäre ihn hartnäckig bedrängten und nicht abließen mit Bitten, sah er sich schließlich genötigt, diesem Ansturm nachzugeben. Er trat also gegen Tiberius auf und erhob Einspruch gegen das Gesetz.

Unter den Volkstribunen ist immer der ausschlaggebend, der sein Veto einlegt, und alle anderen zusammen können einen Antrag nicht durchsetzen, sobald ein einziger sich dagegen erklärt. Äußerst erbittert über diesen Streich seiner Gegner zog Tiberius das maßvolle Gesetz zurück und brachte ein neues ein, das für das Volk noch weit vorteilhafter, für die Schuldigen dagegen noch viel härter und drückender war; denn jetzt hieß es, daß jeder die Ländereien, die er den früheren Gesetzen zuwider in Besitz hatte, unverzüglich und ohne Entschädigung herauszugeben habe.

Nun kam es zwischen beiden auf dem Forum täglich zu harten Redekämpfen. Wenn sie aber auch mit äußerster Heftigkeit gegeneinander stritten, so soll sich doch keiner von beiden je zu persönlichen Angriffen und Schmähungen haben hinreißen lassen, noch auch nur einen unziemlichen Ausdruck gegen den anderen gebraucht haben. Es zeigte sich also, daß angeborener vornehmer Charakter, verbunden mit guter Erziehung, den Menschen veranlassen, nicht nur beim Trunk, sondern auch bei hitzigsten Streitigkeiten Haltung zu bewahren und in den Schranken des Anstandes zu bleiben. Indessen bedachte Tiberius, daß Octavius persönlich von dem Gesetz schwer betroffen wurde, da er große Staatsländereien besaß; er bat ihn daher, seinen Widerstand aufzugeben, und versprach ihm dafür, ihm aus seinen eigenen, nicht eben glänzenden Mitteln den Wert des Verlorenen zu ersetzen.

Da Octavius dieses Anerbieten ausschlug, untersagte Tiberius durch ein öffentliches Edikt allen Beamten, ihre Amtsgeschäfte auszuüben, bis über das Gesetz abgestimmt worden wäre. Zugleich legte er sein eigenes Siegel auf die Tür des Saturnustempels, damit die Quästoren weder etwas hinein- noch hinausbringen könnten. Für die Prätoren bestimmte er eine namhafte Strafe, wenn sie dem Edikt nicht Folge leisteten, so daß alle aus Angst die ihnen obliegenden Geschäfte unterbrachen. Infolge dieser Maßregeln legten alle Großgrundbesitzer Trauer an und gingen gedrückt und niedergeschlagen auf dem Forum umher. Insgeheim aber schmiedeten sie schlimme Anschläge gegen Tiberius und dangen Meuchelmörder, um ihn aus dem Weg zu räumen. Deshalb trug auch Tiberius vor aller Augen einen Dolch, wie ihn die Räuber tragen, und den man Dolon nennt.

Als der festgesetzte Tag kam und Tiberius das Volk über den Vorschlag abstimmen lassen wollte, stellte sich heraus, daß sämtliche Stimmurnen von den Reichen beiseite geschafft worden waren, wodurch ein großer Tumult entstand. Die Partei des Tiberius war zahlreich genug, um Gewalt gebrauchen zu können.

Und schon rotteten sie sich zusammen, als zwei ehemalige Konsuln, Manlius und Fulvius, sich vor Tiberius niederwarfen, seine Hände ergriffen und ihn unter Tränen baten, von seinem Vorhaben abzustehen. Tiberius erkannte jetzt, welch große Gefahren daraus für den Staat entstehen konnten, und fragte die beiden, was sie ihm denn zu tun rieten? Sie antworteten, sie fühlten sich nicht befugt, ihm in einer so wichtigen Angelegenheit Rat zu erteilen, aber baten ihn, die Sache dem Senat zu überlassen, wozu er sich denn auch auf ihr Drängen entschloß.

Der Senat trat zusammen, aber da die Besitzenden die Mehrheit hatten, kam nichts zustande. Dann nahm Tiberius seine Zuflucht zu einem ungesetzlichen und auch schwer zu rechtfertigenden Mittel: er beschloß, Octavius seines Amtes zu entsetzen, da er keinen anderen Weg sah, das Gesetz zur Abstimmung zu bringen. Vorher aber suchte er Octavius durch freundliche Vorstellungen zu bewegen, reichte ihm vor der Öffentlichkeit die Hände und bat ihn, dem Volk zuliebe nachzugeben. Denn so gerecht die Forderungen auch seien, erhielte doch das Volk nur wenig im Vergleich zu der früher erlittenen Unbill und Ungerechtigkeit. Octavius aber blieb bei seiner Weigerung. Da erklärte Tiberius, es sei schlechthin unmöglich, daß zwei Volkstribunen, die bei gleicher Machtbefugnis in einer wichtigen Entscheidung uneinig wären, noch fernerhin friedlich ihr Amt nebeneinander ausübten. Es gäbe nur ein Mittel, dem abzuhelfen, nämlich, daß einer von beiden seines Amtes entsetzt werde. Zugleich forderte er Octavius auf, er sollte das Volk zuerst über ihn, Tiberius, abstimmen lassen, er werde dann, wenn die Entscheidung gegen ihn ausfiele, unverzüglich als Privatmann von der Rednertribüne hinabsteigen. Wieder weigerte sich Octavius. Nun erklärte Tiberius, er selbst müsse nun über Octavius abstimmen lassen.

Darüber ging für diesmal die Versammlung auseinander. Am folgenden Tage, als das Volk wieder zusammengekommen war, bestieg Tiberius wieder die Rednertribüne und versuchte von neuem, Octavius zum Nachgeben zu bewegen. Aber als alles Zureden nichts fruchtete, beantragte er förmlich dessen Absetzung und rief sogleich die Bürger zur Abstimmung. Schon hatten von den fünfunddreißig Tribus siebzehn ihre Stimme für den Antrag abgegeben; wenn nur eine einzige noch hinzukam, mußte Octavius sein Amt niederlegen. Tiberius ließ daher innehalten und wandte sich ein letztes Mal mit Bitten an Octavius. Er umarmte ihn vor allem Volk und beschwor ihn dringend, er möchte sich doch nicht selbst einer solchen Schmach aussetzen, noch auf Tiberius den Vorwurf eines so gehässigen und harten Vorgehens laden.

Solche Bitten hörte Octavius, wie erzählt wird, mit tiefer Bewegung an; Tränen traten ihm in die Augen, und lange Zeit stand er schweigend da. Als jedoch sein Blick auf die Großgrundbesitzer fiel, die auf der einen Seite des Platzes versammelt standen, packte ihn anscheinend Furcht und Scham, er könnte sich ihre Verachtung zuziehen. So nahm er tapfer alles auf sich und rief Tiberius zu, er möge verfahren, wie ihm beliebte. Der Antrag erhielt nun die nötige Mehrheit, und darauf befahl Tiberius einem seiner Freigelassenen – denn die Tribunen brauchten ihre eigenen Freigelassenen als Gerichtsdiener – Octavius von der Rednertribüne abzuführen. Es war ein wahrhaft kläglicher Anblick, als so Octavius mit Schimpf und Schande abgeführt wurde. Die Menge wollte sogleich über ihn herfallen, aber seine Parteigänger bildeten einen Kreis um ihn und wehrten die Andrängenden ab. Doch nur mit knapper Not gelang es, ihn der Wut des Volkes zu entreißen und sein Leben zu retten. Einem treuen Sklaven des Octavius, der sich vor seinem Herrn aufstellte, um ihn zu schützen, wurden beide Augen ausgeschlagen. Alles dies geschah ganz gegen die Absicht des Tiberius, der auf die Kunde des Geschehenen herbeieilte, um Ruhe zu stiften.

Nunmehr wurde auch das Ackergesetz angenommen. Zur Vornahme der nötigen Aufteilung und Zuweisung der Ländereien wählte man drei Kommissare, Tiberius selbst, seinen Schwiegervater Appius Claudius und seinen Bruder Gaius Gracchus, der aber zur Zeit unter Scipio vor Numantia diente. All das regelte Tiberius in aller Ruhe, ohne den geringsten Widerspruch zu finden, und besetzte auch die Stelle des abgesetzten Tribuns nicht mit einem der Vornehmen, sondern mit einem gewissen Mucius, der sein Klient war. Die Herrschenden waren über diese Entscheidung sehr aufgebracht. Sie fürchteten die ständig wachsende Macht des Tiberius und ließen im Senat ihren Unmut gegen ihn aus. Als er dem Herkommen nach ein Zelt auf öffentliche Kosten verlangte, um es bei Verteilung der Ländereien zu gebrauchen, wurde ihm das Gesuch rundweg abgeschlagen, obgleich andere es aus weit weniger wichtigen Anlässen bekommen hatten. Als Aufwandsentschädigung bewilligte man für den Tag nur neun Obolen. All dies geschah auf Betreiben Publicus Nasicas, der nun sein erbittertster Gegner wurde, weil er die meisten Staatsländereien besaß, die er jetzt zu seinem großen Verdruß notgedrungen herausgeben mußte.

Das Volk geriet darüber aber immer mehr in Aufregung. Als jetzt einer der Freunde des Tiberius plötzlich starb und sich an dem Toten verdächtige Merkmale zeigten, schrie alles, er sei durch Gift aus dem Weg geräumt worden. Das Volk versammelte sich bei dem Leichenbegängnis, trug die Bahre weg und wohnte der Verbrennung bei, denn es vermutete, daß dann die Spuren der Vergiftung am deutlichsten zutage treten wurden. In der Tat barst auch der Leichnam, und es entquoll ihm eine solche Menge verdorbener Säfte, daß der Scheiterhaufen verlöschte. Man brachte anderes Feuer herbei, aber das Holz brannte wieder nicht an, bis man die Leiche an einen anderen Ort schaffte, wo sie endlich, nach vieler angewandter Mühe, vom Feuer verzehrt wurde. Diesen Vorfall benutzte Tiberius, um das Volk noch mehr in Erregung zu bringen. Er legte Trauer an, führte seine Kinder auf das Forum und bat das Volk, sie nebst ihrer Mutter in Schutz zu nehmen, da er selbst jede Hoffnung auf Erhaltung seines Lebens aufgegeben habe.

Eben um diese Zeit starb Attalos Philopator, der letzte König von Pergamon. Der Pergamenier Eudemos brachte das Testament des Königs nach Rom, in dem das römische Volk zum Erben des Reichs eingesetzt worden war. Sogleich beantragte nun Tiberius, um das Volk gänzlich zu gewinnen, daß die Schätze des Königs nach Rom gebracht werden und unter diejenigen Bürger, die Ländereien erhielten, zur Einrichtung und Anschaffung des nötigen Ackergerätes verteilt werden sollten. Über die Städte aber, die zu Attalos Reich gehörten, hätte nicht der Senat zu verfügen; er selbst werde in der Sache dem Volk einen Vorschlag machen.

Das war nun eine schwere Beleidigung für den Senat. Der Senator Pompejus stand auf und erklärte, er wohne in der Nachbarschaft des Tiberius und habe genau gesehen, wie ihm der Pergamenier Elldemos ein königliches Diadem und einen Purpurmantel überbracht habe, da sich Tiberius demnächst zum König von Rom machen wollte. Quintus Metellus warf Tiberius vor, er ließe sich immer in den Nächten von frechen und niedrigen Gesellen beim Heimweg die Fackel vorantragen, während unter der Zensorschaft seines Vaters die ehrbaren Bürger, so oft er von einem Gastmahl nach Hause ging, immer die Lichter gelöscht hätten, um nicht in den Verdacht zu geraten, über die vorgeschriebene Zeit bei Zechgelagen gesessen zu haben.

Titus Annius schließlich, der ein unangenehmer und ziemlich törichter Mensch war, aber ein unübertreffliches Mundwerk besaß, forderte eines Tages Tiberius auf, klipp und klar zu erklären, ob er nicht einem unantastbaren Beamten wider alles Recht die Ehre genommen habe. Als darüber großer Lärm im Senat entstand, sprang Tiberius auf, verließ die Kurie, rief das Volk zusammen und ließ Annius vorführen, in der Absicht, ihn öffentlich anzuklagen. Annius, der an Beredsamkeit und

Einfluß Tiberius nicht gewachsen war, nahm seine Zuflucht zu der ihm eigenen Geschicklichkeit und bat Tiberius, ob er ihm vor Eröffnung der Anklage eine kleine Frage vorlegen dürfe. Tiberius willigte ein, und unter allgemeinem Schweigen sagte Annius: Gesetzt den Fall, du wolltest mich öffentlich beschimpfen und beleidigen; und wenn ich dann einen deiner Amtsgenossen zu Hilfe herbeiriefe, dieser dann aufstände, um sich meiner anzunehmen, und du darüber in Zorn gerietest – würdest du ihn wohl dann seines Amtes entsetzen? Diese Frage soll Tiberius derart in Verlegenheit gesetzt haben, daß er bei all seiner sonstigen Schlagfertigkeit kein Wort darauf zu erwidern vermochte.

Für diesmal hob er die Versammlung auf. Da er jedoch bemerkte, daß sein politisches Vorgehen gegen Octavius nicht nur bei den Großen, sondern auch beim Volk viel böses Blut gemacht hatte, – denn die große erhabene Würde der Volkstribunen, die bis dahin immer unangetastet geblieben war, schien durch sein gewaltsames Vorgehen tief herabgesetzt und entwürdigt worden zu sein – hielt er vor dem Volk eine große Rede. Es dürfte nützlich sein, einige wenige Gedanken daraus anzuführen, um von der Stärke und dem Nachdruck seines Vortrags einen Begriff zu geben.

Die Person des Volkstribuns, führte er aus, ist heilig und unverletzlich, weil er dem Dienst des Volkes geweiht und eigens berufen ist, das Volk zu schützen. Wenn er nun seiner Bestimmung untreu wird, sich gegen das Volk wendet, es in seiner Machtbefugnis hemmt und ihm das Recht der Abstimmung unterbindet, dann beraubt er sich selbst der Würde seines Amtes, weil er gegen die Voraussetzungen verstößt, unter denen es ihm anvertraut ist. Denn wenn er auch das Kapitol niederreißen läßt oder das Schiffsarsenal in Brand steckt, müßte er dennoch Tribun bleiben, ein so schlechter Träger dieses Amtes er auch wäre. Wenn er aber das Volk um seine Rechte bringt, dann kann er nicht länger Tribun sein.

Wäre es also nicht unerhört, wenn ein Tribun zwar einen Konsul ins Gefängnis setzen kann, das Volk aber nicht das Recht haben sollte, einen Tribunen seiner Macht zu entkleiden, wenn er sie gegen das Volk gebraucht, das sie ihm verliehen hat? Denn das Volk wählt ja den Konsul so gut wie den Tribun. Die Königswürde war, abgesehen davon, daß sie alle anderen Gewalten in sich schloß, durch die größten und heiligsten Zeremonien der Gottheit geweiht. Gleichwohl wurde Tarquinius vom römischen Volk vertrieben, weil er Ungerechtigkeiten verübt hatte. Und um des Frevels eines einzigen Mannes willen wurde die altüberkommene Regierungsform, der Rom selbst seinen Ursprung verdankte, gänzlich abgeschafft. Was ist wohl in Rom heiliger und verehrungswürdiger als die Jungfrauen, die das unvergängliche Feuer warten und hüten? Dennoch wird jede, die sich etwas zuschulden kommen läßt, lebendig begraben. Denn wenn sie sich an der Gottheit versündigen, so haben sie auf die Unverletzlichkeit keinen Anspruch mehr, die sie um der Götter willen genießen. Ebenso wenig verdient ein Tribun, der sich gegen das Volk vergeht, die Unverletzlichkeit zu behalten, die ihm des Volkes wegen gegeben wurde. Denn er vernichtet dann selbst die Macht, aus der die seinige entspringt. Hat er das Tribunat rechtmäßigerweise erhalten, weil die Mehrheit der Tribus ihre Stimme gaben, warum sollte es ihm nicht mit noch größerem Rechte wieder genommen werden können, wenn alle Tribus ihn einmütig absetzen? Nichts ist so heilig, nichts so unverletzbar als die den Göttern geweihten Geschenke; aber niemand hat es noch dem Volk verwehrt, sie nach Belieben zu gebrauchen, sie wegzunehmen und sie anderswohin zu bringen. Folglich war es auch dem Volk gestattet, das Tribunat, wie ein Weihgeschenk, auf einen anderen zu übertragen. Und wenn mancher freiwillig das Amt niederlegt oder darauf verzichtet hat, so erhellt schon daraus, daß kein Amt so unverletzlich ist, daß man es seinem Träger nicht wieder abnehmen könnte. Das waren ungefähr die Hauptpunkte in der Verteidigungsrede des Tiberius.

Angesichts der drohenden Haltung und Entschlossenheit der Gegner gaben ihm seine Freunde den Rat, sich auch für das folgende Jahr um das Tribunat zu bewerben. Daher suchte sich Tiberius durch neue Vorschläge beim Volk wieder in Gunst zu setzen. So beantragte er unter anderem die Herabsetzung der Militärdienstzeit; er gab dem Volk das Recht, gegen ein Urteil des Gerichts bei der Volksversammlung Berufung einzulegen, und besetzte die Zivilgerichtshöfe, die bisher nur aus Senatoren zusammengesetzt waren, mit einer gleichen Anzahl Richtern aus dem Ritterstand. Auf jede Weise suchte er jetzt die Machtbefugnisse des Senats zu beschränken, mehr allerdings aus Erbitterung und Kampfwillen, als in Rücksicht auf die Interessen des Gemeinwohls.

Als nun über die Tribunatswahl abgestimmt werden sollte, stellten seine Anhänger fest, daß die Gegenpartei die Mehrheit haben würde, weil nicht das ganze Volk versammelt war. Um Zeit zu gewinnen, ergingen sie sich erst in allerhand Schmähungen gegen die anderen Tribunen, und dann hoben sie die Versammlung auf und beriefen sie für den folgenden Tag ein. Nun begab sich Tiberius in Trauerkleidern und sehr niedergeschlagen auf das Forum und bat das Volk flehentlich um Schutz, denn er fürchtete, wie er sagte, daß seine Gegner in der Nacht in sein Haus eindringen und ihn umbringen würden. Dadurch erreichte er es, daß man in Scharen mit nach seiner Wohnung ging und die ganze Nacht über vor dem Haus Wache hielt.

Mit Anbruch des folgenden Tages erschien der Beamte, der die heiligen Hühner zu versorgen hatte, und warf ihnen Futter vor. Aber sie kamen nicht heraus, so sehr er den Käfig auch rüttelte; nur ein einziges erschien, und auch dieses rührte das Futter nicht an, sondern hob nur den linken Flügel, streckte ein Bein aus und lief in den Käfig zurück. Dieses Vorzeichen erinnerte Tiberius an ein anderes, das er vor kurzem gehabt hatte. Er besaß einen prächtigen und schön geschmückten Helm, den er im Feld trug. In diesen waren Schlangen gekrochen, hatten Eier hineingelegt und diese auch ausgebrütet. Um so mehr wurde Tiberius nun durch das Verhalten der heiligen Hühner beunruhigt.

Gleichwohl ging er aus dem Haus, als er hörte, daß das Volk auf dem Kapitol versammelt wäre. Aber beim Hinausgehen stieß er so heftig an eine Türschwelle, daß der Nagel an seiner großen Zehe fast abgerissen wurde und das Blut durch den Schuh quoll. Als er ein paar Schritte weitergegangen war, sah man zur Linken auf einem Dach ein paar Raben miteinander streiten. Und obgleich, wie sich leicht denken läßt, viele Menschen dort vorbeikamen, mußte gerade Tiberius ein Stein vor die Füße fallen, den einer der Raben hinuntergestoßen hatte. Dieser Zufall machte auch die kühnsten und beherztesten seiner Anhänger stutzig. Allein Blossius von Kyme, der dabei war, sagte, es wäre doch ein erbärmlicher Kleinmut, wenn ein Tiberius, der Sohn des Gracchus, der Enkel des Scipio Africanus, der Beschützer des römischen Volkes, aus Furcht vor einem Raben dem Ruf der Bürger nicht Folge leisten wollte. Ein solches schimpfliches Verhalten würden freilich seine Gegner nicht von der komischen Seite nehmen, sondern ihn beim Volk als gefährlichen Tyrannen verschreien, der mit den Bürgern sein Spiel triebe. Zugleich kamen auch viele von Tiberius' Anhängern, die auf dem Kapitol versammelt waren, Tiberius entgegengelaufen und mahnten ihn, sich zu eilen, da ihre Sache dort gut stände. In der Tat ließ sich auch anfangs alles günstig für Tiberius an. Bei seinem Erscheinen begrüßte ihn das Volk mit Freudenrufen, und als er die Stufen hinaufstieg, umringte man ihn und stellte sich dicht um ihn auf, damit kein Unbefugter sich ihm nähern konnte.

Allein als der Tribun Mucius nun begann, die Tribus zur Abstimmung aufzurufen, konnte man bei dem entstandenen

Lärm und Getümmel nicht mehr nach der üblichen Ordnung verfahren. Die hinten Stehenden gerieten in ein Drängen und Stoßen mit der Gegenpartei, die sich gewaltsam Platz zu schaffen suchte, um nach vorn zu gelangen. Inzwischen stellte sich ein Mitglied des Senats, Fulvius Flaccus, an einen von allen Seiten sichtbaren Platz, und da er mit der Stimme nicht durchdringen konnte, gab er mit der Hand ein Zeichen, daß er Tiberius etwas zu sagen wünschte. Dieser befahl sogleich dem Volk Raum zu geben, und als nun Flaccus mit Mühe und Not zu ihm vorgedrungen war, berichtete er, in der Senatssitzung hatten die Optimaten, weil sie den Konsul nicht für ihre Zwekke gewinnen konnten, beschlossen, Tiberius auf eigene Faust aus dem Weg zu räumen, und eine bewaffnete Bande zu diesem Zweck gedungen. Diese Nachricht teilte Tiberius seinen Parteigängern mit. Diese schürzten sogleich ihre Togen, nahmen den Wächtern die Lanzen weg, zerbrachen sie, verteilten die Stücke unter sich, um sie gegen die andrängenden Gegner zu gebrauchen. Die Fernerstehenden wunderten sich, was vor sich ging, und wollten die Ursache wissen. Da faßte Tiberius mit der Hand nach seinem Kopf, um dadurch die drohende Gefahr anzudeuten, weil sie seine Stimme nicht hören konnten. Einige seiner Gegner, die das gesehen hatten, rannten spornstreichs zum Senat und verkündeten, Tiberius verlange nach der Königskrone; denn das habe seine Bewegung zum Kopf zu bedeuten.

Im Senat entstand ein allgemeiner Aufruhr, Nasica forderte den Konsul auf, sich der Stadt anzunehmen und den Tyrannen zu vernichten. Der Konsul aber antwortete gelassen, er dächte gar nicht daran, Gewalt anzuwenden, noch irgendeinen Bürger ohne richterlichen Spruch zu verurteilen; sollte aber Tiberius etwas Ungesetzliches beginnen, so werde er das zu verhindern wissen. Da sprang Nasica auf: Der Konsul, der höchste Beamte Roms, verrät die Stadt, rief er. Wer noch den Willen hat, das Gesetz aufrechtzuerhalten, der folge mir. Mit diesen Worten schlug er den Zipfel seiner Toga um den Kopf und eilte dem Kapitol zu. Die ihm nachfolgten, wickelten ihre Togen um den linken Arm und drängten im Fortstürmen alles zur Seite, was ihnen in den Weg kam. Niemand wagte sich den hohen Würdenträgern entgegenzustellen, sondern alle rannten, übereinander stolpernd, davon. Die Begleiter der Senatoren hatten Keulen und Knüppel von Hause mitgebracht; die Senatoren selbst aber nahmen Stücke und Beine von den Senatssesseln, die vom auseinanderstiebenden Volk zerbrochen worden waren.

So drangen sie direkt auf Tiberius ein und hieben alles nieder, was sich ihnen in den Weg stellte und ihn zu decken suchte. Viele wurden niedergemacht, die übrigen flohen. Tiberius selbst ergriff die Flucht; als ihn einer bei den Kleidern festhalten wollte, ließ er die Toga fahren und lief in der Tunika weiter, strauchelte aber und stürzte über ein paar Leichen, die im Weg lagen. Als er sich wieder aufrichten wollte, schlug ihm einer seiner Amtsgenossen, Publius Saturejus, mit einem Stuhlbein über den Kopf. Den zweiten Schlag Tiberius versetzt zu haben, rühmte sich Lucius Rufus als einer Heldentat. Von den Anhängern des Tiberius wurden mehr als dreihundert mit Knüppeln und Steinen getötet. Keiner aber fiel durchs Schwert.

Seit dem Sturz des Königtums soll dies der erste Aufstand in Rom gewesen sein, der durch Bürgermord und Bürgerblut entschieden wurde. Bisher hatte man alle Unruhen, die doch gewiß auch nicht unbedeutend oder aus geringfügigen Ursachen entstanden waren, noch immer durch gegenseitige Nachgiebigkeit beizulegen gewußt; denn die Regierung fürchtete das Volk, und das Volk hatte noch Achtung vor dem Senat. Auch diesmal hätte man allem Anschein nach Tiberius schließlich zum Nachgeben bestimmen können, wenn man ihm nur etwas entgegengekommen wäre und ihm nicht gleich mit Mord und Totschlag gedroht hätte, zumal er nicht mehr als dreitausend Anhänger bei sich hatte. Allein unschwer ist zu erkennen, daß die Verschwörung gegen ihn mehr der Wut und dem Haß der reichen Grundbesitzer entsprang als den tatsächlichen Gründen, die sie als Deckmantel benutzten. Ein starker Beweis dafür ist die rohe und gesetzwidrige Mißhandlung des Leichnams. So sehr auch sein Bruder bat, verweigerte man ihm, den Toten zu bergen und ihn wenigstens heimlich bei Nacht zu bestatten, sondern man ließ ihn mit den anderen Leichen in den Tiber werfen.

Aber auch damit hatte sich die Wut der Reichen noch nicht ausgetobt. Einige seiner Freunde wurden ohne gerichtliche Untersuchung des Landes verwiesen, andere, deren man habhaft weiden konnte, als Missetäter hingerichtet, unter ihnen auch der Redner Diophanes. Einen gewissen Gaius Villius steckte man in einen engen Käfig, warf dann Ottern und Schlangen hinein und marterte ihn so zu Tode. Blossius von Kyme wurde vor die Konsuln geführt, und als man ihn über das Vorgefallene verhörte, gestand er frei, daß er alles ohne Bedenken auf Tiberius Befehl getan hätte. Darauf fragte ihn Nasica: Wenn dir nun aber Tiberius befohlen hätte, das Kapitol in Brand zu stecken? Blossius brauchte anfänglich die Ausrede, daß Tiberius nie so etwas von ihm verlangt haben würde; da man aber auf einer klaren Antwort bestand, sagte er endlich: Nun ja, wenn er's mir befohlen hätte, so wäre es meine Pflicht gewesen, auch das zu tun. Denn Tiberius hätte mir den Befehl nie gegeben, wenn es nicht zum Besten des Volkes gewesen wäre. So mußte man ihn freilassen. Blossius ging bald darauf nach Asien zu Aristonikos; nach dessen unglücklichem Ausgang nahm er sich selbst das Leben.

Um das Volk mit dem Geschehenen auszusöhnen, legte nun der Senat der Ackerverteilung weiter keine Hindernisse in den Weg und erlaubte sogar, an Tiberius' Stelle einen anderen Kommissar zu wählen. Bei der Abstimmung fiel die Wahl auf Publius Crassus, einen nahen Verwandten der

Gracchen, da seine Tochter Licinia mit Gaius Gracchus verheiratet war.

Das Volk jedoch war über den Tod des Tiberius aufs äußerste erbittert und machte kein Hehl daraus, daß es nur auf eine günstige Gelegenheit zur Rache wartete. Da überdies Nasica schon mit förmlichen Anklagen bedroht wurde, fürchtete der Senat für ihn und beschloß, ihn nach Asien zu schicken, obgleich kein besonderer Anlaß dafür bestand. Aber die Menge ließ deutlich ihre feindselige Stimmung gegen ihn merken, und wo sich Nasica auf der Straße zeigte, rief man ihm voll Wut und Haß Anklagen ins Gesicht und nannte ihn einen verruchten Bösewicht, einen Tyrannen, der mit dem Blute eines heiligen unverletzlichen Beamten den heiligsten und ehrwürdigsten Tempel der Stadt besudelt hätte. So mußte Nasica Italien verlassen, obgleich er als Pontifex Maximus durch die wichtigsten gottesdienstlichen Handlungen an die Stadt gebunden war. Nachdem er in ruheloser Angst bald hier, bald da umhergeirrt war, beschloß er nicht lange danach sein Leben in der Nähe von Pergamon.

Kein Wunder, daß das Volk einen Nasica mit so bitterem Haß verfolgte. Hätte sich doch sogar der verdienstvollste und beliebteste unter den Römern seiner Zeit, Scipio Africanus, fast um alle Gunst und Zuneigung des Volkes gebracht. Denn als er vor Numantia die Kunde von Tiberius' Ermordung erhielt, zitierte er mit lauter Stimme den Vers Homers:

Also verderb' auch jeder, wer solche Taten verübt! Als Gaius Gracchus und Fulvius in einer Volksversammlung die Frage an ihn richtete, was er vom Tod des Tiberius dächte, erteilte er eine Antwort, aus der die Mißbilligung der politischen Maßnahmen Tiberius' zu entnehmen war. Seitdem schrie ihn das Volk jedesmal nieder, was vorher niemals geschehen war, und Scipio selbst ließ sich zu Schmähungen gegen das Volk hinreißen.

2. Gaius Gracchus

Gaius Gracchus hielt sich anfangs vom politischen Leben fern und lebte still und zurückgezogen, vielleicht, weil er seine Gegner fürchtete oder weil er ihnen den Haß des Volkes zuziehen wollte. Es schien fast, als sei er von dem Geschehenen so schwer betroffen, daß er sich auch in Zukunft von den öffentlichen Angelegenheiten fernhalten wollte. Dadurch gab er Anlaß zu dem Gerede, daß er die politischen Maßnahmen des Tiberius mißbilligte und verabscheute. Allerdings war er noch sehr jung, um neun Jahre jünger als sein Bruder Tiberius, der bei seinem Tod noch nicht dreißig Jahre alt war.

Als sich jedoch im Lauf der Zeit herausstellte, daß sein wahres Wesen von müßigem Wohlleben in Reichtum und Üppigkeit weit entfernt war, als er durch sein Studium der Redekunst sich den Weg zur Staatslaufbahn eröffnete und dadurch deutlich genug verriet, daß er nicht immer so in Untätigkeit verharren würde, als er ferner einmal vor Gericht für seinen Freund Vettius als Verteidiger in die Schranken trat und durch seine Rede das Volk zu wilder Begeisterung hinriß, und damit bewies, daß die anderen Redner gegen ihn nichts als Stümper waren – da geriet die herrschende Optimatenpartei in ernste Besorgnis, und es wurde allgemein davon gesprochen, daß man Gaius auf keinen Fall zum Tribunat zulassen dürfte.

Zufälligerweise bestimmte ihn das Los, als Quästor mit dem Konsul Orestes nach Sardinien zu gehen, was den Gegnern des Gaius große Freude, ihm selbst aber keinerlei Kummer verursachte. Denn er hatte Freude am Kriegshandwerk und war ein ebenso tüchtiger Soldat wie Anwalt, und zudem bangte ihm vorläufig noch vor Staatsämtern und öffentlichem Auftreten, ohne daß er dem Drängen des Volkes und seiner Freunde zu widerstehen vermocht hätte. Daher war ihm der auswärtige Dienst sehr willkommen. Gleichwohl herrschte vielfach die Meinung, Gaius sei ein vollendeter Demagoge gewesen und habe viel leidenschaftlicher als sein Bruder Tiberius um die Gunst der Menge gebuhlt. Aber das entspricht nicht der Wahrheit. Im Gegenteil scheint er mehr aus Zwang als freier Wahl die politische Laufbahn eingeschlagen zu haben. Jedenfalls erzählt der Redner Cicero, Gaius sei jedem öffentlichen Amt ausgewichen und habe sich vorgenommen, sein Leben in Zurückgezogenheit hinzubringen. Da sei ihm im Traum sein Bruder Tiberius erschienen und habe zu ihm gesagt: Warum zögerst du, Gaius? Du kannst dem Schicksal doch nicht entrinnen. Uns beiden ist ein Leben und Tod im Dienst des Volkes beschieden.

Während seiner Amtszeit in Sardinien zeigte Gaius alle Vorzüge seines Wesens. Vor allen anderen jungen Römern trat er hervor durch Tapferkeit gegen den Feind, Gerechtigkeit und Wohlwollen gegen seine Untergebenen, wie Achtung und Liebe zu seinen Vorgesetzten. Selbst ältere übertraf er an Einfachheit, Pflichteifer und untadeliger Lebensführung. Als ein sehr harter Winter in Sardinien eintrat, verlangte der Feldherr von den dortigen Städten, seinen Soldaten warme Kleidung zu liefern. Die Städte aber schickten Abgesandte nach Rom, um diese Forderung abzulehnen. Der Senat gab auch ihren Vorstellungen Gehör und erteilte dem Feldherrn Befehl, anderweitig Kleidung für seine Leute zu beschaffen. Da sich Orestes keinen Rat wußte und die Truppen unter der Kälte schwer litten, reiste Gaius von Stadt zu Stadt und brachte die Einwohner dahin, den Römern freiwillig Kleidungsstücke zu schicken, wodurch der Not abgeholfen wurde.

Als der Vorfall in Rom bekannt wurde, sah man darin einen ersten Versuch des Gaius, die Gunst des Volkes zu gewinnen. Der Senat geriet darüber nicht wenig in Unruhe. Als nun Gesandte vom König Mikipsa aus Afrika kamen und meldeten, der König habe aus Gefälligkeit für Gaius Gracchus dem Oberbefehlshaber in Sardinien große Mengen Getreide zugeschickt, war das dem Senat sehr unbequem, und er befahl den Gesandten, Rom sofort wieder zu verlassen. Ferner wurde beschlossen, die in Sardinien stehenden Truppen zwar abzulösen, aber den Feldherrn Orestes dort zu belassen, weil dann auch Gaius seines Amtes wegen in Sardinien bleiben mußte.

Allein auf diese Nachricht hin ging Gaius äußerst erbittert gleich zu Schiff und erschien wider alle Erwartung in Rom. Darüber waren nicht nur seine Gegner höchst aufgebracht, auch der einfache Mann fand es sehr seltsam, daß der Quästor eher als der verantwortliche Führer die Provinz verlassen hatte. Als daher von den Zensoren Anklage gegen ihn erhoben wurde, bat er ums Wort und wußte durch seine Rechtfertigung die Zuhörer so völlig zu seinen Gunsten umzustimmen, daß man am Ende glauben mußte, ihm sei das größte Unrecht widerfahren. Er sagte, zwölf Jahre habe er Kriegsdienste getan, während andere höchstens nur zehn Jahre dienten. Als Quästor habe er drei Jahre lang bei dem Feldherrn ausgehalten, obgleich das Gesetz ihm erlaube, nach einem Jahr zurückzukehren. Bei der ganzen Armee sei er der einzige, der mit vollem Beutel nach Sardinien gegangen und mit leerem zurückgekommen wäre, während andere selbst die geleerten Weinfässer mit Gold und Silber angefüllt zurückbrächten.

Bald darauf beschuldigte man ihn wieder anderer Vergehen und klagte ihn öffentlich an, er habe die Bundesgenossen aufgewiegelt und an der Verschwörung teilgenommen, die man in Fregellä aufgedeckt hatte. Aber er wußte sich von jedem Verdacht zu befreien, und als er am Ende völlig unschuldig befunden wurde, beschloß er sogleich, sich um das Tribunal zu bewerben. Dabei hatte er die den Senat beherrschende Optimatenpartei ohne Ausnahme gegen sich. Das einfache Volk aber strömte in solcher Menge aus ganz Italien in Rom zusammen, um seine Wahl durchzudrücken, daß viele kein Unterkommen fanden, daß selbst das Marsfeld die Menge nicht fassen konnte und viele auf die Giebel und Dächer der umliegenden Gebäude kletterten, um von dort herab ihre Stimme abzugeben.

So viel setzten indessen die Optimaten gegen das Volk durch, daß Gaius entgegen seiner Erwartung nicht an erster, sondern erst an vierter Stelle als Tribun ernannt wurde. Aber kaum hatte er das Amt angetreten, so war er auch gleich unter allen zehn Tribunen der erste. Der Gewalt seiner Rede war keiner gewachsen; und das Unglück in seiner Familie, die Trauer um den erschlagenen Bruder gaben ihm Gelegenheit, mit rückhaltlosem Freimut und tiefgehender Wirkung zu sprechen. Bei jedem Anlaß brachte er dem Volk den Tod seines Bruders in Erinnerung und stellte jenen schimpflichen Ereignissen das Verhalten der Vorfahren in ähnlichen Fällen gegenüber. Denn einst hätte Rom den Faliskern wegen einer dem Tribun Genucius angetanen Beschimpfung den Krieg erklärt. Einst wäre Gaius Veturius zum Tod verurteilt worden, nur weil er auf dem Forum als einziger einem Tribun nicht Platz gemacht hätte. Ihr hingegen, fuhr er fort, habt vor euren Augen Tiberius von jenen Elenden mit Knüppeln totschlagen lassen; vor euren Augen ist sein Leichnam vom Kapitol mitten durch die Stadt geschleppt und in den Tiber geworfen worden; vor euren Augen hat man seine Freunde ergriffen und ohne weitere Untersuchung hingerichtet. Und doch war es bei euch uralter Brauch, einem Verbrecher, der sich nicht selbst dem Gericht stellen wollte, am frühen Morgen des Gerichtstages einen Trompeter vor das Haus zu schicken und ihn nochmals vorzuladen, ehe die Richter das Urteil über ihn sprechen durften. So vorsichtig, so behutsam verfuhr man sonst bei uns in der Rechtsprechung. –

Nachdem er durch solcherlei Reden – und nicht minder durch seine außerordentlich starke und durchdringende Stimme – das Volk aufgerüttelt und in eine Art Gärung versetzt hatte, brachte er zwei Gesetze in Vorschlag. In dem einen hieß es: Wenn ein Beamter durch Volksbeschluß seines Amtes entsetzt wird, so darf er niemals wieder ein öffentliches Amt bekleiden. Das andere setzte fest: Jede Amtsperson, die einen Bürger ohne Verhör in die Verbannung schickt, soll deshalb vom Volk zur Verantwortung gezogen werden. Das erste dieser Gesetze sollte offenbar Marcus Octavius treffen, der von Tiberius seines Amtes entsetzt worden war. Mit dem anderen aber war es auf Popillius abgesehen, der als Prätor die Freunde des Tiberius ins Exil geschickt hatte. Popillius befand es nicht für gut, das ihm bevorstehende Gericht abzuwarten, und entfloh aus Italien. Das erste Gesetz zog Gaius selbst zurück mit der Begründung, er wolle seiner Mutter zuliebe, die ihn darum gebeten hätte, Octavius verschonen. Das Volk war damit einverstanden, denn es verehrte Cornelia ebensosehr um ihres Vaters, wie um ihrer Söhne willen. Später setzte man ihr ein ehernes Denkmal mit der Aufschrift: Cornelia, die Mutter der Gracchen.

Von den Gesetzen, die er dann in Vorschlag brachte, um die Gunst des Volkes zu gewinnen und die Macht des Senats zu beschneiden, betraf das eine die Anlegung neuer Kolonien und verordnete zugleich, daß die dem Staat gehörigen Ländereien unter die ärmere Bevölkerung verteilt werden sollten. Ein zweites nahm sich der Soldaten an und verlangte, daß ihnen Bekleidung und Ausrüstung vom Staat geliefert werden und dafür nichts von ihrem Sold abgezogen werden sollte, auch dürfte keiner unter siebzehn Jahren zum Kriegsdienst ausgehoben werden. Ein drittes betraf die Bundesgenossen: Alle Italiker sollten das gleiche Stimmrecht wie die römischen Bürger erhalten. Ein viertes verordnete, daß das Getreide den Minderbemittelten zu einem niedrigeren Preise verkauft werden sollte. Ein fünftes endlich befaßte sich mit der Justizreform und bedeutete den stärksten Eingriff in die Machtstellung des Senats. Denn bisher hatten die Senatoren die Gerichtsbarkeit ganz allein in der Hand gehabt und waren daher vom Volk ebenso gefürchtet wie gehaßt. Gaius setzte nun den dreihundert Richtern aus dem Senatorenstand ebenso viele aus dem Ritterstände an die Seite und ließ alle Entscheidungen durch diese sechshundert gemeinsam treffen.

Für die Annahme dieses letzten Gesetzes soll sich Gaius mit besonderem Eifer eingesetzt und bei der Beratung darüber auch eine wichtige Neuerung eingeführt haben. Bisher hatten nämlich die Vertreter des Volkes bei öffentlichen Reden mit dem Gesicht zum versammelten Senat hin gesprochen. Zum erstenmal aber wandte sich Gaius bei seiner Rede über das Gesetz, dem Forum, also dem Volk zu und behielt dann diese Gewohnheit bei. Durch diese kleine Veränderung in der Haltung leitete er aber etwas sehr Bedeutungsvolles ein. Denn damit verwandelte er gewissermaßen die aristokratische Staatsverfassung in eine demokratische, da die Redner nun ihre Worte direkt an das Volk und nicht mehr an den Senat richteten.

Das Volk nahm das Gesetz bereitwillig an und beauftragte zudem Gaius mit der Wahl der neuen Richter aus dem Ritterstand. Dadurch erlangte er eine fast monarchische Machtbefugnis, und der Senat selbst ließ es sich gefallen, von ihm beraten zu werden. Doch machte er immer nur solche Vorschläge, die mit der Ehre und Würde des Senats im Einklang standen. Von der Art waren zum Beispiel die sehr gerechten und verdienstvollen Vorschläge über die Verwendung des Getreides, das der Proprätor Fabius aus Spanien gesandt hatte. Er bestimmte nämlich den Senat, dieses Getreide zu verkaufen, das dafür gelöste Geld den Städten zurückzuschicken und Fabius einen strengen Verweis zu erteilen, daß er die römische Herrschaft den Untertanen verhaßt und unerträglich machte. Dadurch erwarb sich Gaius im hohen Grade die Anerkennung und Zuneigung der Provinzen.

Außerdem veranlaßte er Gesetze über Ansiedlung von Kolonisten in entvölkerten Städten, über Bau von Straßen und Anlage von Getreidemagazinen. Bei all diesen Angelegenheiten übernahm er selbst Leitung und Aufsicht und ließ sich bei der vielseitigen Inanspruchnahme keine Mühe verdrießen. Er nahm sich jeder einzelnen Sache mit Sorgfalt an und führte das Geplante mit ungeheurer Energie und Schnelligkeit durch. Selbst die Gegner, die ihn am meisten fürchteten und haßten, gaben ihrer Bewunderung über seine zielbewußte Tatkraft Ausdruck. Der Mann aus dem Volk aber staunte, wenn er sah, mit welcher Unzahl von Bauunternehmern, Handwerkern, Gesandten, Amtspersonen, Militärs und Gelehrten er verhandelte, wie er sich mit allen auf freundliche und höfliche Weise unterhielt und jedem die ihm zukommende Achtung erwies, ohne sich selbst in seiner Würde etwas zu vergeben. Dadurch strafte er die hämischen Verleumder Lügen, die ihn als Grobian, Wüterich und Gewaltmenschen hinstellten. Beim Volk aber wußte er sich durch seinen amtlichen und privaten Verkehr fast noch mehr einzuschmeicheln und beliebt zu machen als durch seine hinreißende Rednergabe. Am eifrigsten jedoch betrieb er den Straßenbau, wobei er ebensosehr auf Nutzen wie auf Schönheit und Bequemlichkeit bedacht war. Die Straßen wurden nämlich schnurgerade durch das Land geführt und mit behauenen Steinen gepflastert oder mir festgestampftem Sand bedeckt. Alle Vertiefungen wurden ausgefüllt; wo Gießbäche und Schluchten das Gelände durchschnitten, wurden Brücken gebaut, und da man beide Ufer gleichmäßig erhöhte, gewann das Ganze ein völlig ebenes und schönes Aussehen. Überdies ließ er die ganze Straße nach Meilen ausmessen und steinerne Säulen als Meilenanzeiger errichten. Auch setzte er noch andere Steine, in geringerer Entfernung voneinander an beiden Seiten des Weges, damit die zu Pferde Reisenden ohne fremde Hilfe wieder aufsitzen konnten.

All das war Grund genug, daß ihn das Volk in den Himmel erhob. Da er sich bereitwillig zeigte, ihm alle nur erdenklichen Beweise seiner Zuneigung zu geben, erklärte er einst in einer öffentlichen Rede, er werde das Volk um eine Gunst bitten. Wenn man sie ihm gewähre, würde er das hoch anschlagen, aber auch eine Ablehnung niemandem verargen. Diese Rede schien ein Gesuch um das Konsulat zu enthalten, und man glaubte allgemein, daß er sich gleich um das Konsulat und um das Tribunal bewerben wollte. Als jedoch der Tag der Konsul-Wahlen herankam und alle aufs höchste gespannt waren, erschien er mit Gaius Fannius auf dem Marsfeld und unterstützte ihn mit seinen Freunden bei der Bewerbung um das Konsulat. Das gab den Ausschlag für Fannius. Er wurde also zum Konsul, Gaius aber zum zweitenmal zum Volkstribun gewählt, ohne daß er sich darum beworben oder auch nur den Wunsch geäußert hätte, nur durch die Gunst des Volkes.

Indessen mußte er bald bemerken, daß ihm der Senat nur erbitterte Feindschaft entgegenbrachte und auch die Freundschaft des Fannius gegen ihn schon ziemlich erkaltet war. Daher suchte er durch neue Gesetze das Volk ganz auf seine Seite zu ziehen. Er schlug vor, Siedler nach Tarentum und Capua zu schicken und vor allem das Bürgerrecht auf sämtliche Latiner auszudehnen. Der Senat fürchtete nun, durch Gaius völlig an die Wand gedrückt zu werden, und griff zu einem neuen und ungewöhnlichen Mittel, um ihm das Volk abspenstig zu machen. Der Senat suchte nämlich Gaius in demagogischen Bestrebungen zu übertrumpfen und sich selbst zum Schaden des Staates dem Volk gefällig zu erweisen.

Zu Gaius' Amtsgenossen gehörte auch der Tribun Livius Drusus, der an Herkommen und Bildung keinem Römer nachstand und es auch an Beredsamkeit und Reichtum mit dem angesehensten seiner Mitbürger aufnehmen konnte. An ihn wandten sich also die Optimaten und bestimmten ihn, im Bund mit ihnen Gaius entgegenzuarbeiten und seine Machtstellung zu untergraben. Dabei sollte er aber nicht etwa gewaltsam vorgehen, sondern im Gegenteil dem Volk in weitestem Maße entgegenkommen und alle seine Wünsche erfüllen, auch dann, wenn es gegen die Interessen des Senats ginge.

Also stellte nun Livius dem Senat seine tribunatische Macht zur Verfügung und brachte ein Gesetz nach dem anderen ein, ohne auf Ehre oder Vorteil des Staates Rücksicht zu nehmen. Sein Ziel war dabei einzig und allein, etwa wie in der Komödie sich zwei Rivalen zu überbieten suchen, Gaius durch Gefälligkeiten und Entgegenkommen bei der großen Menge auszustechen. Damit bewies der Senat deutlich genug, daß er nicht etwa die politischen Maßnahmen des Gaius für schädlich hielt, sondern daß es ihm nur darum zu tun war, Gaius zu stürzen oder ihm wenigstens den übermächtigen Einfluß zu nehmen. Wenn Gaius die Anlage zweier Kolonien beantragte und dazu die besten Bürger bestimmte, warf man ihm vor, daß er um die Gunst des Volkes buhle; wenn Livius hingegen zwölf Kolonien vorschlug und in jede dreitausend bedürftige Bürger schicken wollte, fand er Beifall und volle Unterstützung. Wenn Gaius an die Mittellosen Land verteilen wollte und jedem eine Abgabe an den Fiskus auferlegte, brandmarkte man ihn als Schmeichler des Pöbels; Livius erließ den Siedlern auch diese Abgabe und wurde gelobt und gepriesen. Als Gaius vorschlug, den Latinern gleiches Stimmrecht zu verleihen, so wurde das sehr übel aufgenommen; dagegen wurde des Livius Vorschlag, man sollte im Heer auch für die Latiner die Prügelstrafe abschaffen, sofort genehmigt. Livius versicherte in seinen öffentlichen Reden immer wieder und wieder, all seine Vorschläge wären vom Senat gutgeheißen worden, der nur das Beste des Volkes wolle. Das war aber auch der einzige Nutzen, den sein politisches Verfahren brachte, daß das Volk dem Senat freundlicher gegenüberstand. Während es früher den Optimaten nur Haß und Mißtrauen entgegenbrachte, wußte Livius diesen eingewurzelten Groll und Widerwillen dadurch zu beseitigen oder wenigstens zu mildern, daß er erklärte, sein Entgegenkommen gegen die Wünsche des Volkes geschähe stets nur nach dem Willen und Rat der Optimaten.

Nichts konnte indes dem Volk von der Uneigennützigkeit und Ehrlichkeit Livius' einen überzeugenderen Beweis geben als der Umstand, daß er bei allen Vorschlägen, die er machte, niemals auf sich selbst oder sein Interesse Rücksicht zu nehmen schien. Denn zur Anlage von Kolonien schickte er immer andere als Bevollmächtigte ab und befaßte sich nie mit Verwaltung von Geldern, während Gaius die meisten und wichtigsten solcher Angelegenheiten persönlich zu erledigen pflegte. Rubrius, einer der Amtsgenossen im Tribunat, beantragte nun den Wiederaufbau des von Scipio zerstörten Karthagos, und Gaius wurde durch das Los bestimmt, nach Afrika zu gehen, um die Einrichtung der neuen Kolonie vorzunehmen. Seine Abwesenheit benutzte nun Livius aufs beste, um gegen ihn zu arbeiten und das Volk immer mehr auf seine Seite zu ziehen. Besonders geschah das durch die gegen Fulvius verbreiteten Beschuldigungen.

Dieser Fulvius war der vertraute Freund des Gaius und bei der Ackerverteilung sein Kollege gewesen. Als ein unruhiger Kopf und gefährlicher Draufgänger hatte er sich beim Senat verhaßt gemacht. Aber auch in der öffentlichen Meinung stand er im Verdacht, daß er die Bundesgenossen aufwiegle und die Völker Italiens unter der Hand zum Abfall reize. Diesen unverbürgten Gerüchten gab Fulvius selbst eine gewisse Glaubwürdigkeit durch seinen unbesonnenen Radikalismus, der kein Maß und Ziel kannte und auch vor den bedenklichsten Mitteln nicht zurückschreckte. Es war auch einer der wichtigsten Gründe für Gaius' Sturz, daß man den Haß gegen Fulvius auf ihn übertrug. Als Scipio Africanus ohne Ursache plötzlich starb und an seinem Leichnam Spuren von Gewalttätigkeiten und Schlägen gefunden wurden, beschuldigte man in erster Linie Fulvius, seinen erklärten Feind, der gerade an jenem Tag auf dem Forum gegen Scipio heftig losgezogen hatte. Auch Gaius traf einiger Verdacht. Und diese abscheuliche Tat, verübt an dem ersten und größten aller Römer, blieb gleichwohl unbestraft und kam nicht einmal zur Untersuchung. Denn die Menge widersetzte sich dem und unterdrückte die Sache aus Besorgnis, daß Gaius bei einer Untersuchung des Mordes mitschuldig befunden werden möchte. Doch dies lag schon einige Zeit zurück.

In Afrika sollen sich bei der Wiedererbauung Karthagos – von Gaius Iunonia, die Stadt der Juno genannt – viele Hindernisse gezeigt haben, die die Götter dem Werk in den Weg legten. Das erste Feldzeichen wurde vom Winde erfaßt und brach in Stücke, als sich der Fahnenträger mit aller Macht entgegenstemmte. Ein Wirbelwind riß die Opfertiere vom Altar und warf sie weit über die Pfähle hinaus, die den Grundriß der neuen Stadt bezeichneten. Die Grenzpfähle selbst wurden von einbrechenden Wölfen ausgerissen und eine weite Strecke weggeführt. Dennoch kam Gaius mit allen nötigen Anordnungen und Vorkehrungen in siebzig Tagen zustande und kehrte dann in aller Eile nach Rom zurück. Er hatte Nachricht erhalten, daß Fulvius von Livius Drusus hart bedrängt wurde und die Ereignisse seine Gegenwart dringend notwendig machten.

Lucius Opimius nämlich, ein eifriger Optimat und einflußreiches Senatsmitglied, war im Jahre vorher bei der Bewerbung um die Konsulwürde durchgefallen, da Gaius sich für Fannius verwendet und dadurch seine Niederlage bewirkt hatte. Jetzt aber hatte er eine starke Partei hinter sich, und es war sehr wahrscheinlich, daß er zum Konsulat gelangen und als Konsul dann Gaius stürzen würde, dessen Stern schon zu sinken begann. Denn das Volk war seiner politischen Bemühungen überdrüssig geworden, da sich jetzt viele um seine Gunst bewarben und der Senat sich allen seinen Wünschen gegenüber sehr nachgiebig zeigte.

Nach seiner Rückkehr nach Rom war das erste, daß er seine Wohnung vom Palatin in die Gegend des Forums verlegte, die für volkstümlicher gehalten wurde, weil in diesem Viertel die meisten armen und geringen Bürger wohnten. Dann brachte er die übrigen Gesetze heraus, um über sie abstimmen zu lassen. Als eine große Menschenmenge aus ganz Italien in Rom zusammenströmte, um Gaius zu unterstützen, bewog der Senat den Konsul Fannius, alle Nichtrömer aus der Stadt zu weisen. Daher wurde die ungewöhnliche und seltsame Verordnung durch öffentlichen Ausruf bekanntgemacht, daß sich niemand von den Bundesgenossen oder Freunden Roms während der Wahltage in der Stadt aufhalten dürfte. Gaius erließ dagegen ein anderes Edikt, worin er sich über das Verfahren des Konsuls beschwerte und den Bundesgenossen alle Unterstützung versprach, wenn sie blieben. Doch hielt er nicht Wort. Im Gegenteil, als er sah, daß einer seiner Gastfreunde von den Liktoren des Fannius weggeschleppt wurde, ging er schweigend vorüber, ohne sich seiner anzunehmen. Sei es nun, daß er sich scheute, die merkliche Minderung seines Ansehens merken zu lassen, oder, wie er selbst sagte, seinen Feinden, die schon lange darauf lauerten, keinen Vormund zu Händeln und Schlägereien geben wollte.

Es kam hinzu, daß er auch mit seinen Amtsgenossen, den übrigen Tribunen, Verdrießlichkeiten hatte. Auf dem Forum sollten nämlich Gladiatorenspiele veranstaltet werden, und die meisten Beamten ließen ringsum Tribünen errichten, um sie an die Zuschauer zu vermieten. Gaius gab nun Befehl, sämtliche Gerüste wieder wegzureißen, damit die ärmere Bevölkerung von diesen Plätzen aus dem Spiel unentgeltlich zuschauen könnte. Da sich niemand um diesen Befehl kümmerte, wartete er die Nacht vor den Spielen ab, nahm dann die ihm für die staatlichen Arbeiten unterstellten Handwerker mit auf das Forum, ließ die Gerüste wegnehmen und wies am folgenden Morgen der Bevölkerung die freigemachten Plätze an. Vom Volk wurde er zwar als mutiger und unerschrockener Mann gepriesen, aber seine Kollegen waren wütend über diesen gewaltsamen Eingriff.

Durch diesen Zwist scheint er sich auch das dritte Tribunat verscherzt zu haben. Zwar waren ihm anscheinend die meisten Stimmen zugefallen, aber seine Kollegen sollen bei der Bekanntgabe der Gewählten unredlich und betrügerisch verfahren sein. Doch ist dieser Umstand nicht völlig erwiesen. Gaius konnte, als er sich zurückgesetzt sah, seinen Unwillen nicht verbergen und soll zu seinen Gegnern, die ihn verspotteten, etwas unbesonnen geäußert haben: Ihr erlaubt euch ein bitteres Hohngelächter und wißt nicht, wie bald euch das Lachen vergehen wird durch mich, und zwar für immer!

Auch wurde Lucius Opimius zum Konsul gewählt, worauf man sogleich mehrere der neuen Gesetze wieder aufhob. Selbst die Verordnung wegen der Neubesiedlung Karthagos wurde abgeändert, nur um Gaius zu reizen, damit man gegen ihn vorgehen konnte, wenn er sich zu Unbesonnenheiten hinreißen ließ. Eine Zeitlang ertrug Gaius diese Nadelstiche geduldig. Endlich aber beschloß er auf Antrieb seiner Freunde, besonders des Fulvius, sich wieder einen starken Anhang zu schaffen, um gegen den Konsul vorzugehen. Einige erzählen auch, seine Mutter habe dieses Komplott unterstützt, mehrere Fremde heimlich in Sold genommen und sie als Schnitter verkleidet nach Rom geschickt. In den Briefen an ihren Sohn sollen sich darüber dunkle Andeutungen finden. Andere hingegen versichern, Cornelia wäre mit dem ganzen Unternehmen nicht einverstanden gewesen.

An dem Tag nun, an dem Opimius jene Gesetze aufheben wollte, wurde das Kapitol gleich früh am Morgen von beiden Parteien besetzt. Der Konsul opferte, und einer seiner Liktoren, Quintus Antyllius, der die Eingeweide nach einem anderen Ort tragen sollte, rief den Anhängern des Fulvius zu: Schert euch weg, ihr schlechten Bürger, gebt den guten Raum! – Einige setzten hinzu, er habe diese Worte noch mit einer höhnischen Bewegung des entblößten Armes begleitet. Im nächsten Augenblick wurde Antyllius mit langen Schreibgriffeln, die angeblich zu diesem Zweck angefertigt worden waren, auf grausamste Art niedergestochen. Über diese Mordtat geriet das Volk in große Aufregung, aber die Parteiführer äußerten dabei eine ganz verschiedene Stimmung. Gaius war sehr bekümmert und schalt seine Anhänger, daß sie seinen Gegnern den schon langgesuchten Vorwand an die Hand gegeben hätten. Opimius hingegen frohlockte über die ihm dargebotene schöne Gelegenheit und rief das Volk zur Rache auf.

Da aber plötzlich ein starker Platzregen einsetzte, ging die Versammlung für diesmal noch friedlich auseinander. In der Frühe des nächsten Tages berief der Konsul den Senat in die Kurie, um über die Lage zu beraten. Inzwischen mußten einige, der Abrede gemäß, die Leiche des Antyllius nackt auf einer Bahre unter Heulen und Wehklagen über das Forum vor die Kurie tragen. Opimius wußte um alles, was draußen vorging, tat aber sehr erstaunt, so daß die Senatoren alle hinaustraten. Als nun die Bahre inmitten der Volksmenge niedergesetzt wurde, brachen sie in lautes Klagen aus, als wäre ein großes und furchtbares Unglück geschehen. Allein das Volk machte seinem Haß und Abscheu gegen die Vornehmen Luft: Tiberius Gracchus, den Volkstribun in Amt und Würden, hätten sie auf dem Kapitol mit eigener Hand ermordet und seinen Leichnam auf das schmählichste behandelt, aber einen Sklaven, wie Antyllius, bahre man auf dem Forum öffentlich auf. Vielleicht sei ihm Unrecht geschehen, aber er habe sein Unglück größtenteils selbst verschuldet. Der ganze römische Senat umstehe nun jammernd die Bahre, um einem armseligen Mietling das Geleit zu geben, bloß in der Absicht, den einzigen Volksfreund, der noch übrig sei, desto leichter aus dem Weg räumen zu können.

Darauf ging der Senat in die Kurie zurück und gab durch ein Dekret dem Konsul Opimius die diktatorische Vollmacht, mit allen Mitteln, sei es selbst mit Gewalt, für die Sicherheit des Staates zu sorgen und jede Auflehnung gegen die Verfassung niederzuschlagen. Der Konsul befahl den Senatoren, in Waffen zu erscheinen, außerdem sollte jeder Ritter sich am anderen Morgen mit zwei bewaffneten Sklaven einfinden. Darauf traf auch Fulvius seine Gegenmaßnahmen und sammelte seine Anhänger um sich.

Als Gaius das Forum verließ, blieb er vor dem Denkmal seines Vaters stehen, blickte es lange schweigend an und ging dann seufzend und weinend weiter. Das erweckte Mitleid bei vielen, die das mit ansahen. Sie machten sich bittere Vorwürfe, daß sie Gaius im Stich ließen und verrieten, zogen nach seinem Haus und hielten dort die Nacht über Wache. Ganz anders die Leute des Fulvius. Diese zechten und tobten und lärmten die ganze Nacht hindurch, und Fulvius, der zuerst betrunken war, erlaubte sich freche Reden und Handlungen, die sich in seinem Alter nicht geziemten. Die Anhänger des Gaius hielten sich hingegen ganz ruhig, als wäre ein großes Unglück über das Vaterland hereingebrochen, und dachten daran, was daraus folgen könnte, während sie abwechselnd Wache hielten.

In der Frühe des nächsten Morgen mußte Fulvius, der noch seinen Rausch ausschlief, mit vieler Mühe aufgeweckt werden. Dann bewaffneten sich seine Anhänger mit den in seinem Haus befindlichen Waffen, die er als Konsul den besiegten Galliern abgenommen hatte, und zogen unter lautem Geschrei und Drohungen auf den Aventin, um sich da festzusetzen. Gaius hingegen wollte durchaus keine Waffen anlegen und erschien, wie er sonst auf das Forum zu gehen pflegte, in der Toga, nur mit einem kleinen Dolch an der Seite. Als er eben aus dem Haus treten wollte, warf sich seine Frau vor ihm nieder, hielt mit der einen Hand ihn selbst, mit der anderen Hand ihr kleines Kind und rief: Du gehst jetzt von mir weg, mein Gaius, nicht wie sonst, um als Volkstribun oder Gesetzgeber auf die Rednertribüne zu gehen, auch nicht einmal in einen ruhmvollen Krieg, wo ich dich mit Ehren betrauern könnte, wenn dir etwas zustieße; nein, du lieferst dich selbst den Mördern des Tiberius in die Hände. Daß du unbewaffnet hingehst, um lieber Unrecht zu leiden als Unrecht zu tun, ist zwar schön und löblich, aber dein Opfer wird dem Staat keinen Nutzen bringen. Denn die schlechtere Sache triumphiert jetzt; Schwert und Gewalt entscheiden in den Gerichten. Wäre dein Bruder vor Numantia gefallen, so wäre uns sein Leichnam kraft des Vertrages ausgeliefert worden. Nun aber muß ich wohl Fluß oder Meer anstehen, mir zu entdecken, wo dein Körper verborgen liegt, denn wie kann man noch Gesetzen und Göttern vertrauen, nachdem Tiberius ermordet wurde? – Während Licinia so klagte, machte sich Gaius sanft aus ihren Armen los und ging schweigend mit seinen Freunden weg. Sie suchte sich noch an seinem Gewand anzuklammern, sank aber zu Boden und blieb bewußtlos liegen, bis die Bedienten sie aufhoben und zu ihrem Bruder Crassus trugen.

Als die Parteigänger des Gaius versammelt waren, schickte Fulvius auf Gaius' Bitten seinen jüngsten Sohn mit einem Heroldstab zum Forum. Dieser, ein Jüngling von ungemeiner Schönheit, trat bescheiden und ehrfurchtsvoll mit Tränen in den Augen vor den Senat und überbrachte den Vorschlag zur Versöhnung. Die meisten Anwesenden waren auch bereit, die Feindseligkeiten beizulegen. Aber der Konsul Opimius wollte von Einlenken nichts wissen. Er erklärte, jene Leute sollten sich zur Aburteilung dem Gericht stellen und durch freiwillige Auslieferung den gerechten Zorn des Senats besänftigen. Dem Jüngling aber befahl er, ihm mit dergleichen Anträgen nicht nochmals unter die Augen zu kommen.

Gaius wollte nun, wie es heißt, selbst hingehen und dem Senat Vorstellungen machen. Da aber alle sich dem widersetzten, schickte Fulvius seinen Sohn nochmals ab, um in ihrem Namen neue Vorschläge zu machen. Allein Opimius, der nichts mehr wünschte, als mit der Gegenpartei endgültig abzurechnen, ließ den jungen Mann sogleich ergreifen und ins

Gefängnis abführen. Dann griff er Fulvius mit einer Abteilung Schwerbewaffneter und kretischer Bogenschützen an, die mit ihren Pfeilen viele verwundeten und die Gegner völlig in Verwirrung brachten. Alles flüchtete davon, wobei sich Fulvius in ein altes, verlassenes Bad versteckte, aber bald entdeckt und mit seinem älteren Sohn niedergehauen wurde.

Gaius war von niemandem im Kampf gesehen worden. Voller Unwillen und Ekel über das Geschehene hatte er sich zum Tempel der Diana gewandt und war schon im Begriff, sich das Leben zu nehmen. Er wurde aber von seinen treuesten Freunden, Pompejus und Licinius, daran gehindert; sie rissen ihm den Dolch aus der Hand und bewogen ihn, sich durch Flucht zu retten. Da soll Gaius sich auf die Knie niedergelassen, die Hände nach der Göttin ausgestreckt und über die Römer den Fluch ausgesprochen haben, das Volk möge wegen seiner Verräterei und Undankbarkeit in ewige Knechtschaft verfallen. Denn die meisten seiner Anhänger waren sogleich ohne Scheu zur Gegenpartei übergegangen, als ihnen durch öffentlichen Ausruf Sicherheit und Straffreiheit zugesagt wurde.

Dem fliehenden Gaius setzten nun die Feinde nach, und als sie ihn an der hölzernen Tiberbrücke einholten, hießen ihn die beiden Freunde schleunigst weiterflüchten. Sie selbst stellten sich den Verfolgern entgegen und verteidigten den Zugang zur Brücke, bis beide gefallen waren. Nur von einem einzigen Sklaven namens Philokrates wurde Gaius auf seiner Flucht begleitet. Alle spornten ihn zwar an, wie bei einem Wettlauf, sich zu beeilen; aber keiner hatte den Mut, ihm beizustehen oder auch nur ihm auf seine dringende Bitte ein Pferd zu beschaffen. Die Verfolger waren ihm hart auf den Fersen, und mit knapper Not erreichte er einen kleinen, den Erinnyen geweihten Hain. Dort fand er sein Ende. Der Sklave Philokrates tötete erst Gaius, dann sich selbst mit dem Schwert. Andere sagen jedoch, beide wären noch lebend von den Feinden eingeholt worden, aber der Sklave habe seinen Herrn so fest umschlungen, daß man ihn erst töten mußte, bevor man an Gaius gelangen konnte.

Den Kopf des Gaius hatte, wie man erzählt, ein Unbekannter abgeschlagen und wollte ihn dem Konsul überbringen. Allein ein Freund des Opimius, namens Septimulejus, riß ihm den Kopf unterwegs aus den Händen. Denn gleich zu Anfang des Kampfes war den Überbringern der Köpfe des Gaius und Fulvius durch öffentlichen Aufruf als Belohnung das Gewicht der Köpfe in Gold versprochen worden. Septimulejus brachte Gaius' Kopf auf einen Spieß gesteckt zu Opimius, und als man ihn auf die Waage legte, zeigte sich zu aller Überraschung, daß er nicht weniger als siebzehn und zwei Drittel Pfund wog. Selbst in diesem furchtbaren Augenblick hatte Septimulejus noch einen Schelmenstreich begangen, das Gehirn herausgenommen und die Höhlung mit Blei ausgegossen. Aber die den Kopf des Fulvius überbrachten, bekamen gar nichts, weil es nur geringe unbekannte Leute waren.

Gaius, Fulvius und die anderen Toten – es waren fast dreitausend – wurden in den Tiber geworfen. Ihre Güter verfielen dem Staat; den Frauen wurde untersagt, Trauer anzulegen, und sogar Licinias Mitgift wurde eingezogen. Die größte Grausamkeit aber verübte man am jüngsten Sohn des Fulvius, obwohl er keinen Widerstand geleistet und überhaupt am Kampf nicht teilgenommen hatte. Er war als Unterhändler vor Beginn des Gemetzels festgenommen worden und wurde nach dem Kampf ohne Gnade hingerichtet. Doch mehr als dies und alles übrige empörte es das Volk, daß Opimius der »Eintracht« einen Tempel errichtete. Das sah ganz so aus, als wollte er mit der schändlichen Tat noch prahlen und einen Triumph feiern, Tausende seiner Mitbürger umgebracht zu haben. Unbekannte Hände setzten daher im Dunkel der Nacht die Unterschrift unter den Vers:

Die frechste Zwietracht weiht der Eintracht
einen Tempel.

Dieser Opimius nun, der als erster Konsul diktatorische Gewalt ausgeübt, der Gaius, den besten und redlichsten seiner Zeitgenossen, und Fulvius Marcus, der Konsul gewesen war und einen Triumph gefeiert hatte, zusammen mit dreitausend römischen Bürgern ohne gerichtliche Untersuchung in den Tod gehetzt hatte – dieser Opimius, sage ich, hielt selbst seine Hände nicht frei von unsaubersten Machenschaften. Denn als er zu Jugurtha von Numidien als Gesandter geschickt wurde, ließ er sich vom König durch eine hohe Geldsumme bestechen. Dieses schmachvollen Verbrechens wegen wurde er vor Gericht gezogen und verbrachte sein Alter in Schande und Unehre, gehaßt und verachtet von allen Römern.

Das Volk war anfangs durch die Geschehnisse aufs tiefste gedemütigt und niedergedrückt. Aber bald darauf zeigte es, mit welcher Liebe und Sehnsucht es noch an den Gracchen hing. Es ließ Statuen von ihnen anfertigen und an öffentlichen Platzen ausstellen, weihte die Stätten, wo sie ermordet worden waren, und brachte ihnen die Erstlinge von allen Jahresfrüchten.

Täglich wallfahrteten viele zu diesen Stätten wie zu Göttertempeln, brachten Opfer und erwiesen ihnen die größte Verehrung.

Cornelia soll ihr Unglück mit der edlen Gelassenheit einer großen Seele getragen haben. Von den geheiligten Orten, wo der Mord an ihren Söhnen geschehen war, sagte sie, die Toten hätten nun die Grabstätten, die sie verdienten. Sie wohnte fortan auf ihrem Landgut bei Miseni und setzte ihr gewohntes Leben fort. Sie liebte es, Freunde zu empfangen und ein offenes Haus zu machen. Griechische Gelehrte gingen bei ihr ein und aus, und Könige sandten ihr Geschenke. Ihren Freunden und Gästen konnte sie keine größere Freude machen, als wenn sie von dem Leben und den Taten ihres Vaters Africanus erzählte. Am meisten aber wurde sie bewundert, wenn sie auf ihre Söhne zu sprechen kam und ohne alle Trauer oder Tränen von ihnen und von ihren Taten und Leiden erzählte wie von Helden der Vorzeit.

Daher mochte es manchem scheinen, als habe ihr Geist durch das Alter oder durch das Übermaß der Leiden gelitten und sei gegen Unglück gefühllos geworden. Aber jene wissen nichts davon, welch treuer Helfer in Kummer und Betrübnis ein großer Geist, edle Geburt und gute Erziehung für den Menschen sind. Wohl beugt das Schicksal bisweilen ein tapferes Herz, wenn es dem Leiden aus dem Weg gehen will. Die Kraft aber, das Unglück standhaft zu ertragen, kann das Geschick ihm nicht nehmen.

Gaius Julius Caesar

Als Sulla Herr von Rom geworden war, vermochte er weder durch Versprechungen noch Drohungen Cornelia, die Tochter des einstigen Gewalthabers zu bestimmen, sich von ihrem Gatten Caesar zu trennen. Sulla zog deshalb ihre Mitgift ein. Der Grund der Feindschaft zwischen Sulla und Caesar lag darin, daß Caesar mit Marius verwandt war. Der ältere Marius hatte Julia, eine Tante Caesars, zur Frau, und ihrer beider Sohn, der jüngere Marius, war also ein Vetter Caesars. Caesar fühlte sich von Sulla zurückgesetzt. Im Ärger darüber bewarb er sich trotz seiner noch sehr jungen Jahre in der Volksversammlung um ein Priesteramt. Sulla arbeitete dagegen, und es gelang ihm, Caesar bei der Wahl durchfallen zu lassen. Sulla dachte sogar daran, Caesar aus dem Weg zu räumen. Als man ihm vorhielt, er hätte doch wahrlich keinen Grund, einen so jungen Menschen töten zu lassen, antwortete er, man müßte ein Tor sein, um nicht zu erkennen, daß in diesem Knaben mehr als ein Marius steckte.

Als Caesar diese Worte hinterbracht wurden, entfloh er aus Rom und irrte lange im Land der Sabiner umher. Aber dabei wurde er krank und mußte sich, um nicht entdeckt zu werden, ständig von einem Haus zum anderen tragen lassen. Dabei fiel er eines Nachts den in jener Gegend umherspürenden Häschern Sullas in die Hände. Er bestach jedoch den Anführer der Rotte, Cornelius, mit zwei Talenten, wurde wieder freigelassen, eilte nun sogleich an die Küste und segelte nach Bithynien zum

König Nikomedes. Bei diesem hielt er sich aber nur kurze Zeit auf und wurde dann auf der Rückfahrt bei der Insel Pharmakusa von Seeräubern aufgehoben, die schon damals mit ihren zahlreichen Schiffen das ganze Mittelmeer unsicher machten.

Als die Seeräuber nicht mehr als zwanzig Talente Lösegeld für seine Freilassung forderten, lachte er sie höhnisch aus, sie hatten ja keine Ahnung, wen sie eigentlich gefangen hätten, und erbot sich freiwillig, ihnen fünfzig zu zahlen. Er schickte also seine Begleiter nach verschiedenen Städten aus, um das Geld herbeizuschaffen und blieb indessen mit einem Freunde und zwei Bedienten unter diesen mordsüchtigen Kilikiern zurück. Aber er behandelte sie sehr von oben herab und befahl ihnen zum Beispiel, sich still zu verhalten, wenn er zu schlafen geruhte. Achtunddreißig Tage lebte er unter ihnen auf eine Art, daß sie eher seine Leibwache zu sein schienen als er ihr Gefangener, und trieb mit ihnen Scherz und Spiel ohne die geringste Besorgnis.

Bisweilen verfaßte er Gedichte und Reden und las sie ihnen vor; wenn sie ihn dann nicht genug bewunderten, nannte er sie ins Gesicht Barbaren und Banausen und drohte ihnen auch oft unter Lachen, er werde sie noch alle aufhängen lassen. Den Piraten machte das viel Spaß, und sie hielten seine kecken Reden für harmlose Possen.

Sobald aber das Lösegeld aus Milet angekommen und Caesar in Freiheit gesetzt war, bemannte er im Hafen der Milesier einige Fahrzeuge und lief gegen die Seeräuber aus. Er fand sie auch noch bei der Insel vor Anker liegen und bekam die meisten in seine Gewalt. Die bei ihnen gefundenen Schätze betrachtete er als seine rechtmäßige Beute, sie selbst aber lieferte er in das Gefängnis von Pergamon ab. Dann ging er zu Junius, dem Statthalter von Kleinasien, dem als zuständigem Prätor die Bestrafung der Gefangenen zukam. Doch Junius hatte es in erster Linie auf die erbeuteten Schätze abgesehen, die allerdings sehr beträchtlich waren, und erklärte ausweichend, sobald er Zeit fände, würde er sich mit den Gefangenen befassen. Daraufhin ging Caesar, ohne weiter auf den Prätor Rücksicht zu nehmen, nach Pergamon zurück und ließ die Seeräuber samt und sonders ans Kreuz schlagen, wie er es ihnen auf der Insel oft scherzweise prophezeit hatte.

In Rom begann inzwischen Sullas Macht zu sinken, und Caesar wurde von seinen Freunden aufgefordert, wieder nach Hause zurückzukommen. Vorher aber ging er noch nach Rhodos, um die Schule des Apollonius zu besuchen, den auch Cicero gehört hatte. Apollonius war ein berühmter Lehrer der Redekunst und außerdem ein ehrlicher, vornehm denkender Mann. Caesar soll von Haus aus ein begabter politischer Redner gewesen sein und bildete diese Gabe auch mit aller Sorgfalt aus, so daß er unbestritten als der zweitbeste Redner gelten konnte. Auf den Ruhm, der erste zu sein, verzichtete er gern, da er lieber als Mann der Tat alle überragen wollte. So unterließ er es, die ihm von der Natur verliehene Gabe bis zur letzten Vollkommenheit zu entwickeln, denn ihn lockten Krieg und Politik, die ihn denn auch an die Spitze des Staates brachten. In der Würdigung des von Cicero verfaßten »Cato« bittet er selbst später, man möge die Worte eines Kriegsmannes nicht an der Kunst eines geübten Redners messen, der ja auch sonst nichts anderes zu tun habe.

Bald nach seiner Rückkehr nach Rom zog er Dolabella wegen Bedrückung seiner Provinz vor Gericht, und viele Städte Griechenlands stützten die Anklage durch ihr Zeugnis. Trotzdem wurde Dolabella freigesprochen. Um sich den Griechen für die gute Absicht dankbar zu erweisen, vertrat sie Caesar bei dem Prozeß, den sie gegen Publius Antonius wegen Bestechung vor dem Prätor von Makedonien Marcus Lucullus führten. Caesar ging dabei so energisch ins Zeug, daß Antonius an die Volkstribunen in Rom appellierte unter der Begründung, er könne in Griechenland gegen Griechen kein unparteiisches Urteil erlangen.

In Rom selbst fand Caesar als gerichtlicher Verteidiger großen Beifall. Zugleich gewann er durch sein freundliches und liebenswürdiges Wesen und eine bei seiner Jugend eigentlich unerwartete Zuvorkommenheit gegen jedermann die Liebe und Zuneigung des Volkes. Auch seine Tafel, die Gesellschaften, die er gab, und überhaupt sein prunkvolles Auftreten, verhalfen ihm zu einem immer mehr wachsenden Ansehen in der Stadt. Freilich meinten seine Gegner, wenn er erst sein Vermögen durchgebracht hätte, würde es auch mit seinem Ansehen bald vorbei sein, und ließen daher seine Beliebtheit beim Volk ungehindert weiter wachsen. Aber als sein Ansehen so groß geworden war, daß man nichts mehr dagegen ausrichten konnte und er offensichtlich auf den Umsturz lossteuerte, merkten sie zu spät, daß jegliches Beginnen, mag es im Anfang noch so geringfügig erscheinen, durch Beharrlichkeit und Eifer zu etwas Unüberwindlichem anwachsen kann, wenn man es nicht im Keime erstickt.

Cicero, der als erster hinter der Maske freundlicher Verbindlichkeit den kühnen und unternehmenden Charakter Caesars erkannt zu haben scheint und die lächelnde Miene seiner Staatskunst mit der heiteren Stille des Meeres verglich, erklärte einst, daß er in Caesars politischen Plänen und Unternehmungen überall die tyrannischen Absichten spürte. Allein, fügte er hinzu, wenn ich sehe, wie er sein Haar immer so künstlich geschniegelt trägt und sich stets nur mit einem Finger kratzt, dann kann ich mir nicht vorstellen, daß dieser Mann so unheilvolle Gedanken, wie den Umsturz der römischen Verfassung, im Busen hegt. Doch das gehört einer späteren Zeit an.

Den ersten Beweis seiner Liebe gab ihm das Volk, als es ihn gegen seinen Mitbewerber Gaius Popilius zum Kriegstribun wählte. Einen zweiten noch weit auffallenderen aber, als er seiner Tante Julia, der Frau des Marius, nach ihrem Tod auf dem Forum eine glänzende Trauerrede hielt und bei dem Leichen-

Julius Caesar
Neapel, Nationalmuseum

begängnis wagte, Marius' Bilder öffentlich auszustellen. Man sah sie seit Sullas Herrschaft zum erstenmal wieder, denn Sulla hatte Marius und seine Anhänger zu Feinden des Vaterlandes erklären lassen. Manche erhoben darüber zwar ein Geschimpfe auf Caesar, aber das Volk überschrie sie und bezeigte durch lautes Beifallsklatschen, daß er endlich nach langer Zeit die Ehre des Marius gleichsam aus der Unterwelt wieder hervorgeholt hatte.

Älteren Frauen öffentliche Leichenreden zu halten, war in Rom schon von altersher Sitte; bei den jüngeren war es bisher nicht üblich. Aber Caesar tat es zum erstenmal zu Ehren seiner verstorbenen Frau. Auch dadurch gewann er die Gunst der Menge, und um seiner Trauer willen achtete man ihn als einen humanen und herzensguten Charakter.

Nach der Beisetzung seiner Gattin ging er als Quästor mit dem Prätor Vetus nach Spanien. Diesen Mann verehrte er zeit seines Lebens und machte nachmals dessen Sohn ebenfalls zu einem Quästor, als er selbst Prätor wurde. Nach der Rückkehr aus Spanien verheiratete er sich zum drittenmal mit Pompeja. Von Cornelia hatte er nur eine Tochter, die später Pompejus Magnus heiratete.

Durch den verschwenderischen Aufwand, den er trieb und für den er anscheinend nur rasch welkenden Ruhm eintauschte, in Wahrheit aber mit solchen kleinen Mitteln seine zukünftige Größe erkaufte, soll er sich eine Schuldenlast von dreizehnhundert Talenten zugezogen haben, noch ehe er zu einem Amt gelangt war. Auch hatte er bei der Ausbesserung der Via Appia, die ihm unterstellt war, große Summen seines Vermögens zugesetzt. Als Aedil ferner ließ er dreihundertzwanzig Paar Fechter auftreten, und durch seinen Prunk bei Schauspielen, feierlichen Aufzügen und öffentlichen Speisungen übertrumpfte er die gewiß nicht kleinen Bemühungen aller seiner Vorgänger. Aber damit hatte er die Begeisterung des Volkes in so hohem Grade gewonnen, daß man ihm immer neue

Ehren und Ämter zuschanzen wollte, um sich für seine Freigebigkeit erkenntlich zu erweisen.

In Rom bestanden damals zwei Parteien: die aristokratische, von Sulla geführt, hatte alle Gewalt in der Hand; die des Marius, die demokratische, war jeder Macht beraubt, völlig entmutigt und nahezu aufgerieben. Caesar wollte ihr wieder den Rücken stärken und sie für sich gewinnen. Er begann damit, seine während des Aedilenamts gewonnene Beliebtheit beim Volk auszunützen, im geheimen Standbilder des Marius mit Siegesgöttinnen und Trophäen anfertigen zu lassen, und gab dann Befehl, sie des Nachts auf dem Kapitol aufzustellen. Als man am anderen Morgen die Statuen schimmernd von Gold in herrlicher Kunst sah, mit den Aufschriften, die von den Siegen über Kimbern und Teutonen kündeten, war man starr vor Schrecken über die Kühnheit des Stifters, den zu erraten nicht schwer war. Einige schlugen Lärm und riefen, Caesar strebe nach der Alleinherrschaft, da er die durch Gesetze und Volksbeschlüsse längst verscharrten Ehrenzeichen wieder hervorgeholt habe. Jetzt, wo er das Volk durch seine prunkvollen Feste gekürt habe, wolle er nur ausprobieren, ob es zahm genug sei, sich solche Scherze und Neuerungen gefallen zu lassen. Die Marianer hingegen machten sich gegenseitig Mut, erschienen sogleich in erstaunlich großer Zahl und erfüllten das Kapitol mit Beifallsjubel. Vielen standen Freudentränen in den Augen, als sie Marius' Bild erblickten, und in Lobliedern pries man Caesar, er allein verdiene es, Verwandter des Marius zu heißen.

Als der römische Senat wegen dieses Vorfalls zusammengerufen war, stand Lutatius Catulus auf, damals der angesehenste Mann und aus vornehmem Geschlecht, um Caesar anzuklagen. Dabei sprach er das berühmte Wort: Jetzt greift Caesar den Staat nicht mehr mit unterirdischen Minen, sondern mit Sturmmaschinen an. Doch wußte sich Caesar so geschickt zu verteidigen, daß der Senat sich beruhigte. Dadurch wurden seine Anhänger noch kühner und ermahnten ihn, sich von niemand mehr einschüchtern zu lassen, da er mit Unterstützung des Volkes über alle obsiegen und sich über sie emporschwingen würde.

Inzwischen war der Pontifex Maximus Metellus gestorben, und die beiden vornehmsten Männer, Isauricus und der eben erwähnte Catulus, die besonders im Senat starken Anhang hatten, bewarben sich gleichzeitig um das hohe Priesteramt. Caesar ließ sich dadurch nicht abschrecken und trat in der Volksversammlung als Mitbewerber auf. Da die Aussichten ziemlich gleich schienen, ließ Catulus, der wegen seiner hohen Stellung einen Mißerfolg schwerer ertragen konnte, Caesar eine große Geldsumme anbieten, wenn er seine Bewerbung zurückzöge. Caesar aber antwortete, er werde den Kampf durchfechten, wenn er dadurch auch noch mehr Schulden machen müsse. Am Morgen des Wahltages nahm er von seiner Mutter, die ihn weinend zur Tür geleitete, mit den Worten Abschied: Heute wirst du deinen Sohn entweder als Pontifex Maximus oder als Verbannten wiedersehen. Als es dann zur Abstimmung kam, wurde er nach heißem Kampf Sieger. Dieser überraschende Erfolg ließ bei Senat und Adel die Befürchtung aufkommen, Caesar werde das Volk noch zu den größten Unbesonnenheiten verleiten. Daher erhoben Piso und Catulus schwere Vorwürfe gegen Cicero, daß er Caesar in den Catilinarischen Händeln mit soviel Schonung behandelt hätte, wo ihm doch so leicht beizukommen gewesen wäre.

Catilina ging nämlich damit um, nicht nur die Verfassung zu stürzen, sondern eine völlige Umwälzung alles Bestehenden herbeizuführen. Als erst geringe Beweise gegen ihn vorlagen, war er aus Rom entwichen, ehe noch seine letzten Pläne an den Tag gekommen waren. Er hatte aber Lentulus und Cethegus in der Stadt zurückgelassen, um seine Absichten weiter zu fördern. Ob nun Caesar sie im geheimen aufgemuntert und unterstützt hat, läßt sich nicht mit Gewißheit sagen. Aber als sie im Senat ihrer verbrecherischen Umtriebe überführt waren und Cicero, damals Konsul, die einzelnen Senatoren zur Äußerung über das Strafmaß aufforderte, stimmte jeder für den Tod, bis die Reihe an Caesar kam. Er stand auf und hielt eine sorgfältig vorbereitete Rede, worin er erklärte, es entspräche weder dem Gesetz, noch wäre es Brauch in Rom, so angesehene und verdienstvolle Männer ohne weitere Untersuchung hinrichten zu lassen. Wenn sie aber in irgendeiner italienischen Stadt, die Cicero selbst bestimmen möchte, in Haft behalten würden, bis Catilina mit seiner Bande unschädlich gemacht wäre, so könne nach Wiederherstellung der Ordnung der Senat in aller Ruhe über die beiden Männer zu Gericht sitzen.

Der Vorschlag erschien so menschenfreundlich und wurde von einer so wirksamen Rede unterstützt, daß alle später Abstimmenden sich Caesar anschlossen. Aber auch manche, die bereits ihre Stimme abgegeben hatten, widerriefen ihre Meinung und traten Caesar bei. Aber Cato und Catulus wandten sich dagegen. Cato suchte sogar in seiner Rede Caesar der Mitschuld zu verdächtigen und geriet mit ihm hart aneinander. So wurden die beiden Verschworenen schließlich zur Hinrichtung abgeführt. Als Caesar den Senat verließ, drängte sich eine Schar junger Leute, die Cicero bei der damaligen Lage als eine Art Leibwache dienten, mit gezückten Schwertern drohend um Caesar. Aber Curio soll ihn mit seiner Toga bedeckt und in Sicherheit gebracht haben; während Cicero den jungen Männern, die nur auf sein Zeichen warteten, abwinkte, vielleicht aus Furcht vor dem Volk oder weil er überhaupt eine derartige Ermordung für gesetzwidrig und verwerflich hielt.

In der Folge aber wurde es Cicero sehr verübelt, daß er sich damals die treffliche Gelegenheit, Caesar unschädlich zu machen, aus Angst vor dem Volk hatte entgehen lassen. Wie sehr dieses Caesar anhing, beweist folgender Umstand. Als er einige Tage nachher wieder in den Senat kam, um sich wegen des

Verdachts zu rechtfertigen, kam es in der Sitzung zu argen Tumulten. Da sie sich länger als gewöhnlich hinzog, sammelte sich das Volk vor der Kurie und forderte stürmisch die Freilassung Caesars. Daher fürchtete Cato ganz besonders die unruhige Stimmung bei den Ärmsten, die alle ihre Hoffnungen auf Caesar setzten und leicht das ganze Volk mit sich reißen konnten. Aus diesem Grund schlug er dem Senat vor, jeden Monat eine bestimmte Getreidemenge an die Bedürftigen zu verteilen, wodurch allerdings die Staatsausgaben um jährlich sieben Millionen und fünfhunderttausend Drachmen vermehrt wurden. Indes beseitigte diese geschickte Maßnahme für den Augenblick die größten Besorgnisse und entzog Caesar einen guten Teil seines Einflusses beim Volk gerade zu der Zeit, als er die Prätur antreten wollte und dadurch dem Senat noch gefährlicher wurde.

Doch verlief die Zeit seiner Prätur ruhig. Nur erlebte Caesar einen sehr peinlichen Vorfall in seinen Privatverhältnissen. Publius Clodius stammte aus altadligem Haus, genoß wegen seines Reichtums und wegen seiner Beredsamkeit großes Ansehen, übertraf aber an Liederlichkeit und Gewissenlosigkeit die berüchtigsten Gesellen. Er war in Caesars Gattin Pompeja verliebt und diese war ihm nicht abgeneigt. Aber ihre Zimmer wurden streng überwacht, und Caesars Mutter, Aurelia, eine sittenstrenge Matrone, blieb der jungen Frau stets zur Seite und machte den Verliebten ein Zusammentreffen unmöglich. Nun verehren die Römer eine Göttin, die sie Bona Dea nennen, bei den Griechen heißt sie Gynaikeia. Auch die Phrygier verehren sie und halten sie für die Mutter ihres Königs Midas. Nach dem Glauben der Römer war sie eine Dryade und Gattin des Faunus; die Griechen schließlich sehen in ihr eine der Mütter des Dionysos, deren Namen kein sterblicher Mund nennen darf. Am Tag ihres Festes, am ersten Mai, errichten die Frauen Hütten, mit Weinreben bedeckt, und zu Füßen der Göttin liegt, der heiligen Überlieferung gemäß, eine Schlange.

Kein Mann darf an der Feier des Festes teilnehmen, selbst nicht einmal in dem Haus anwesend sein, wenn die Frauen beim Opfer die Zeremonien verrichten und die Bräuche verüben, die mit den orphischen übereinstimmen sollen. Wenn also das Fest herbeikommt, muß der Konsul oder Prätor, in dessen Haus es gefeiert wird, mit allen männlichen Personen das Haus verlassen, während es die Frau übernimmt, um die nötigen Vorbereitungen zu treffen. Der größte Teil der Feier vollzieht sich bei Nacht und ist von Musik und allerlei Spielen begleitet.

Damals nun hatte Pompeja das Fest zu feiern. Clodius, der noch keinen Bart hatte und daher nicht erkannt zu werden hoffte, verkleidete sich als Harfenspielerin und ging zu der Feier. Er sah auch ganz wie ein Mädchen aus. Die Tür fand er geöffnet und wurde von einer Dienerin der Pompeja, die im Einverständnis war, ungesehen hineingeführt. Darauf ging sie fort, um Pompeja zu benachrichtigen. Da sie aber zu lange ausblieb, getraute sich Clodius nicht am Platz zu bleiben, wo man ihn hatte stehen lassen. Er irrte in dem weitläufigen Gebäude umher, dabei sorgfältig die erleuchteten Räume vermeidend, bis er schließlich auf eine Dienerin Aurelias traf, die in der Meinung, er sei eine Frau, ihn zum Spiel aufforderte. Da er sich weigerte, zog sie ihn ins Licht und fragte ihn, wer und woher er sei. Clodius antwortete, er warte auf Pompejas Abra – so hieß jene Dienerin –, verriet sich aber durch seine Stimme. Die Dienerin Aurelias lief sofort nach den erleuchteten Räumen zu der Versammlung und rief, sie habe einen Mann ertappt. Die Frauen stoben auseinander, Aurelia aber brach die Mysterien auf der Stelle ab, bedeckte die Heiligtümer, gab dann Befehl, die Türen zuschließen, und ging mit Fackeln durch das ganze Haus, um Clodius zu suchen. Man fand ihn schließlich in der Kammer der Dienerin versteckt, die ihn eingelassen hatte. Die Frauen erkannten ihn bald und warfen ihn zum Haus hinaus.

Noch in der Nacht erzählten die Frauen beim Heimkommen den Vorfall ihren Männern. Am nächsten Morgen lief die Kunde von der verruchten Tat des Clodius durch die ganze Stadt. Er habe, hieß es, sich nicht nur an den beleidigten Frauen, sondern auch an Staat und Göttern versündigt und müsse bestraft werden. Ein Volkstribun erhob gegen ihn öffentliche Anklage, und die angesehensten Männer im Senat traten gegen ihn auf. Man zog noch andere Untaten von ihm ans Licht und beschuldigte ihn sogar der Blutschande mit seiner Schwester, der Frau des Lucullus. Allein das Volk nahm Clodius in Schutz und bedrohte die Richter, denen vor der Menge angst und bange wurde. Caesar hatte Pompeja sofort den Scheidebrief geschickt. Als er aber als Zeuge in der Sache vernommen wurde, erklärte er, ihm sei von allem, was man Clodius vorwerfe, nichts bekannt. Diese Aussage fand man sehr sonderbar, und der Kläger fragte ihn, warum er sich denn von seiner Frau geschieden hätte? Weil ich verlange, versetzte er, daß auf meine Frau auch nicht der Schatten eines Verdachts fällt. Manche glaubten, daß diese Äußerung Caesars wirkliche Meinung wiedergab; andere aber hatten den starken Verdacht, daß er diese Aussage nur um der Gunst des Volkes willen machte, das Clodius aus der Sache heraushelfen wollte. Clodius wurde auch wirklich freigesprochen, da die meisten Richter sich mit Fleiß bei der Abstimmung dunkel und verworren ausdrückten, um weder durch eine Verurteilung beim Volk unbeliebt zu werden, noch es durch einen Freispruch mit den Aristokraten zu verderben.

Nach Ablauf der Prätur wurde Caesar die Verwaltung der Provinz Spanien zugewiesen. Da seine Gläubiger ihn nicht abreisen lassen wollten und Lärm schlugen, wandte er sich an Crassus, den reichsten Mann Roms. Crassus brauchte Caesars Draufgängertum und politische Unerschrockenheit zum Kampf gegen Pompejus. Daher befriedigte er die dringendsten und ungestümsten Gläubiger und leistete für achthundert Talente Bürgschaft, worauf Caesar endlich in seine Provinz abgehen konnte.

Während der Reise über die Alpen kam er, wie man erzählt, an einem kleinen Städtchen vorbei, das von wenigen armseligen Barbaren bewohnt wurde. Seine Begleiter warfen im Scherz die Frage auf, ob es in diesem Nest wohl auch Bewerbungen um Ämter, Rangstreitigkeiten und Neid unter den Großen gäbe? Darauf antwortete Caesar in vollem Ernst: Ich für meine Person möchte hier lieber der erste, als in Rom der zweite sein. Ebenso soll er ein andermal in Spanien, als er in Mußestunden die Geschichte Alexanders las, lange Zeit in Nachdenken versunken und endlich in Tränen ausgebrochen sein. Erstaunt fragten ihn seine Freunde nach der Ursache seines Kummers. Habe ich nicht Grund traurig zu sein? erwiderte er. In meinem Alter war Alexander schon Herrscher über viele Reiche, ich aber habe noch nichts Großes vollbracht.

Gleich nach seiner Ankunft in Spanien zeigte er sich ungemein tätig. Innerhalb weniger Tage hatte er außer den vorhandenen zwanzig Kohorten noch zehn weitere aufgestellt. Mit diesen zog er gegen die Galläcier und Lusitanier, bezwang sie und drang bis an die Küste des Atlantischen Ozeans vor, wo er mehrere bisher von den Römern unabhängige Völker unterwarf. Nach glücklicher Beendigung des Krieges verwaltete er nicht weniger geschickt die Angelegenheiten des Friedens. Er stellte die Eintracht unter den Städten her und wußte besonders den Streitigkeiten zwischen Gläubigern und Schuldnern ein Ende zu machen. Er verordnete nämlich, daß der Gläubiger von den Einkünften des Schuldners jährlich zwei Drittel für sich nehmen, der Rest aber dem Schuldner verbleiben sollte, bis die Schuldsumme getilgt war. Durch diese Verordnung erwarb er sich allgemeinen Beifall. Als er die Provinz verließ, war er ein vermögender Mann. Auch seine Soldaten hatten sich auf den Kriegszügen bereichert und ihm den Ehrentitel Imperator gegeben.

Als er vor Rom ankam, geriet er mit zwei Gesetzen in Widerstreit. Denn wer den Triumph für sich verlangte, durfte vorher die Stadt nicht betreten, aber um das Konsulat konnte man sich nur persönlich in der Stadt bewerben. Nun war Caesar gerade zur Zeit der Konsulatswahl zurückgekehrt. Er ließ daher den Senat um die Erlaubnis bitten, sich in Abwesenheit durch seine Freunde um das Konsulat bewerben zu dürfen. Gegen diese Forderung bestand Cato fest auf Beobachtung des Gesetzes, und als er merkte, daß schon viele für Caesar gewonnen waren, suchte er die Sache durch Hinziehen zu hintertreiben und hielt eine Rede, die den ganzen Tag in Anspruch nahm. Da entschloß sich Caesar, auf den Triumph zu verzichten und sich um das Konsulat zu bewerben.

Gleich nach seiner Ankunft in der Stadt unternahm er einen Schritt, durch den sich alle täuschen ließen, Cato ausgenommen. Caesar gelang es nämlich, zwischen Pompejus und Crassus, damals die beiden mächtigsten und maßgebendsten Männer Roms, eine Versöhnung zustande zu bringen. Dadurch, daß er die früheren Feinde zu Freunden machte, gewann er den großen Einfluß beider für sich und leitete durch die anscheinend so menschenfreundliche Tat die Revolutionierung des ganzen Staates ein. Denn nicht die Uneinigkeit zwischen Pompejus und Caesar führte, wie die meisten glauben, zum Bürgerkrieg, sondern ihre Freundschaft. Sie vereinigten sich zuerst, um die Macht der Aristokratie zu brechen, und entzweiten sich dann wieder. Cato sah die Folgen voraus und hat oft genug seine warnende Stimme erhoben. Aber er erreichte damit nur, daß er zuerst für einen Nörgler und Besserwisser, nachher für einen zwar einsichtsvollen, aber erfolglosen Ratgeber gehalten wurde.

Caesar gelangte also, von der Freundschaft des Pompejus und Crassus auf beiden Seiten gedeckt, zum Konsulat, und wurde zusammen mit Calpurnius Bibulus mit großer Mehrheit gewählt. Aber kaum hatte er das Amt angetreten, als er Gesetze in Vorschlag brachte, die sich eher für einen unverfrorenen Volkstribun als für einen Konsul schickten. Um sich beim Volk in Gunst zu setzen, beantragte er nämlich eine Verteilung von Ländereien. Im Senat widersetzten sich dem alle redlichen und gutdenkenden Männer. Caesar aber, der schon lange einen schicklichen Vorwand suchte, beteuerte mit lauter Stimme, man dränge ihn wider seinen Willen zum Volk, und er sähe sich durch den Übermut und dic Unnachgiebigkeit des Senats gezwungen, beim Volk Unterstützung zu suchen. Mit diesen Worten eilte er aus dem Senat hinaus auf das Forum. Hier stellte er sich zwischen Crassus auf der einen und Pompejus auf der anderen Seite und fragte sie, ob sie mit seinen Vorschlägen einverstanden wären. Als sie zustimmten, bat er sie, ihn bis zum letzten zu unterstützen, denn es gäbe Leute, die mit der Waffe in der Hand diese Gesetze zu Fall bringen wollten. Beide versprachen es, und Pompejus fügte noch hinzu, wenn man mit dem Schwert käme, würde er Schwert und Schild mitbringen. Dieses Wort kränkte die Aristokraten bitter, weil es Pompejus' Würde ebensowenig entsprach wie der Achtung, auf die der Senat Anspruch hatte. Man hielt sie überhaupt alle drei für toll und unbesonnen. Das Volk aber war begeistert und klatschte Beifall.

Um aus Pompejus' Macht noch mehr Nutzen zu ziehen, gab Caesar ihm seine Tochter Julia zur Frau, obwohl sie schon mit Servilius Cäbio verlobt war. Diesen tröstete er damit, daß er ihm Pompejus' Tochter versprach, die ebenfalls nicht frei war, sondern mit Faustus, Sullas Sohn, verlobt war. Bald darauf heiratete Caesar selbst Calpurnia, eine Tochter Pisos, und bestimmte Piso zum Konsul für das folgende Jahr. Dagegen wandte sich nun Cato sehr energisch und erklärte, es wäre doch unerträglich, daß die höchste Gewalt durch Heiraten verkuppelt würde und man einander Provinzen, Armeen und Staatsämter durch Frauen zuschanzte. Bibulus, Caesars Kollege, widersetzte sich jenen Gesetzen aus allen Kräften. Da er aber nichts ausrichtete und mehrmals zusammen mit Cato in Gefahr geriet, auf dem Forum niedergehauen zu werden, tat er gar nichts mehr und hielt sich für die übrige Zeit seines Amtes beständig in seinem Haus eingeschlossen.

Gleich nach seiner Verheiratung ließ Pompejus das Forum mit Bewaffneten besetzen und erzwang die Annahme der für das Volk günstigen Gesetze. Gleichzeitig sorgte er dafür, daß Caesar ganz Gallien diesseits und jenseits der Alpen nebst Illyrien als Provinz und vier Legionen für fünf Jahre bekam. Cato wagte es, dagegen Einspruch zu erheben. Da gab Caesar Befehl, ihn zu verhaften, in der Meinung, Cato werde die Volkstribunen zum Einschreiten auffordern. Aber Cato ließ sich, ohne ein Wort zu erwidern, ins Gefängnis abführen. Caesar mußte nun sehen, daß nicht nur die Aristokraten erbittert waren, sondern auch das Volk aus Achtung vor Catos Mannesmut ihm schweigend und niedergeschlagen das Geleit gab. Er wandte sich daher im geheimen an einen der Volkstribunen, um Cato in Freiheit setzen zu lassen.

Von den Senatoren kamen immer nur ganz wenige mit Caesar in den Senat; die meisten hielten sich aus Unwillen und Verdruß fern. Als Considius, einer der ältesten Senatoren, einst sagte, die Furcht vor den Soldaten und Waffen hielte sie ab, sich einzufinden, fragte ihn Caesar: Nun, warum bleibst du nicht aus demselben Grund zu Hause? – Weil das Alter, versetzte Considius, keine Furcht bei mir aufkommen läßt; denn bei dem bißchen Leben, das mir noch übrig ist, bedarf es solcher Vorsicht nicht mehr. Der schändlichste Vorfall unter Caesars Konsulat aber war, daß eben jener Clodius zum Volkstribun gewählt wurde, der sich gegen Caesars Ehe und die heiligen Mysterien so schwer vergangen hatte. Aber er wurde in der Absicht gewählt, Cicero zu stürzen; und Caesar begab sich nicht eher in seine Provinz, bis er mit Clodius' Hilfe Cicero niedergezwungen und in die Verbannung geschickt hatte.

Dies waren ungefähr die wichtigsten Unternehmungen vor den Unternehmungen in Gallien. Nun aber, in dieser Zeit der Kriege, die er führte, und der Feldzüge, durch die er das Land der Kelten bezwang, scheint er eine ganz neue Lebensepoche begonnen und sein Tun und Handeln auf ganz anderen Grundsätzen aufgebaut zu haben. Überhaupt zeigte er sich nun als ein Krieger und Feldherr, der die größten und am meisten bewunderten Kriegshelden noch übertraf. Denn man mag nun mit ihm die Fabier, die Scipionen und die Meteller oder die mit oder kurz vor ihm gelebt haben, einen Sulla, einen Marius, die beiden Lucullus oder auch Pompejus selbst, dessen kriegerischer Ruhm damals bis in den Himmel stieg, vergleichen, so behalten Caesars Taten doch immer den Vorrang. In dem einen oder anderen Punkt übertraf er sie alle; sei es nun die Unwirtlichkeit der Gegend, in der er Krieg führte, oder die Größe des Landes, das er eroberte, oder die Zahl und Stärke der Feinde, die er besiegte, die Wildheit und Treulosigkeit der Bewohner, die er bezwang; oder handelte es sich um seine freundliche Milde gegenüber den Unterworfenen oder die Geschenke und Wohltaten, womit er seine Soldaten belohnte. Alle zusammen aber übertraf er dadurch, daß er die meisten Schlachten geliefert und die größte Zahl von Feinden erlegt hat. Denn in den knapp zehn Jahren, die der Krieg in Gallien dauerte, hatte er über achthundert Städte im Sturm erobert, dreihundert Völkerschaften unterjocht, sich nach und nach mit drei Millionen Menschen geschlagen, von diesen eine Million im Kampf getötet und ebenso viele zu Gefangenen gemacht.

Die Zuneigung und Ergebenheit seiner Soldaten für ihn war so groß, daß sie für ihren Caesar durch dick und dünn gingen und vor keiner Gefahr zurückschreckten, ohne daß sie vor anderen Soldaten unter anderen Feldherren etwas voraus hatten. Ein Beispiel dafür ist Acilius, der in der Seeschlacht bei Massilia ein feindliches Schiff enterte, und obgleich ihm die rechte Hand abgehauen wurde, dennoch mit der linken den Schild festhielt, die Feinde damit niederstieß und sich so schließlich des Schiffes bemächtigte.

Ein anderes Beispiel ist Cassius Scäva. Diesem war in der Schlacht bei Dyrrachium ein Auge von einem Pfeil ausgeschossen, die Schulter und ein Schenkel von Wurfspießen durchbohrt worden; überdies hatte er mit seinem Schild nicht weniger als hundertdreißig Geschosse aufgefangen. In diesem Zustand rief er die Feinde heran, als ob er sich ergeben wollte; als aber zwei herzukamen, hieb er dem einen mit dem Schwert die Schulter durch und streckte den anderen durch einen Hieb ins Gesicht zu Boden. Endlich wurde er von seinen zu Hilfe herbeieilenden Kameraden glücklich gerettet.

In Britannien waren einst die vordersten Hauptleute in eine sumpfige, teilweise überschwemmte Gegend geraten und dort von den Feinden überfallen worden. Ein einfacher Soldat stürzte sich nun vor den Augen Caesars, der dem Gefecht zusah, mitten unter die Feinde und rettete durch seinen Heldenmut die Hauptleute aus den Händen der Barbaren, die davonflohen. Zuletzt warf er sich in den Morast und kam mit Mühe und Not, teils schwimmend, teils watend, glücklich hinüber, nur seinen Schild hatte er dabei eingebüßt. Als aber Caesar ihm jetzt voll Bewunderung entgegenging, um ihm seine Anerkennung auszusprechen, warf sich der Soldat ganz verzweifelt und mit Tränen in den Augen Caesar zu Füßen und bat um Verzeihung, daß er seinen Schild nicht mit zurückgebracht hatte.

Ein andermal hatte Scipio in Afrika eins von Caesars Schiffen erbeutet, auf dem sich der zum Quästor ernannte Granius Petronius befand. Scipio erklärte die gesamte Mannschaft für gute Prise, nur dem Quästor wollte er Pardon gewähren. Petronius aber rief, Caesars Soldaten seien gewohnt, Pardon zu geben, aber nicht zu nehmen und stieß sich das Schwert in die Brust.

Diese Gesinnung und Ehrliebe erweckte und unterhielt Caesar hauptsächlich dadurch, daß er reichliche Geschenke und Belohnungen verteilte, und bewies damit seinen Leuten, daß er die im Krieg erworbenen Schätze nicht für sich zum eigenen Genuß aufspeicherte. Was man erbeutete, wurde als gemeinsames Gut von ihm in Verwahrung genommen; er behielt sich nur das Recht vor, es zur Belohnung für Tapferkeit und Wohlverhalten zu verteilen.

Ein zweites Mittel, sich die Herzen seiner Soldaten zu gewinnen, bestand darin, daß er sich persönlich jeder Gefahr aussetzte und alle Mühen und Beschwerden mit seinen Leuten teilte. Die Verachtung der Gefahren wurde freilich nicht so sehr bewundert, da man sie als einen Ausfluß seines Ehrgeizes ansah. Dagegen setzte die Energie alle in Erstaunen, mit der er trotz seines schwachen Körpers alle Strapazen auf sich nahm. Er war hager von Gestalt, hatte zarte weiße Haut, dabei litt er stark an Kopfschmerzen und an Epilepsie. In Cordoba soll er den ersten Anfall gehabt haben. Aber anstatt dieses Leiden zum Vorwand einer weichlichen und verzärtelten Lebensweise zu gebrauchen, machte er den Kriegsdienst zur Kur seiner Krankheit, kämpfte durch lange Fußmärsche, einfache Kost und steten Aufenthalt im Freien gegen das Übel und härtete so seinen Körper gegen die Anfälle ab.

Meistens schlief er im Wagen oder in der Sänfte, um auch die Zeit der Ruhe zur Tätigkeit zu verwenden. Wenn er bei Tage unterwegs war nach Festungen, Städten oder Lagern, hatte er immer einen Sklaven neben sich sitzen, der geübt war, während der Fahrt nach seinem Diktat zu schreiben; hinter ihm stand ein einziger Soldat mit dem Schwert bewaffnet. Er pflegte so schnell zu reisen, daß er von Rom aus nicht mehr als acht Tage bis zur Rhone brauchte.

Von Kindheit an war er ein ausgezeichneter Reiter. Er hatte sich gewöhnt, die Arme auf dem Rücken verschränkt, das Pferd im vollen Trab laufen zu lassen. In diesem Feldzug übte er sich auch noch, im Reiten Briefe zu diktieren, und soll dabei zwei, oder wie Oppius erzählt, gar mehr Schreiber zugleich beschäftigt haben. Er soll auch als erster auf den Gedanken gekommen sein, auch innerhalb Roms sich mit seinen Freunden brieflich zu unterreden, da bei der Fülle der Geschäfte und den großen Entfernungen in der Stadt oft keine Zeit war, zu einer Unterredung zusammenzukommen.

Auf einer Reise trieb ihn das Unwetter in die Hütte eines armen Bauern, die nur eine einzige Kammer enthielt, kaum groß genug, daß einer darin schlafen konnte. Da sagte er zu seinen Freunden: Den Ehrenplatz muß man dem Vornehmsten überlassen. Dem schwächsten aber gebührt in der Not der beste Platz. Darauf ließ er Oppius in der Kammer schlafen, er selbst aber und die übrigen legten sich unter das Vordach der Hütte.

Den ersten Krieg in Gallien führte er gegen die Helvetier und Tiguriner. Sie hatten ihre zwölf Städte und vierhundert Dörfer niedergebrannt und drangen nun in das römische Gallien vor, wie einst die Kimbern und Teutonen. Sie schienen ihnen auch weder an Tapferkeit noch an Zahl nachzustehen, denn es sollen insgesamt dreihunderttausend Köpfe gewesen sein, darunter hundertneunzigtausend Bewaffnete. Die Tiguriner wurden von Labienus, den Caesar gegen sie abgeschickt hatte, in einer Schlacht an der Saone völlig aufgerieben. Von den Helvetiern aber wurde Caesar selbst auf dem Marsch nach einer verbündeten Stadt unversehens überfallen. Doch hatte er noch Zeit, eine gedeckte Stellung zu erreichen, wo er seine Truppen zusammenzog und zum Kampf ordnete. Als man ihm sein Pferd vorführte, sagte er: Reiten wollen wir nachher bei der Verfolgung, jetzt aber wollen wir zu Fuß auf den Feind los. Darauf gab er das Zeichen zum Angriff. Nach langem hartnäckigem Kampf gelang es ihm, den Gegner zum Weichen zu bringen. Aber die schwerste Arbeit begann erst bei der Wagenburg und dem Lager, wo nicht nur die Männer verzweifelten Widerstand leisteten, sondern auch die Frauen und Kinder sich bis zum Tod wehrten und sich an der Seite der Männer niederhauen ließen. Erst gegen Mitternacht war die Schlacht mit Mühe und Not gewonnen.

Diesen schönen Sieg krönte er durch eine noch schönere Tat. Die aus der Schlacht geretteten Barbaren, es waren noch über hunderttausend, veranlaßte er, sich wieder in ihrem verlassenen Land anzusiedeln und die Städte neu aufzubauen. Das geschah hauptsächlich aus Besorgnis, die Germanen könnten in die freigewordenen Gebiete eindringen und sich dort festsetzen.

Den zweiten Feldzug führte er zum Schutz Galliens gegen die Germanen, obwohl er den Germanenkönig Ariovist erst vor kurzem zum Bundesgenossen Roms erklärt hatte. Aber die Germanen waren für die von ihnen unterworfenen Stämme unerträgliche Nachbarn, und es war vorauszusehen, daß sie nicht ruhig innerhalb ihrer Grenzen bleiben, vielmehr bei erster günstiger Gelegenheit sich weiter ausbreiten und ganz Gallien in Besitz nehmen würden. Den römischen Offizieren jedoch war vor dem Kampf gegen die Germanen bange, besonders den jungen Herren, die nur in der Absicht ihr geliebtes Rom verlassen und bei Caesar Dienst genommen hatten, um auf seinen Feldzügen ein fröhliches Leben zu führen und Reichtümer zu erwerben. Caesar blieb das nicht unbekannt. Er berief das Heer zusammen und erklärte, wem das Herz schlotterte, der sollte ruhig wieder nach Hause gehen und sich nicht gezwungen den Gefahren aussetzen. Wenn es nicht anders ginge, fügte er hinzu, würde er mit der zehnten Legion allein die Germanen angreifen, die wohl kaum tapferer sein würden als die Kimbern, und schließlich glaube er, kein schlechterer Feldherr zu sein als Marius. Darauf schickte die zehnte Legion Abgesandte an ihn, um ihm für die gute Meinung Dank zu sagen. Die übrigen Legionen schoben die Schuld auf ihre Offiziere; und am Ende folgten ihm alle voll Mut und Eifer auf einem Marsch von vielen Tagen, bis sie ungefähr zweihundert Stadien vom Feind entfernt das Lager aufschlugen.

Ariovist war schon über den Anmarsch der Römer erschrokken. Denn er hatte nicht damit gerechnet, daß die Römer den anrückenden Germanen standhalten, noch viel weniger aber, daß sie ihm entgegenziehen würden. Um so mehr war er jetzt von Caesars Kühnheit überrascht und mußte auch feststellen, daß seine Truppen sichtlich beunruhigt waren. Am meisten aber schreckten ihn die Weissagungen der heiligen Frauen, die aus der Beobachtung der Wirbel, Strudel und dem Brausen des Wassers ihn warnten, vor Neumond eine Schlacht zu wagen.

Als Caesar davon hörte und die Germanen ruhig in ihrem Lager blieben, hielt er es für ratsamer, sie gegen ihren Willen zur Schlacht zu zwingen, als untätig zu warten, bis dem Gegner die Gelegenheit günstig schien. Daher ließ er die verschanzten Höhen immer wieder angreifen und brachte dadurch die Gegner in solche Wut, daß sie endlich aus dem Lager herauskamen und sich zum Kampf stellten. Sie wurden aber mit großen Verlusten in die Flucht geschlagen, und Caesar verfolgte sie vierhundert Stadien weit bis an den Rhein. Ariovist gelang es, über den Fluß zu entkommen. Die Zahl der Toten soll achtzigtausend betragen haben.

Nach diesem Erfolg ließ Caesar seine Truppen im Gebiet der Sequaner Winterquartiere beziehen. Er selbst begab sich, um die Vorgänge in Rom besser beobachten zu können, in das Pogebiet, das zu seiner Provinz gehörte. Denn der Rubikon trennt das eigentliche Italien von dem Gallien diesseits der Alpen. Während seines Aufenthaltes dort kamen viele Besucher aus Rom zu ihm, und er benutzte die Gelegenheit, seinen Anhang zu verstärken. Wer etwas von ihm verlangte, dem wurde die Bitte erfüllt; alle aber kehrten um Geschenke, aber zum mindesten eine Hoffnung bereichert heim. Auf diese Weise hat er es verstanden, während der ganzen Zeit des gallischen Krieges, ohne daß Pompejus es ahnte, wechselweise bald die Feinde mit den von den römischen Bürgern gelieferten Waffen zu bezwingen, bald die römischen Bürger mit der den Feinden abgenommenen Beute zu gewinnen und an sich zu ziehen.

Inzwischen waren die Belgier, der mächtigste Stamm der Kelten, der den dritten Teil Galliens innehatte, wieder abgefallen und hatten ein wohlgerüstetes Heer von vielen tausend Mann zusammengebracht. Auf die Nachricht davon kehrte Caesar in aller Eile nach Gallien zurück. Während die Belgier das Gebiet seiner Bundesgenossen verheerten, fiel er unversehens über sie her und schlug sie trotz ihrer weitüberlegenen Zahl mit solchen Verlusten in die Flucht, daß Seen und Flüsse sich mit Toten anfüllten.

Die Stämme an der Atlantischen Küste unterwarfen sich nun freiwillig. Nur gegen die Neroier, das wildeste und streitbarste Volk dieser Gegend, mußte Caesar noch einen Zug unternehmen. Sie wohnten in schwerzugänglichen Waldungen und hatten ihre Familien und Habseligkeiten weit zurück in den Tiefen der Wälder in Sicherheit gebracht. Caesar ließ eben sein Lager verschanzen und versah sich jetzt am wenigsten eines Angriffs, als sie plötzlich mit sechzigtausend Mann über ihn herfielen, die Reiterei zurückwarfen und die zwölfte und siebente Legion völlig umzingelten, deren Hauptleute sämtlich fielen. Hätte Caesar nicht einen Schild ergriffen und sich durch die vorderen Reihen mitten unter die Gegner gestürzt, wäre nicht die zehnte Legion angesichts der Gefahr, in der er schwebte, von den Höhen heruntergeeilt und in die feindlichen Reihen eingebrochen, so würde wohl kaum ein Römer mit dem Leben davongekommen sein.

Fortgerissen von Caesars Tollkühnheit kämpften sie einen Kampf, der eigentlich über ihre Kraft ging. Trotzdem konnten sie die Nervier nicht zum Weichen bringen, sondern mußten die sich verzweifelt Wehrenden Mann für Mann niedermachen. Denn nur fünfhundert Mann sollen von den sechzigtausend entkommen sein, von den vierhundert Ratsmännern sogar nur drei.

Auf die Nachricht von diesen Erfolgen beschloß der Senat in Rom, den Göttern ein fünfzehntägiges Dankfest zu feiern, wie es bisher noch bei keinem Sieg geschehen war. Da so viele Völker sich gleichzeitig empört hatten, war die Gefahr offenbar sehr groß gewesen, und weil gerade Caesar der Sieger war, legte die Zuneigung des Volkes für ihn diesem Sieg einen desto höheren Wert bei.

Nachdem Caesar die Verhältnisse in Gallien geordnet hatte, verbrachte er den Winter wieder im Pogebiet, um seine politischen Fäden in Rom spielen zu lassen. Alle, die sich um ein Amt bewarben, bedienten sich seines Beutels, bestachen mit den von ihm erhaltenen Summen das Volk, und wenn sie dann gewählt waren, taten sie alles, um Caesars Macht und Einfluß zu stärken. Es kamen sogar viele der damaligen Machthaber Roms nach Luca, unter anderen Pompejus, Crassus, Appius, Prätor von Sardinien, und Nepos, Prokonsul von Spanien, so daß dort hundertzwanzig Liktoren und mehr als zweihundert Senatoren beisammen waren.

Nach gemeinsamer Beratung gingen sie mit der Verabredung auseinander, für das folgende Jahr Pompejus und Crassus zu Konsuln wählen zu lassen, während Caesar außer der Verlängerung seines Prokonsulats in Gallien auf weitere fünf Jahre auch noch ein erheblicher Geldbetrag bewilligt werden sollte. Dieser letztere Umstand kam den vernünftig Denkenden äußerst seltsam vor. Denn eben jene Männer, die von Caesar soviel Geld empfingen, schlugen dem Senat vor, oder zwangen ihn vielmehr, unter Seufzern den Beschluß zu fassen, Caesar noch Geld zu bewilligen, als wenn er keinen Pfennig besäße. Cato war damals nicht in Rom anwesend, da man ihn absichtlich nach Kypros entfernt hatte, und Favonius, der es Cato gern gleichtun wollte, drang mit seinem Widerspruch nicht durch. Darauf eilte er zur Kurie hinaus und wandte sich an das Volk. Aber so laut er auch redete, hörte doch niemand auf ihn, denn viele fürchteten sich vor Pompejus oder Crassus, die meisten aber schwiegen aus Gefälligkeit für Caesar, auf den sie alle ihre Hoffnungen setzten.

Als Caesar zu seiner Armee nach Gallien zurückkehrte, stand ihm ein schwerer Feldzug bevor, da zwei germanische Völkerschaften, die Usipeter und Tenktherer, über den Rhein gekommen waren, um sich in Gallien festzusetzen. Caesar hat in seinen Kriegserinnerungen über diesen Feldzug genau berichtet. Danach hätten die Barbaren Gesandte an ihn geschickt, aber während des vereinbarten Waffenstillstandes ihn auf dem Marsch unversehens überfallen und mit achthundert Mann seine fünftausend Mann starke Reiterei zum Weichen gebracht. Darauf hätten sie neue Gesandte zu ihm geschickt, um ihn offenbar nochmals zu hintergehen. Caesar aber habe die Gesandten festgehalten und nun seine Armee gegen die Feinde anrücken lassen, denn er hätte es für eine Torheit gehalten, dem Gegner nach dem treulosen Bruch des Waffenstillstands noch einmal zu vertrauen. Soweit Caesars Bericht. Der Historiker Tanusius hingegen erzählt, Cato habe im Senat, als aus Anlaß des Sieges ein Dankfest beschlossen wurde, öffentlich erklärt, man müsse Caesar den Barbaren ausliefern, nur auf diese Weise könne man den Staat von der Schuld des Vertragsbruchs befreien und den Fluch der Götter auf den wirklich Schuldigen abwälzen. Von den Usipetern und Tenktherern, die den Rhein überschritten hatten, wurden an die viermalhunderttausend niedergemacht; die wenigen, die über den Fluß zurückkamen, fanden bei den germanischen Sigambrern freundliche Aufnahme.

Das gab Caesar den erwünschten Vorwand, über den Rhein zu gehen. Denn ehrgeizig, wie er war, wollte er auch der erste sein, der diese Tat vollbrachte. So ließ er eine Brücke über den Rhein schlagen, der gerade an dieser Stelle sehr breit und reißend war. Die herabtreibenden Stämme und Hölzer stießen mit großer Wucht gegen die Stützpfeiler der Brücke und drohten sie wegzureißen. Caesar ließ daher oberhalb der Brücke starke Böcke in das Flußbett rammen, wodurch das Treibholz aufgefangen und die Gewalt der Strömung gemildert wurde. So brachte er den Bau der Brücke in der alle Erwartungen übertreffenden Zeit von zehn Tagen zustande.

Darauf führte er sein Heer über den Rhein, ohne Widerstand zu finden. Selbst die Sueben, die mächtigste Völkerschaft Germaniens, hatten sich mit ihren Habseligkeiten in die unzugänglichen Wälder und Schluchten versteckt. Er verwüstete das Land der Feinde mit Feuer und Schwert, stärkte das Vertrauen der Stämme, die zu den Römern hielten, und kehrte dann wieder nach Gallien zurück, nachdem er achtzehn Tage auf germanischem Böden verweilt hatte.

Der Kriegszug gegen die Britannier verriet eine außerordentliche und bewunderungswürdige Kühnheit. Denn Caesar war der erste, der den westlichen Ozean mit einer Flotte befuhr, der ein Kriegsheer über das Atlantische Meer führte und eine Insel von unglaublicher Größe zu erobern versuchte, über deren Existenz unter den Gelehrten ein heftiger Streit entbrannt war und die viele in das Reich der Fabel verwiesen und für reine Erdichtung erklärten. Damit versuchte also Caesar die Herrschaft der Römer bis über die Grenzen des bekannten Erdkreises auszudehnen. Von der gegenüberliegenden Küste Galliens setzte er zweimal zur Insel über. Nachdem er aber in vielen Gefechten den Feinden mehr Schaden zugefügt als seinen Truppen Vorteil verschafft hatte – denn bei diesem armseligen und dürftigen Volk war nichts zu holen, was der Mühe wert gewesen wäre – ließ er notgedrungen von weiteren Eroberungsversuchen ab. Er legte dem König einen Tribut auf, ließ sich Geiseln stellen und verließ die Insel.

In Gallien fand er Briefe aus Rom vor, die ihm gerade nach Britannien nachgeschickt werden sollten. Darin wurde ihm der Tod seiner Tochter Julia, Pompejus' Frau, gemeldet, die bei der Geburt eines Kindes gestorben war. Groß war die Trauer Caesars und Pompejus'; größer aber noch die Sorge ihrer Anhänger, da nun das Band der Verwandtschaft zerrissen war, das den kranken Staat noch in Eintracht und Frieden gehalten hatte. Denn auch das Kind starb gleich darauf und überlebte die Mutter nur wenige Tage. Das Volk brachte Julias Leiche trotz Widerspruchs der Volkstribunen auf das Marsfeld, wo sie auch bestattet liegt.

Caesars Heer war inzwischen so stark angewachsen, daß er es notgedrungen auf eine Anzahl Winterquartiere verteilen mußte. Er selbst begab sich wie immer nach Italien. Inzwischen aber brach in Gallien wieder ein allgemeiner Aufstand aus. Von allen Seiten kamen große Heere herangezogen, die die Winterquartiere der Römer aufzuheben suchten und sie sogar in ihren verschanzten Lagern angriffen. Der größte und tapferste Trupp der Aufständischen unter Führung des Ambiorix überfiel die Legionen Cottas und Titurius' und rieb sie völlig auf. Dann schlossen sie mit sechstausend Mann die Legion des Quintus Cicero völlig ein, und fast wäre ihnen die Eroberung des Lagers gelungen, da fast alle Römer verwundet waren.

Sobald Caesar, der weit entfernt in Norditalien war, davon Nachricht erhielt, kehrte er schleunigst zurück, brachte etwa siebentausend Mann zusammen und eilte, Quintos Cicero zu entsetzen. Die Feinde erhielten von seinem Aufmarsch Kunde und rückten ihm entgegen, um ihn mit seiner geringen Truppenmacht endgültig abzutun. Caesar aber wich ihnen immer wieder geschickt aus, bis er eine Stellung erreichte, in der er sich gegen die Übermacht gut verteidigen konnte. Hier verschanzte er sich und hielt seine Truppen von jedem Zusammenstoß mit dem Gegner zurück. Er ordnete aber an, daß die Wälle höher als gewöhnlich aufgeführt und die Tore fest verrammelt werden sollten in der Absicht, die Feinde durch die scheinbare Furcht vor ihnen zu einer Unbesonnenheit zu verleiten. Schließlich wurden sie auch dreist und kamen in regellosen Haufen heran. Caesar machte einen Ausfall und schlug sie in die Flucht, wobei ein großer Teil von ihnen umkam.

Durch diesen Erfolg wurden die zahlreichen Aufstände in jenen Gebieten unterdrückt. Es kam noch hinzu, daß Caesar sich trotz des Winters überall zeigte und auf entstehende Unruhen ein wachsames Auge hatte. Überdies stießen jetzt zum Ersatz der erlittenen Verluste drei Legionen aus Italien zu ihm; zwei hatte ihm Pompejus aus den unter seinem Befehl stehenden Truppen geliehen, die dritte war erst kürzlich im Pogebiet angeworben worden.

Nun aber kam ein Plan zur Ausführung, den die mächtigsten Männer Galliens schon lange im geheimen vorbereitet und für den sie die streitbarsten Völkerstämme gewonnen hatten. Er wurde zu dem größten und gefährlichsten Feldzug, den Caesar in Gallien zu führen hatte. Denn die Stärke des Gegners war außerordentlich. Zahlreiche junge Mannschaften waren ausgehoben, überall Waffendepots angelegt und reiche Geldmittel zusammengebracht worden. Zudem waren die Gegner im Besitz einer großen Anzahl stark befestigter Städte und leicht zu verteidigender Stellungen. Schließlich waren jetzt zur Winterszeit alle Flüsse zugefroren, die Wälder in Schnee vergraben, die Ebenen von ausgetretenen Strömen unter Wasser gesetzt, hier die Wege durch tiefen Schnee verdeckt, dort die Zugänge durch Sümpfe oder Überschwemmungen gesperrt. So hatte es allen Anschein, daß Caesar gegen die Aufständischen machtlos war. Zahlreiche Völkerschaften waren abgefallen, aber der Hauptsitz der Empörung befand sich bei den Avernern und Karnutern. Zum Oberbefehlshaber hatte man Vercingetorix gewählt. Seinen Vater hatten die Gallier einst umgebracht, weil man ihn in Verdacht hatte, nach der Alleinherrschaft zu streben.

Vercingetorix teilte sein Heer in mehrere Abteilungen, die er besonderen Führern unterstellte. Bald hatte er das ganze

Land ringsum bis zur Saone auf seine Seite gebracht. Seine Absicht war, ganz Gallien zum Abfall zu bringen, während in Rom schon Caesars Gegner sich zusammenschlossen. Hätte Vercingetorix den Aufstand nur ein wenig später unternommen, zur Zeit als Caesar bereits in den Bürgerkrieg verwickelt war, so würde Italien von keiner geringeren Gefahr bedroht worden sein als vormals von den Kimbern. Allein Caesar, der im Krieg geschickter als jeder andere alle Vorteile zu gebrauchen wußte und jede sich ihm bietende Gelegenheit aufs beste auszunutzen verstand, brach gleich auf die erste Nachricht vom Abfall der Gallier mit seiner Armee auf und bewies durch den Weg, den er nahm, und die Schnelligkeit des Marsches den Feinden, daß eine unbesiegte und unüberwindliche Armee gegen sie im Anzug war. Denn wo nach menschlichem Ermessen kaum ein Bote oder Kurier unter großen Schwierigkeiten durchkommen konnte, da erschien er plötzlich mit seinem ganzen Heer, verwüstete das Land, zerstörte die Dörfer, eroberte die Städte und nahm die gütig auf, die sich wieder der römischen Herrschaft beugten. Bis schließlich auch die Häduer, die sich bis dahin Brüder der Römer genannt und besondere Ehren genossen hatten, sich dem Aufstand anschlossen und Caesars Soldaten der Mut sank. Caesar mußte daher ihr Gebiet räumen und rückte durch das Land der Lingonen, um zu den Sequanern zu gelangen, die treu geblieben waren und Italien wie ein Wall gegen das übrige Gallien schützten.

Auf dem Marsch dorthin wurde er von den Feinden überfallen. Da sie ihn mit einem ungeheuren Heer zu umzingeln suchten, entschloß er sich, es auf eine Schlacht ankommen zu lassen. Nach hartem Ringen blieb er endlich siegreich und schlug die Gallier unter schwersten Verlusten in die Flucht. Doch schien es zu Anfang der Schlacht recht mißlich um ihn zu stehen, und die Averner zeigen noch heute in einem ihrer Tempel ein kurzes Schwert, das sie Caesar abgenommen und als Beute dort aufgehängt haben. Caesar selbst sah später das

Schwert im Tempel hängen und lächelte darüber. Seine Freunde wollten es wegnehmen lassen, er erlaubte es aber nicht, da es nun Eigentum der Götter wäre.

Der größte Teil der aus der Schlacht Entkommenen konnte sich unter Vercingetorix in die Festung Alesia retten. Caesar begann sogleich die Belagerung der Stadt, obwohl sie wegen der Höhe der Mauern wie auch der Menge der Verteidiger uneinnehmbar schien. Dabei aber geriet er in eine unbeschreiblich große Gefahr. Denn der Kern von allen Völkerschaften Galliens zog sich schleunigst zusammen und rückte wohlbewaffnet, an die dreimal hunderttausend Mann stark, vor Alesia, während sich in der Stadt selbst nicht weniger als hundertsiebzigtausend Mann befanden. Caesar, derart von zwei Seiten eingeschlossen, mußte sich durch zwei Mauerringe schützen, der eine gegen die Stadt, der andere gegen das herankommende Entsatzheer. Wenn sich beide Heere vereinigt hätten, wäre es um ihn geschehen gewesen.

Daher erlangten auch die Kämpfe um Alesia mit vollem Recht eine außerordentliche Berühmtheit, da sie wie keine anderen Kühnheit und Feldherrnkunst verlangten. Das größte Wunder aber war, daß er das weit überlegene Entsatzheer angriff und schlug, ohne daß die Gegner in der Stadt etwas davon ahnten, ja selbst die Römer, die das Lager auf der Stadtseite verteidigten, vom Kampf nichts merkten. Sie erfuhren den Sieg erst, als sie aus Alesia das Wehklagen und Weinen der Männer und Frauen vernahmen, die gesehen hatten, wie die Römer von der Rückseite des Lagers her silber- und goldgeschmückte Schilde, blutige Harnische und zahllose gallische Trinkgefäße einbrachten. So schnell, so plötzlich war die ungeheure Macht wie ein Traum oder ein Spuk wieder verschwunden und auseinandergestoben und der größte Teil im Kampf gefallen.

Endlich ergaben sich auch die Verteidiger der Stadt nach unsäglichen Leiden und Mühen, die sie selbst wie auch Caesar hatten ertragen müssen. Vercingetorix, der große Führer dieses Krieges, legte seine schönsten Waffen an und sprengte auf prächtig geschmücktem Pferd zum Tore hinaus. Im römischen Lager ritt er einmal um das Tribunal herum, auf dem Caesar thronte, dann sprang er vom Pferd, warf die Rüstung ab und setzte sich zu Caesars Füßen. Dort wartete er schweigend, bis man ihn abführte, um ihn bis zum Triumph in Gewahrsam zu halten.

Caesar war schon längst entschlossen, Pompejus zu stürzen, wie Pompejus wiederum Caesar zu beseitigen gedachte. Crassus, der als lachender Dritter den heimlichen Kampf beider beobachtet hatte, war im Krieg gegen die Parther gestorben. So blieb dem einen, um der mächtigste zu werden, nichts anderes übrig, als den anderen zu stürzen, der bereits der mächtigste war; der andere aber mußte, aus Furcht, verdrängt zu werden, jenen aus dem Weg räumen. Aber erst seit kurzem fürchtete Pompejus seinen Gegner ernstlich; bisher hatte er auf Caesar herabgesehen, da es ihm ein leichtes schien, den wieder zu Fall zu bringen, der nur durch ihn hochgekommen war. Caesar hingegen hatte von Anfang an den Sturz des Pompejus im Sinn gehabt, sich wohlweislich aus den Augen des Nebenbuhlers entfernt und ihm den Kampfplatz überlassen. Im fernen Gallien hatte er sich zu einem Meister der Kriegskunst gemacht, sich eine ihm völlig ergebene Armee geschaffen und Ruhmestaten vollbracht, die den Erfolgen des Pompejus zum mindesten das Gleichgewicht halten konnten.

So benutzte er nun jeden Umstand, um seinen Einfluß und Anhang zu vermehren, ob nun Pompejus selbst die Handhabe dazu bot, oder die politische Lage oder die heillose Mißwirtschaft in Rom. Denn wer sich um ein Amt bewarb, stellte seinen Tisch auf offenem Markt auf und bestach in schamloser Weise die Stimmberechtigten. Wer so gedungen war, der kämpfte nicht mit der Stimme für seinen Geldgeber, sondern mit Pfeil, Schleuder und Schwert. Oft genug war die Rednertribüne mit Blut befleckt und mit Toten bedeckt, ehe die Versammlung auseinanderging.

Wie ein Schiff ohne Steuermann trieb die Stadt dahin, völliger Anarchie preisgegeben. Die Wohlgesinnten hielten es daher bei einem solchen Wahnsinn und Wirrwarr noch für ein Glück, wenn es zu nichts Schlimmerem kam als zur Alleinherrschaft eines einzelnen. Viele wagten es sogar schon öffentlich auszusprechen, daß die Gebrechen des Staates nur durch eine Diktatur geheilt werden könnten; und wenn sie dann hinzufügten, die Heilung müßte durch einen maßvollen und milden Arzt erfolgen, zielten sie damit auf Pompejus. Dieser lehnte zwar nach außen hin jedes solches Ansinnen ab, im geheimen aber arbeitete er mit allen Kräften auf das Ziel los. So machte endlich Cato, der seine Absicht durchschaute, dem Senat den Vorschlag, Pompejus zum einzigen Konsul zu ernennen. Durch Betreuung mit diesem Amte, das Pompejus zum alleinigen Führer, aber auf noch einigermaßen verfassungsmäßigem Weg machte, wollte Cato verhindern, daß sich jener mit Gewalt zum Diktator aufschwang. Man beschloß gleichzeitig, Pompejus die zugewiesenen Provinzen noch auf längere Zeit zu belassen. Er besaß deren zwei, ganz Spanien und Afrika, die er durch seine Legaten verwalten ließ. Zum Unterhalt seiner Legionen erhielt er aus der Staatskasse jährlich tausend Talente.

Daraufhin bewarb sich auch Caesar durch einige Vertraute, die er nach Rom entsandte, um das Konsulat und forderte ebenfalls eine Verlängerung seiner Statthalterschaft. Pompejus schwieg anfangs dazu still. Aber Marcellus und Lentulus erhoben Einspruch. Sie haßten Caesar aus anderen Ursachen, und um Caesar beim Volk herabzusetzen, gingen sie weit über das Maß des Notwendigen hinaus. So nahmen sie den Einwohnern der Stadt Noviocomum, im zisalpinischen Gallien, die Caesar neu besiedelt hatte, wieder das Bürgerrecht; Marcellus ließ als Konsul sogar einen der Ratsherren dieser Stadt, der nach Rom gekommen war, geißeln und fügte noch hinzu, er solle das mit nach Hause nehmen als Denkzeichen, daß er kein römischer Bürger sei. Er könne ruhig hingehen und Caesar die Striemen zeigen.

Nach diesen Übergriffen des Marcellus ließ Caesar die ungeheuren Reichtümer, die er in Gallien erworben hatte, in die Hände aller irgendwie maßgebenden Persönlichkeiten in Rom strömen. Den Volkstribun Curio befreite er von der Last seiner vielen Schulden. Dem amtierenden Konsul Paulus überwies er fünfzehnhundert Talente, wovon dieser beim Forum die berühmte prachtvolle Basilika erbaute an Stelle der alten, die Fulvia hieß. Pompejus, durch dergleichen Intrigen in Furcht gesetzt, begann nun mit Hilfe seiner Anhänger dahin zu wirken, daß Caesar die Provinz Gallien abgenommen und einem anderen überwiesen würde. Zugleich forderte er von Caesar die Truppen zurück, die er ihm zum gallischen Krieg geliehen hatte. Caesar entließ sie auch sofort und schenkte jedem Mann noch zweihundertfünfzig Drachmen.

Die Offiziere dieser Legionen verbreiteten nach ihrer Rückkehr in Rom allerlei nachteilige Gerüchte über Caesar, wodurch sie allerdings nur Pompejus zu trügerischen Hoffnungen verleiteten. So versicherten sie ihm, Caesars Truppen sehnten sich nach Pompejus; und wenn er auch hier in Rom durch Neid und heimliche Machenschaften gehindert wurde, ans Ziel zu kommen, so ständen ihm doch jederzeit die in Gallien stehenden Truppen zur Verfügung. Sobald sie nach Italien kämen, würden sie sich ohne Zweifel für Pompejus erklären, denn Caesar wäre ihnen durch die unablässigen Feldzüge verhaßt geworden, und außerdem stehe er bei ihnen in Verdacht, nach der Diktatur zu streben.

Durch solche Reden wurde nun Pompejus so sicher und siegesgewiß, daß er es verabsäumte, Truppen auszuheben, als wenn er nichts zu befürchten hätte. Statt dessen suchte er Caesar durch Vorschläge und Beschlüsse kaltzustellen, was allerdings auf Caesar keinen Eindruck machte. Als zum Beispiel einer von Caesars Offizieren, der nach Rom gekommen war, eines Tages vor der Kurie stand und hörte, daß der Senat Caesar die Verlängerung der Statthalterschaft nicht bewilligen wollte, soll er an sein Schwert geschlagen haben mit den Worten: Nun, so wird dieses hier sie ihm verschaffen.

Dennoch waren die Forderungen, die Caesar stellte, durchaus maßvoll und berechtigt. Er machte nämlich den Vorschlag, er für seine Person wolle das Kommando niederlegen, wenn Pompejus das gleiche täte; dann wollten beide lediglich als Privatpersonen ihren Mitbürgern die Belohnung für ihre Verdienste anheimstellen. Denn wenn man ihm selbst die Waffen nähme, sie Pompejus dagegen belasse, so wäre der Erfolg doch nur, daß man den einen unterdrücke, um den anderen zum Tyrannen zu machen. Curio, der diese Forderung in Caesars Namen dem Volk vortrug, fand damit allgemeinen Beifall; ja einige bewarfen ihn wie einen siegreichen Fechter mit Blumen und Kränzen. Der Volkstribun Antonius brachte kurz darauf auch ein Schreiben Caesars mit den gleichen Vorschlägen in der Volksversammlung zur Verlesung, so sehr sich auch die Konsuln Lentulus und Metellus dem widersetzten.

Im Senat aber brachte nun Scipio, Pompejus' Schwiegervater, den Antrag ein, Caesar für einen Feind des Vaterlandes zu erklären, wenn er nicht binnen einer bestimmten Frist das Kommando niederlegte. Als die Konsuln die Frage stellten, ob man es für gut fände, daß Pompejus seine Truppen entlasse, stimmten nur ganz wenige mit Ja. Dagegen fand die Frage, ob Caesar seine Truppen entlassen müsse, eine starke Mehrheit. Nun aber brachte Antonius den Antrag ein, daß beide zugleich das Kommando niederlegen sollten, und dafür erklärten sich denn alle ohne Ausnahme. Doch widersetzte sich Scipio auf das heftigste, und Konsul Lentulus schrie, man brauche Waffen gegen einen Staatsverbrecher und keine Abstimmung. Darauf ging der Senat ohne Entscheidung auseinander und legte Trauerkleider wegen des Haders an.

Bald darauf kam ein neues Schreiben Caesars, wieder mit sehr gemäßigten Vorschlägen. Er erbot sich nämlich, auf alle übrigen Forderungen zu verzichten, wenn man ihm Gallien diesseits der Alpen und Illyrien nebst zwei Legionen beließe, bis er sich um das zweite Konsulat bewerben könnte. Der Redner Cicero, der eben erst aus Kilikien zurückgekommen war, suchte eine Aussöhnung herbeizuführen und erreichte auch, daß Pompejus auf den Vorschlag einging, bis auf die Beibehaltung der beiden Legionen. Cicero beredete daher Caesars Freunde, sich mit den erwähnten Provinzen und sechstausend Mann Truppen zu begnügen und so dem unseligen Streit ein Ende zu machen. Auch Pompejus gab nach und hätte auch den Vergleich angenommen. Doch der Konsul Lentulus widersetzte sich und ging so weit, Antonius und Curio mit Schimpf und Schande aus dem Senat werfen zu lassen. Damit lieferte er freilich dem Gegner den besten Vorwand an die Hand, mit dem Caesar seine Soldaten zur Wut entflammte. Er malte ihnen aus, wie diese angesehenen Männer, hohe Beamte des römischen Volkes, auf elenden Mietskarren in Sklaventracht aus Rom hätten fliehen müssen, wie es in der Tat geschehen war.

Caesar, der damals in Ravenna war, hatte nicht mehr als dreihundert Reiter und fünftausend Mann Fußvolk bei sich. Das übrige Heer stand noch jenseits der Alpen, und er hatte schon seine Legaten abgeschickt, es herbeizuholen. Er erkannte aber, daß es jetzt zu Beginn des Unternehmens und beim ersten Angriff nicht so sehr auf eine starke Kriegsmacht ankäme als auf Schnelligkeit und Überraschung durch einen kühnen und gewagten Schlag, der die Gegner in Verwirrung setzte. Daher gab er den Obersten und übrigen Offizieren seiner in Ravenna stehenden Truppen Befehl, nur mit dem Schwert in der Hand, ohne alle übrigen Waffen, Ariminum, eine bedeutende Stadt im norditalienischen Gallien, zu besetzen und dabei tunlichst Unruhen und Blutvergießen zu vermeiden. Die Leitung des Unternehmens übertrug er Hortensius. Er selbst zeigte sich den ganzen Tag über in der Öffentlichkeit und sah den Übungen der Fechter zu. Gegen Abend, nach dem Bad, ging er in den Speisesaal und unterhielt sich eine Zeitlang mit den eingeladenen Gästen. Nach Dunkelwerden aber erhob er sich und verabschiedete sich aufs liebenswürdigste von seinen Gästen mit der Bitte zu bleiben, er werde bald wiederkommen. Nur ein paar Vertrauten hatte er vorher aufgetragen, ihm sogleich zu folgen, aber nicht alle auf einmal, sondern jeder einzeln. Indes bestieg er einen Mietswagen und fuhr zuerst einen anderen Weg, bog dann aber in die Richtung auf Ariminum ab.

Als er an den Rubikon kam, der das diesseitige Gallien vom übrigen Italien trennt, verfiel er in tiefes Nachdenken. Denn nun nahte der entscheidende Augenblick, und er wurde sich der Größe seines Wagnisses bewußt. Er ließ den Wagen halten und prüfte noch einmal schweigend seinen Plan, das Für und Wider genau abwägend. Dann äußerte er seinen Freunden gegenüber alle aufsteigenden Bedenken und wies darauf hin, wieviel Not und Elend mit seinem Übergang über den Fluß über die Menschen kommen müßte und wie die Nachwelt über ihn urteilen würde. Endlich riß er sich von seinen Grübeleien los und warf sich mit leidenschaftlichem Impuls der Zukunft in die Arme. Dabei brauchte er jene Wendung, die gleichsam sprichwörtlich war, wenn man sich in ein gewagtes Abenteuer stürzt: »Der Würfel ist gefallen.« Dann überschritt er den Rubikon und legte den Rest des Weges in schneller Fahrt zurück. Noch vor Anbruch des Tages erreichte er Ariminum und besetzte die Stadt. In der Nacht vor dem Übergang hatte er einen furchtbaren Traum; es kam ihm vor, als wenn er unnatürlicherweise bei seiner Mutter schliefe.

Die Einnahme von Ariminum öffnete dem Krieg weithin die Tore nach allen Ländern und Meeren, und mit den Grenzsteinen der Provinz, die Caesar umstürzte, wurde zugleich auch die ganze Verfassung des Staates umgestürzt. Ganz Italien geriet in Aufruhr; und es hatte den Anschein, als ob nicht Männer und Frauen wie sonst wohl, sondern ganze Städte sich aufgemacht hätten und angstgescheucht durch das Land zögen. In Rom selbst, das von den Flüchtenden aus den umliegenden Städten überschwemmt wurde, konnte von den Leitern der Regierung weder durch gütliche Vorstellungen noch durch strenge Befehle Ordnung geschafft werden. Ja, es hätte nicht viel gefehlt, daß Rom im Gewoge des Unheils sich selbst vernichtet hätte. Überall in der Stadt prallten die Leidenschaften aufeinander. Denn auch die Anhänger der nun triumphierenden Partei hielten keine Ruhe; mit den Gegnern, bei denen Trauer und Niedergeschlagenheit herrschte, stießen sie in der weitläufigen Stadt immer wieder zusammen und fingen, auf die Zukunft bauend, Händel und Streit an.

Pompejus, der an sich schon erregt genug war, wurde durch das von allen Seiten auf ihn Anstürmende vollends verwirrt gemacht. Bald machte man ihm die bittersten Vorwürfe darüber, daß er zu seinem und des Staates Nachteil Caesar hatte so groß werden lassen. Dann wieder wurde ihm zur Last gelegt, daß er Lentulus gestattet hätte, es zu einem unheilbaren Bruch mit Caesar kommen zu lassen, der doch zu einem billigen Vergleich bereit gewesen wäre. Favonius hieß ihn, nun doch mit dem Fuß auf die Erde zu stampfen, weil Pompejus im Senat einst so hochfahrend geäußert hatte, niemand solle sich Sorge machen oder sich um Kriegsvorbereitungen kümmern; wenn Caesar käme, brauche er nur mit dem Fuß auf den Boden zu stampfen, um ganz Italien gleich mit Armeen zu füllen.

Trotzdem war Pompejus auch damals noch Caesar an Macht weit überlegen; niemand aber gestattete ihm, nach eigener Einsicht zu handeln. Den vielen falschen Gerüchten und Schreckensnachrichten, der Feind stände schon vor den Toren, Caesar wäre bereits Herr in Italien, gab er endlich nach und ließ sich von der allgemeinen Panik mit fortreißen. In einem Erlaß erklärte er, daß er den Bürgerkrieg für unvermeidlich ansehe, und verließ die Stadt. Zugleich gab er Befehl, der gesamte Senat solle ihm folgen und keiner zurückbleiben, dem Freiheit und Vaterland höher stände als Tyrannei.

Daraufhin verließen die Konsuln Rom, ohne auch nur die vor dem Auszug vorgeschriebenen Opfer zu verrichten. Auch die meisten Senatoren entflohen, und zwar in solcher Hast, daß sie von ihrem Eigentum an sich rafften, was ihnen in die Hände fiel, als sei es fremdes Gut. Selbst einzelne, die früher treue Anhänger Caesars gewesen waren, verloren im ersten Schrecken den Kopf und ließen sich ohne Not vom Sturm der Flucht mit fortreißen. Am traurigsten aber war der Anblick der Stadt selbst, die wie ein Schiff beim Losbrechen des wilden Sturms von den verzagten Steuerleuten dem blinden Zufall überlassen zu sein schien. Aber trotz allen Leids, das das Verlassen der Heimat mit sich brachte, betrachteten die Flüchtlinge das Exil für ihr Vaterland, weil Pompejus bei ihnen war, Rom aber erschien ihnen als Caesars Lager, das sie gern verließen. Sogar Labienus, einer der treuesten Freunde Caesars, der ihm als Legat gedient und ihn in allen gallischen Kriegen aufs eifrigste unterstützt hatte, verließ ihn jetzt und ging zu Pompejus über. Caesar aber ließ ihm sein Vermögen und sein ganzes Gepäck nachschicken.

Zuerst ging nun Caesar dem Domitius zu Leibe, der mit dreißig Kohorten Corfinium besetzt hielt, und schloß diese Stadt ein. Domitius hielt sich schon für verloren; von einem Sklaven, der ihm als Arzt diente, forderte er einen Gifttrank und nahm das Gereichte, um seinem Leben ein Ende zu machen. Als er aber kurz darauf hörte, daß Caesar seine Gefangenen liebreich und gütig behandelte, beklagte er sich und seinen überstürzten Entschluß. Der Arzt beruhigte ihn bald durch die Versicherung, er habe ihm statt des Giftes nur einen Schlaftrunk eingegeben. Voller Freude darüber sprang Domitius auf, eilte zu Caesar und erhielt von ihm Verzeihung, entwich aber hernach doch wieder zu Pompejus. Als diese Nachrichten nach Rom kamen, wurde man wieder zuversichtlicher, und manch einer der Flüchtlinge kehrte in die Stadt zurück.

Die Truppen des Domitius sowie alle neuangeworbenen Soldaten des Pompejus, die er in den Städten aufgriff, reihte Caesar in seine Armee ein. Mit dieser nun weit überlegenen Streitmacht trat er den Vormarsch gegen Pompejus selbst an. Pompejus aber wich dem Kampf aus und rückte nach Brundisium. Von dort schickte er die Konsuln mit einem Teil seines Heeres voraus nach Dyrrhachium und folgte selbst nach, sobald Caesar heranzog. Caesar wollte ihm gleich nachsetzen, aber es fehlte ihm an Schiffen. Daher kehrte er nach Rom zurück, nachdem er innerhalb sechzig Tagen ohne alles Blutvergießen Herr von ganz Italien geworden war.

Rom fand er in einem weit ruhigeren Zustand, als er erwartet hatte. Da er auch viele Senatoren dort antraf, hielt er an sie eine sehr maßvolle und versöhnliche Rede und forderte sie auf, Abgesandte an Pompejus zu schicken, um einen billigen Vergleich zustande zu bringen. Aber dazu wollte sich niemand verstehen, entweder aus Furcht vor Pompejus, den sie im Stich gelassen hatten, oder weil sie glaubten, Caesar führe diese Sprache nur zum Schein, und es sei ihm nicht ernst damit.

Der Volkstribun Metellus wollte ihm verwehren, aus dem Staatsschatz Gelder zu entnehmen, und berief sich dabei auf bestimmte Gesetze. Darauf entgegnete ihm Caesar: Waffen und Gesetze vertragen sich schlecht miteinander. Bist du mit meinem Beginnen unzufrieden, so entferne dich bitte; denn der Krieg duldet keinen Widerspruch. Wenn ich nach geschlossenem Vergleich die Waffen niedergelegt haben werde, dann kannst du auftreten und Reden an das Volk halten. Und wenn ich dies sage, fügte er hinzu, vergebe ich damit schon zuviel von meinen Rechten. Denn du bist jetzt ganz in meiner Hand, wie alle anderen Gegner, die ich hier vorgefunden habe. Darauf ging er auf die Tür des Schatzhauses zu, und da die Schlüssel nicht bei der Hand waren, ließ er Schlosser holen, um die Tür aufbrechen zu lassen. Metellus widersetzte sich aufs neue, und auch aus der umstehenden Menge wurde Beifallsgemurmel laut. Nun aber drohte Caesar mit zorniger Stimme, ihn auf der Stelle töten zu lassen, wenn er mit seinen Quengeleien nicht aufhörte. Du weißt wohl, junger Mann, setzte er hinzu, daß es mir saurer ankommt, dies auszusprechen, als es zu tun. Der Erfolg dieser Worte war, daß Metellus ganz erschrocken abzog und Caesars Anforderungen in aller Eile ohne Schwierigkeiten erfüllt wurden.

Daraufhin unternahm Caesar den Zug nach Spanien. Er wollte Pompejus' Legaten, Afranius und Varro, aus dem Land vertreiben und die dortigen Truppen und Provinzen in seine Hand bringen, damit er keinen Feind hinter sich im Rücken behielte, wenn er mit Pompejus selbst abrechnete. In Spanien geriet er mehrmals durch Nachstellungen in persönliche Lebensgefahr, war auch nahe daran, seine Armee aus Mangel an Lebensmitteln zu verlieren. Dennoch verfolgte er unablässig die Feinde, lockte sie zum Kampf und schloß sie zuletzt mit Wall und Graben vollständig ein, bis er schließlich ihre Heere und Lager in seine Gewalt gebracht hatte. Die Führer selbst entflohen zu Pompejus.

Als Caesar nach Rom zurückkehrte, redete ihm sein Schwiegervater Piso zu, an Pompejus Abgesandte wegen eines Vergleichs zu schicken. Isauricus aber widersetzte sich dem Vorschlag aus Gefälligkeit gegen Caesar. Der Senat wählte ihn hierauf zum Diktator. In dieser Eigenschaft rief er die Verbannten in die Stadt zurück. Auch setzte er die Söhne, deren Väter einst von Sulla geächtet waren, wieder in ihre Rechte ein und nahm zugunsten der Schuldner eine Zinsherabsetzung vor. Ferner traf er noch andere Maßnahmen ähnlicher Art, aber nur im beschränkten Maße. Denn nach elf Tagen legte er die Diktatur nieder und ernannte sich selbst zusammen mit Servilius Isauricus zu Konsuln, da es ihm jetzt vor allem auf die Beendigung des Krieges ankam.

Auf dem Marsch nach Brundisium eilte er so sehr, daß er einen großen Teil seiner Armee hinter sich ließ. Als er in See ging, hatte er nur sechshundert seiner besten Reiter und fünf Legionen bei sich. Es war um die Wintersonnenwende zu Anfang Januar, der etwa dem Poseidon der Athener entspricht. Nach glücklicher Fahrt über das Adriatische Meer nahm er die Städte Oricon und Apollonia ein und schickte dann die Schiffe nach Brundisium zurück, um die übrigen Truppen nachzuholen. Diese aber befanden sich noch immer auf dem Marsch, da sie schon vor Alter ziemlich stumpf und durch die vielen Feldzüge sehr mitgenommen waren. Laut beschwerten sie sich über Caesar: Wo will der Mann noch eigentlich hin mit uns? Was soll das alles? Endlich muß er doch einmal damit aufhören, uns in der Welt herumzuhetzen. Wir sind doch schließlich auch Menschen, die müde werden. Aber er behandelt uns, als wären wir tote Maschinen. Auch das Eisen wird durch vielen Gebrauch mürbe, auch Schild und Harnisch müssen einmal Ruhe haben. Er könnte doch an unseren Narben sehen, daß auch wir sterblich sind und wie andere Sterbliche Schmerz und Leid fühlen. Selbst ein Gott vermag nicht dieser Jahreszeit und den Meeresstürmen zu trotzen; er aber stürzt sich in Gefahren, als wenn er der Verfolgte und nicht der Verfolger wäre.

Unter solcherlei Reden marschierten sie ganz langsam und gemächlich auf Brundisium zu. Als sie aber bei ihrer Ankunft fanden, daß Caesar bereits abgefahren war, schlug ihre Stimmung um. Sie schalten sich Verräter an ihrem Führer und machten auch ihren Offizieren Vorwürfe, daß sie den Marsch nicht beschleunigt hätten. So saßen sie auf den Höhen am Strand und schauten sehnsüchtig über das Meer nach Epirus, von wo sie die Schiffe erwarteten, die sie zu Caesar bringen sollten.

Inzwischen kam Caesar in Apollonia in eine sehr bedrohliche Lage. Denn er hatte für einen ernsthaften Kampf viel zu schwache Kräfte bei sich, und die übrigen Truppen wollten und wollten nicht ankommen. In seiner Verzweiflung faßte er den tollkühnen Plan, in einer Barke mit nicht mehr als zwölf Rudern nach Brundisium zurückzufahren, obgleich die feindliche Flotte ringsum das Meer beherrschte. Als Sklave verkleidet ging er bei Dunkelheit an Bord und legte sich gleich einem ärmlichen Reisenden in einem Winkel zum Schlafen nieder. Während der Fahrt den Anius hinunter wehte ein Landwind, der meist bis zum Morgen anhielt und die Meeresströmung von der Mündung zurückdrängte, so daß das Schiff ruhig den Fluß hinuntertrieb. Gegen Morgen jedoch schlug der Wind um und kam mit so starker Brise von See her, daß das Meer in den Fluß hineindrängte und heftige Wogen und Wirbel entstanden. Der Steuermann konnte bei aller Anstrengung im schweren Wellengang den Kurs nicht halten und befahl schließlich den Matrosen, zu wenden, da er umkehren wollte. Als Caesar das merkte, gab er sich zu erkennen, faßte den erschrockenen Steuermann bei der Hand und sagte zu ihm: Mut, mein Freund, wage es getrost und fürchte nichts; du führst Caesar und sein Glück. Darüber vergaßen die Matrosen den Sturm, legten sich in die Ruder und strengten alle ihre Kräfte an, um aus dem Fluß herauszukommen. Aber alle Mühe war vergeblich, und da das kleine Schiff schon viel Wasser nahm und zu kentern drohte, erlaubte endlich Caesar, wiewohl sehr ungern, dem Steuermann, wieder umzukehren. Bei seiner Rückkehr strömten ihm seine Soldaten entgegen und beklagten sich bitter, daß er sich nicht getraute, im Notfall auch mit ihnen allein zu siegen. Wie könnte er nur so wenig Vertrauen auf sie setzen, daß er sich aus Sorge um die Fehlenden in solche Gefahren stürze!

Bald darauf brachte Marcus Antonius die Truppen von Brundisium herüber. Caesar faßte wieder Mut und bot Pompejus eine Schlacht an. Dieser hatte mit seiner Armee eine sehr günstige Stellung bezogen, in der er vom Land wie von der See reichliche Zufuhr erhielt. Caesar hingegen hatte schon zu Anfang Schwierigkeiten mit der Verpflegung, und zuletzt fehlte ihm auch das Nötigste. Seine Soldaten lebten von einer Art Wurzeln, die sie zerrieben und mit Milch mischten. Zuweilen machten sie Brote daraus, liefen dann zu den feindlichen Vorposten, warfen sie ihnen zu und riefen drohend, solange die Erde solche Wurzeln hervorbrächte, würden sie von der Belagerung des Pompejus nicht abstehen. Pompejus aber verbot den Posten strengstens, von dem Brot oder den Reden etwas im Lager verlauten zu lassen; denn seine Soldaten hatten schon Angst genug vor Caesars rauhen und rücksichtslosen Kriegern, die sie wie wilde Tiere fürchteten.

Vor den Wällen des Pompejus kam es ständig zu kleinen Gefechten, bei denen Caesar immer erfolgreich blieb. Nur einmal erlitt er einen schweren Rückschlag und hätte durch die Flucht seiner Leute beinahe sein ganzes Lager verloren. Denn Pompejus machte einen so hitzigen Ausfall, daß niemand standhielt und die Verfolger schon bis an das Lager Caesars vordrangen. Caesar kam den Fliehenden entgegen und suchte sie zum Stehen zu bringen, richtete aber nichts aus. Ja, wenn er ein Feldzeichen ergreifen wollte, warfen die Träger es von sich, so daß bei der überhasteten Flucht nicht weniger als zweiunddreißig Feldzeichen den Feinden in die Hände fielen. Caesar selbst geriet dabei in Lebensgefahr. Er bekam einen großen riesenstarken Kerl zu packen, der an ihm vorbeijagen wollte, und schrie ihm zu, stehenzubleiben und sich gegen den Feind zu kehren. Der Mann aber, sinnlos vor Angst, holte mit dem Schwert aus, um ihn niederzuhauen. Caesars Schildträger aber kam ihm noch zuvor und hieb ihm den Arm ab.

Caesar gab bei diesem Gefecht seine Sache schon für verloren. Aber Pompejus verabsäumte es, seinen Erfolg auszunutzen, vielleicht aus übergroßer Vorsicht oder auch nur aus Zufall. Er begnügte sich damit, den fliehenden Feind bis an das Lager zu verfolgen, und kehrte dann um. Als Caesar den Kampfplatz verließ, sagte er zu seiner Umgebung: Heute wäre der Sieg bei unseren Gegnern gewesen, wenn sie drüben einen gehabt hätten, der zu siegen versteht. Dann zog er sich in sein Zelt zurück und verbrachte eine der traurigsten Nächte seines Lebens in schweren Grübeleien. Er glaubte jetzt, einen großen Fehler begangen zu haben, daß er den Krieg nicht in die vor ihm liegenden fruchtbaren Gebiete und die reichen Städte Makedoniens und Thessaliens getragen, sondern sich hier an der Küste festgesetzt hatte, die der Feind durch seine Flotten beherrschte und wo er aus Mangel an Lebensmitteln schließlich zugrunde gehen mußte. Er beschloß daher, sich dieser schwierigen und aussichtslosen Lage zu entziehen, und brach mit seiner Armee auf in der Absicht, zunächst gegen Scipio in Makedonien vorzurücken. Dadurch hoffte er, entweder Pompejus in eine Gegend zu locken, wo er sich ihm zum Kampf stellen mußte, ohne wie bisher von seiner Flotte unterstützt zu werden, oder doch wenigstens den sich selbst überlassenen Scipio mit seiner überlegenen Macht leicht zu überwältigen.

Das Heer des Pompejus und seine Generale ließen sich dadurch zu der Meinung verleiten, Caesar wäre in voller Flucht begriffen, und wollten ihm unbedingt nachsetzen. Pompejus selbst aber trug Bedenken, durch das Risiko einer Schlacht alles aufs Spiel zu setzen. Da er selbst für lange Zeit mit allem Notwendigen reichlich versehen war, schien es ihm vorteilhafter, die Kräfte des Feindes, die sicher nicht unerschöpflich waren, sich allmählich aufzehren und zermürben zu lassen. Denn an Kriegserfahrung und Tapferkeit waren Caesars beste Truppen so überlegen, daß im offenen Kampf gegen sie nichts auszurichten war. Bei langen Märschen dagegen, Lagerbau, Sturm auf die Mauern, Nachtwachen und sonstigen Entbehrungen ermatteten seine Soldaten leicht, da sie allmählich zu alt geworden waren und solche Beschwernisse körperlich nicht lange aushielten. Überdies hatte man Nachricht, daß in Caesars Heer infolge der ungewohnten und unzureichenden Ernährung eine Krankheit ausgebrochen war. Das Wichtigste aber war, daß Caesar weder Geld noch Lebensmittel genug hatte und daher aller Voraussicht nach bald am Ende seiner Kräfte sein mußte.

Aus allen diesen Gründen entschloß sich Pompejus, einer Schlacht unter allen Umständen aus dem Weg zu gehen. Aber nur Cato billigte diesen Entschluß, weil dadurch unnötiges Blutvergießen zwischen Volksgenossen vermieden wurde. Als Cato kürzlich auf dem Schlachtfeld die Gefallenen der Feinde gesehen hatte, es waren an die tausend, hatte er sein Haupt mit der Toga verhüllt und war weinend davongegangen. Die anderen dagegen warfen Pompejus Feigheit vor, weil er keine Schlacht wagte. Um ihn dazu zu reizen, nannten sie ihn spöttisch ›Agamemnon‹ und ›König der Könige‹, als wenn er auf die Alleinherrschaft niemals wieder verzichten wollte und stolz darauf wäre, daß zahllose Feldherren von seiner Gunst abhingen und ihm in seinem Zelt ihre Aufwartung machen mußten. Favonius, der gern Catos ironischen Freimut noch übertrumpfte, beklagte sich bitterlich, daß er um Pompejus' Herrschaft willen heuer keine Feigen aus Tusculanum zu essen bekäme. Afranius, der erst vor kurzem nach dem unglücklichen Feldzug in Spanien im Lager eingetroffen war und im Verdacht stand, die dortige Armee für Geld verraten zu haben, fragte immer wieder, warum man sich denn nicht mit dem Kaufmann schlagen wollte, der ihm die Provinzen abgehandelt hätte.

Durch diese unaufhörlichen Spöttereien wurde endlich Pompejus wider seinen Willen zur Schlacht gedrängt und brach nun mit seiner Armee auf, um Caesar nachzurücken. Dieser hatte inzwischen auf seinem Marsch mit großen Schwierigkeiten zu kämpfen gehabt, denn niemand wollte ihm Lebensmittel liefern, da man seit der letzten Niederlage seine

Sache für verloren hielt. Die Eroberung der Stadt Gomphoi in Thessalien jedoch verschaffte seiner Armee mit eins reichlichen Unterhalt, und auch die Seuche nahm ein plötzliches Ende. Den Soldaten waren nämlich hier ungeheure Vorräte an Wein in die Hände gefallen; sie tranken sich erst einen gehörigen Rausch an, und auch auf dem Marsch taten sie sich daran gütlich. Dadurch trieben sie die Seuche aus dem Körper heraus und wurden gesund.

Nachdem beide Heere in die Pharsalische Ebene eingerückt waren und sich dort gelagert hatten, kehrte Pompejus wieder zu seinem alten Plan zurück, zumal ihn allerlei ungünstige Vorzeichen und böse Träume ängstigten. Dagegen waren seine Freunde und Anhänger um so übermütiger. So sehr rechneten sie auf den Sieg, daß Domitius Spinther und Scipio sich schon um die Oberpriesterwürde Caesars zu streiten begannen und einige sogar Beauftragte nach Rom sandten, um für sie große, für Konsuln geeignete Häuser zu mieten, weil sie gleich nach der Rückkehr diese Ämter zu erlangen hofften. Am kampfbegierigsten aber gebürdeten sich die Ritter in ihren prachtvollen Rüstungen mit ihren wohlgenährten Pferden und ihren eleganten Gestalten. Besonders auf ihre Übermacht bildeten sie sich viel ein, da sie siebentausend Mann stark gegen Caesars tausend Mann Reiterei auftreten konnten. Auch die Zahl des Fußvolkes war sehr ungleich; Pompejus konnte fünfundvierzigtausend Mann aufstellen, während Caesar nur zweiundzwanzigtausend hatte.

Caesar ließ nun seine Soldaten zusammenkommen und erklärte ihnen, daß Corsinius mit zwei Legionen im Anmarsch wäre und fünfzehn weitere Kohorten unter Calenus bei Athen und Megara ständen. Dann fragte er sie, ob sie diese Verstärkungen erst abwarten oder allein den Kampf wagen wollten. Alle baten ihn mit lautem Geschrei, nicht zu warten, sondern mit allen Mitteln dafür zu sorgen, daß sie möglichst bald an den Feind kämen.

Dann ließ Caesar das übliche Reinigungsopfer für die Armee darbringen, und schon bei der Opferung des ersten Tieres versicherte der Priester, daß es innerhalb der nächsten drei Tage zur Entscheidung mit dem Gegner kommen werde. Auf Caesars Frage, ob der Seher im Opfer nicht auch wegen des Ausgangs ein günstiges Zeichen bemerkte, versetzte er: Diese Frage kannst du dir selbst besser beantworten als ich. Denn die Götter künden ganz allgemein einen großen Wechsel und völligen Umschwung der Dinge an. Glaubst du also jetzt in einer günstigen Lage zu sein, so mußt du eine schlimmere erwarten; ist aber deine jetzige Lage schlecht, so kannst du einer günstigeren entgegensehen.

Als Caesar in der Nacht vor der Schlacht die Runde machte, zeigte sich um Mitternacht am Himmel eine feurige Fackel, die mit hellem Glanz über sein Lager dahinzuschweben und in Pompejus' Lager herabzufallen schien. Auch bemerkte man um die Morgenwache einen panischen Schrecken, der unter den Feinden entstanden war. Indessen erwartete Caesar für den kommenden Tag so wenig eine Schlacht, daß er alle Anstalten traf, nach Skotussa zu marschieren.

Schon waren die Zelte abgebrochen, als die Aufklärer zurückgeeilt kamen und meldeten, daß die Gegner zum Kampf aus dem Lager rückten.

Voller Freude darüber dankte Caesar den Göttern und ordnete dann seine Truppen zur Schlacht. Er gliederte seine Armee in drei Treffen. Die Führung des Zentrums übergab er Domitius Caloinus; den linken Flügel kommandierte Marcus Antonius, Caesar selbst übernahm den rechten und setzte sich an die Spitze der zehnten Legion. Da er auf dem gegenüberliegenden Flügel des Feindes die gesamte Reiterei massiert sah und ihre große Überlegenheit ihn doch etwas besorgt machte, zog er aus dem Hintertreffen sechs Kohorten unbemerkt hinter seinen rechten Flügel und gab Anweisung, was sie beim Anrücken der Reiterei zu tun hätten.

Auf gegnerischer Seite befehligte Domitius Ahenobarbus den linken Flügel, Pompejus selbst den rechten Flügel, das Zentrum kommandierte sein Schwiegervater Scipio. Die gesamte Reiterei war auf dem linken Flügel vereinigt in der Absicht, den rechten des Feindes zu umfassen und aufzurollen. Da dort Caesar selbst führte, mußte eine Niederlage des Flügels besonders wirkungsvoll sein. Denn man glaubte, daß kein Fußvolk, so tief es auch gegliedert sein mochte, dem Angriff einer so starken Reiterei standhalten könnte, vielmehr alles durch diese Attacke über den Haufen geworfen werden müßte.

Als dann auf beiden Seiten das Zeichen zum Angriff gegeben werden sollte, befahl Pompejus dem Fußvolk, mit wurfbereiten Speeren auf der Stelle stehenzubleiben und festgeschlossen den Anlauf der Feinde abzuwarten, bis sie mit dem Wurfspeer zu erreichen waren. Caesar aber sagt später, Pompejus habe damit einen schweren taktischen Fehler begangen; denn er habe außer acht gelassen, daß gerade der Ansturm, wenn er im vollen Lauf geschieht, den Hieben die größte Wucht verleiht und den Kampfesmut entflammt, den man mit allen Mitteln zu heben suchen muß.

Caesar wollte eben sein Fußvolk vorrücken lassen, als ihm einer seiner Hauptleute in die Augen fiel, ein alter treuer Haudegen, der seine Leute gerade zu festem Draufgehen anfeuerte. Caesar rief ihn an: Nun, Gaius Crassinius, was haben wir zu hoffen, wie steht's mit unserem Mut? – Crassinius streckte ihm die Hand hin und rief dröhnend: Es wird ein herrlicher Sieg werden, Caesar, und ob ich ihn erlebe oder nicht, du sollst heute mit mir zufrieden sein. Mit diesen Worten stürmte er als erster im vollen Lauf gegen die Reihen der Feinde vor und riß seine hundertzwanzig Leute mit sich. So brach er durch das erste Glied hindurch und bahnte sich mit wuchtigen Hieben immer weiter seinen Weg, bis ihm ein Schwertstoß durch den Mund, der zum Nacken wieder herauskam, für immer Einhalt tat.

Während nun im Zentrum das Fußvolt schon im schweren Ringen stand, setzte auf dem Flügel Pompejus' Reiterei kühn zur Attacke an und dehnte schon ihre Schwadronen aus, um den rechten feindlichen Flügel zu umfassen. Aber ehe sie noch zum Einfallen kamen, brachen die von Caesar bereitgestellten Kohorten vor. Anstatt, wie sonst immer, nach den Schenkeln und Schienbeinen der Feinde zu stoßen, zielten sie mit den Wurfspeeren nur nach den Augen und suchten die Reiter im Gesicht zu verwunden. Dazu hatte ihnen nämlich Caesar Anweisungen gegeben. Denn er wußte, daß diese jungen Römer, an Krieg und Wunden nicht gewöhnt und dabei stolz auf ihr schönes jugendliches Gesicht, sich vor solchen Stößen am meisten fürchten und aus Angst vor der gegenwärtigen Gefahr wie auch vor zukünftiger Entstellung ihres Gesichts nicht standhalten würden. Dies traf richtig ein. Die Reiter erschraken vor den emporgehaltenen Wurfspeeren, und das ihnen vor Augen schwebende Eisen schlug ihren Mut so nieder, daß sie sich abwandten und, um ihr Gesicht zu schonen, die Hände vorhielten. Dadurch brachten sie Unordnung in ihre Reihen, ergriffen endlich mit Schimpf und Schande die Flucht und bewirkten so die Niederlage des ganzen Heeres. Denn die Kohorten, die den Reiterangriff zurückgeschlagen hatten, schwenkten sofort gegen das Fußvolk des Gegners ein und fielen ihm in die Flanke.

Als Pompejus von seinem Flügel aus sah, wie seine Reiterei kehrtmachte und aufgelöst davonjagte, schien eine völlige Wandlung mit ihm vorzugehen. Er vergaß, daß er der große Pompejus war. Als habe ihn ein Gott geschlagen, ging er wortlos und wie betäubt in sein Zelt. Dort setzte er sich nieder und erwartete untätig das Weitere, bis die Flucht seines Heeres allgemein wurde und der Feind schon in das Lager einzudringen begann. Erst da schien er wieder zur Besinnung zu kommen und soll nur geäußert haben: Also bis ins Lager sogar! Darauf vertauschte er das prächtige Gewand des Feldherrn mit einer schlichten Tracht, wie sie besser zur Flucht geeignet war, und machte sich heimlich davon. Wie bekannt, wurde er später bei der Landung in Ägypten ermordet.

Als Caesar in das Lager des Pompejus kam und neben den Leichen der Feinde das Morden weiter wüten sah, soll er seufzend geäußert haben: Das haben sie gewollt, dazu haben sie mich gezwungen! Denn wenn ich mein Heer entlassen hätte, würden sie mich, Gaius Caesar, den ruhmvollen Sieger in so vielen Kriegen, zum Tod verurteilt haben. Asinius Pollio berichtet, Caesar habe diese Worte auffallenderweise lateinisch gesprochen, er aber sie griechisch aufgezeichnet. Nach ihm soll der größte Teil der Toten aus Sklaven bestanden haben, die bei Eroberung des Lagers niedergemacht wurden, an Soldaten aber nicht mehr als sechstausend gefallen sein. Von den Gefangenen reihte Caesar die meisten in seine Legionen ein, vielen Adligen schenkte er die Freiheit, unter ihnen auch Brutus, seinem späteren Mörder. Brutus war vermißt worden, und Caesar soll sehr bekümmert darüber gewesen sein; als er sich aber schließlich unverwundet einstellte, zeigte Caesar große Freude.

Viele Vorzeichen hatten den Sieg angekündigt, das Merkwürdigste aber begab sich in Patavium. Dort saß am Tag der Schlacht Gaius Cornelius bei der Beobachtung des Vogelflugs. Er war berühmt wegen seiner Seherkunst und ein Freund und Landsmann des Geschichtsschreibers Livius. Aus der ersten Beobachtung erkannte er die Stunde der Schlacht und sagte zu den Anwesenden: Jetzt naht die Entscheidung; die beiden Männer schreiten zum Kampf. Als er darauf von neuem beobachtete und die Zeichen bemerkte, sprang er voll Begeisterung auf und rief: Caesar, du siegst! – Alle waren darüber höchst verwundert; er aber nahm den heiligen Kranz vom Kopf und schwur, er wolle ihn nicht eher wieder aufsetzen, bis seine Kunst durch den Erfolg bestätigt sein würde. Livius versichert, daß sich dies wirklich so zugetragen habe.

Zum Dank für den gewonnenen Sieg schenkte Caesar den Thessaliern die Freiheit. Dann nahm er die Verfolgung des Pompejus auf. Als er auf seinem eiligen Zug an die Küste Kleinasiens kam, schenkte er auch den Knidiern die Freiheit, um damit seinem Freunde Theopompos aus Knidos eine Freude zu machen. Auch erließ er allen Bewohnern Kleinasiens ein Drittel der Abgaben.

Alexandria erreichte Caesar erst nach der Ermordung des Pompejus. Als ihm Theodotos den abgeschlagenen Kopf überbrachte, wandte er sich voll Abscheu ab, doch nahm er Pompejus' Siegelring mit Tränen in den Augen in Empfang. Von Pompejus' Anhängern und Freunden waren viele auf den Irrfahrten ihrer Flucht in die Hände des ägyptischen Königs gefallen. Caesar kam ihnen allen mit der größten Freundlichkeit entgegen und brachte sie auf seine Seite. Deshalb schrieb er auch seinen Freunden in Rom, die größte Freude, die er von dem Sieg hätte, wäre doch die Möglichkeit, Mitbürgern, die gegen ihn Krieg geführt hätten, Leben und Freiheit zu schenken.

Den wenig rühmlichen und gefährlichen Krieg, in den Caesar hier in Alexandria verwickelt wurde, hätte er sich nach Meinung mancher Historiker ersparen können, da nur seine Liebe zu Kleopatra den Anlaß dazu gegeben hätte. Andere freilich schieben alle Schuld auf die Ratgeber des ägyptischen Königs, besonders auf den Eunuchen Potheinos, der den jungen König völlig in der Hand hatte. Auf seine Veranlassung war erst jüngst Pompejus ermordet und Kleopatra, die Schwester des Königs, vertrieben worden. Nun arbeitete Potheinos im geheimen am Verderben Caesars. Um sich gegen Anschläge auf sein Leben zu sichern, soll Caesar von da ab ganze Nächte durchzecht haben. Potheinos suchte aber auch ganz öffentlich Caesar in jeder Weise zu schaden und sein Ansehen herabzusetzen. Den Soldaten, die immer nur altes und halb verdorbenes Getreide geliefert bekamen, hielt er vor, sie sollten doch zufrieden sein und den Göttern danken, daß sie auf fremde Kosten noch gefüttert würden. Für die königliche Tafel verwendete er nur hölzerne und irdene Gefäße unter dem Vorwand, die goldenen und silbernen hätten für eine alte Schuld an Caesar verpfändet werden müssen. Der Vater des damaligen Königs war nämlich Caesar siebzehneinhalb Millionen Drachmen schuldig gewesen. Von dieser Summe forderte Caesar jetzt zum Unterhalt seiner Truppen zehn Millionen zurück; den Rest hatte er schon vorher den Kindern des Königs erlassen. Potheinos schlug ihm vor, er solle doch zunächst Ägypten verlassen und an die Ausführung seiner großen Pläne gehen; wenn er dann zurückkäme, wolle man ihm die ganze Schuld mit Dank zurückerstatten. Caesar gab ihm zur Antwort, Ägypter seien die letzten, von denen er Rat gebrauche. Dann ließ er Kleopatra heimlich vom Land zu sich holen.

Prinzessin Kleopatra nahm von ihrem ganzen Gefolge nur den Sizilianer Apollodoros mit, stieg in ein kleines Boot und landete bei Einbruch der Nacht in der Nähe des königlichen Palastes. Da sie keine andere Möglichkeit sah, unentdeckt in den Palast hineinzukommen, legte sie sich der Länge nach in einen Bettsack hinein. Apollodoros verschnürte ihn dann und trug das Bündel durch das Tor zu Caesar in den Palast. Dieser hübsche Streich gefiel Caesar so gut, daß er sich, wie man sagt, auf den ersten Blick verliebte. Überhaupt fand er in ihr eine kluge und reizvolle Frau, und er versöhnte sich mit ihrem Bruder unter der Bedingung, daß sie Mitregentin wurde.

Zur Feier der Versöhnung fand ein Festmahl statt. Ein Sklave Caesars, der ihm als Barbier diente, ein überaus ängstlicher Mensch, der seine Augen und Ohren überall hatte und dem nichts verborgen blieb, hatte herausbekommen, daß der Eunuch Potheinos und der General Achillas bei dieser Gelegenheit einen Anschlag auf Caesars Leben planten. Er hatte Caesar davon unterrichtet. Dieser ließ den Bankettsaal mit Bewaffneten umstellen und Potheinos aus dem Weg räumen.

Achillas aber konnte sich zu seinen Truppen retten, und durch ihn wurde Caesar in einen schwierigen und mit großen Gefahren verbundenen Krieg verwickelt, da er sich mit seinen wenigen Truppen gegen eine riesige Stadt und gewaltige Armee verteidigen mußte.

Die erste Gefahr, die ihn bedrohte, war die Entziehung des Wassers, da die Feinde alle Kanäle und Wasserleitungen sperrten. Als man dann versuchte, ihm seine Flotte wegzunehmen, konnte er die Gefahr nur dadurch abwenden, daß er das Hafenviertel in Brand stecken ließ. Das Feuer aber griff von den Schiffsarsenalen weiter um sich und vernichtete auch die große Bibliothek. Und schließlich, als sich beim Pharos, dem Leuchtturm von Alexandria, ein Gefecht entspann, mußte er vom Damm hinunter in ein Boot springen, um sich zu retten und seinen Truppen zu Hilfe zu kommen. Da aber die Ägypter von allen Seiten auf ihn zugefahren kamen, sprang er ins Wasser und entkam noch mit knapper Not durch Schwimmen. Dabei hatte er, wie man erzählt, in der einen Hand eine Menge Papiere, die er nicht verlieren wollte und ständig über Wasser hielt, trotzdem heftig nach ihm geschossen wurde und er oft untertauchen mußte, so daß er nur einen Arm zum Schwimmen frei hatte. Das verlassene Boot sank gleich danach unter. Zuletzt ging der König selbst zu Caesars Feinden über. Caesar zog ihm entgegen und schlug das ägyptische Heer in die Flucht. Der junge König blieb seitdem verschollen. Caesar brach dann nach Syrien auf. Kleopatra, die er als regierende Königin zurückgelassen hatte, schenkte ihm bald danach einen Sohn, den die Alexandriner Caesarion nannten.

Von Syrien zog Caesar weiter nach Kleinasien, wo er die Nachricht erhielt, daß Domitius Caloinus von Mithridates' Sohn Pharnakes geschlagen worden und mit dem geringen Rest seiner Truppen aus Pontos geflohen sei. Weiter hieß es, daß Pharnakes seinen Sieg eifrig ausnutzte, ganz Bithynien und Kappadokien in seine Gewalt gebracht habe und auch bereits auf dem Weg nach Kleinarmenien sei und alle Fürsten und Könige jener Gebiete gegen Rom aufzuhetzen suche. Caesar rückte daher unverzüglich mit drei Legionen gegen Pharnakes vor, lieferte ihm bei der Stadt Zela eine blutige Schlacht, verjagte ihn aus Pontos und rieb seine Armee völlig auf. Um die überraschende Schnelligkeit dieses Erfolges zu charakterisieren, schrieb er nach Rom an seinen Freund Amintius: Ich kam, ich sah und siegte. Im Lateinischen haben diese Worte alle die gleiche Endung und sind von einer ungemein packenden Kürze.

Nunmehr kehrte er endlich nach Italien zurück und gelangte nach Rom gegen Ende des Jahres, für das er zum zweitenmal zum Diktator ernannt worden war. Bisher hatte die Dauer dieses Amtes niemals ein ganzes Jahr betragen. Für das folgende Jahr wurde er wieder zum Konsul gewählt. Es machte aber einen schlechten Eindruck, daß er die Soldaten, die bei einem Aufruhr zwei frühere Prätoren, Cosconius und Galba, ermordet hatten, nur mit einer geringen Strafe davonkommen ließ. Er redete sie »Bürger«, statt »Kameraden« an, was allerdings Dienstentlassung bedeutete. Dann ließ er jedem tausend Drachmen auszahlen und ein Ackergut in Italien anweisen. Viel Mißstimmung gegen Caesar erregten auch die Torheiten Dolabellas, die Habgier des Amintius und die Ausschweifungen des Marcus Antonius. Dieser brachte übrigens durch eine Schiebung den Palast des Pompejus an sich und ließ ihn noch umbauen und erweitern, als wenn er für ihn nicht gut genug wäre. Caesar hatte die Folgen dieser Exzesse zu tragen. Aber obgleich er von den Dingen Kenntnis hatte und sie mißbilligte, blieb ihm doch bei der damaligen Lage des Staates nichts anderes übrig, als sich solcher Helfer zu bedienen.

Nach der Schlacht bei Pharsalos waren Cato und Scipio nach Afrika geflohen und hatten dort mit Unterstützung des Numidierkönigs Iuba sehr ansehnliche Truppenmassen zusammengebracht. Caesar beschloß daher, persönlich gegen sie zu Felde zu ziehen, und ging um die Wintersonnenwende nach Sizilien. Um seinen Offizieren, die wohl gern längere Zeit dort geblieben wären, keine falschen Hoffnungen zu machen, ließ er sein Zelt unmittelbar am Strand aufschlagen und ging, sobald der Wind günstig war, mit dreitausend Mann Fußvolk und wenigen Reitern in See. Er landete mit ihnen unbemerkt vom Feind in Afrika, fuhr aber dann selbst gleich wieder zurück, da er sich um das Schicksal des größeren Teils seiner Armee Sorgen machte. Doch traf er sie schon unterwegs auf hoher See und brachte alle seine Truppen glücklich ins Lager.

Er erfuhr hier, daß die Feinde auf ein altes Orakel vertrauten, wonach es dem Haus der Scipionen bestimmt sein sollte, in Afrika stets zu siegen. Nun befand sich in Caesars Armee ein armer, unbedeutender und wenig angesehener Mann, der tatsächlich ein Abkömmling aus dem Geschlecht der Scipionen war und sich Scipio Sallustio nannte. Um nun entweder den Feldherrn Scipio durch eine Posse lächerlich zu machen, oder um im Ernste sich des Orakels zu seinen Gunsten zu bedienen – seine Absicht läßt sich schwer erraten –, stellte Caesar nun diesen Mann bei jedem Zusammenstoß mit den Feinden gleichsam als Oberbefehlshaber an die Spitze seiner Truppen. Oft genug mußte sich Caesar in diesem Krieg mit seinem Gegner schlagen oder ihm vergebens eine entscheidende Schlacht anbieten. Denn er hatte weder für die Mannschaft hinlängliche Lebensmittel, noch das nötige Futter für die Tiere. Man war sogar schließlich genötigt, Seemoos, nachdem man das Salzwasser dürftig abgespült hatte, mit etwas Gras zu vermischen und die Pferde damit zu füttern, da die Numidier immer plötzlich in dichten Schwärmen irgendwo auftauchten und so das Futterholen im Land verhinderten.

Eines Tages schauten Caesars Reiter, die gerade nichts zu tun hatten, einem Afrikaner zu, der ihnen kunstvolle Tänze und wunderbares Flötenspiel vorführte. Ihre Pferde hatten sie den Burschen zum Hüten übergeben. Plötzlich aber stürzten die Feinde von allen Seiten über sie her und hieben einen Teil von ihnen nieder. Die anderen flüchteten Hals über Kopf ins Lager, und die nachsetzenden Feinde suchten mit ihnen zugleich ins Lager einzudringen. Wäre nicht Caesar selbst zusammen mit Asinius Pollio schleunigst zu Hilfe herbeigekommen, so würde es mit dem Krieg wahrscheinlich aus gewesen sein. Auch in einem anderen Gefecht behielten die Feinde die Oberhand; bei dieser Gelegenheit soll Caesar einen fliehenden Adlerträger beim Nacken gepackt, ihn umgedreht und gesagt haben: Dort steht der Feind!

Durch diese Erfolge ermutigt, entschloß sich Scipio endlich, gegen Caesar eine entscheidende Schlacht zu wagen. Afranius und Iuba erhielten Befehl, in geringer Entfernung je ein gesondertes Lager aufzuschlagen. Scipio selbst legte bei der Stadt Thapsos oberhalb eines Sees ein festverschanztes Lager an, das seinen Truppen während der Schlacht als Halt und Zufluchtsort dienen sollte. Scipio war noch mitten bei dieser Arbeit beschäftigt, als Caesar mit unglaublicher Geschwindigkeit durch ein waldiges Gebirgsgelände durchstieß, dessen Zugänge man nicht besetzt hatte. Scipios Truppen wurden zum Teil umzingelt, zum Teil frontal angegriffen und völlig geschlagen. Caesar wußte den Erfolg auszunutzen, überrannte im ersten Anlauf Scipios Lager und eroberte schließlich auch die beiden Lager der Numidier. König Iuba konnte entfliehen.

Nach anderen Berichten konnte Caesar selbst am Kampf nicht teilnehmen. Während er die Truppen aufstellte und die nötigen Anordnungen traf, wurde er von seinem Leiden befallen. Er spürte aber gleich den kommenden Anfall und ließ sich, ehe er völlig das Bewußtsein verlor, beim ersten Schütteln auf einen nahegelegenen Turm tragen, wo er die Krise in Ruhe abwartete. Unter den Gefangenen befanden sich Römer aus den angesehensten Geschlechtern; einige von ihnen gaben sich selbst den Tod, viele aber ließ Caesar hinrichten.

Nur Cato fehlte noch; aber gerade diesen wollte Caesar unbedingt lebend in seine Hände bekommen. Deshalb rückte er eilends gegen Utika; denn Cato war zur Bedeckung dieser Stadt zurückgeblieben und hatte daher an der Schlacht nicht teilgenommen. Als Caesar dann bei der Ankunft vor Utika hörte, Cato habe sich freiwillig das Leben genommen, merkte man ihm seine Enttäuschung sichtlich an. Was er eigentlich mit Cato vorhatte, bleibt zweifelhaft. Er sagte allerdings: Diesen Tod gönne ich dir nicht, Cato; denn du hast mir auch deine Rettung nicht gegönnt. Doch scheint die später von ihm gegen Cato abgefaßte Schrift eben kein Beweis eines freundlichen und versöhnlichen Gemüts zu sein. Denn wie sollte er einen Mann im Leben geschont haben, über den er noch im Tod soviel Galle ausgoß? Indessen zeigte Caesar gegen Cicero, Brutus und viele andere seiner erklärten Gegner Schonung und Milde, und daraus möchte man schließen, daß ihn nicht persönlicher Haß, sondern politische Gründe zu dieser Schrift veranlaßt haben. Cicero hatte nämlich unter dem Titel ›Cato‹ eine Lobschrift auf Cato herausgegeben, und diese wurde, wie leicht zu denken, eifrig gelesen, da sie von dem größten Redner über einen der erhabensten Charaktere geschrieben war. Caesar aber, der die Lobrede auf einen durch ihn ums Leben gekommenen Mann als eine Anklage gegen sich selbst betrachtete, fühlte sich dadurch beleidigt. Er trug daher eine Menge von Beschuldigungen gegen Cato in ein Buch zusammen und gab ihm den Titel »Anticato«. Beide Schriften fanden, ebenso Caesars wie Catos wegen, die weiteste Verbreitung.

Als er aus Afrika nach Rom zurückgekehrt war, hielt er zunächst eine Rede an das versammelte Volk, worin er ihm die ganze Größe seiner Erfolge vor Augen führte. Er habe, sagte er, so riesige Gebiete erobert, daß daraus dem Staatsschatz jährlich zweihunderttausend attische Scheffel Getreide und drei Millionen Öl zufließen würden. Hierauf feierte er seine

Triumphe über Ägypten, über Pontos und über Afrika; den letzteren freilich nicht über Scipio, sondern zum Schein über König Iuba. Dabei wurde auch der Sohn dieses Königs, der noch sehr jugendliche Iuba, im Zug mitgeführt. Diesem wurde die Gefangenschaft zu einem großen Glück. Denn sie entriß ihn der Barbarei seiner numidischen Heimat und machte ihn zu einem der gelehrtesten Historiker unter den Griechisch-Schreibenden.

Nach den Triumphen teilte er an die Soldaten reiche Belohnungen aus und ergötzte das Volk mit Schauspielen und öffentlichen Speisungen. So bewirtete er die gesamte Bürgerschaft an zweiundzwanzigtausend Tischen, veranstaltete auch noch zu Ehren seiner schon lange verstorbenen Tochter Julia Fechterspiele und ließ eine Seeschlacht vorführen. Im Anschluß an die Spiele fand eine Volkszählung statt. Sie ergab, daß sich die Bevölkerung von 320.000 Bürgern auf 150.000 vermindert hatte. Diesen furchtbaren Rückgang der Einwohnerzahl hatten die Bürgerkriege veranlaßt, ungerechnet das viele Unheil, das über ganz Italien und die auswärtigen Provinzen hereingebrochen war.

Nach Beendigung der Feierlichkeiten wurde Caesar zum viertenmal zum Konsul ernannt. Er zog darauf nach Spanien gegen die Söhne des Pompejus, die trotz ihrer Jugend ein unglaublich starkes Heer zusammengebracht hatten und deren Geschicklichkeit und Kühnheit in der Führung einer solchen Armee selbst einem Caesar bedeutende Schwierigkeiten machten. In der Entscheidungsschlacht bei der Stadt Munda sah Caesar, daß seine Truppen langsam zurückwichen und ihr Widerstand immer schwächer wurde. Da eilte er durch die Reihen und rief den Soldaten zu, ob sie sich nicht schämten, ihn in die Hände von solchen Knaben fallen zu lassen. Endlich gelang es ihm mit äußerster Anstrengung, die Feinde in die Flucht zu schlagen, die dreißigtausend Mann verloren. Caesar aber selbst büßte tausend seiner besten Soldaten ein. Beim Verlassen des Schlachtfeldes sagte er zu seiner Umgebung, er habe schon oft um den Sieg, heute aber zum erstenmal um sein Leben gekämpft. Diese Schlacht gewann Caesar am Fest des Bacchos, an demselben Tag, an dem Pompejus Magnus vier Jahre zuvor zum Krieg ausgezogen war. Von Pompejus' Söhnen konnte sich der jüngere durch die Flucht retten, den Kopf des älteren aber brachte wenige Tage darauf Didius in Caesars Lager.

Dies war der letzte Krieg, den Caesar führte. Daß er aber über diesen Sieg einen Triumph feierte, kränkte die Römer mehr als alles andere. Denn er hatte diesmal keine Heerführer fremder Völker, keine Könige der Barbaren überwunden, sondern die Kinder und das Geschlecht eines Mannes ausgerottet, der einer der größten unter den Römern gewesen war und den das Schicksal mit Unglück geschlagen hatte. So war es gewiß weder ehrenvoll für Caesar noch klug von ihm, über das Leid des Vaterlandes zu triumphieren und sich mit Taten zu brüsten, die vor Göttern und Menschen nur dadurch zu rechtfertigen waren, daß die bittere Notwendigkeit ihn dazu gezwungen hatte. Auch vordem hatte er ja niemals über einen im Bürgerkrieg errungenen Sieg an den Senat in Rom offiziellen Bericht gesandt und immer aus Feingefühl solchen Ruhm verschmäht.

Aber so überwältigend waren Caesars Erfolge und sein Glück, daß sich die Römer willig diesem gleichsam vom Schicksal auferlegten Joch beugten. Man ernannte ihn zum Diktator auf Lebenszeit, weil man nur dann eine Erholung von den langen Bürgerkriegen und den unsäglichen Leiden erhoffte, wenn einer allein den Staat führte. Das war zweifellos die vollendete Tyrannis, da sich zu der unbeschränkten Gewalt der Alleinherrschaft nun auch noch ihre unbeschränkte Dauer gesellte. Cicero war der erste, der im Senat besondere Ehrungen für Caesar beantragte. Aber wenn diese sich noch in den Grenzen hielten, die für menschliche Größe geboten schienen, so gingen andere in unverantwortlicher Weise darüber hinaus und wetteiferten gleichsam miteinander, jedes schickliche Maß zu überschreiten. Durch ihre anstößigen und ungerechtfertigten Anträge brachten sie es dahin, daß Caesar auch bei den gutmütigsten Bürgern in Mißkredit kam. Auch glaubt man, daß Caesars Gegner diese Übertreibungen nicht weniger gefördert haben als seine Schmeichler, um zu einem Angriff gegen ihn triftige Vorwände in die Hand zu bekommen. Denn Caesar selbst hatte ihnen keinen Anlaß zur Beschwerde geboten, da nach Beendigung der Bürgerkriege sein Verhalten ohne jeden Tadel war. Mit gutem Grund, wie es scheint, weihten die Römer der Göttin Clementia einen Tempel als Denkmal für seine Güte und Milde. Denn vielen, die gegen ihn die Waffen geführt hatten, verzieh er und ließ manche sogar zu Ämtern und Würden gelangen, wie Brutus und Cassius, die beide zu Prätoren ernannt wurden.

Auch duldete er nicht, daß die umgestürzten Bildsäulen des Pompejus unbeachtet liegenblieben, sondern ließ sie alle wieder aufrichten. Cicero sagt daher mit Recht, Caesar habe seine eigenen Statuen für alle Zeiten dadurch gesichert, daß er die des Pompejus wieder aufstellte. Als seine Freunde ihm rieten, sich eine Leibwache zuzulegen, lehnte er ab mit den Worten: Es ist besser, einmal zu sterben, als ständig in Furcht vor dem Tod zu leben. In der Liebe und Zuneigung des Volkes sah er den schönsten Schutz für sich und die sicherste Stütze seiner Herrschaft und suchte daher die Menge immer wieder durch Speisungen und Austeilung von Getreide zu gewinnen. Für seine alten Soldaten sorgte er durch Anlage von Kolonien; die bedeutendsten darunter waren Karthago und Korinth. Diese beiden Städte hatten also das Schicksal, daß sie einst zur selben Zeit zerstört worden waren und nun gleichzeitig wieder aufgebaut wurden.

Den Angehörigen des Adels versprach er für die Zukunft das Konsulat und die Prätur, und begütigte sie durch andere Würden und Ehrenstellen. Keinen aber ließ er ohne Hoffnung, denn es war sein Wunsch, mit freudiger Zustimmung aller zu herrschen. Als Konsul Marimus gestorben war, ernannte er für den einzigen noch übrigen Tag dieses Amtes Caminius Rebilus zum Nachfolger. Viele gingen nun zu dem Neuernannten, um ihm wie üblich Glück zu wünschen und ihn zur Kurie zu geleiten. Cicero, der auch darunter war, spottete: Laßt uns eilen, meine Freunde, sonst ist es mit seinem Amt zu Ende, ehe wir hinkommen.

Aber der ihm angeborene Tatendrang gestattete Caesar nicht, auf seinen Lorbeeren auszuruhen und die Früchte seiner Siege in Muße zu genießen. Das Glück, das ihm bis jetzt immer zur Seite gestanden hatte, erfüllte ihn mit festem Vertrauen in die Zukunft, und seine bisherigen Erfolge spornten ihn zu noch größeren Unternehmungen, umfassenderen Plänen und Streben nach neuem Ruhm an, gleich als wenn der alte schon gänzlich verblaßt und verwelkt wäre. Es war, als triebe ihn seine Natur rastlos dazu an, sich immer wieder selbst zu übertreffen und durch zukünftige Taten die früheren in den Schatten zu stellen. So reifte in ihm der Plan, einen Kriegszug gegen die Parther im äußersten Osten des Reichs zu unternehmen, und alle Vorbereitungen dazu wurden schon getroffen. Aber damit nicht genug. Nach Besiegung der Parther wollte er durch Hyrkanien am Kaspischen Meer und am Kaukasus entlang um das Schwarze Meer herumziehen und in das Gebiet der Skythen eindringen. Dann sollte der Zug weitergehen durch die an Germanien angrenzenden Länder und schließlich durch Germanien selbst, um zuletzt über Gallien nach Italien zurückzukehren und auf diese Weise durch den riesigen Kreis, den er schlug, überall den Ozean zur Grenze des römischen Reichs zu machen.

Während dieses Zuges sollte die Landenge von Korinth durchstochen werden, und Caesar hatte schon Anienus mit der Ausführung des Planes beauftragt. Auch wollte er den Tiber unmittelbar von der Stadt aus in einem tiefen Kanal um das Vorgebirge der Circe herumführen und bei Terracina ins Meer leiten, um einen bequemen Schiffahrtsweg nach Rom zu gewinnen. Dann gedachte er die Pontinischen Sümpfe abzuleiten und dadurch Ackergrund für viele tausend Menschen zu schaffen. Den Hafen von Ostia wollte er durch Molen ausbauen und die Einfahrt von gefährlichen Untiefen und Klippen säubern lassen, damit der stark zunehmende Schiffsverkehr geräumige und sichere Ankerplätze fand.

Alle diese Pläne waren noch in Vorbereitung. Zur Ausführung aber gelangte die Kalenderreform, wodurch die Fehler beseitigt wurden, die sich allmählich in der Zeitrechnung eingeschlichen hatten. Die Änderung wurde mit ungemeiner Genauigkeit behandelt und stiftete großen und weitreichenden Nutzen. Schon in älteren Zeiten hatten sich in dem Mondjahr, nach dem man damals rechnete, manche Fehler gezeigt. Als man dann das Sonnenjahr einführte, entstand erst recht Verwirrung; die Feste und Opferzeiten verschoben sich immer mehr und fielen schließlich in ganz falsche Jahreszeiten. Die Priester, die allein von der Zeit einige Kenntnis hatten, setzten oft plötzlich, ehe sich's jemand versah, den Schaltmonat an, den sie Mercedonius nannten und den König Numa zuerst eingeführt haben soll. Dadurch aber war den Verschiebungen nur in ungenügendem Maße abgeholfen worden.

Caesar ließ die Sache von den größten Gelehrten und Mathematikern untersuchen und führte nun nach den ihm vorgelegten Berechnungen eine eigene, mit größerer Genauigkeit gemachte Verbesserung ein, deren sich die Römer noch jetzt bedienen und wodurch die Fehler in der Zeitbestimmung beseitigt wurden. Gleichwohl gab auch dies seinen Neidern und Feinden, denen seine Macht ein Dorn im Auge war, zu allerhand Vorwürfen und Spöttereien Anlaß. So soll Cicero einem Bekannten, der zu ihm sagte: Morgen geht die Leier auf! – geantwortet haben: Allerdings, auf Befehl Caesars! – als wenn auch die Kalenderreform den Römern nur aufgezwungen worden wäre.

Der Hauptgrund indessen für den allgemeinen Haß gegen Caesar, der schließlich auch seinen Tod herbeiführte, lag in seinem Streben nach der Königswürde. Für das Volk war es die erste Ursache, daß es ihm gram wurde, und seinen heimtückischen, immer auf der Lauer liegenden Feinden lieferte es den willkommenen Vorwand. Tatsächlich wollten ihm auch manche diese Würde verschaffen und verbreiteten das Gerücht im Volk, aus den Sibyllinischen Büchern ergebe sich, daß das Parthische Reich nur dann von den Römern bezwungen werden könnte, wenn sie in den Krieg gegen die Parther von einem König angeführt würden; sonst wäre alle Mühe vergebens. Sie wagten es eines Tages, Caesar, der eben von Alba in die Stadt zurückkehrte, laut als König zu begrüßen. Weil aber darüber im Volk Murren laut wurde, sagte er ärgerlich, er hieße Caesar und nicht König. Darauf trat tiefes Schweigen ein, und Caesar ging mit düsterer Miene vorüber.

Bald darauf wurden ihm im Senat wieder einige übertriebene Ehrungen zuerkannt. Caesar saß gerade auf der Empore der Rostra, als die Konsuln und Prätoren in Begleitung des gesamten Senats vor ihm erschienen, um ihm die Beschlüsse kundzutun. Caesar aber erhob sich nicht vor ihnen, vielmehr fertigte er sie, als hätte er es mit einfachen Bürgern zu tun, kurz mit der Antwort ab, man solle mit diesen Ehrungen endlich aufhören, statt sie immer noch zu vermehren. Das kränkte nicht nur den Senat, sondern auch das Volk, weil in den Vertretern der Regierung der ganze Staat beschimpft zu sein schein. Alle, die nicht dazubleiben genötigt waren, entfernten sich auch traurig und niedergeschlagen. Caesar, der den schlechten Eindruck gewahr wurde, ging gleich nach Hause. Dort riß er sich die Toga vom Hals und rief seinen Freunden zu, wenn man ihn ermorden wolle, werde er gern die Kehle hinhalten. Nachher aber entschuldigte er sich mit seinem Leiden und sagte, wer mit diesem Übel behaftet sei, verliere leicht die volle Klarheit des Bewußtseins, wenn er beim Reden vor einer großen Menge stehen müßte; jede Erregung oder heftige Bewegung verursache ihm Schwindel, und dann sei er vor einem Anfall nicht sicher. Allein die Sache verhielt sich anders. Er hatte wirklich die Absicht gehabt, vor dem Senat aufzustehen, wurde aber von einem seiner Freunde oder vielmehr Schmeichler, Cornelius Balbus, daran gehindert mit den Worten: Vergiß nicht, daß du Caesar bist; du mußt über alle erhaben sein.

Zu dergleichen Ungeschicklichkeiten kam dann noch die den Volkstribunen angetane Beschimpfung. Es wurde nämlich das Luperkalienfest gefeiert, das ursprünglich ein Hirtenfest war, wie viele glauben, und mit dem arkadischen Fest Lykaia einige Ähnlichkeit hat. Viele junge Patrizier und selbst Amtspersonen laufen dabei nackt durch die Stadt und schlagen mit haarigen Fellpeitschen nach allen, die ihnen in den Weg kommen. Ehefrauen gehen ihnen dann mit Absicht entgegen und halten ihnen, wie in der Schule, die Hände hin, um sich schlagen zu lassen, weil nach uraltem Glauben bei werdenden Müttern die Geburt erleichtert, die Unfruchtbarkeit aber behoben werden soll.

Caesar saß nun, um die Feier mit anzusehen, auf der Rostra auf einem goldenen Stuhl, mit dem Triumphkleide geschmückt. Marcus Antonius war als Konsul einer von denen, die den heiligen Lauf durch die Stadt mitmachten. Als er nun auf den Markt kam und das versammelte Volk vor ihm Platz machte, überreichte er Caesar ein mit Lorbeer umwundenes Diadem. Darüber entstand ein schwaches dumpfes Händeklatschen von einigen dazu Bestellten. Als aber Caesar das Diadem zurückwies, klatschte das ganze Volk lauten Beifall. Nicht anders ging es, als Antonius ihm das Diadem nochmals hinhielt. Nach diesem mißlungenen Versuch stand Caesar auf und befahl, den Kranz aufs Kapitol zu bringen.

Einige Tage nachher sah man die Bildsäulen Caesars mit königlichen Diademen geschmückt. Zwei Volkstribunen, Flavius und Marullus, gingen herum und rissen die Diademe wieder herunter. Auch machten sie die Personen ausfindig, die Caesar zuerst als König begrüßt hatten, und ließen sie ins Gefängnis werfen. Das Volk begleitete die Tribunen mit lautem Jubel und beehrte sie mit dem Namen Brutus, weil ein Brutus einst die Königsherrschaft beseitigt und die höchste Gewalt dem Senat und Volk übergeben hatte. Aber Caesar war darüber so aufgebracht, daß er Flavius und Marullus ihres Amtes entsetzen ließ. In der Anklagerede nannte er sie ›Brutti‹ (das heißt etwa ›Schildbürger‹), um das Volk zu verhöhnen.

Unter diesen Umständen richteten sich die Augen vieler auf Marcus Brutus. Von väterlicher Seite stammte er, wie man glaubte, von jenem alten Brutus ab, von mütterlicher Seite aber gehörte er zu den Serviliern, einem anderen vornehmen und angesehenen Haus, und war außerdem Schwiegersohn und Neffe Catos. Brutus war zwar ein eingeschworener Feind aller Tyrannei, allein die vielen von Caesar erhaltenen Wohltaten und Ehrungen hatten ihn zu sehr geblendet, als daß er sich von selbst zur Beseitigung der Alleinherrschaft hätte entschließen können. Denn außer daß er bei Pharsalos nach Pompejus' Flucht begnadigt worden war und durch seine Fürsprache vielen seiner adligen Kameraden das Leben gerettet hatte, besaß er das ganz besondere Vertrauen Caesars und hatte für dieses Jahr die ansehnlichste Prätur erhalten. Außerdem sollte er nach Ablauf der nächsten drei Jahre Konsul werden, wobei er sogar seinem Mitbewerber Cassius vorgezogen wurde. Caesar soll bei dieser Gelegenheit geäußert haben, Cassius habe zwar im Grunde mehr Anrecht darauf, aber er könne Brutus unmöglich übergehen.

Als man, während die Verschwörung schon im Gange war, versuchte, Caesars Verdacht gegen Brutus zu erregen, wollte er nichts davon wissen. Er sagte zu den Warnern, indem er die

Hand auf seinen Leib legte: Brutus wartet, bis dieser dahin ist. Damit wollte er zu verstehen geben, daß Brutus seines Charakters wegen zur Herrschaft würdig wäre, aber eben wegen dieses Charakters auch nicht ehrvergessen und schurkisch handeln würde.

Daher konnten auch die, die einen Umsturz herbeisehnten und dabei auf Brutus allein oder doch in erster Linie ihr Augenmerk richteten, es doch nicht wagen, ihm direkt ihre Absichten zu offenbaren. Statt dessen legten sie nachts immer wieder Zettel auf das Tribunal oder den Stuhl, auf dem er als Prätor zu Gericht saß, etwa des Inhalts: Brutus, du schläfst! oder: Du bist kein Brutus! Als Cassius merkte, daß Brutus dadurch allmählich am Ehrgefühl gepackt wurde, suchte er ihn noch mehr aufzuhetzen und gegen Caesar zu erbittern. Cassius haßte Caesar aus persönlichen Gründen, aber auch Caesar war gegen ihn mißtrauisch. So sagte er einmal zu seinen Freunden: Was dünkt euch von Cassius? Er muß etwas im Sinn haben, seine Blässe gefällt mir nicht. Als man ihm aber ein andermal Antonius und Dolabella als Verschwörer verdächtig machen wollte, soll er geäußert haben: Vor diesen wohlbeleibten und schönfrisierten Herren ist mir nicht bange, eher schon vor jenen mageren und blassen. Damit zielte er auf Cassius und Brutus.

Das Verhängnis mag man vielleicht voraussehen, ihm entgehen kann keiner. Auch diesmal sollen sich seltsame Zeichen und Erscheinungen ereignet haben. Feuer zeigte sich am Himmel; des Nachts hörte man an vielen Orten seltsames Getöse; nie gesehene Vögel kamen in die Stadt geflogen und ließen sich auf dem Forum nieder. Allein solche Geringfügigkeiten verdienen bei einem so gewaltigen Geschehnis vielleicht keiner Erwähnung. Dagegen meldet der Philosoph Strabo, man habe ganze Scharen feuriger Gestalten miteinander kämpfen sehen. Dem Sklaven eines Soldaten sei eine hohe Flamme aus der Hand geschlagen, und alle glaubten, der Mann müßte verbrennen; aber als das Feuer verlosch, soll er ganz unversehrt gewesen sein. Bei einem Opfer, das Caesar selbst brachte, soll man bei dem Opfertier kein Herz gefunden haben, und das wurde als besonders schlimmes Zeichen angesehen, weil ja ein Tier ohne Herz nicht leben kann. Auch hört man noch von vielen erzählen, ein Seher habe Caesar geraten, sich vor den Iden des März zu hüten, da ihm an diesem Tag eine große Gefahr drohe. Als dieser Tag erschien, begrüßte Caesar den Seher auf dem Weg zum Senat und sagte lachend zu ihm: Nun, die Iden des März sind da. Der Seher aber antwortete ihm leise: Ja, sie sind da, aber noch nicht vorüber.

Am Tag vor den Iden speiste er abends bei Marcus Lepidus und unterschrieb nach seiner Gewohnheit bei Tisch einige Briefe.

Als man darauf zu sprechen kam, welcher Tod wohl der schönste wäre, rief er laut: der, der unerwartet kommt. In der Nacht schlief er wie gewöhnlich bei seiner Gattin. Plötzlich sprangen alle Türen und Fenster des Schlafzimmers auf und heller Mondschein drang herein. Erschrocken über das Geräusch wie über die Helligkeit, wachte Caesar auf und bemerkte, daß Calpurnia zwar in tiefem Schlaf lag, aber dabei tiefe Seufzer und unverständliche Worte ausstieß. Ihr träumte nämlich, sie hielte ihren ermordeten Gatten in den Armen und weinte über ihn.

Doch wird der Traum auch anders erzählt. Wie Livius berichtet, war auf Caesars Haus ein besonders geschmückter Giebel angebracht, gleichsam um das Haus vor allen anderen herauszuheben. Calpurnia träumte nun, der Giebel würde heruntergerissen, und darüber weinte und jammerte sie im Schlaf. Am Morgen beschwor sie Caesar, wenn irgend möglich die Senatssitzung zu verschieben und heute nicht auszugehen; wollte er aber auf ihre Träume nichts geben, so möchte er doch wenigstens durch Wahrsager und Opfer sich über das Zukünftige vergewissern. Nun wurde auch Caesar, wie es scheint, unruhig, da er bei Calpurnia noch nie einen Hang zum Aberglauben bemerkt hatte und sie jetzt so ungewöhnlich erregt und besorgt sah. Als auch die Seher nach mehreren Opfern erklärten, sie könnten nur ungünstige Vorzeichen finden, beschloß er, die Senatssitzung durch Antonius absagen zu lassen.

Decimus Brutus aber, mit dem Beinamen Albinus, der zu Caesars engsten Vertrauten gehörte und von ihm sogar zum zweiten Erben eingesetzt worden war, aber sich trotzdem der Verschwörung angeschlossen hatte, bekam nun große Angst, ihr Vorhaben könnte am Ende verraten werden, wenn Caesar ihnen die Ausführung für diesen Tag vereitelte. Er suchte nun die Wahrsager lächerlich zu machen und stellte Caesar nachdrücklich vor, er würde sich beim Senat nur Tadel und Vorwürfe zuziehen, der sein Fernbleiben als Mißachtung auslegen müßte. Er tritt ja auf deine Weisung zusammen, fügte er hinzu, und alle sind bereit, einer Verordnung zuzustimmen, wonach du in den Provinzen außerhalb Italiens den Titel eines Königs führst und in allen Meeren und Ländern, wohin du kommst, das Diadem tragen sollst. Sie warten schon auf dich, und wenn jetzt jemand hingeht und dem Senat mitteilt, er möchte für heute auseinandergehen und ein andermal wiederkommen, wenn Calpurnia bessere Träume gehabt hat, was meinst du wohl, was deine Gegner dann sagen werden? Oder glaubst du etwa, deine Freunde werden noch Gehör finden, wenn sie versichern, das sei keine Sklaverei, keine Tyrannis? Wenn du es aber für nötig hältst, dich vor diesem Tag in acht zu nehmen, so ist es immer noch besser, du gehst persönlich hin und teilst dem Senat mit, daß die Sitzung für heute aufgehoben ist.

Mit diesen Worten faßte ihn Brutus Albinus bei der Hand und zog ihn fort. Caesar hatte sich kaum einige Schritte vom Haus entfernt, als ein fremder Sklave ihn dringend zu sprechen wünschte. Aber da er bei dem Gedränge nicht bis zu ihm gelangen konnte, lief er nach Caesars Haus und bat Calpurnia, ihn solange in Gewahrsam zu halten, bis Caesar zurückkäme, da er ihm Dinge von größter Wichtigkeit zu entdecken hätte.

Ein gewisser Artemidoros aus Knidos war als Lehrer der griechischen Wissenschaft mit einigen Freunden des Brutus bekannt geworden und wußte daher sehr viel von der Verschwörung. Er kam noch unterwegs zu Caesar und wollte ihm eine Schrift überreichen, die alles enthielt, was er zu entdecken hatte. Da er aber sah, daß Caesar alle Schriften annahm und einem Bedienten übergab, trat er ganz nahe an ihn heran und sagte: Lies das, Caesar, aber allein und sofort; es stehen sehr wichtige, dich persönlich betreffende Dinge darin. Caesar nahm die Schrift entgegen, kam aber nicht dazu, sie zu lesen, so oft er auch damit anfangen wollte, da sich ständig Leute um ihn drängten, die irgendein Anliegen an ihn hatten. Doch behielt er die Schrift in der Hand und brachte sie mit in den Senat.

Dies alles aber kann schließlich Zufall gewesen sein. Jedoch, wenn man bedenkt, daß der Ort, wo die Senatssitzung stattfand und die blutige Tat sich abspielte, gerade eines der Prachtgebäude war, die Pompejus an sein Theater angebaut hatte und in dem auch eine seiner Bildsäulen stand, so besteht wohl kaum noch ein Zweifel, daß ein höheres Wesen seine Hand mit im Spiel gehabt und die Handlung just auf jenen Schauplatz verlegt hat. Denn selbst von Cassius wird erzählt, er habe, bevor er zum Dolch griff, auf Pompejus' Standbild geblickt und ihn im geheimen um Beistand angerufen, obwohl er im Grunde ein Anhänger Epikurs war. Aber dieser Augenblick, wo die Gefahr ihm in ganzer Größe vor Augen stand, mag seinen instinktiven Glauben an höhere Mächte so stark erregt haben, daß darüber alle philosophischen Reflexionen in den Hintergrund traten.

Brutus Albinus war klug genug, Marcus Antonius, einen der treuesten Freunde Caesars und außerdem wegen seiner Körperkraft gefürchtet, durch ein langes Gespräch vor dem Sitzungssaal festzuhalten. Als Caesar erschien, stand der Senat ehrerbietig vor ihm auf. Die Freunde Brutus' aber stellten sich zum Teil hinter seinen Sessel. Die anderen gingen ihm entgegen, als wenn sie das Gesuch des Tullius Cimber, der für seinen verbannten Bruder bat, unterstützen wollten, und folgten ihm mit ihren Bitten bis an seinen Platz. Caesar setzte sich und schlug nun das Gesuch rundweg ab; als man nicht aufhörte ihn zu bedrängen, wiederholte er ärgerlichen Tones seine Ablehnung. In diesem Augenblick faßte Tullius mit beiden Händen Caesars Toga und riß sie ihm vom Hals herunter. Das war das verabredete Zeichen. Der Volkstribun Casca brachte ihm als erster mit dem Dolch eine Wunde am Hals bei, aber sie war nur leicht und nicht tödlich, da Casca bei diesem ersten Stoß vor Aufregung zitterte, wie sich leicht denken läßt. Caesar wandte sich um, ergriff den Dolch und hielt ihn fest. Und nun riefen beide zu gleicher Zeit, der Verwundete auf Lateinisch: Casca, du Schurke, was tust du? – und Casca rief seinem Bruder auf griechisch zu: Rasch, zu Hilfe!

Als der erste Stoß geführt war, packte die nicht Beteiligten solcher Schrecken, daß sie wie gelähmt waren und weder entflohen noch Caesar beistanden, ja nicht einmal einen Laut von sich zu geben wagten. Inzwischen hatten die übrigen Verschworenen ihre kurzen Schwerter und Dolche gezückt. Caesar, von allen Seiten umringt, begegnete, wohin er sich auch wenden mochte, den zum Gesicht und den Augen gerichteten Stößen und wand sich unter den Händen seiner Mörder wie ein gefangenes wildes Tier. Unter den Verschworenen war ausgemacht worden, daß jeder ohne Ausnahme einen Stoß zum Opfer führen sollte, damit alle gemeinsam am Mord beteiligt waren; deshalb brachte ihm auch Brutus noch einen Stich in die Weichen bei.

Einige erzählen noch, Caesar habe sich eine Zeitlang gewehrt und laut schreiend den Körper bald auf diese, bald auf jene Seite geworfen. Als er aber Brutus mit gezücktem Schwert erblickte, habe er die Toga über den Kopf gezogen und alles über sich ergehen lassen. Er war, sei es nun durch Zufall oder von seinen Mördern dorthin gedrängt, gerade unter dem Standbild des Pompejus zusammengebrochen, das über und über mit Blut bespritzt wurde. So schien es, als wenn Pompejus selbst über die Rache an seinem Feind waltete, der jetzt zu seinen Füßen hingestreckt, aus zahlreichen Wunden blutend, mit dem Tod rang. Er soll dreiundzwanzig Stiche erhalten haben; auch seine Mörder sollen sich in dem Getümmel untereinander verwundet haben.

Als die Tat vollbracht war, trat Brutus in die Mitte, als wollte er über das Geschehene eine Erklärung abgeben. Ohne ihn anzuhören, stürzte der Senat aus dem Saal und verbreitete Angst und Schrecken in der Stadt. Viele verschlossen ihre Häuser, die Händler verließen ihre Buden und Wechseltische. Man rannte in hellen Haufen zum Ort der Tat, um sich von dem grausigen Geschehnis zu überzeugen, während gleichzeitig die Menge schon von dort wieder zurückgeströmt kam. Antonius und Lepidus, Caesars treueste Freunde, konnten heimlich entkommen und fanden in fremden Häusern Zuflucht.

Inzwischen verließen Brutus und seine Mitverschworenen, noch erhitzt von der Tat und die blutigen Schwerter in den Händen, den Sitzungssaal und begaben sich zum Kapitol. Doch nicht wie Fliehende, sondern mit heiterer, siegesbewußter Miene. Sie riefen das Volk zur Behauptung der Freiheit auf und gaben den Adligen, die sie befragten. Rede und Antwort. Einige schlossen sich ihnen an und stiegen mit zum Kapitol hinauf, um sich den Anschein zu geben, als wenn sie sich an der Tat beteiligt hätten, darunter auch Gaius Octavius und Lentullus Spinther. Diesen aber kam ihre Eitelkeit teuer zu stehen, denn Antonius ließ sie beide später hinrichten. Nicht einmal den Ruhm, um derentwillen sie starben, konnten sie genießen, weil ihnen niemand die Beteiligung an der Mordtat glaubte.

Tags darauf kam Brutus mit seinen Anhängern vom Kapitol herab und hielt eine Rede an das Volk. Man hörte ihn an, ohne das Geschehene zu mißbilligen oder gutzuheißen. Das tiefe Schweigen ließ erkennen, wie sehr man Caesars Tod bedauerte, aber doch vor Brutus Achtung hatte. Um indes eine allgemeine Amnestie und Versöhnung der Parteien zu bewirken, erließ der Senat die Verordnung, daß Caesar göttliche Ehren genießen und nichts an dem geändert werden sollte, was er während seiner Regierung angeordnet hatte. Um auch der anderen Partei entgegenzukommen, wurden Brutus und seinen Freunden Provinzen zugewiesen und entsprechende Ehrungen erteilt. Infolgedessen war man allgemein der Meinung, daß die Ruhe wiederhergestellt und alle schlimmen Folgen der Tat vermieden wären.

Dann aber wurde Caesars Testament eröffnet, und es zeigte sich, daß er für jeden Bürger Roms ein beträchtliches Geldgeschenk ausgesetzt hatte. Als nun der von Wunden zerfetzte Leichnam über das Forum getragen wurde, um auf dem Marsfeld bestattet zu werden, da war das Volk nicht mehr zu halten. Man schleppte Tische, Bänke und Schranken vom Forum herbei, schichtete einen Scheiterhaufen auf und verbrannte den Toten gleich an Ort und Stelle. Viele ergriffen dann brennende Scheite, liefen nach den Häusern der Mörder und steckten sie in Brand; andere stürmten durch die Straßen der Stadt auf der Suche nach den Tätern, um sie in Stücke zu reißen.

Ein gewisser Cinna, einer von Caesars Freunden, hatte in der Nacht zuvor einen seltsamen Traum gehabt. Caesar, so schien ihm, hatte ihn zur Tafel gebeten, und als er die Einladung abschlug, ergriff ihn Caesar bei der Hand und zog ihn trotz seines Sträubens mit sich fort. Als er jetzt hörte, daß Caesars Leichnam auf dem Forum verbrannt wurde, machte er sich dorthin auf, um ihm die letzte Ehre zu erweisen, obgleich der Traum ihn ängstigte und er auch gerade etwas Fieber hatte. Als man ihn auf dem Forum sah, nannte einer in seiner Nähe seinen Namen einem anderen, der danach fragte; dieser wiederum sagte ihn einem dritten, und bald lief das Gerücht durch die Menge, er wäre einer von Caesars Mördern. Tatsächlich war auch ein Cinna unter den Verschworenen. Weil man ihn aber irrtümlicherweise für diesen ansah, fiel das Volk in seiner Wut ohne weiteres über ihn her und riß ihn auf der Stelle in Stücke. Dieser Vorfall setzte Brutus und Cassius so in Furcht, daß sie wenige Tage danach aus Rom entflohen.

Caesar starb im Alter von nicht mehr als sechsundfünfzig Jahren und überlebte Pompejus nur um vier Jahre. Er hatte ein Leben voll Gefahren drangesetzt, um Herrschaft und Macht zu erlangen, und schließlich auch sein Ziel erreicht. Aber als einzigen Gewinn erntete er nur den Namen der Macht und einen Ruhm, den ihm keiner gönnte. Jedoch sein großer Schutzgeist, der ihm im Leben zur Seite gestanden hatte, begleitete ihn auch nach seinem Tod noch als Rächer des Mordes und spürte in allen Ländern und über allen Meeren hinter den Mördern her, bis keiner mehr übrig und an allen die Strafe vollzogen war, die den Mord vollführt oder ihn auch nur gewollt hatten.

Unter den menschlichen Ereignissen ist das wunderbarste das Schicksal des Cassius, der nach der Niederlage bei Philippi sich mit eben dem Dolch erstach, den er gegen Caesar gebraucht hatte. Unter den göttlichen Zeichen war aber das größte Wunder der Komet. Sieben Nächte hindurch stand er nach Caesars Tod am Himmel, dann verschwand er. Ebenso seltsam war die Verdunkelung des Sonnenlichts. Denn das ganze Jahr hindurch ging die Sonne bleich und ohne Strahlenglanz auf und gab auch nur schwache und unwirksame Wärme, so daß die Luft bei der Kraftlosigkeit der den Dunst verzehrenden Sonnenstrahlung immer düster und schwer war und die Früchte wegen der Kälte der Atmosphäre vor der Reife verwelkten und abfielen.

Das deutlichste Zeichen aber, daß die Götter über die Ermordung Caesars zürnten, war das Gespenst, das Brutus erschien. Damit verhielt es sich so. Als Brutus im Begriff war, mit seiner Armee von Abydos in Kleinasien nach Europa überzusetzen, ruhte er die Nacht vorher in seinem Zelt, nach seiner Gewohnheit ohne zu schlafen, und dachte über die Zukunft nach; wie man denn erzählt, daß Brutus unter allen Feldherren am wenigsten Schlaf gebraucht und sich am längsten habe wach erhalten können. Da glaubte er nun, an der Tür ein Geräusch zu vernehmen. Als er bei dem schwachen Schein der dem Verlöschen nahen Lampe hinsah, erblickte er die fürchterliche Gestalt eines Mannes von ungeheurer Größe und schrecklichem Aussehen. Anfangs entsetzte er sich. Doch die Erscheinung rührte sich nicht und stand schweigend neben seinem Lager. Da fragte Brutus, wer er wäre? Das Gespenst antwortete: Ich bin dein böser Geist, Brutus; bei Philippi siehst du mich wieder! Darauf versetzte Brutus unerschrokken: Gut, wir sehen uns wieder. Damit verschwand die Gestalt. Später stand Brutus mit seiner Armee Antonius und dem jüngeren Caesar bei Philippi gegenüber. Bei dem ersten Zusammentreffen schlug er die Feinde in die Flucht, verfolgte sie bis in das Lager des jüngeren Caesar und plünderte es. Aber noch ehe es zum zweiten Gefecht kam, erschien ihm in der Nacht zuvor wieder jene Gestalt, doch ohne ihn anzureden. Da wußte er, was ihm das Schicksal beschieden hatte, und stürzte sich blindlings in die Gefahr. Doch fiel er nicht im Kampf selbst. Nach der Niederlage floh er auf eine steile Höhe. Dort rannte er sich das Schwert in die Brust, und ein Freund, heißt es, gab noch dem Stoß Nachdruck. Das war Brutus' Ende.

Marcus Antonius

Antonius' Großvater war der Redner Antonius, der als Anhänger Sullas von Marius hingerichtet wurde. Sein Vater Antonius, mit dem Beinamen Creticus, erwarb sich als Staatsbeamter nicht eben viel Ruhm, war aber sonst ein rechtschaffener Mann und besaß vor allem ein sehr mildtätiges Herz, wie folgendes Beispiel zeigt. Da er kein großes Vermögen besaß, verhinderte seine Gattin, daß er seine Menschenliebe allzu eifrig betätigte. Eines Tages kam nun ein Bekannter zu ihm, um eine Anleihe zu machen. Da Vater Antonius kein Geld hatte, befahl er einem Bedienten, einen silbernen Becher mit Wasser zu füllen und ihm zu bringen, worauf er sich das Kinn benetzte, als wenn er sich rasieren wollte. Kaum war der Bediente unter einem Vorwand entfernt worden, als er den Becher seinem Freund übergab, mit dem Bedeuten, er möchte nur davon Gebrauch machen. Wegen dieses Bechers wurde nun unter dem Gesinde scharfe Nachsuchung gehalten, und als Antonius sah, daß seine aufgebrachte Frau jeden Bedienten foltern lassen wollte, gestand er ihr die Sache und bat sie um Verzeihung.

Seine Gattin Julia stammte aus dem Haus der Caesaren und war eine vortreffliche und sehr tugendhafte Frau. Nach dem Tod ihres Mannes übernahm sie die Erziehung des jungen Antonius und heiratete dann Cornelius Lentulus, den Cicero später als Mitverschworenen Catilinas hinrichten ließ. Darin lag wohl auch der Grund zu der heftigen Feindschaft des Antonius gegen Cicero. Wenigstens sagt Antonius, seiner Familie sei nicht einmal der Leichnam des Lentulus ausgeliefert worden und seine Mutter habe sich deshalb erst mit Bitten an die Gattin Ciceros wenden müssen. Aber das ist eine offenbare Unwahrheit; denn niemandem wurde die Bestattung der damals von Cicero Hingerichteten verweigert.

Antonius, der ein sehr schöner junger Mann war, schloß mit Curio enge Freundschaft, und das war ein wahres Verderben für ihn. Curio, selbst in jeder Beziehung ein zügelloser Mensch, verleitete Antonius zu Zechereien, Umgang mit liederlichen Frauen und ungeheurem Aufwand, um ihn auf diese Weise völlig in die Hand zu bekommen. Dadurch zog sich Antonius eine schwere, für sein Alter nicht zu rechtfertigende Schuldenlast von zweihundertfünfzig Talenten zu. Curio verbürgte sich zwar für die ganze Schuld, als es aber sein Vater erfuhr, jagte er Antonius aus dem Haus.

Antonius schloß sich nun kurze Zeit Elodius an, dem frechsten und nichtswürdigsten der damaligen Demagogen, der durch seine Gewissenlosigkeit den ganzen Staat in Verwirrung setzte. Allein er wurde dessen Tollheit bald überdrüssig, und da er auch die gegen Clodius sich zusammenschließende Partei fürchtete, verließ er Rom und ging nach Griechenland. Dort blieb er einige Zeit, um sich im Kriegsdienst zu üben und die Redekunst zu studieren. Er wählte sich besonders die asiatische Art des Vortrags, die zu jener Zeit große Mode war und die seiner prahlerischen Großtuerei, seinem eitlen Stolz und unsteten Ehrgeiz am besten entsprach.

Hierauf forderte ihn der frühere Konsul Gabinius auf, mit ihm nach Syrien zu gehen und dort den Feldzug mitzumachen. Antonius aber erklärte, als Privatmann ohne eine Offiziersstelle werde er nicht mitgehen. Daher wurde er zum Anführer der Reiterei ernannt und begleitete als solcher Gabinius nach Syrien. Dort erhielt er Auftrag, gegen den König und Hohenpriester Aristobulos vorzugehen, der die Juden zum Aufstand gegen Rom aufgewiegelt hatte. Antonius erstieg als erster die Mauern der stärksten Festung und vertrieb Aristobulos auch bald aus allen übrigen festen Plätzen. Dann schlug er in offener Feldschlacht mit seiner kleinen Abteilung das weit zahlreichere Heer des Aristobulos in die Flucht und erlegte den größten Teil der Feinde. Aristobulos selbst geriet mit seinem Sohn in Gefangenschaft.

Der Ägypterkönig Ptolemäos suchte nun Gabinius zu bereden, mit ihm in Ägypten einzufallen und ihm wieder zum Besitz seines Reiches zu verhelfen; für seine Mitwirkung versprach er ihm eine Summe von zehntausend Talenten. Die meisten Offiziere waren dagegen; und Gabinius selbst trug Bedenken, sich auf dieses heikle Unternehmen einzulassen, obgleich die zehntausend Talente sehr starken Eindruck auf ihn machten. Antonius aber, dessen Ehrgeiz nach großen Taten dürstete, unterstützte die Bitten des Ptolemäos und wußte Gabinius zu dem Zug nach Ägypten zu bestimmen.

Mehr als den Krieg selbst fürchtete man den über Pelusium führenden Weg nach Ägypten. Denn der Marsch führte durch eine wasserlose und mit tiefem Sand bedeckte Wüste und über eine äußerst schmale und gefährliche Landzunge an den Sümpfen des Serbonischen Sees vorbei, der mit dem Roten Meer zusammenhängt.

Antonius, der mit seiner Reiterei die Vorhut führte, besetzte rechtzeitig den schmalen Durchgang, eroberte auch Pelusium und bekam die gesamte Besatzung dieser großen Stadt in seine Gewalt. Dadurch verschaffte er der nachfolgenden Armee einen sicheren Vormarsch und eröffnete von vornherein dem Feldzug günstige Aussichten. Sein Streben, sich beliebt zu machen, kam auch den Feinden zugute. Als Ptolemäos in Pelusium einzog, wollte er in seiner Erbitterung alle Ägypter in der Stadt niedermetzeln lassen. Aber Antonius schritt ein und wußte diese Grausamkeit zu verhindern.

Auch in den nachfolgenden Gefechten und Kämpfen zeichnete sich Antonius aus und bewies, daß es ihm neben Mut und

Entschlossenheit auch nicht an Feldherrngabe fehlte. Berühmt wurde er durch eine geschickt ausgeführte Umgehung, durch die er dem Feind in den Rücken fiel und den zugleich frontal Angreifenden den Sieg in die Hände spielte, wofür er auch die verdienten Belohnungen und Ehrungen erhielt. Nicht wenig Aufsehen machte auch sein humanes Verhalten gegenüber dem gefallenen Archelaos, der den ägyptischen Thron usurpiert hatte. Er war ein guter Bekannter und Gastfreund des Archelaos gewesen und hatte gegen ihn gezwungenermaßen rücksichtslos Krieg geführt, solange er ihm als Feind gegenüberstand. Nachdem aber Archelaos gefallen war, ließ er seinen Leichnam bergen und bestattete ihn mit königlicher Pracht. Durch diese Tat hinterließ er bei den Alexandrinern das schönste Andenken, und in den Augen der römischen Soldaten erschien er als ein Mann von glänzenden Eigenschaften.

Aber auch sein Äußeres war sehr auffallend. Der schön gewachsene Bart, die breite Stirn, die kühn geschwungene Nase gaben seinem Gesicht jenes kraftvoll männliche Aussehen, wie es bei den Gemälden und Bildsäulen des Herakles in Erscheinung tritt. Zudem sollten die Antonier nach einer alten Sage zu den Nachkommen des Herakles gehören und von dessen Sohn Anteon abstammen. Diese Überlieferung, die schon durch sein Äußeres, wie gesagt, eine gewisse Berechtigung erhielt, suchte Antonius noch durch seine Kleidung zu unterstreichen. Wenn er sich öffentlich zeigte, trug er das Unterkleid bis an die Lenden aufgegürtet, hatte an der Seite ein langes Schwert und war in einen dicken groben Mantel gehüllt.

Selbst das, was anderen unerfreulich und anstößig schien, seine Ruhmredigkeit, seine Spottlust, seine Zechereien vor aller Augen und seine Gewohnheit, sich mit seinen Soldaten an einen Tisch zu setzen und zu essen, gewann ihm die Zuneigung und Anhänglichkeit seiner Leute in einem Maße, wie sich kaum begreifen läßt. Auch seine Verliebtheiten hatten et-

Marcus Antonius
Rom, Vatikan

was Gefälliges und Einnehmendes; er war anderen in ihren Liebeshändeln behilflich und trug die Spöttereien über seine eigenen Liebschaften mit Humor, wodurch er sich viele Freunde gewann.

Mehr als alles andere aber bahnte ihm seine unbeschränkte Freigebigkeit gegenüber seinen Soldaten und Anhängern den Weg zur höchsten Gewalt und hielt ihn auch, nachdem er groß geworden war, an der Macht, die er durch tausend andere Fehler immer wieder gefährdete. Von seiner Freigebigkeit im Schenken will ich nur ein einziges Beispiel anführen. Eines Tages gab er Weisung, einem seiner Freunde zweihundertfünfzigtausend Drachmen auszuzahlen, welche Summe die Römer mit »Decies« ausdrücken. Seinen Verwalter befremdete das, und er zählte das Geld offen auf den Tisch, um seinem Herrn die Höhe der Summe vor Augen zu führen. Im Vorbeigehen fragte Antonius, was das für Geld wäre, und der Verwalter antwortete, es wäre die Summe, die er auszuzahlen befohlen hätte. Antonius erriet sogleich den Hintergedanken des Verwalters und sagte: So, ich dachte, eine Decies betrüge weit mehr. Das ist doch gar zu wenig, lege also noch einmal die gleiche Summe zu. Dieser Vorfall gehört jedoch in spätere Zeiten.

Inzwischen war es in Rom zu einem Konflikt gekommen. Die Aristokraten erklärten sich für den in der Stadt anwesenden Pompejus, während die Demokraten Caesar herbeiriefen, der mit seiner Armee in Gallien stand. Curio, der auf Caesars Seite übergetreten war, wußte seinen Freund Antonius ebenfalls für diese Partei zu gewinnen. Dann erreichte es Curio durch seine glänzende Redekunst und nicht weniger durch die großen, von Caesar erhaltenen Geldsummen, die er freigebig austeilte, daß Antonius erst zum Volkstribun und bald darauf zu einem der Priester ernannt wurde, die die Auspizien besorgen und Auguren heißen. Sobald Antonius sein Amt angetreten hatte, leistete er den Anhängern Caesars große und wichtige Dienste. Dem Konsul Marcellus, der die bereits angeworbenen Truppen dem Pompejus zur Verfügung stellte und ihm noch weitere anzuwerben gestattete, trat Antonius entgegen und beantragte ein Gesetz, daß die angesammelte Truppenmacht nach Syrien verschifft werden sollte, um Bibulus im Kampf gegen die Parther zu unterstützen, Pompejus aber weitere Anwerbungen zu untersagen wären. Ferner las er Caesars Briefe kraft seines Amtes öffentlich vor, obwohl der Senat die Verlesung zu verhindern suchte, und stimmte dadurch viele zu Caesars Gunsten um, da die in den Briefen von Caesar gestellten Forderungen durchaus gerecht und gemäßigt schienen.

Und schließlich: Dem Senat waren die beiden Fragen vorgelegt worden, erstens ob Pompejus, und zweitens ob Caesar seine Armee entlassen sollte. Für die erste Frage stimmten nur wenige mit Ja, dagegen fand die zweite Frage, die sich auf die Waffenniederlegung Caesars bezog, eine große Mehrheit. Nun stand Antonius, damals Volkstribun, auf und legte dem Senat die Frage vor, ob man es für gut hielte, daß beide, sowohl Pompejus wie Caesar, die Waffen niederlegten und ihre Truppen entließen. Dieser Vorschlag fand allgemeinen Beifall; man lobte Antonius laut und forderte, daß darüber abgestimmt werden sollte. Da die Konsuln das nicht zuließen, machten Caesars Freunde neue Vorschläge, die durchaus annehmbar zu sein schienen. Cato aber sprach mit großem Nachdruck dagegen, und zuletzt ließ sich der Konsul Lentulus hinreißen, Antonius mit Schimpf und Schande aus dem Senat hinauszuwerfen. Antonius legte nun Sklavenkleidung an, nahm mit dem anderen Volkstribun Quintus Cassius einen Mietswagen und eilte aus Rom zu Caesar. Sobald sie dort anlangten, riefen sie schon von weitem, in Rom ginge alles drunter und drüber, nicht einmal den Volkstribunen sei es mehr gestattet, frei ihre Meinung zu sagen, und wer für das Recht einträte, der werde davongejagt und mit dem Tod bedroht.

Nunmehr brach Caesar mit seiner Armee auf und rückte in Italien ein. Daher sagt Cicero in der zweiten Philippischen Rede, den Trojanischen Krieg habe Helena, den Bürgerkrieg aber Antonius verursacht; doch ist das eine offenbare Unwahrheit. Denn Gaius Caesar ließ sich wahrlich nicht durch die Hitze des Zorns so leicht fortreißen, daß er die Fackel des Krieges in sein Vaterland trug, bloß weil Antonius und Cassius in schlechter Kleidung und in einem elenden Mietswagen angefahren kamen. Nein, ihre Ankunft bot ihm nur den willkommenen Vorwand zum Krieg, zu dem er schon längst entschlossen war. Ihn reizte zum Krieg gegen die ganze Welt eben das, was vormals Alexander und Kyros dazu getrieben hatte: unersättliche Herrschsucht und rasende Begierde, der Erste und Größte zu sein; und das konnte er nicht erreichen, ohne vorher Pompejus gestürzt zu haben.

Als Caesar sich durch sein schnelles Erscheinen zum Herrn von Rom gemacht und Pompejus aus Italien vertrieben hatte, beschloß er, sich zuerst gegen die in Spanien stehenden Armeen des Pompejus zu wenden und dann, wenn er sich in den Besitz einer Flotte gebracht hatte, Pompejus über das Meer zu verfolgen. Für die Zeit seiner Abwesenheit vertraute er dem Prätor Lepidus die Stadt Rom und Antonius als Volkstribun die Armeen und das übrige Italien an. Antonius wußte sich bald bei den Soldaten höchst beliebt zu machen. Er nahm an ihren Übungen teil, aß und zechte oft mit ihnen und ließ es auch an reichen Geschenken nicht fehlen. Um so verhaßter machte er sich bei den Bürgern. Denn aus Leichtsinn bekümmerte er sich nicht um Ungerechtigkeiten und Bedrückungen, fertigte alle, die mit einer Klage zu ihm kamen, schroff und unwillig ab, und stand zudem als Verführer von Frauen anderer in üblem Ruf. Überhaupt wurde Caesars Herrschaft, die, was ihn selbst betrifft, sicher nicht als Tyrannei gelten konnte, durch seine Freunde verhaßt gemacht. Unter diesen traf die meiste Schuld Antonius, der sich bei der größten Machtvollkommenheit die schlimmsten Übergriffe erlaubte.

Trotzdem übersah Caesar nach seiner Rückkehr aus Spanien die gegen Antonius vorgebrachten Klagen und bediente sich fernerhin seiner Hilfe in dem bevorstehenden Krieg, da er ihn für einen tatkräftigen und militärisch sehr begabten Führer hielt. Darin sollte er auch nicht enttäuscht werden. Caesar war nur mit wenigen Truppen von Brundisium über das Adriatische Meer gefahren und hatte die Fahrzeuge gleich wieder zurückgeschickt mit dem Befehl an Antonius und Gabinius, ihm mit der übrigen Armee schleunigst nach Makedonien zu folgen. Gabinius, der die schwierige Überfahrt zur Winterszeit scheute, führte seine Truppen auf einem weiten Umweg über Land heran. Antonius aber hatte nur Sorge um Caesar, der von mehreren überlegenen Gegnern umstellt war. Er trieb den vor dem Ausgang des Hafens lauernden Libo dadurch zurück, daß er dessen Galeeren von einer Menge leichter Fahrzeuge umringen ließ. Darauf brachte er seine achthundert Reiter und zwanzigtausend Mann Fußvolk auf die Fahrzeuge und ging unter Segel. Der Feind hatte ihn bald entdeckt und begann auf ihn Jagd zu machen. Antonius entging zwar der Gefahr von dieser Seite, da die feindlichen Schiffe bei einem heftigen Südsturm gegen die schwere See zu kämpfen hatten. Er selbst aber wurde dabei gegen eine schroffe Küste getrieben, wo kein Ankergrund zu finden war, so daß er schon an der Rettung verzweifelte. Plötzlich aber drehte der Wind, und ein kräftiger Südwest trieb die Wogen vom Land der offenen See zu. Dadurch kam er von der Küste frei und gelangte ohne weiteren Unfall an seinen Bestimmungsort. Dort fand er das Ufer mit Schiffstrümmern bedeckt, denn der Sturm hatte die ihn verfolgenden Galeeren hierher verschlagen, und nicht wenige waren gescheitert. Antonius machte viele Gefangene und reiche Beute, eroberte auch die Stadt Lissos und flößte Caesar wieder Mut und Vertrauen ein, da er noch zur rechten Zeit mit einer ansehnlichen Macht zu ihm stieß.

In den nun folgenden Kämpfen tat sich Antonius besonders hervor. Zweimal trat er den Hals über Kopf fliehenden Soldaten Caesars entgegen, brachte sie zum Stehen, führte sie wieder gegen den Feind und trug dadurch noch den Sieg davon. Daher wurde im Lager von ihm, nächst Caesar, am meisten gesprochen. Caesar selbst zeigte deutlich genug, wie große Stükke er auf Antonius hielt. Denn als die Entscheidungsschlacht bei Pharsalos bevorstand, übernahm er selbst die Führung des rechten Flügels, den linken aber übergab er Antonius als dem tapfersten und fähigsten seiner Unterführer.

Nach erfochtenem Sieg wurde Caesar zum Diktator ernannt und setzte dem flüchtigen Pompejus nach. Antonius ernannte er zum Befehlshaber der Reiterei (magister equitum) und schickte ihn nach Rom zurück. Diese Würde ist die zweite, wenn der Diktator sich in Rom befindet, in dessen Abwesenheit aber beinahe die einzige. Denn nach Ernennung eines Diktators werden alle obrigkeitlichen Ämter aufgehoben, nur das Tribunat besteht weiter.

Während Caesar in Ägypten war, brachte der Volkstribun Dolabella, ein junger Mann und unruhiger Kopf, ein Gesetz über Streichung der Schulden in Vorschlag. Seinen Freund Antonius, der sich ja immer gern beim Volk beliebt machte, suchte er zu bereden, ihn dabei zu unterstützen und sich seinem Vorgehen anzuschließen. Aber Asinius und Trebellius widerrieten ihm das, und zufälligerweise glaubte auch Antonius allen Grund zu dem Verdacht zu haben, daß Dolabella seine Frau zur Untreue verführt habe. In seinem Zorn darüber verstieß er sofort seine Gattin, die seine Kusine und eine Tochter des Gaius Antonius, des vormaligen Kollegen Ciceros im Konsulat war. Ferner schloß er sich der Partei des Asinius an und ging gewaltsam gegen Dolabella vor. Dieser hatte nämlich das Forum besetzen lassen, um seine Vorschläge nötigenfalls mit der Waffe durchzudrücken. Da es auch der Senat für nötig befunden hatte, gegen Dolabella Gewalt zu gebrauchen, rückte Antonius mit Truppen gegen ihn an und lieferte ihm eine Art von Treffen, worin auf beiden Seiten einige erschlagen wurden.

Durch dieses Vorgehen machte sich Antonius das Volk zum Feind. Wegen seines sonstigen Lebenswandels war er schon längst, wie Cicero sagt, bei den gutdenkenden und vernünftigen Bürgern äußerst verhaßt. Sie mißbilligten seine zur Unzeit gehaltenen Zechereien, seine übertriebene Verschwendung, seine Ausschweifungen mit zweifelhaften Frauen; und sie fanden es schmachvoll, daß er den Tag über schlief oder taumelnd mit schwerem Kopf umherging, die Nächte hingegen mit Schmausereien und Possenspiel hinbrachte oder den Hochzeiten von Komödianten und Gauklern beiwohnte. So erzählt man, daß er einst bei dem Komödianten Hippias eine Hochzeit mitgefeiert, die ganze Nacht durch gezecht, dann am Morgen, als das Volk ihn auf das Forum beschied, vollgefressen und halb betrunken erschienen sei und sich vor der ganzen Versammlung erbrochen habe, wobei ihm einer seiner Freunde die Toga unterhielt. Ein anderer Komödiant, Sergius, konnte bei ihm alles durchsetzen, und Kyteris, eine Frauensperson von demselben Schlag, war seine Geliebte. Diese führte er auch in einer Sänfte überall mit sich herum, wenn er unterwegs war, und ihre Sänfte hatte ein ebenso zahlreiches Gefolge wie die seiner Mutter.

Nicht weniger beleidigte er die Römer dadurch, daß er auf seinen Reisen goldene Geräte, wie bei feierlichen Aufzügen zur Schau, herumtragen und unterwegs an Hainen und Flüssen Zelte aufschlagen und die üppigsten Mahlzeiten auftischen ließ. Daß er ferner vor seinen Wagen Löwen spannte und in den Städten, wo er Aufenthalt nahm, die Wohnungen ehrbarer Männer und Frauen seinen Huren und Zitherspielerinnen zum Quartier anweisen ließ. Man fand es unerträglich, daß Caesar sich außerhalb Italiens allen Beschwerden und Mühen eines Feldzuges unterziehen mußte, um mit dem Bürgerkrieg fertig zu werden, während andere daheim, auf seine Macht gestützt, in Schwelgerei und Üppigkeit lebten und ihre Mitbürger vor den Kopf stießen.

Dieses Benehmen vermehrte, wie es scheint, die allgemeine Mißstimmung ganz beträchtlich und verleitete selbst die Soldaten zu den ärgsten Übergriffen und Räubereien. Als Caesar nach Rom zurückgekehrt war, nahm er daher auch Dolabella in Gnaden wieder auf und machte, als er zum drittenmal das Konsulat erhielt, nicht Antonius, sondern Lepidus zu seinem Kollegen. Bald darauf erstand Antonius das zum Verkauf ausgesetzte Haus des Pompejus, nahm es aber sehr übel, als man ihm den Kaufpreis abverlangen wollte. Auch äußerte er selbst, er habe sich an Caesars Feldzug nach Afrika nur deshalb nicht beteiligt, weil er für seine wertvollen Dienste noch nicht die geringste Belohnung erhalten hätte.

Indessen scheinen doch die ernsten Ermahnungen Caesars nicht ohne Eindruck auf Antonius geblieben zu sein, so daß er sich in seinem anstößigen und liederlichen Lebenswandel Zügel anlegte. Er dachte sogar wieder ans Heiraten und vermählte sich dann auch mit Fulvia, der Witwe des Demagogen Clodius. Fulvia war eine Frau, die sich über die Sorge für Haus und Herd erhaben glaubte; es genügte ihr auch nicht, einen gewöhnlichen Mann zu tyrannisieren, sie wollte einen Herrscher beherrschen oder einen Feldherrn kommandieren. Kleopatra war daher Fulvia noch das Lehrgeld schuldig für die Gewöhnung des Antonius an das Schürzenregiment. Denn von ihr empfing sie Antonius schon völlig gezähmt und abgerichtet, sich von Frauen regieren zu lassen.

Doch suchte Antonius seinerseits die Herbheit und Strenge ihres Wesens zu mildern und sie durch allerhand Scherze und lustige Streiche aufzulockern. So reiste er zum Beispiel mit vielen anderen von Rom ab, um Caesar nach seinem Sieg in Spanien entgegenzufahren. Da sich nun plötzlich in Italien das Gerücht verbreitete, Caesar wäre tot und der Feind im Anmarsch, kehrte er nach Rom zurück, verkleidete sich als Sklave und kam bei Nacht in sein Haus, mit dem Vorgeben, er habe einen Brief von Antonius an Fulvia zu überbringen. Er wurde auch in seiner Verkleidung zu ihr ins Zimmer geführt. Fulvia war beunruhigt und fragte, ehe sie den Brief empfing, ob Antonius noch lebe. Dieser reichte ihr stillschweigend den Brief hin, und als sie eben mit Lesen beginnen wollte, fiel er ihr um den Hals und bedeckte sie mit Küssen. Dies wenige habe ich von anderen vielen Vorfällen als Beispiel anführen wollen.

Bei seiner Rückkehr aus Spanien waren Caesar die angesehensten Männer Roms viele Tagereisen weit entgegengefahren. Antonius widerfuhr nun eine besondere Ehrung. Caesar ließ ihn nämlich auf dem ganzen Weg durch Italien im Wagen neben sich sitzen, während Brutus, Albinus und sogar Octavianus, sein Großneffe und Adoptivsohn, sich hinter ihn setzen mußten.

Caesar wurde hierauf zum fünftenmal zum Konsul gewählt und bestimmte Antonius zu seinem Mitkonsul. Doch gedachte Caesar das Amt niederzulegen und es Dolabella zu geben, was er auch im Senat ankündigte. Da Antonius sich dem hitzig widersetzte und gegen Dolabella ausfällig wurde, dafür aber nicht mindere Grobheiten einstecken mußte, schämte sich Caesar über dies unwürdige Betragen und verließ den Senat. Einige Zeit darauf erschien er wieder und wollte Dolabella zum Konsul ernennen. Als aber Antonius rief, die Auspizien seien dagegen, gab er endlich nach und ließ Dolabella fallen, was diesen nicht wenig verdroß. Sehr geachtet scheint Caesar beide nicht zu haben, weder Dolabella noch Antonius. Als man die beiden ihm verdächtig machen wollte, soll er gesagt haben, vor diesen wohlbeleibten und schönfrisierten Herren sei ihm nicht bange, wohl aber vor den blassen und hageren.

Damit zielte er auf Brutus und Cassius, deren Anschläge dann auch zu Caesars Ermordung führten.

Antonius selbst aber lieferte den Verschwörern den willkommensten Vorwand für ihre Absichten. Am Tag des Luperkalienfestes saß Caesar, mit dem Triumphkleide geschmückt, auf der Rednerbühne des Forums, um sich den Aufzug anzusehen. Bei diesem Fest laufen nämlich junge Adlige und auch Amtspersonen, mit Öl gesalbt, durch die Straßen und schlagen im Scherz mit rauhen Fellpeitschen nach jedem, der ihnen in den Weg kommt. Antonius, der sich mit unter den Läufern befand, kehrte sich nicht weiter an die alten Gebräuche, sondern lief mit einem von Lorbeer umwundenen Diadem zur Rednerbühne, ließ sich emporheben und wollte Caesar das Diadem auf den Kopf setzen, als wenn ihm die königliche Würde gebührte. Caesar sperrte sich dagegen und bog den Kopf zurück, worüber das Volt vor Freuden in die Hände klatschte. Antonius hielt ihm das Diadem noch einmal hin, und Caesar schlug es wieder aus. Auf diese Weise setzten sie den Streit eine ziemliche Weile fort, und sooft Antonius in Caesar drang, klatschten nur wenige seiner Freunde, sobald hingegen Caesar sich weigerte, bezeigte das Volk durch lautes Rufen und Händeklatschen seinen Beifall. Es war immerhin erstaunlich, daß die Römer, die sich doch in Wirklichkeit eine königliche Herrschaft gefallen ließen, im Königstitel selbst eine Vernichtung aller ihrer Freiheit zu sehen glaubten. Caesar erhob sich voller Ärger, zog die Toga vom Hals und rief, er wolle jedem die Kehle Hinhalten, der es begehre. Der Kranz wurde nun einer seiner Bildsäulen aufgesetzt, aber die Volkstribunen rissen ihn wieder herunter, weswegen sie vom Volk unter lautem Beifallsjubel nach Hause geleitet wurden, Caesar sie hingegen ihres Amtes entsetzte.

Dieser Vorfall bestärkte Brutus und Cassius immer mehr in ihrem Vorhaben. Sie warben nun die treuesten ihrer Freunde zur Teilnahme an der Verschwörung, aber waren im Zweifel, wie sie es mit Antonius halten sollten. Die anderen waren dafür, ihn in den Plan einzuweihen, nur Trebonius widersetzte sich. Er berichtete, er habe schon damals, als man dem aus Spanien zurückkehrenden Caesar entgegenfuhr, mit Antonius zusammen die Reise gemacht und ihn über diesen Punkt mit Behutsamkeit gehörig ausgeholt. Antonius habe ihn auch wohl verstanden, aber, obgleich er den Antrag ablehnte, Caesar nichts davon gesagt und das Geheimnis für sich behalten. Hierauf beratschlagten sie wieder, ob man nach der Ermordung Caesars ihm auch Antonius nachschicken sollte. Aber Brutus verhinderte das und bestand darauf, daß die für Gesetz und Recht unternommene Tat von aller Willkür reinbleiben müßte. Da man jedoch die ungemeine Körperstärke Antonius' und seine hohe Amtsgewalt fürchtete, erhielten einige der Mitverschworenen den Auftrag, Antonius durch eine Unterredung über wichtige Angelegenheiten vor dem Sitzungssaal festzuhalten, während Caesar in den Senat gegangen wäre und das Unternehmen ausgeführt weiden sollte.

So geschah denn auch alles, wie verabredet. Sobald Caesar im Senat umgebracht war, legte Antonius Sklavenkleider an und hielt sich versteckt. Als er aber feststellte, daß sich die Verschworenen an niemandem anderen vergriffen und sich auf dem Kapitol versammelt hielten, bestimmte er sie, wieder vom Kapitol herunterzukommen, bot auch seinen Sohn als Geisel für ihre Sicherheit an und behielt am Abend Cassius, Lepidus und Brutus zu Tisch bei sich. Tags darauf rief er den Senat zusammen und stellte den Antrag, daß das Geschehene vergessen sein solle und Brutus und Cassius Provinzen angewiesen werden sollten. Der Senat nahm den Antrag an und beschloß außerdem, alle von Caesar getroffenen Anordnungen bestehen zu lassen.

So konnte nun Antonius den schönen Ruhm in Anspruch nehmen, seinem Vaterland einen Bürgerkrieg erspart und den Staat aus einer ungemein schwierigen und mißlichen Lage mit großer Geschicklichkeit und Klugheit herausgesteuert zu haben. Das außerordentliche Ansehen, das er dadurch beim Volk gewann, unterdrückte aber sehr rasch die edlen Regungen. Denn er machte sich Hoffnung, der Erste in Rom zu werden, sobald Brutus aus dem Weg geräumt war. Bei Caesars Leichenbegängnis hielt er nach hergebrachter Sitte auf dem Forum die Trauerrede. Als er merkte, daß seine Worte tiefen Eindruck auf die Menge machten, verknüpfte er die Lobsprüche auf Caesar mit rührenden Klagen über seinen Tod. Ja, am Ende der Rede hob er die blutige, von Dolchstichen zerfetzte Toga des Verstorbenen vor dem Volk empor und nannte die Täter Schurken und Meuchelmörder. Durch diese Rede setzte er die Menge derart in Erregung, daß man Bänke und Tische zu einem Scheiterhaufen zusammentrug und Caesars Leiche gleich auf dem Forum verbrannte. Viele ergriffen brennende Scheite und stürmten damit zu den Häusern der Mörder, um sie in Brand zu stecken.

Brutus und Cassius entflohen nun aus der Stadt. Caesars Freunde aber schlossen sich eng an Antonius an. Calpurnia, die Witwe Caesars, die Antonius unbedingt vertraute, brachte den größten Teil des Geldes, an die viertausend Talente, aus ihrem Haus bei ihm in Sicherheit. Überdies bekam Antonius Caesars nachgelassene Schriften in die Hand, in denen zukünftig zu treffende Maßnahmen und Entwürfe von allerhand Plänen verzeichnet waren. In diesen Schriften trug Antonius nun ein, was ihm beliebte, verteilte Ämter, ernannte viele zu Senatoren, rief verschiedene aus der Verbannung zurück und befreite andere aus dem Gefängnis, als wenn dies von Caesar so angeordnet wäre. Alle diese wurden von den Römern Charoniten genannt, die von Charon aus der Unterwelt Zurückgebrachten, weil sie sich zu ihrer Legitimation auf die Papiere eines Toten berufen mußten. Auch sonst erlaubte sich Antonius viele Willkürlichkeiten, da er selbst Konsul war und zudem seine beiden Brüder, Gaius als Prätor und Lucius als Volkstribun, mit ihm zugleich Ämter bekleideten.

So lagen die Dinge, als der junge Octavianus nach Rom kam. Wie bereits erwähnt, war er der Sohn einer Nichte Caesars und von ihm zum Erben eingesetzt worden, führte auch dessen Namen. Zur Zeit von Caesars Ermordung hatte er sich in Apollonia aufgehalten. Octavianus machte nun sogleich Antonius, als dem Freund seines Adoptivvaters, seine Aufwartung und erwähnte dabei die anvertrauten Gelder; denn er mußte Caesars letztem Willen gemäß jedem Römer fünfundsiebzig Drachmen auszahlen lassen. Antonius, der anfangs den jungen Mann wenig ernst zu nehmen geneigt war, erklärte ihm, er müsse wohl nicht recht bei Verstand sein, wenn er ohne Freunde und Anhang in Rom eine solche Riesenlast wie Caesars Erbschaft auf sich zu nehmen gedächte. Da sich Octavianus aber nicht beirren ließ und immer wieder die anvertraute Summe zurückforderte, suchte ihn Antonius bei jeder Gelegenheit durch Worte und Taten herabzusetzen. So hintertrieb er Octavianus' Bewerbung um das Tribunal; und als Octavianus den goldenen Prachtsessel seines Vaters einem Senatsbeschluß zufolge im Theater aufstellte, drohte Antonius sogar, ihn ins Gefängnis werfen zu lassen, wenn er nicht aufhörte, das Volk aufzuwiegeln.

Octavianus schloß sich nun Cicero und den anderen erbitterten Gegnern des Antonius an und gewann durch ihre Hilfe die Gunst und Freundschaft des Senats. Auch wußte er das Volk auf seine Seite zu bringen und begann, die alten Soldaten Caesars aus den ihnen angewiesenen Wohnsitzen zusammenzuziehen. Antonius wurde es nun doch etwas bänglich zumute vor diesem so unternehmungslustigen jungen Mann, und er hatte eine Aussprache mit ihm auf dem Kapitol, bei der es zu einer Aussöhnung zwischen beiden kam.

In der darauffolgenden Nacht hatte Antonius einen seltsamen Traum: es schien ihm, als sei seine rechte Hand vom Blitz getroffen worden. Wenige Tage danach wurde ihm berichtet, Octavianus schmiede insgeheim Anschläge gegen ihn. Octavianus suchte sich zwar von diesem Vorwurf zu reinigen, fand aber keinen Glauben, und die Feindschaft brach von neuem zwischen ihnen aus. Beide reisten nun in Italien umher, warben die alten Veteranen durch große Versprechungen an und suchten auch einander zuvorzukommen, um die unter Waffen stehenden Truppen an sich zu ziehen.

Cicero, der damals in Rom großen Einfluß besaß, suchte alle Welt gegen Antonius aufzuhetzen. Schließlich brachte er den Senat dahin, Antonius für einen Feind des Vaterlandes zu erklären, Octavianus jedoch die Rutenbündel mit den anderen Zeichen der Prätorenwürde zu senden. Zugleich sollten die beiden amtierenden Konsuln Hirtius und Pansa abgeschickt werden, um Antonius aus Italien zu vertreiben. Die Konsuln lieferten Antonius bei der Stadt Mutina eine Schlacht, an der Octavianus teilnahm, waren auch siegreich, fielen aber beide.

Antonius mußte nun mit dem Rest seiner Truppen flüchten, geriet aber dabei in große Not; besonders der Hunger setzte ihm und seinen Leuten schwer zu. Er besaß jedoch den Vorzug, daß er bei Widrigkeit des Geschicks gleichsam sich selbst übertraf und alle seine guten Eigenschaften zum Vorschein kamen, wenn er mit Schwierigkeiten zu kämpfen hatte. Gefühl für das, was nottut, besitzen zwar die meisten, wenn Sorgen und Unglück sie bedrängen. Doch haben viele beim Wechsel des Glücks nicht Kraft genug, das zu befolgen, was sie gutheißen, oder das zu meiden, was sie mißbilligen; im Gegenteil hängen manche zu sehr an ihren Gewohnheiten und unterdrücken alle Mahnungen der Vernunft. Allein Antonius gab bei dieser Gelegenheit seinen Soldaten ein treffliches und bewunderungswürdiges Beispiel. Er, der bisher nur in Üppigkeit und Prunk gelebt hatte, trank jetzt ohne Widerwillen verdorbenes Wasser und nährte sich mit gutem Humor von Wurzeln und wilden Früchten. Ja einige melden sogar, daß man auf dem Zug über die Alpen Baumrinde gegessen und Tiere verspeist habe, die man bisher für menschliche Nahrung ungeeignet hielt.

Mit diesem Zug beabsichtigte Antonius Anschluß an die jenseits der Alpen stehende Armee des Lepidus zu gewinnen, der sein Freund war und durch ihn zu Caesars Lebzeiten viele Vorteile genossen hatte. Bei seiner Ankunft lagerte er sich in Lepidus' Nähe, empfing aber von ihm nicht den geringsten Beweis von Freundschaft. Antonius entschloß sich nun zu einem verwegenen Streich. Seit jener Niederlage bei Mutina hatte er sein Haar völlig vernachlässigt und den Bart sehr lang wachsen lassen; dazu legte er noch eine schwarze Toga an, näherte sich in diesem Aufzug dem Wall von Lepidus' Lager und begann nun eine Rede an dessen Soldaten. Da viele durch diesen Anblick gerührt wurden und auch Antonius' Worte starken Eindruck machten, geriet Lepidus in Besorgnis und befahl sämtlichen Trompetern seines Lagers, ihre Hörner erschallen zu lassen, um Antonius' Rede zu übertönen. Aber die Soldaten hatten nun erst recht Mitleid mit Antonius und sandten heimlich Lälius und Clodius als Dirnen verkleidet zu ihm, um mit ihm in Verbindung zu treten. Diese forderten Antonius auf, getrost die Verschanzungen anzugreifen, da viele im Lager bereit wären, zu ihm überzugehen. Sie machten sich auch anheischig, Lepidus umzubringen, wenn Antonius es wünschte. Antonius aber untersagte ihnen aufs strengste, sich nur im geringsten an Lepidus zu vergreifen. Tags darauf begann er mit seiner Armee den Fluß zu durchschreiten. Antonius stieg als erster ins Wasser und näherte sich ohne Bedenken dem jenseitigen Ufer, da ihm die Soldaten drüben schon zuwinkten und aus den Verschanzungen herausgelaufen kamen.

Antonius zog nun in das Lager ein und riß gleich alle Gewalt an sich, begegnete aber Lepidus mit der größten Zuvorkommenheit. Er umarmte ihn, nannte ihn Vater und beließ ihm auch weiterhin Titel und Ehre eines Oberbefehlshabers, obgleich er der eigentliche Herr war. Diese Vorgänge bewogen nun auch Munatius Plancus, der nicht weit davon mit einem beträchtlichen Heer stand, sich für Antonius zu erklären. Nachdem so Antonius nun wieder eine ansehnliche Macht hinter sich hatte, kehrte er an der Spitze von siebzehn Legionen Fußvolk und zehntausend Reitern über die Alpen nach Italien zurück. Zum Schutz Galliens ließ er außerdem noch sechs Legionen zurück unter dem Kommando des Varius, eines seiner Freunde und Zechbrüder.

In Rom ließ Octavianus nun Cicero fallen, der immer nur die Freiheit verteidigte, und schickte Abgesandte an Antonius, um ihm einen Vergleich anzubieten. Die drei Männer, Octavianus, Antonius und Lepidus, kamen zum Zweck einer Verständigung auf einer kleinen, von einem Fluß gebildeten Insel zusammen und berieten sich dort drei Tage zusammen. In allen strittigen Punkten verglichen sie sich ohne Schwierigkeit und teilten das ganze römische Reich wie eine väterliche Erbschaft unter sich auf. Nur über die Persönlichkeiten, die umgebracht werden sollten, konnten sie sich lange nicht einigen, da jeder seine Feinde aus dem Weg geräumt, seine Verwandten aber gerettet wissen wollte. Schließlich opferten sie ihre Verwandten oder Freunde, um die eigenen Widersacher unschädlich machen zu können, so daß Octavianus dem Antonius zuliebe Cicero, Antonius aber dafür Lucius Caesar, seinen Oheim mütterlicherseits, preisgab. Lepidus wurde bewilligt, seinen Bruder Paulus ums Leben zu bringen; doch sagen andere, Lepidus habe Paulus jenen beiden geopfert, weil sie auf dessen Tod bestanden. Es kann wohl nichts Grausameres, nichts Unmenschlicheres geben als diesen Austausch. Sie tauschten Mord gegen Mord; die sie preisgaben, töteten sie ebenso wie die ihnen Preisgegebenen, und am verwerflichsten war, daß sie ihre Freunde dem Tod opferten, die ihnen doch nichts angetan hatten.

Nach Abschluß des Vergleichs forderten die Soldaten, die an den Ufern aufgestellt waren, daß Octavianus den Bund durch eine Heirat befestigen und sich mit Clodia, einer Tochter aus erster Ehe Fulvias, der Frau des Antonius, vermählen sollte. Nachdem man sich auch darüber geeinigt hatte, wurden dreihundert angesehene Römer durch Achterklärung zum Tod bestimmt. Unter diesen befand sich auch Cicero. Antonius befahl, ihm den Kopf und die rechte Hand abzuhauen, mit der er die Reden gegen ihn begleitet hatte. Als sie Antonius überbracht wurden, betrachtete er sie mit Entzücken und brach vor Freude in ein lautes Gelächter aus. Nachdem er sich daran sattgesehen hatte, ließ er sie auf dem Forum über der Rednertribüne aufstecken, ohne zu bedenken, daß er dadurch nicht den Toten verhöhnte, sondern einen traurigen Beweis von seinem Übermut im Glück und von dem schimpflichen Mißbrauch seiner Gewalt gab. Sein Oheim Lucius Caesar, den man überall aufsuchte und verfolgte, suchte bei seiner Schwester Zuflucht. Diese stellte sich den Mördern, die mit Gewalt in ihre Zimmer eindringen wollten, in der Tür mit ausgebreiteten Armen entgegen und rief ihnen zu: »Lucius Caesar sollt ihr nicht eher umbringen, als bis ihr mich, die Mutter eures Feldherrn, getötet habt.« Durch dieses mutige Einschreiten rettete sie ihrem Bruder das Leben.

Die Herrschaft der Triumvirn war den Römern in vieler Hinsicht verhaßt. Die meiste Schuld aber daran hatte Antonius, der älter als Octavianus und mächtiger als Lepidus war und zudem wieder in seinen ausschweifenden und liederlichen Lebenswandel zurückfiel. Zu diesem allgemeinen üblen Ruf kam noch eine nicht geringe Erbitterung wegen des Hauses, das Antonius bewohnte. Es hatte Pompejus Magnus gehört, einem Mann, der wegen seiner Mäßigkeit und seines schlichten, volkstümlichen Auftretens nicht weniger Verehrung genoß als wegen seiner drei Triumphe. Mit Unwillen mußte man sehen, daß dieses Haus für Feldherren, Würdenträger und Gesandte fast immer verschlossen blieb, die man schnöde abfertigte, während es dagegen überlaufen war von Komödianten, Possenreißern und trunkenen Schmeichlern, an die auch die mit Gewalt und größter Härte eingetriebenen Geldsummen verschwendet wurden. Denn die drei Regenten verkauften nicht nur die Güter der hingerichteten Bürger, begannen an deren Frauen und Verwandten die schlimmsten Erpressungen und führten allerhand neue Steuern und Abgaben ein, ja sie nahmen sogar die beträchtlichen Reichtümer in Beschlag, die bei den vestalischen Jungfrauen von Fremden oder einheimischen Bürgern hinterlegt worden waren. Da Antonius alles für sich haben wollte, forderte Octavianus, daß er dieses Geld mit ihm teilen sollte. Ebenso teilten sie sich auch die Armee, als sie gegen Brutus und Cassius nach Makedonien zogen. Die Stadt Rom überließen sie Lepidus.

Nach dem Übergang über das Adriatische Meer lagerte Antonius mit seiner Armee Cassius gegenüber und Octavianus mit seinen Truppen dem Brutus. In diesem Feldzug nun zeigte sich Octavianus nicht gerade als glänzender Führer, und der glückliche Ausgang war allein Antonius zu verdanken. In der ersten Schlacht nämlich wurde Octavianus von Brutus völlig besiegt, verlor sogar sein Lager und entkam mit knapper Not den nachsetzenden Feinden. Wie er selbst in seinen Denkschriften berichtet, hatte er sich, durch den Traum eines Freundes veranlaßt, schon vor dem Zusammenstoß entfernt. Antonius dagegen schlug Cassius, wiewohl einige sagen, Antonius habe der Schlacht selbst nicht beigewohnt, sondern sei erst bei der Verfolgung dazugekommen. Cassius wurde auf seine Bitte von einem seiner Freigelassenen erstochen, denn er wußte nichts davon, daß Brutus gesiegt hatte. Nach Verlauf einiger Tage wurde auch Brutus überwunden, der sich selbst tötete. Auch den Ruhm dieses Sieges konnte sich Antonius zuschreiben, da Octavianus gerade erkrankt war. Antonius trat nun zu dem toten Brutus, machte ihm einige glimpfliche Vorwürfe wegen der Ermordung seines Bruders Gaius Antonius, den Brutus in Makedonien hatte umbringen lassen, um den Tod Ciceros zu rächen. Doch erklärte er, er schiebe die Schuld mehr auf Hortensius als auf Brutus und gab daher Befehl, Hortensius auf dem Grabe des Gaius Antonius zu erwürgen. Über die Leiche des Brutus hingegen breitete er einen sehr kostbaren Purpurmantel und befahl einem seiner Freigelassenen, die Bestattung zu besorgen. Diesen Freigelassenen ließ er nachher hinrichten, weil er erfuhr, daß jener den Purpurmantel nicht mit verbrannt und von der zur Beerdigung bestimmten Summe einen großen Teil unterschlagen hatte.

Octavianus kehrte nun nach Rom zurück; bei seiner Kränklichkeit schien es, als ob er nicht mehr allzulange zu leben hätte. Antonius hingegen wandte sich mit einer starken Armee zunächst nach Griechenland, um in den östlichen Provinzen Gelder einzutreiben. Denn bei dem letzten Feldzug hatte man jedem Soldaten fünftausend Drachmen versprochen, und zur Herbeischaffung der erforderlichen Summe mußten die härtesten Maßregeln getroffen werden.

Gegen die Griechen jedoch zeigte sich Antonius weder hart noch übermütig. Im Gegenteil ließ ihn sein Hang zu Zerstreuungen bald an den Vorlesungen der Gelehrten, bald an Spielen und Wettkämpfen, bald wieder an religiösen Feierlichkeiten teilnehmen. Auch in der Rechtspflege bewies er viel Billigkeit. Dabei hörte er sich gern einen Griechenfreund, lieber noch einen Athenerfreund nennen und machte der Stadt Athen ansehnliche Geschenke. Auch den Tempel des pythischen Apollo ließ er ausmessen, als wenn er diesen Bau vollenden wollte; denn das hatte er dem Senat versprochen.

Er ließ dann Lucius Censurinus in Griechenland zurück und setzte selbst nach Kleinasien über, um sich an den Reichtümern jener Länder gesund zu machen. Dort erschienen nicht nur Könige an seiner Tür, um ihm zu huldigen, auch die Frauen der Könige wetteiferten darin, durch Geschenke wie durch ihre Reize seine Gunst zu gewinnen. Während Octavianus in Rom sich durch innere Unruhen und Kriege fast aufrieb, lebte Antonius in tiefer Ruhe und Frieden und gab sich rückhaltlos seinen Neigungen hin. Ein Kitharöde Anaxenor, ein Flötenspieler Xuthos, ein Tänzer Metrodoros und eine Menge anderer asiatischer Gaukler dieses Gelichters, die an Frechheit und Schamlosigkeit das aus Italien mitgebrachte nichtswürdige Gesindel weit übertrafen, nisteten sich an seinem Hofe ein und beherrschten ihn bald ganz, so daß die Schrankenlosigkeit jedes Maß überstieg.

Ganz Asien war damals, wie jene Stadt bei Sophokles, in Opferrauch gehüllt und erfüllt von Lobgesängen und Klagerufen. So gingen bei Antonius' Einzug in Ephesos Frauen als Bacchantinnen, Männer und Knaben als Satyrn und Pane verkleidet, vor ihm her; die ganze Stadt war mit Efeu und Thyrsosstäben geschmückt, alles ertönte von Harfen und Schalmeien, und mit lautem Jubelgeschrei nannte man ihn den Freudebringer, den huldreichen Dionysos. Das war er freilich gegen einzelne; gegen die meisten aber betrug er sich so, daß er eher die anderen Beinamen des Dionysos: Omestes und Agrionius, der Zügellose und der Grausame, verdiente. Männern von edler Geburt nahm er ihr Vermögen und verschenkte es an nichtswürdige Schurken und Schmeichler. Manche baten sich die Güter vieler noch Lebender aus, als wenn sie schon gestorben wären, und erhielten sie auch. Das Haus eines Bürgers von Magnesia schenkte er einem seiner Köche, nur weil der ein besonders köstliches Gericht zu bereiten verstanden hatte.

Als Antonius schließlich den Städten Kleinasiens noch einen zweiten allgemeinen Tribut auferlegte, wagte es Hybreas, für sein Land einzutreten, und brauchte die feine, dem Geschmack des Antonius nicht anstößige Wendung: »Wenn du in einem Jahr zweimal Tribut nehmen kannst, so mußt du uns wohl auch zwei Sommer und zwei Herbste schaffen können.«

Dann setzte er noch mit allem Freimut hinzu: »Asien hat dir schon zweimal hunderttausend Talente geliefert. Hast du diese Summen nicht bekommen, so fordere sie von denen, die sie in Empfang genommen haben. Hast du aber die erhaltenen Summen nicht mehr, so sind wir wohl alle verloren.«

Dadurch machte er starken Eindruck auf Antonius. Denn dieser wußte vieles nicht, was um ihn vorging, weniger aus Leichtsinn und Sorglosigkeit, sondern weil er aus Treuherzigkeit den Menschen seiner Umgebung allzuviel traute. In seinem Charakter lag eine gewisse gutherzige Einfalt, die mit einer Stumpfheit des Gefühls verbunden war. Merkte er aber die begangenen Fehler, so zeigte er ehrliche Reue, gestand selbst denen seine Schuld, die darunter gelitten hatten, und übertrieb es dann leicht in der Wiedergutmachung, wie in der Bestrafung; doch schien er mehr im Wohltun als im Strafen das Maß zu überschreiten.

Seine Scherze und Spöttereien, die gewöhnlich sehr beißend waren, enthielten zugleich das lindernde Gegenmittel. Denn es stand jedem frei, ihm die Spöttereien und Stichelreden zurückzugeben, und so gern er über andere lachte, so wenig nahm er es übel, wenn er selbst ausgelacht wurde. Dies aber war in vieler Hinsicht für ihn sehr nachteilig. Denn er bildete sich ein, daß Leute, die im Scherz sich soviel Freiheit nahmen, ihm im Ernst und bei wichtigen Angelegenheiten nicht nach dem Mund reden würden, und ließ sich daher durch ihre Lobhudeleien leicht betören.

Zu diesem Antonius angeborenen Wesen gesellte sich nun das letzte Unheil, die Liebe zu Kleopatra. Durch sie wurden nicht nur viele in ihm verborgen liegenden und schlummernden Leidenschaften rege gemacht und bis zur Raserei entstammt, sondern auch das wenige Gute und Heilsame, das jenem noch etwa die Waage halten mochte, wurde vollends unterdrückt und vernichtet. Die Geschichte dieser Liebe ist folgende.

Als er zu dem Krieg gegen die Parther Anstalten traf, schickte er an Kleopatra Befehl, nach Kilikien zu kommen und wegen der gegen sie erhobenen Beschuldigungen, Cassius im Kriege mit Geld und auch auf sonstige Weise unterstützt zu haben, Rede und Antwort zu stehen. Als Dellius, der an sie abgeschickt wurde, ihre Schönheit sah und ihre Gewandtheit im Reden, ihre ungemeine Verschlagenheit kennenlernte, war er sich gleich darüber klar, daß Antonius einer solchen Frau nichts Böses antun, sondern im Gegenteil bald gänzlich unter ihrem Einfluß stehen würde. Er nahm sich daher vor, sich beizeiten der Gunst der Ägypterin zu versichern, und riet ihr, sie solle, wie Hera bei Homer, mit lieblichem Schmuck geziert, nach Kilikien reisen und vor Antonius nicht bange sein, der ein sehr gütiger und menschenfreundlicher Herr sei.

Kleopatra befolgte Dellius' Rat. In Erinnerung an den tiefen Eindruck, den ihre Reize vormals auf Caesar gemacht hatten, hoffte sie jetzt, mit Antonius um so leichter fertig zu werden. Denn jener hatte sie nur als ein junges, in Liebeskünsten noch unerfahrenes Mädchen gekannt. Zu Antonius sollte sie gerade in dem Alter kommen, in dem die Schönheit der Frau sich zur herrlichsten Blüte entfaltet hat und ihr Verstand zur völligen Reife gediehen ist. Sie packte daher so viel Geschenke, so viel Geld und Schmuck zusammen, als ihr großer Reichtum und ein blühendes Königreich ihr mitzunehmen gestatteten, setzte aber die meiste Hoffnung auf sich selbst und den Zauber ihrer Reize und trat so die Reise nach Kilikien an.

Unterwegs erhielt sie wiederholt von Antonius die Aufforderung, ihre Fahrt zu beschleunigen. Aber sie kehrte sich nicht daran und kam in einem Aufzug, der mehr einer Siegerin geziemt als einer Angeklagten. In einem Schiff, dessen Heck vergoldet war, mit purpurnen Segeln, unter dem Schall von Zithern, Flöten und Schalmeien, nach deren Takt sich die silbernen Ruder bewegten, fuhr sie langsam den Kydnos hinauf. Sie selbst lag unter einem reich mit Gold verzierten Baldachin, ebenso geschmückt und gekleidet, wie man es auf Bildern der Aphrodite sieht. Knaben, die den Liebesgöttern auf Gemälden glichen, standen zu beiden Seiten und fächelten ihr Kühlung zu. Ebenso standen Sklavinnen von ungemeiner Schönheit, wie Nereiden und Grazien gekleidet, rings auf dem Schiff verteilt. Von dem vielen angezündeten Räucherwerk verbreiteten sich an beiden Ufern die köstlichsten Wohlgerüche. Die Einwohner begleiteten das Schiff zu Seiten des Flusses gleich von der Mündung an; und als sie sich nun der Stadt näherte, eilte alles heraus, um das prächtige Schauspiel zu genießen.

Antonius saß eben auf dem Markt zu Gericht; da aber alles Volk aus der Stadt lief, sah er sich endlich ganz allein zurückgelassen. Dabei verbreitete sich überall das Gerücht, daß Aphrodite zum Heile Asiens in feierlichem Aufzuge den Dionysos besuchen käme. Antonius schickte also hin und ließ sie zur Abendmahlzeit einladen; sie bat aber, er möchte lieber zu ihr kommen. Um ihr nun zugleich seine Höflichkeit und gute Lebensart zu beweisen, nahm er die Einladung an und ging zu ihr. Hier sand er eine über alle Beschreibung gehende Pracht, aber nichts setzte ihn mehr in Erstaunen als die Menge der Lichter. Denn diese hingen und schimmerten von allen Seiten in so großer Zahl und waren auf so mannigfaltige Art, bald in Vierecken, bald in Kreisen gegeneinandergestellt und angeordnet, daß dieser Anblick einer der herrlichsten und sehenswürdigsten war.

Am folgenden Tag lud Antonius sie zu sich ein und gab sich alle Mühe, sie an Pracht und Feinheit noch zu übertreffen. Aber er stand ihr in beidem nach, und als er sich hierin besiegt sah, war er selbst der erste, der sich über die bei ihm herrschende Armseligkeit und den Mangel an Geschmack lustig machte. Da Kleopatra auch in Antonius' Scherzen den Soldaten, den Mann ohne Welt hervorblicken sah, bediente sie sich gegen ihn ganz dreist und ohne Rückhalt des gleichen Tons.

Ihre Schönheit war, wie man sagt, an und für sich nicht so ganz unvergleichbar, noch von der Art, daß sie gleich beim ersten Anblick Aufsehen erregen konnte. Allein der nähere Umgang mit ihr hatte einen unwiderstehlichen Reiz, und ihre Gestalt, verbunden mit der geistvollen Unterhaltung und die in ihrer ganzen Art und Haltung sich zeigende Kultiviertheit machten immer einen tiefen Eindruck. Selbst ihre Stimme war höchst angenehm, und sie wußte ihre Zunge, wie ein vielseitiges Instrument, leicht in jede beliebige Mundart zu fügen, so daß sie nur mit wenigen fremden Völkern durch Dolmetscher zu sprechen brauchte. Den meisten erteilte sie in eigener Person Antwort, wie den Äthiopiern, den Troglodyten, den Hebräern, Arabern, Syrern, Medern und Parthern. Auch soll sie die Sprache noch vieler anderer Völker erlernt haben, während die Könige, die vor ihr regierten, sich nicht einmal die Mühe nahmen, die ägyptische zu verstehen, und einige sogar die makedonische Mundart vergaßen.

Antonius geriet völlig in ihren Bann. Obgleich seine Gattin Fulvia in Rom in seinem Interesse gegen Octavianus Krieg führte und ferner ein parthisches Heer nicht nur in Mesopotamien sich ausbreitete, sondern auch in Syrien einzufallen drohte, ließ sich Antonius doch ohne jedes Bedenken mit nach Alexandrien nehmen, wo er sich, gleich einem müßigen Jüngling, ganz den Spielen und Lustbarkeiten überließ und die Zeit, das kostbarste aller Güter, wie Antiphon sagt, in Üppigkeit verpraßte.

Sie hatten zusammen eine Gesellschaft, die der Klub der Unnachahmlichlebenden genannt wurde, und dessen Zweck es war, einander Tag für Tag zu traktieren und unglaublich großen Aufwand zu treiben. Der Arzt Philotas aus Amphissa hat meinem Großvater Lamprias viel davon erzählt. Er hielt sich nämlich damals in Alexandria auf, um die Arzneikunst zu lernen. Als junger Mensch, damals ließ er sich von einem der königlichen Köche, mit dem er bekannt geworden war, überreden, die kostbare und prachtvolle Zurichtung der Tafel in Augenschein zu nehmen. Er wurde also in die Küche geführt, und da er hier außer unendlich vielen anderen Dingen auch acht ganze Wildschweine braten sah, wunderte er sich sehr über die Menge der Gäste. Der Koch aber sagte zu ihm lachend: Der Gäste wären so viele eben nicht, sondern höchstens zwölf; aber jedes aufgetragene Gericht müßte die höchste Vollkommenheit haben, und die könne schon ein kleiner Augenblick vernichten. Denn es wäre ebenso möglich, daß Antonius gleich jetzt zu speisen verlangte, als daß er je nach Umständen noch eine Weile damit wartete, wenn es ihm einfiele, zu zechen oder eine Unterredung ihn aufhielte. Darum werde nicht nur eine, sondern mehrere Mahlzeiten bereit gehalten; denn die Zeit der Tafel ließe sich nie erraten.

Dieser Philotas wurde, wie er ferner erzählte, später mit dem ältesten Sohn des Antonius aus dessen Ehe mit Fulvia bekannt und speiste zuweilen bei ihm mit anderen Freunden, wenn der junge Mann nicht bei seinem Vater zur Tafel war. Eines Tages brachte er einen Arzt, der den Anwesenden durch sein vorlautes Geschwätz sehr lästig fiel, durch folgenden Trugschluß zum Stillschweigen: Wer einigermaßen das Fieber hat, dem muß man kaltes Wasser reichen; nun hat aber jeder Fieberkranke das Fieber einigermaßen: folglich muß man jedem, der Fieber hat, kaltes Wasser reichen. Darüber war der Mensch ganz betroffen und schwieg ganz still, was dem jungen Gastgeber so gefiel, daß er lachend sagte: »Sieh, Philotas, das alles schenke ich dir« – und dabei auf den mit vielen kostbaren Trinkgefäßen besetzten Tisch zeigte. Philotas dankte ihm für den Beweis seiner Güte, war aber weit entfernt zu glauben, daß ein junger Mensch in diesem Alter die Macht hätte, soviel zu verschenken. Allein bald darauf räumte ein Bedienter die Trinkgeschirre ab, brachte sie zu ihm in einem Behälter und hieß ihn diesen versiegeln. Da Philotas sich weigerte und Bedenken trug, das Geschenk anzunehmen, sagte der Bediente zu ihm: »Du Tor, warum bedenkst du dich noch lange? Weißt du nicht, daß der Geber des Antonius Sohn ist, der ebenso viele goldene Gefäße verschenken könnte? Wenn ich dir aber raten soll, so vertausche sie uns gegen eine Summe Geld, denn vielleicht möchte der Vater einige der alten Stücke vermissen, die wegen der kunstvollen Arbeit geschätzt werden.« Dies, sagte mein Großvater, habe ihm Philotas bei vielen Gelegenheiten erzählt.

Kleopatra wußte die Kunst zu schmeicheln nicht nur vierfach, wie Plato im Dialog Gorgias angibt, sondern vielfach einzuteilen. Da sie bei allen Beschäftigungen, sie mochten ernsthaft oder scherzhaft sein, irgendein neues Vergnügen, irgendeinen neuen Reiz anzubringen wußte, fesselte sie Antonius, dem sie weder bei Tag noch bei Nacht von der Seite kam, immer mehr an sich. Sie spielte mit ihm Würfel, leistete ihm beim Zechen und aus der Jagd Gesellschaft und wohnte seinen Waffenübungen bei. Wenn er nachts an den Türen und Fenstern der Bürger herumging, um ihnen irgendeinen Schabernack zu spielen, schweifte sie, als Sklavin verkleidet, mit ihm in der Stadt umher; denn er selbst pflegte sich dann auf diese Art zu verkleiden. Daher kehrte er oftmals mit Schmähungen überhäuft, auch wohl mit einer Tracht Prügel, nach Hause zurück.

Bei den meisten stand er zwar in keinem großen Ansehen; doch fanden die Alexandriner an seinen Possen und Schwänken Vergnügen, erwiderten seine Scherze auf eine feine und witzige Art und sagten sehr zufrieden: den Römern zeigte er sich in der tragischen, ihnen aber in der komischen Maske. All die vielen von ihm gespielten Possen ausführlich zu erzählen, würde höchst abgeschmackt sein; wir wollen es daher bei einem einzigen bewenden lassen.

Als er sich eines Tages in Gegenwart Kleopatras mit Angeln belustigte und über sein mangelndes Glück sehr verdrießlich war, befahl er einigen Fischern, heimlich hinzuschwimmen und schon vorher gefangene Fische an seine Angel zu befestigen. Auf diese Art zog er zwei- oder dreimal Fische herauf. Dies entging der Aufmerksamkeit der Ägypterin nicht; indes stellte sie sich, als wenn sie ihn wegen seiner Geschicklichkeit bewunderte, erzählte davon ihren Freunden und lud sie ein, am folgenden Tag zuzuschauen. Es stiegen daher viele in die Fischerkähne; sobald aber Antonius die Angel geworfen hatte, befahl sie einem von ihren Leuten, eiligst hinzuschwimmen und einen pontischen Salzfisch an die Angel zu hängen. Antonius, der einen guten Fang getan zu haben glaubte, zog die Angel in die Höhe, und als darüber, wie leicht zu denken, lautes Gelächter entstand, sagte Kleopatra: »Überlaß du doch, Imperator, die Angelrute uns Königen von Pharos und Kanobos; dein Fang sind Städte, Könige und Länder.«

Inmitten dieses angenehmen Zeitvertreibs wurde Antonius durch zwei Botschaften überrascht. Die eine kam von Rom und meldete, daß sein Bruder Lucius und seine Gattin Fulvia erst miteinander Zwietracht gesät, dann zusammen gegen Octavianus Krieg geführt hätten, nun aber gänzlich geschlagen aus Italien entflohen wären. In der anderen, nicht weniger unerfreulichen hieß es, daß Labienus, ein Freund des Brutus, der bei den Parthern Zuflucht gefunden hatte, an der Spitze eines parthischen Heeres Kleinasien vom Euphrat und Syrien an bis nach Lydien und Ionien sich unterwürfig machte. Wie aus dem Schlaf oder einem Rausch erwacht, entschloß sich Antonius endlich, den Parthern entgegenzutreten, und rückte auch bis nach Phönikien vor. Da er aber von Fulvia Briefe voll bitterer Klagen und Vorwürfe erhielt, wandte er sich erst mit zweihundert Schiffen nach Italien.

Unterwegs nahm er seine Freunde auf, soweit sie sich durch die Flucht aus Rom hatten retten können. Von ihnen erfuhr er, daß die herrschsüchtige und unternehmende Fulvia im Grunde am Krieg schuld gewesen sei, denn sie hatte gehofft, durch den Ausbruch von Unruhen in Italien noch am ersten Antonius von Kleopatra fortzulocken. Glücklicherweise traf es sich, daß Fulvia auf der Reise zu ihm in Sikyou an einer Krankheit starb, wodurch die Aussöhnung mit Octavianus sehr erleichtert wurde. Denn bei Antonius' Ankunft in Italien gab sich Octavianus den Anschein, als wenn er gar keine Beschwerden gegen ihn hätte, und Antonius selbst schob alle Schuld am Vorgefallenen auf Fulvia. Die beiderseitigen Freunde ließen es nicht zu weiteren Erörterungen kommen und söhnten beide miteinander aus. Auch fand eine neue Teilung der Herrschaft statt, wobei das Adriatische Meer die Grenze bilden sollte. Die östlichen Provinzen wurden Antonius, die westlichen Octavianus überwiesen, während Lepidus Afrika behalten sollte. Ferner setzten sie fest, daß die beiderseitigen Freunde wechselweise das Konsulat verwalten sollten, wenn sie es nicht selbst zu übernehmen für gut fänden.

Mit diesem Vergleich war man auf beiden Seiten sehr zufrieden, aber das Band schien doch eine besondere Festigung nötig zu haben, die denn auch ein glücklicher Zufall darbot. Octavianus hatte eine Stiefschwester Octavia, eine Tochter der ersten Frau seines Vaters Ancharia. Diese Schwester liebte er außerordentlich, da sie eine Frau von trefflichsten Eigenschaften gewesen sein soll. Sie war jetzt Witwe, da ihr erster Mann Gaius Marcellus gestorben war. Auch Antonius war nach dem Tod Fulvias wieder frei. Er stellte zwar seine Beziehungen zu Kleopatra nicht in Abrede, aber erklärte, daß es zu keiner ehelichen Verbindung zwischen ihnen gekommen wäre; in dieser Beziehung hatte seine Vernunft wenigstens noch die Oberhand behalten. Man schlug nun eine Heirat des Antonius mit Octavia vor, in der Hoffnung, daß diese Frau, die mit ungemeiner Schönheit auch viele Würde und Klugheit vereinigte, durch ihre Verbindung mit Antonius das Wohl beider befördern und die Einigkeit zwischen ihnen am sichersten erhalten könnte.

Antonius und Octavianus waren auch mit dem Vorschlag einverstanden und reisten nach Rom, wo die Hochzeit Octavias gefeiert wurde. Da das Gesetz einer Witwe nicht gestattete, sich vor Ablauf des zehnten Monats nach dem Tod des Mannes wieder zu verheiraten, erließ ihr der Senat durch ein Dekret die vorgeschriebene Trauerzeit.

Eben damals verheerte Sextus Pompejus, der jüngere Sohn des Pompejus Magnus, der im Besitz von Sizilien war, die Küste Italiens. Außerdem machte er mit zahlreichen Raubschiffen, über die der Seeräuber Menas und ein gewisser Menekrates das Kommando führten, das Meer unsicher, so daß kaum noch ein Transport nach Rom durchkommen konnte. Da er jedoch gegen Antonius nicht gerade feindlich gesinnt zu sein schien – er hatte nämlich dessen Mutter liebreich aufgenommen, die mit Fulvia aus Rom entflohen war –, beschloß man auch mit ihm zu einem Vergleich zu kommen. Alle drei trafen bei dem Vorgebirge Misenum zusammen. Pompejus hatte seine Flotte vor Anker liegen, Antonius und Octavianus hatten ihre Landarmeen mitgebracht.

Nachdem man übereingekommen war, daß Pompejus Sardinien und Sizilien behalten, das Meer von den Seeräubern säubern und bestimmte Mengen Getreide nach Rom liefern sollte, luden sie einander zu Gast. Beim Losen traf es Pompejus, die beiden anderen zuerst zu bewirten. Als Antonius ihn fragte, wo man speisen würde, antwortete er: »Dort«, und wies dabei auf sein Admiralsschiff von sechs Ruderreihen, »das ist das väterliche Haus, das man Pompejus noch gelassen hat.« Das war eine Stichelei gegen Antonius, der das einst seinem Vater gehörige Haus in Besitz genommen hatte. Hierauf ließ er das Schiff vor mehreren Ankern festlegen, baute eine Art Brücke, um vom Vorgebirge hinüberzugehen, und bewirtete die beiden anderen mit aller Höflichkeit.

Mitten bei der Tafel, als die Gesellschaft schon sehr ausgelassen war und allerlei Scherze über Antonius und Kleopatra vorgebracht wurden, näherte sich der Seeräuber Menas dem Pompejus und sagte leise zu ihm: »Willst du, daß ich die Ankertaue kappen und dich zum Herrn nicht nur von Sardinien und Sizilien, sondern des ganzen römischen Reiches machen soll?« Darauf antwortete Pompejus nach kurzer Überlegung: »Ja, mein lieber Menas, das hättest du tun sollen, ohne mich vorher darum zu fragen. Für jetzt bin ich mit meiner Lage zufrieden. Meineidig zu handeln, ist meine Sache nicht.« Dann wurde er auch von den beiden anderen bewirtet und segelte darauf nach Sizilien zurück.

Nach Abschluß dieser Vergleiche schickte Antonius den General Ventidius nach Kleinasien voraus, um dem weiteren Vordringen der Parther Einhalt zu tun. Er selbst ließ sich aus Gefälligkeit gegen Octavianus zum Priester des als Gott verehrten Caesar ernennen.

Auch sonst handelten sie in den wichtigsten Staatsgeschäften gemeinschaftlich und in großer Eintracht. Nur bei den Spielen, die sie um die Wette veranstalteten, empfand Antonius manchen Verdruß, weil er darin gegen Octavianus immer zu kurz kam.

In Antonius' Gefolge befand sich ein ägyptischer Wahrsager, einer von denen, die das Horoskop zu stellen wissen. Dieser erklärte nun Antonius ganz unumwunden – vielleicht Kleopatra zu Gefallen oder aus eigener Überzeugung –, so groß und glänzend auch sein Glück sei, werde es doch von dem des Octavianus verdunkelt, und er riet ihm daher, sich von dem jungen Mann soweit als möglich zu entfernen. Dein Genius, setzte er hinzu, fürchtet sich vor Octavianus' Genius. Er ist zwar stolz und hochfahrend, solange er allein ist; aber wenn sich jener nähert, wird er gleich furchtsam und demütig. Diese Offenbarung des Ägypters schien sich auch durch mehrere Vorfälle zu bestätigen. Wenn sie zum Beispiel im Scherz über irgendeine Sache das Los zogen oder Würfel spielten, soll Antonius jedesmal verloren haben. Oft ließen sie Hähne oder zum Kampf abgerichtete Wachteln miteinander streiten, und dabei behielten die des Octavianus immer den Sieg. Antonius, der sich darüber insgeheim ärgerte und den Worten des Ägypters immer mehr Glauben beimaß, reiste endlich aus Italien ab, übertrug Octavianus die Besorgung seiner häuslichen Angelegenheiten und nahm Octavia, die ihm schon eine Tochter geschenkt hatte, mit sich nach Griechenland.

Während er in Athen den Winter zubrachte, erhielt er die Nachricht von den ersten glücklichen Erfolgen des Ventidius. Dieser hatte die Parther in einer Schlacht besiegt, bei der außer Labienus auch Pharnapates, der angesehenste und erfahrenste unter den Generalen des Königs Hyrodes, gefallen war. Zur Feier dieses Sieges gab Antonius den Griechen ein großes Fest und vertrat bei den Athenern die Stelle eines Gymnasiarchen. Die Zeichen seiner Feldherrnwürde ließ er zu Hause und erschien öffentlich in einem langen Mantel, mit weißen Schuhen und der übrigen Tracht der Gymnasiarchen, als der er die Jünglinge, wenn sie genug gekämpft hatten, beim Nakken faßte und auseinanderriß.

Als er im Begriff war, zum Krieg auszuziehen, nahm er sich einen Kranz von dem heiligen Ölbaum bei der Akropolis mit und ließ auch, einem Orakel zufolge, eine Flasche mit Wasser aus der Quelle Klepsydra füllen. Inzwischen war Pakoros, ein Sohn des Partherkönigs, mit einer großen Armee aufs neue in Syrien eingedrungen. Ventidius stieß mit ihm in der Landschaft Kyrrhestika zusammen, brachte ihm eine völlige Niederlage bei und tötete eine Menge Feinde, darunter auch Pakoros selbst. Diese glänzende Waffentat verschaffte den Römern volle Vergeltung für die Niederlagen des Crassus und schränkte die in drei Hauptschlachten überwundenen Parther wieder auf Medien und Mesopotamien ein.

Ventidius wagte jedoch nicht, die Parther weiter zu verfolgen, weil er den Neid des Antonius fürchten mußte. Dafür wandte er sich gegen die abgefallenen Völkerschaften, brachte sie wieder zum Gehorsam und schloß Antiochus, König von Kommagene in Nordsyrien, in der Stadt Samosata ein. Antiochus erbot sich schon, tausend Talente zu erlegen und Antonius' Oberherrschaft anzuerkennen. Ventidius verwies ihn aber an Antonius selbst, der schon nahe im Anzug war und Ventidius nicht gestattete, mit Antiochus ein Abkommen zu schließen, damit wenigstens diese einzige Tat seinen Namen führen und nicht alle Erfolge Ventidius zugeschrieben werden sollten. Da jedoch die Belagerung sich in die Länge zog und die Einwohner infolge der fehlgeschlagenen Friedenshoffnung mutige Gegenwehr leisteten, konnte Antonius nichts ausrichten und war am Ende, unter Scham und Reue über sein Verfahren, noch froh, von Antiochus für den ihm bewilligten Vergleich dreihundert Talente zu bekommen. Nachdem er in Syrien noch einige unbedeutende Anordnungen getroffen hatte, kehrte er nach Athen zurück und schickte Ventidius, mit den verdienten Ehrungen belohnt, nach Rom, um dort seinen Triumph zu feiern.

Dieser Ventidius ist bis jetzt der einzige, der je über die Parther triumphiert hat, ein Mann von niedriger Herkunft, der aber von Antonius' Freundschaft den Vorteil hatte, daß er Gelegenheit zu großen Taten bekam. Diese benutzte er auch vortrefflich und bestätigte die über Antonius und Octavianus gemachte Bemerkung, daß sie in ihren Kriegsunternehmungen durch andere immer erfolgreicher als durch sich selbst gewesen sind. Denn auch Sossius, Antonius' Feldherr, verrichtete in Syrien viel rühmliche Taten; und Canidius, der von ihm in Armenien zurückgelassen worden war, bezwang nicht nur die Armenier, sondern auch die Könige der Iberier und Albanier und drang bis zum Kaukasus vor. Durch diese ward der Ruhm von Antonius' Macht und Größe unter den asiatischen Völkerschaften immer mehr ausgebreitet.

Indessen segelte Antonius selbst, durch allerhand Angebereien gegen Octavianus erbittert, mit dreihundert Schiffen nach Italien. Da die Brundisier seiner Flotte das Einlaufen in ihren Hafen verwehrten, wandte er sich nach Tarentum. Von dort schickte er Octavia, die ihn von Griechenland her begleitete und eben wieder in Umständen war, auch schon eine zweite Tochter von ihm hatte, auf ihre Bitten an ihren Bruder ab. Sie traf Octavianus unterwegs, brachte erst seine Freunde Agrippa und Macenas auf ihre Seite, wandte sich dann an ihn selbst und beschwor ihn mit flehentlichen Bitten, er möchte sie, die glücklichste Frau, doch nicht zur unglücklichsten werden lassen. »Jetzt sind aller Augen auf mich gerichtet«, fuhr sie fort, »da ich von zwei Machthabern den einen zum Gatten, den anderen zum Bruder habe. Sollte aber das Böse die Oberhand gewinnen und es zum Krieg kommen, so ist es zwar ungewiß, wem von euch beiden es bestimmt sein mag, zu siegen oder besiegt zu werden, in jedem Fall aber wird meine Lage traurig und unglücklich sein.«

Durch diese Vorstellungen gerührt, kam Octavianus mit friedfertigen Gesinnungen nach Tarentum. Hier konnten nun die Augenzeugen ein herrliches Schauspiel sehen: eine zahlreiche Armee lagerte friedlich an Land, und eine gewaltige Flotte lag an der Küste still vor Anker, während die Oberhäupter und ihre Freunde sich auf das herzlichste willkommen hießen. Antonius gab zuerst ein Gastmahl, was Octavianus sich seiner Schwester zuliebe gefallen ließ. Es wurde nun verabredet, daß Octavianus an Antonius zwei Legionen zum parthischen Krieg, Antonius aber Octavianus hundert Schiffe mit eisenbewehrtem Bug überlassen sollte, worauf sich Octavia von ihrem Gatten noch zwanzig Schnellsegler für ihren Bruder, vom Bruder sich aber noch tausend Mann Soldaten für den Gatten ausbat. Auf diese Weise schieden sie voneinander. Octavianus begann sogleich den Krieg gegen Pompejus, weil er Sizilien zu haben wünschte. Antonius aber segelte nach Asien zurück, nachdem er Octavia und seine Kinder, darunter auch die aus der Ehe mit Fulvia, dem Schutz des Octavianus anvertraut hatte.

Allein jenes große Übel, das lange Zeit geschlummert und durch bessere Grundsätze eingeschläfert und ganz behoben zu sein schien, ich meine die Liebe zu Kleopatra, erwachte jetzt, da er sich Syrien näherte, wieder mit verstärkter Kraft. Am Ende stieß er, wie Plato im Dialog »Phaidros« vom widerspenstigen und zügellosen Roß der Seele sagt, alle vernünftige und heilsame Überlegung mit Füßen von sich und schickte Fontejus Capito ab, um Kleopatra nach Syrien zu bringen. Bei ihrer Ankunft machte er zur Vergrößerung ihres Reiches nicht etwa kleine und unbedeutende Geschenke, sondern gab ihr Phönikien, Teile von Syrien, Kypros, ein großes Stück von Kilikien; ferner den Teil von Judäa, der die Balsamstaude trägt, und von dem den Nabatäern gehörigen Arabien den ganzen Strich, der zum Mittelländischen Meer hin liegt.

Diese Schenkung erbitterte die Römer mehr als alles andere, wiewohl er vielen Privatpersonen ganze Fürstentümer oder große Königreiche zuwies und dagegen wieder anderen ihre Königreiche nahm; wie zum Beispiel dem jüdischen König Antigonos, dem Sohn des Aristobulos, den er sogar öffentlich enthaupten ließ, eine Schmach, die vorher noch keinem fremden König angetan worden war. Aber bei den Geschenken und Ehrungen für Kleopatra war es der unwürdige Anlaß, der die Römer so tief verletzte. Auch vermehrte er seinen schlechten Ruf noch dadurch, daß er die von ihr geborenen Zwillinge anerkannte und den Sohn Alexander, die Tochter aber Kleopatra nannte, ihnen noch die Beinamen Sonne und Mond gab. Indes verstand er es sehr gut, selbst den schändlichsten Dingen ein schönes Mäntelchen umzuhängen und sich noch damit zu brüsten. So äußerte er: Die Größe des römischen Reichs offenbare sich nicht eigentlich durch das, was es erobere, sondern durch das, was es verschenke. Edle Geschlechter würden durch eine zahlreiche Nachkommenschaft und durch Erzeugung vieler Könige immer mehr ausgebreitet. So sei auch sein Ahnherr von Herakles erzeugt worden, der die Fortpflanzung seines Geschlechts nicht bloß auf eine einzige Frau habe beruhen lassen, noch sich vor den Gesetzen Solons oder vor den auf unehelichen Umgang gesetzten Strafen gefürchtet, sondern nach dem Willen der Natur die Grundlage zu vielen Geschlechtern gelegt habe.

Nachdem Phraates seinen Vater, den Partherkönig Hyrodes, getötet und die königliche Würde an sich gerissen hatte, flohen nicht wenige Parther aus dem Land. Unter anderem nahm auch Monaises, ein vornehmer und angesehener Mann, seine Zuflucht zu Antonius. Da Antonius das Schicksal dieses Mannes mit dem des Themistokles verglich, und an Reichtum wie Großmut dem persischen König nicht nachzustehen glaubte, schenkte er ihm die drei Städte Narissa, Arethusa und Hierapolis, das vormals Bambyke genannt wurde. Als aber der König der Parther Monaises alle Gnade und Freundschaft zusichern ließ, war Antonius gern bereit, Monaises zurückkehren zu lassen. Denn er glaubte, Phraates dadurch hintergehen zu können, daß er ihm durch Monaises den Frieden unter der Bedingung anbieten ließ, daß ihm die der Armee Crassus abgenommenen Feldzeichen nebst den etwa noch am Leben befindlichen Gefangenen ausgeliefert würden.

Unterdessen schickte er Kleopatra nach Ägypten zurück und zog mit seiner Armee durch Nordarabien nach Armenien. Nachdem alle seine Truppen zusammengekommen waren und auch die mit ihm im Bund stehenden Könige – deren waren sehr viele, und der größte unter ihnen, Artavasdes, König von Armenien, stellte sechzehntausend Mann Reiterei und siebentausend Mann Fußvolk – sich eingefunden hatten, hielt er dort in Armenien über das ganze Heer Musterung. Es bestand aus sechzigtausend Mann Fußvolk von wirklichen Römern und zehntausend Mann spanischen und gallischen Reitern, die als Römer betrachtet wurden; dazu kamen noch von den anderen Völkerschaften dreißigtausend Mann an Reiterei und leichtem Fußvolk.

Allein diese ungeheure Macht und Zurüstung, durch die sogar die Inder jenseits Baktra in Furcht gesetzt und ganz Asien erschüttert wurde, ward ihm, wie man sagen kann, Kleopatras wegen völlig unnütz. Weil er nämlich eilte, mit ihr den Winter zu verbringen, eröffnete er den Feldzug vor der geeigneten Jahreszeit und handelte ständig mit überstürzter Hast. Gleich als wenn er seines Verstandes nicht mehr mächtig, sondern durch Gifttränke oder Zaubermittel betört wäre, sah er sich immer ängstlich nach dem Gegenstand seiner Liebe um und war mehr darauf bedacht, bald zurückzukehren als den Feind zu besiegen.

Fürs erste hätte er in Armenien überwintern, seine durch einen Marsch von achttausend Stadien sehr mitgenommene Armee ausruhen lassen und dann, ehe die Parther ihre Winterquartiere verließen, sich Mediens bemächtigen sollen. Aber er konnte die Zeit nicht erwarten, trat sogleich den Vormarsch an und fiel, Armenien linker Hand liegen lassend, in Atropatene ein, wo er große Verwüstungen anrichtete. Ferner: er führte die zur Belagerung notwendigen Sturmmaschinen mit, die dem Heer auf dreihundert Wagen nachfolgten, darunter auch einen achtzig Ellen langen Sturmbock. Wenn diese Maschinen zu Schaden kamen, so waren sie nicht leicht wieder herzustellen, weil das in den Gebirgsgegenden Asiens wachsende Holz nicht lang und fest genug war. Antonius aber ließ diese Maschinen zurück, weil sie die Schnelligkeit seines Marsches behinderten, und gab den Wagen eine Bedeckung bei unter Führung des Generals Stadianus. Darauf belagerte er Phraata, eine große ansehnliche Stadt, in der sich die Frauen und Kinder des medischen Königs befanden. Aber die Tatsachen belehrten ihn sehr bald, daß er mit der Zurücklassung der Belagerungsmaschinen einen schweren Fehler begangen hatte. Um den Feinden dennoch beizukommen, ließ er einen Wall gegen die Stadt aufführen, der aber nur langsam und unter großen Schwierigkeiten aufwuchs. Inzwischen rückte Phraates mit einer großen Armee heran. Als er die Zurücklassung des Belagerungstrains erfuhr, schickte er eine starke Abteilung Reiterei dagegen ab. Von dieser wurde Stadianus umzingelt und mit zehntausend seiner Leute erschlagen. Die Parther bemächtigten sich dann aller Sturmmaschinen und zerstörten sie; außerdem machten sie noch viele Gefangene, darunter auch den König Polemon von Pontos.

Auf die Truppen des Antonius machte diese Schlappe, die sie wider alles Erwarten gleich zu Anfang des Feldzuges erlitten, einen sehr ungünstigen Eindruck. Der Armenierkönig Artavasdes gab schon alle Hoffnung auf einen Enderfolg der Römer auf und zog mit seinem gesamten Korps wieder von dannen, obgleich hauptsächlich er diesen Krieg veranlaßt hatte.

Die Parther, stolz auf ihren Sieg, rückten nun kühn und drohend gegen die Belagerer vor. Antonius besorgte, daß in seiner Armee bei ruhigem Stilliegen die Mutlosigkeit überhandnehmen und das Vertrauen noch mehr dahinschwinden könnte. Er zog daher zehn Legionen und drei prätorische schwerbewaffnete Kohorten nebst der gesamten Reiterei zum Furagieren aus dem Lager, in der Hoffnung, dadurch den Feind am ersten herbeizulocken und zu einer regelrechten Schlacht zu stellen. Er hatte etwa eine Tagereise zurückgelegt, als er bemerkte, daß die Parther seine Truppen auf allen Seiten umzingelten und sie anzugreifen Miene machten. Daher hängte er zwar im Lager das Zeichen zur Schlacht aus, ließ aber zugleich die Zelte abbrechen, als ob er sich nicht schlagen, sondern abziehen wollte. Dann marschierte er an der halbmondförmig aufgestellten Schlachtordnung der Parther vorbei. Vorher hatte er Befehl gegeben, daß die Reiterei sofort einhauen sollte, sobald die vordersten Glieder des Feindes nahe genug waren, daß sie von seinem Fußvolk erreicht werden konnten.

Den ihnen gegenüberstehenden Parthern erschien die von den Römern eingeschlagene Taktik als etwas ganz Ungewöhnliches. Mit Erstaunen sahen sie, wie die Römer immer in gleichen Intervallen ohne die geringste Verwirrung vorüberzogen und stillschweigend ihre Speere schwangen. Als aber die Reiterei auf das gegebene Zeichen plötzlich seitwärts einschwenkte und unter lautem Geschrei in sie einhieb, empfingen sie diese mit mutiger Gegenwehr, obgleich sie der Nähe wegen ihre Pfeile nicht gebrauchen konnten. Aber durch das Geschrei und Waffengeklirr des Fußvolks, das nun ebenfalls in den Kampf eingriff, wurden die Pferde so scheu und unbändig, daß die Parther das Handgemenge nicht abwarteten und sich zur Flucht wandten. Antonius setzte ihnen hitzig nach und schmeichelte sich schon mit der Hoffnung, dem Krieg durch diese Schlacht wo nicht ganz, doch größtenteils ein Ende gemacht zu haben. Als aber das Fußvolk die Fliehenden fünfzig Stadien und die Reiterei noch dreimal so weit verfolgt hatte, stellte sich heraus, daß der Gefangenen nur dreißig und der Toten der Feinde nicht mehr als achtzig waren. Darüber ergriff Bangen und Mutlosigkeit Antonius' Truppen, und es kam ihnen schrecklich vor, wenn sie als Sieger nur so wenige töten und als Besiegte so ungeheure Verluste erleiden sollten, wie bei der Fortnahme des Belagerungtrains. Am folgenden Tag brachen sie auf und marschierten wieder nach ihrem Lager bei der Stadt Phraata zurück. Unterwegs stießen sie anfangs nur auf wenige Feinde, bald aber auf immer mehr. Endlich sahen sie die ganze Armee vor sich, die sie herausforderte und von allen Seiten angriff, als wenn sie noch frisch und unbesiegt wäre, so daß die Römer nur mit Mühe und Not ihr Lager erreichen konnten.

In der Zwischenzeit hatten die Meder einen Ausfall aus der Stadt gemacht und die den Wall besetzt haltenden römischen Truppen zurückgeworfen. Darüber geriet Antonius in Zorn und bediente sich gegen die Formationen, die vor dem Feind gewichen waren, der sogenannten Dezimation oder Zehntung. Er teilte sie nämlich in Gruppen von zehn Mann und ließ von jeder einen Mann, den das Los traf, hinrichten; den übrigen befahl er, statt des Weizens Gerste zu liefern.

Dieser Krieg war für beide Teile sehr beschwerlich, wurde aber noch furchtbarer durch das, was ihnen noch bevorstand. Auf der einen Seite mußte Antonius einer Hungersnot gewärtig sein, weil ohne Blutvergießen und starke Verluste keine Lebensmittel mehr herbeizuschaffen waren. Auf der anderen Seite wußte Phraates sehr wohl, daß sich seine Parther nie dazu verstehen würden, zur Winterszeit im Feld zu bleiben und die damit verbundenen Beschwerlichkeiten auszuhalten. Er befürchtete daher, daß seine Truppen ihn am Ende ganz im Stich lassen möchten, wenn die Römer ausharrten und standhielten, zumal da schon jetzt nach der Herbstnachtgleiche die Luft neblig und düster zu werden begann. Um das zu vermeiden und Antonius zum Abzug zu bewegen, bediente er sich einer List.

Diejenigen seiner Leute, die sich mit den Römern verständigen konnten, mußten sich auf seinen Befehl beim Futterholen und anderen Gelegenheiten nachgiebiger gegen die römischen Soldaten zeigen, sie zuweilen etwas mitnehmen lassen und ihre Tapferkeit loben, wegen der sie als die erfahrensten Krieger von ihrem Könige mit vollem Recht bewundert würden. Allmählich kamen sie immer näher an das römische Lager, bauten sich davor auf und schalten Antonius, daß er ihrem König Phraates, trotz dessen Bereitwilligkeit, nicht erlaubte, einen Vertrag zu schließen und soviel tapfere Männer zu schonen, daß er vielmehr die ärgsten und schrecklichsten Feinde, den Winter und den Hunger, in seinem Starrsinn abwarten wollte, denen zu entkommen den Römern selbst mit Hilfe der Parther kaum möglich sein würde.

Antonius, dem man diese Reden häufig hinterbrachte, schöpfte nun wieder Hoffnung. Doch schickte er nicht eher Gesandte an den Partherkönig, bis er jene, die so freundschaftlich taten, hatte befragen lassen, ob ihre Reden auch mit den Gesinnungen des Königs übereinstimmten. Da sie dies bejahten und ihm zuredeten, jedes Mißtrauen beiseite zu setzen, schickte er einige seiner Vertrauten ab und verlangte nochmals die Rückgabe der Feldzeichen und Gefangenen, um nicht den Anschein zu erwecken, als wenn er schon zufrieden wäre, sich durch den Abzug retten zu können. Der Partherkönig antwortete, er solle diese Sache auf sich beruhen lassen, versprach aber, ihn in Frieden und Sicherheit abziehen zu lassen, wenn das sofort geschähe. Worauf sich denn Antonius entschloß, den Rückzug anzutreten, und wenige Tage danach aufbrach.

So sehr er sich sonst darauf verstand, vor einer öffentlichen Versammlung zu reden oder die Stimmung einer Armee zu beeinflussen, unterließ er es doch jetzt aus Scham und Kummer, in eigner Person den Truppen Mut zuzusprechen, und beauftragte Domitius Ahenobarbus, dies an seiner Stelle zu tun. Einige nahmen ihm das sehr übel, weil sie es als Geringschätzung auslegten; der größte Teil aber sah die Gründe wohl ein und wurde dadurch gerührt. Man hielt es nun um so mehr für seine Pflicht, dem Feldherrn alle Ehrerbietung und Folgsamkeit zu erweisen.

Antonius gedachte nun auf demselben Weg zurückzumarschieren, auf dem er gekommen war und der durch flaches, unfruchtbares und deckungsloses Land führte. Aber ein Mann, von Geburt ein Marder, der mit den Gewohnheiten der Parther vertraut war und sich schon früher gegen die Römer treu erwiesen hatte, kam zu Antonius und riet ihm, sich auf dem Rückzug rechterhand an das Gebirge zu halten und auf keinen Fall das bewaffnete Fußvolk in dem flachen und offenen Gelände den Pfeilschüssen einer so zahlreichen Reiterei auszusetzen. Eben um dies durch List zu bewirken, habe ihn Phraates durch glimpfliche Bedingungen von der Belagerung abgezogen. Aber er wolle ihn einen weit kürzeren Weg führen, der ihm auch einen größeren Überfluß an Lebensmitteln liefern würde.

Antonius zog nun diesen Vorschlag in Erwägung. Zwar wollte er nicht den Schein erwecken, als wenn er nach jenem Vergleich noch Mißtrauen in die Parther setzte. Doch schien ihm der kürzere Weg weit vorteilhafter, zumal dann auch der Marsch an bewohnten Dörfern vorbeiführte. Er entschloß sich daher, dem Rat des Marders zu folgen, verlangte aber von ihm ein Unterpfand der Treue. Dieser erbot sich nun, sich fesseln zu lassen, bis er die Armee nach Armenien gebracht hätte. So gefesselt führte er die Römer zwei Tage lang ohne alle Fährnisse den beschlossenen Weg.

Allein am dritten Tag, als Antonius schon nicht mehr an die Parther dachte und in aller Zuversicht den Marsch fortsetzte, bemerkte der Marder, daß ein Damm, der das Übertreten eines Flusses verhinderte, erst vor kurzem durchstoßen war und ein starker Strom sich über den Weg ergoß, den man gehen mußte. Er erkannte dies sogleich als ein Werk der Parther, die ihnen den Fluß in den Weg geleitet hatten, um sie durch dieses Hindernis aufzuhalten, und ermahnte Antonius, sich bereit zu machen, da der Feind sicher in der Nähe wäre. Eben stellte nun Antonius das schwere Fußvolk in Schlachtordnung auf und richtete es so ein, daß die Schleuderer und Wurfspießträger freie Bahn hatten, als die Parther zum Vorschein kamen und sich herumzogen, um die Römer von allen Seiten einzuschließen. Da aber die leichten Truppen gleich gegen sie vorrückten, erlitten sie durch die bleiernen Schleuderkugeln und Wurfspieße ebensoviel Schaden, als sie durch ihre Bogen anrichteten und zogen sich daher wieder zurück. Dann aber griffen sie von neuem an, bis die gallischen Reiter in geschlossenen Linien attackierten und sie auseinanderjagten, so daß sie sich an diesem Tag nicht mehr blicken ließen.

Antonius hatte aus diesem Vorfall gelernt, wie er sich zu verhalten hatte. Er deckte nicht nur die Nachhut, sondern auch die beiden Flanken mit starken Abteilungen von Schleuderern und Wurfspießträgern und ließ die Armee in einem länglichen Viereck marschieren. Auch war der Reiterei befohlen, die andrängenden Feinde zurückzujagen, aber sie nicht weit zu verfolgen, wenn sie wichen. Auf diese Weise konnten die Parther in den folgenden vier Tagen den Römern nicht viel Schaden antun, und ihr Kampfeifer legte sich so sehr, daß sie unter dem Vorwand des nahenden Winters schon daran dachten, gänzlich abzuziehen.

Allein am fünften Tag kam Flavius Gallus, ein tapferer und unternehmender Offizier, zu Antonius und erbat sich eine stärkere Abteilung leichter Truppen von der Nachhut, nebst einigen Reitern von der Vorhut, um eine wichtige Unternehmung auszuführen. Als er diese erhalten hatte, stellte er sich den andringenden Feinden entgegen, zog sich aber nicht, wie man bisher immer getan hatte, kämpfend auf das schwere Fußvolk zurück, sondern hielt stand und griff mutig weiter an. Die Führer der Nachhut sahen, daß er sich zu weit vorgewagt hatte und ließen ihn zurückrufen, aber er hörte nicht auf sie. Der Quästor Titius ergriff sogar ein Feldzeichen, kehrte wieder um und beschimpfte Gallus, daß er so viele tapfere Leute aufopferte. Dieser aber schimpfte zurück und ermahnte seine Leute, bei ihm standzuhalten, worauf denn Titius wieder abzog. Gallus setzte nun zwar den vor ihm stehenden Feinden heftig zu, wurde aber von einem starken Trupp unbemerkt im Rücken eingeschlossen, und als er sich nun von allen Seiten angegriffen sah, ließ er um schleunige Hilfe bitten.

Dabei nun scheinen die Führer des schweren Fußvolks, darunter auch Canidius, ein von Antonius hochgeschätzter Mann, einen großen Fehler begangen zu haben. Denn statt das gesamte Fußvolk auf einmal einzusetzen, schickten sie Gallus immer nur kleine Trupps zu Hilfe, und wenn diese geschlagen waren, ließen sie wieder andere nachrücken. So hätten sie schließlich die Niederlage und Flucht über das ganze Heer verbreitet, wenn nicht Antonius in aller Eile mit dem schweren Fußvolk der Vorhut zu Hilfe gekommen wäre, die dritte Legion mitten durch die Flüchtenden hindurch gegen den Feind vorgeschoben und dadurch dem weiteren Nachsetzen Einhalt getan hätte.

Die Zahl der Toten belief sich auf nicht weniger als dreitausend Mann, und an die fünftausend Verwundete wurden in die Zelte getragen. Unter diesen befand sich auch Gallus, der, von vier Geschossen von vorn durchbohrt, bald darauf seinen Wunden erlag. Antonius besuchte die Verwundeten in ihren Zelten, tröstete sie und bezeigte ihnen durch viele Tränen sein Mitleid.

Aber diese faßten mit heiterer froher Miene seine Hand und baten ihn, sich ihretwegen keine Sorge zu machen und vor allem an sich selbst zu denken. Sie nannten ihn dabei ihren Imperator und versicherten, daß ihre Rettung ganz allein von seinem Wohlbefinden abhinge.

Überhaupt kann man wohl sagen, daß kein anderer Feldherr zu jenen Zeiten eine Armee von gleicher Kraft, Ausdauer und Rüstigkeit hätte zusammenbringen können. Die Ehrfurcht jedoch vor dem Feldherrn, der strikte Gehorsam, verbunden mit Liebe und Zuneigung, schließlich jene, bei allen ohne Ausnahme, bei Vornehmen und Geringen, bei Offizieren und Mannschaften, herrschende Gesinnung, die Gunst und Achtung des Führers ihrer eigenen Sicherheit und Wohlfahrt vorzuziehen, konnte selbst bei den alten Römern nicht größer gewesen sein. Das hatte, wie bereits erwähnt, verschiedene Gründe, nämlich die edle Geburt des Antonius, seine eindringliche Beredsamkeit, seine schlichte, ehrliche Art, seine großzügige Freigebigkeit im Schenken, sein Humor und seine unverstellte Natürlichkeit im Umgang mit jedermann. Bei dieser Gelegenheit bewirkte er vollends durch die Teilnahme für die Leidenden und die Sorge für ihr Wohl, daß die Kranken und Verwundeten sich noch bereitwilliger zeigten als selbst die Gesunden.

Indessen hatte jener Sieg den Mut der schon verzagenden und ermattenden Parther so gehoben und ihre Geringschätzung der Römer so vermehrt, daß sie gegen ihre Gewohnheit auch die Nacht über in der Nähe des Lagers halten blieben in

Erwartung, die verlassenen Zelte und das Gepäck der entweichenden Römer sogleich plündern zu können. Mit Anbruch des Tages erschienen sie daher in weit größerer Menge, und es sollen nicht mehr als vierzigtausend Reiter beisammen gewesen sein, da der König auch seine Leibgarde abgeschickt hatte, als wäre der Sieg schon sicher; er selbst wohnte keinem einzigen Gefecht bei.

Unter diesen Umständen wollte Antonius eine Rede an seine Soldaten halten und forderte ein schwarzes Gewand, um durch seinen Anblick die Herzen um so mehr zu rühren. Da jedoch seine Freunde sich dem widersetzten, trat er im Purpurmantel vor das versammelte Heer und hielt eine Ansprache, worin er die Tapferen lobte, denen aber, die geflohen waren, bittere Vorwürfe machte. Jene riefen ihm zu, er solle nur getrosten Mutes sein; letztere aber entschuldigten sich und waren bereit, sich jeder Strafe willig zu unterwerfen, selbst wenn er für gut fände, sie zu zehnten; nur baten sie ihn, seinem Unwillen und seiner Betrübnis ein Ende zu machen. Darauf hob Antonius die Hände empor und betete zu den Göttern, wenn ein neidisches Geschick wegen seines früheren Glücks ihn verfolge, so möge es nur über ihn allein kommen, dem Heer aber möge Sieg und Rettung beschieden sein.

Am folgenden Tag setzten sie unter noch stärkerer Flankendeckung den Marsch fort; und als die Parther den Angriff erneuerten, begegnete ihnen etwas ganz Unerwartetes. Sie hatten nämlich geglaubt, nur zum Rauben und Plündern, nicht aber zum Fechten zu kommen, wurden nun aber von einem Hagel von Geschossen empfangen und mußten erkennen, daß die Römer noch längst nicht am Ende ihrer Kraft waren. Doch wagten sie einen allgemeinen Angriff, da die Römer eben einen abschüssigen Hang hinabstiegen und nur langsam gegen sie anrücken konnten. Allein die Schildträger machten sogleich gegen sie Front, nahmen die leichten Truppen in die Mitte, ließen sich dann aufs Knie nieder und hielten die Schilde über sich. Die vorderen Reihen bedeckten nun die Dahinterstehenden mit ihren Schilden, und ein gleiches taten immer die nachfolgenden Reihen. Diese Formation, die einem Dache ähnlich sieht und von den Römern »Schildkröte« genannt wird, gewährt einen theatralischen Anblick und ist die festeste Schutzwehr gegen die feindlichen Geschosse, die an dieser Panzerwand wirkungslos abprallen müssen. Die Parther legten das Niederfallen der Römer als Müdigkeit und Entkräftung aus, warfen ihre Bogen von sich und rückten mit dem Speer in der Hand gegen sie heran. Plötzlich aber sprangen die Römer mit lautem Feldgeschrei auf, warfen ihre Wurfspieße, streckten die vordersten zu Boden und jagten die übrigen in die Flucht.

Ein gleiches geschah auch an den folgenden Tagen, wobei die Römer immer nur eine kurze Wegstrecke zurücklegen konnten. Daher nahm der Hunger unter der Armee sehr überhand, da man Lebensmittel nur in geringer Menge und unter beständigem Kampf herbeischaffen konnte. Auch fehlte es ihnen an den zum Mahlen des Getreides notwendigen Geräten; denn man hatte die meisten zurücklassen müssen, weil die Lasttiere teils gefallen waren, teils zum Fortschaffen der Kranken und Verwundeten gebraucht wurden. Ein attischer Choinix Weizen soll fünfzig Drachmen gegolten haben, und Gerstenbrot verkaufte man nur gegen ein gleiches Gewicht Silber. Die Soldaten nahmen daher ihre Zuflucht zu Wurzeln und Kräutern. Da sie nur wenige bekannte fanden, sahen sie sich genötigt, auch solche zu versuchen, die sie vorher noch nie gegessen hatten. Dabei aber gerieten sie an ein Kraut, das erst Wahnsinn und schließlich den Tod verursachte. Denn wer davon gegessen hatte, vergaß alles, bekümmerte sich um nichts mehr und hatte nichts anderes im Sinn, als jeden Stein, auf den er traf, umzuwenden und zu bewegen; dies tat er mit solchem Eifer, als wenn er die wichtigste Arbeit zu verrichten hätte. Die ganze Ebene wimmelte von Soldaten, die, zur Erde gebückt, die Steine herauswühlten und anderswohin legten, darauf erfolgte ein Erbrechen von Galle und zuletzt der Tod, weil es auch an Wein fehlte, der das einzige Gegenmittel war. Da auf diese Weise viel ums Leben kamen und auch die Parther ihre Angriffe fortsetzten, soll Antonius zu wiederholten Malen ausgerufen haben: Ach, die Zehntausend! Dabei dachte er bewundernd an das von Xenophon auf dem Rückzug geführte Heer, das einen viel weiteren Weg von Babylonien aus gezogen war, sich mit weit zahlreicheren Feinden herumgeschlagen und endlich doch wohlbehalten seine Heimat erreicht hatte.

Die Parther sahen nun wohl, daß sie das römische Heer weder durchbrechen noch in Unordnung bringen konnten. Da sie schon mehrmals besiegt und zurückgetrieben worden waren, mischten sie sich wieder auf friedfertige Art unter die, welche nach Futter und Lebensmitteln ausgingen, zeigten ihnen die abgespannten Sehnen ihrer Bogen und versicherten, daß sie nun abziehen und dem Nachsetzen ein Ende machen wollten. Nur ein kleiner Trupp Meder würde ihnen noch ein oder zwei Märsche lang nachfolgen, nicht um sie zu beunruhigen, sondern um die entfernteren Dörfer zu beschützen. Diese Reden waren mit allerlei Höflichkeiten und Freundschaftsbezeigungen verknüpft, so daß die Römer nun wieder ganz getrost waren und Antonius auf diese Nachricht hin sich entschloß, lieber durch die Ebene zu ziehen, weil der Weg über das Gebirge ohne Wasser sein sollte.

Eben war er im Begriff, dieses Vorhaben auszuführen, als ein Mann mit Namen Mithridates, ein Vetter jenes Monaises, der sich bei Antonius aufgehalten und von ihm drei Städte geschenkt bekommen hatte, ins Lager kam. Er verlangte nach einem, der Parthisch oder Syrisch sprechen konnte. Als nun Alexander von Antiocheia, ein Vertrauter des Antonius, zu ihm ging, entdeckte er, wer er wäre und daß Monaises sich durch ihn dankbar erweisen wollte. Darauf fragte er Alexander, ob er in der Ferne die Kette hoher Berge liegen sähe, und als dieser bejahte, fuhr er fort: »Bei jenen Bergen lauern die Parther mit ihrer gesamten Macht auf euch. Denn diese große Ebene stößt an jene Berge, und die Parther erwarten, daß ihr, von ihnen getäuscht, den Weg über das Gebirge verlassen und euch dorthin wenden werdet. Freilich, auf dem Marsch durch das Gebirge werdet ihr Durst und viel Beschwerlichkeiten auszustehen haben, aber daran seid ihr ja gewöhnt. Wählt aber Antonius den Weg durch die Ebene, so kann er versichert sein, daß das Schicksal des Crassus ihm bevorsteht.«

Nach dieser Erklärung ging Mithridates wieder fort. Als Antonius davon unterrichtet wurde, geriet er in große Bestürzung und rief sogleich seine Freunde nebst seinem Wegführer, dem Marder, zu sich. Dieser war ganz derselben Meinung und äußerte, soviel er wisse, sei der Weg durch die ungebahnte weitgedehnte Ebene auch ohne Feinde gefährlich und schwer zu finden, und man könne sich darin leicht verirren. Der Weg über das Gebirge hingegen habe weiter keine Schwierigkeit, als daß man eine Tagereise weit kein Wasser fände. Dementsprechend änderte Antonius seinen Plan und brach noch in der Nacht auf. Er hatte angeordnet, daß sich jeder für diesen Marsch mit Wasser versehen sollte. Aber den meisten fehlte es an Gefäßen. Daher füllten einige ihre Helme mit Wasser, andere faßten, soviel sie konnten, in Tierhäute.

Kaum hatte er den Marsch angetreten, als die Parther auch schon Nachricht davon erhielten und ihm gegen ihre sonstige Gewohnheit noch in der Nacht nachsetzten. Mit Aufgang der Sonne erreichten sie die Nachhut des Heeres, die durch Entbehrung des Schlafes und viele Anstrengungen sehr entkräftet war. Denn die Truppen hatten in der Nacht nicht weniger als zweihundertvierzig Stadien zurückgelegt. Der so unerwartet schnelle Angriff der Feinde benahm ihnen nun vollends den Mut, und zugleich vermehrte das Kämpfen ihren Durst, da sie den Marsch unter beständigen Scharmützeln fortsetzen mußten.

Inzwischen traf die Vorhut auf einen Fluß, dessen Wasser zwar frisch und klar, aber salzig und ungesund war, da es allen, die davon tranken, Leibschmerzen verursachte und den Durst noch vermehrte. Der Marder sagte dies alles voraus; dennoch drängten die Soldaten mit Gewalt die weg, die sie abhalten sollten, und tranken von dem Wasser. Antonius ging selbst umher und bat die Soldaten, sie möchten sich nur noch kurze Zeit gedulden. Denn es befände sich ein anderer Fluß mit trinkbarem Wasser in der Nähe, und der Rest des Weges wäre sehr steinig und für Pferde ungangbar, so daß der Feind ihnen nicht weiter nachsetzen könnte. Zugleich rief er die im Gefecht Stehenden zurück und befahl das Lager aufzuschlagen, damit die Soldaten wenigstens etwas Schatten genießen konnten.

Während die Zelte errichtet wurden und die Parther sich nach ihrer Gewohnheit sogleich zurückzogen, erschien jener Mithridates wieder und gab Alexander den Rat, die Armee nach kurzer Rast sofort wieder aufbrechen zu lassen und zum Fluß zu eilen, weil die Parther nicht über ihn hinausgehen, sondern nur bis dorthin nachsetzen würden. Dies meldete Alexander Antonius und brachte dann von ihm eine Menge goldener Becher und Schalen, von denen Mithridates so viel zu sich steckte, als er in den Kleidern verbergen konnte.

Die Armee brach also noch bei Tageslicht auf und setzte ihren Marsch fort, ohne daß die Feinde sie beunruhigten. Aber die Römer selbst machten die nun folgende Nacht zur gefährlichsten und schrecklichsten unter allen, die sie bisher erlebt hatten. Denn sie fielen übereinander her, ermordeten die, welche Gold und Silber besaßen, plünderten sie aus und raubten die von den Lasttieren getragenen Güter. Ja, schließlich vergriffen sie sich sogar am Gepäck des Antonius, zerschlugen die kostbarsten Gefäße und Tische und verteilten sie unter sich. Darüber geriet nun das ganze Heer in wilde Aufregung und Verwirrung, weil man in der Dunkelheit glaubte, der Feind mache einen Überfall.

Antonius selbst rief einen seiner Freigelassenen aus seiner Leibwache, namens Rhamnos, zu sich und ließ ihn schwören, daß er ihn auf den ersten Befehl mit dem Schwert durchbohren und ihm den Kopf abschlagen sollte, damit er weder den Feinden lebendig in die Hände fiele noch im Tod erkannt würde.

Antonius' Freunde brachen darüber in Tränen aus, aber der Marder tröstete sie durch die Versicherung, daß der Fluß ganz nahe sein müßte, da ein vom Wasser kommender feuchter Dunst und eine kühlere Luft das Atemholen sehr erleichterten; da sie auch fast die ganze Nacht durch marschiert wären, könnte der Fluß nicht mehr weit sein. Zugleich meldeten andere, daß die Verwirrung im Heer von der Ungerechtigkeit und Habsucht der Soldaten gegeneinander herrühre. Um also der entstandenen Unordnung und Streiterei ein Ende zu machen, ließ er das Zeichen zum Aufschlagen des Lagers geben.

Eben brach der Tag an, und die Armee begann einigermaßen zu Ruhe und Ordnung zu kommen, als die Geschosse der Parther auf die Nachhut trafen. Den leichten Truppen wurde das Zeichen zum Gefecht gegeben. Die Schwerbewaffneten bedeckten einander wieder, wie früher, mit ihren Schilden und fingen so die Pfeile der Feinde auf, die sich nicht getrauten näherzukommen. Während nun die vordersten auf diese Art allmählich vorrückten, tauchte endlich der Fluß auf. Antonius stellte am Ufer die Reiterei gegen den Feind auf und ließ zuerst die Kranken hinüberschaffen. Doch konnten nun auch die im Kampf Stehenden mit aller Sicherheit und Bequemlichkeit ihren Durst löschen. Denn sobald die Parther den Fluß erblickten, spannten sie ihre Bogen ab und hießen die Römer, deren Tapferkeit sie sehr rühmten, getrost hinübergehen. So setzten nun die Römer ungestört über den Fluß und marschierten dann nach kurzer Rast weiter, ohne eben den Parthern sehr zu trauen.

Am sechsten Tag nach dem letzten Gefecht erreichten sie den Fluß Arares, der die Grenze zwischen Medien und Armenien bildet. Wegen der Tiefe und der reißenden Strömung schien er ihnen gefährlich zu sein. Auch verbreitete sich das Gerücht, daß die Feinde dort auf der Lauer lägen und sie beim Übergang angreifen wollten. Sie kamen jedoch glücklich und ohne weitere Gefahr hinüber. Als sie jetzt den Boden Armeniens betraten, fielen sie nicht anders, als wenn sie dieses Land nach einer weiten Seefahrt erblickten, anbetend nieder und bezeigten ihre Freude durch Tränen und gegenseitige Umarmung. Auf dem Marsch durch dieses reiche und fruchtbare Land erlaubten sie sich nach den langen Entbehrungen den uneingeschränktesten Genuß und zogen sich dadurch Wassersucht und Ruhrkrankheiten zu. Hier hielt Antonius eine Musterung über seine Armee und stellte einen Verlust von zwanzigtausend Mann Fußvolk und viertausend Reitern fest, die aber nicht alle durch die Feinde, sondern über die Hälfte durch Krankheiten umgekommen waren. Von der Stadt Phraata aus waren die Römer siebenundzwanzig Tage lang marschiert und hatten die Parther in achtzehn Gefechten geschlagen. Nur fehlte ihren Siegen immer der Nachdruck und die Vollständigkeit, weil sie die geschlagenen Feinde nie weit und kräftig genug verfolgen konnten. Daraus erhellt am deutlichsten, daß der Armenierkönig Artavasdes Antonius um den glücklichen Ausgang des Feldzuges gebracht hatte. Denn wären seine sechzehntausend Reiter, die nicht nur auf die gleiche Art wie die Parther bewaffnet, sondern auch mit ihnen zu kämpfen gewohnt waren, bei der Armee geblieben, statt wieder abzuziehen, so würden die Feinde, wenn sie von den Römern zurückgeschlagen und dann von der armenischen Reiterei des Königs auf der Flucht verfolgt worden wären, sich wohl nicht von der Niederlage so oft erholt und mit neuem Mut angegriffen haben.

Darum waren alle gegen den König von Armenien aufgebracht und drangen in Antonius, an ihm Rache zu nehmen. Dieser aber machte nach reiflicher Überlegung Artavasdes für diesmal weder Vorwürfe wegen seiner Treulosigkeit, noch ließ er an den gewöhnlichen Höflichkeiten und Freundschaftsbezeigungen das mindeste fehlen, weil seine Armee zu schwach war und an allem Mangel litt. Später aber rückte er wieder in Armenien ein, brachte Artavasdes durch viele Versprechungen und Einladungen dahin, daß er sich ihm in die Hände lieferte, bemächtigte sich dann seiner Person und nahm ihn mit nach Alexandria, wo er ihn in seinem Triumphzuge mitführte. Durch diesen Triumph beleidigte er die Römer am meisten, weil er Kleopatra zu Gefallen die höchste Zierde und Ehrung des Vaterlandes den Ägyptern zuwandte. Doch dies geschah erst später.

Nun setzte Antonius bei schon sehr strenger Kälte und unter unaufhörlichem Schneegestöber seinen Marsch fort und büßte unterwegs noch achttausend Mann ein. Er selbst ging mit einem kleinen Gefolge an die Küste und erwartete im Dorf Leuke Kome, in der Nähe von Sidon in Phönikien die Ankunft Kleopatras. Da diese so lange ausblieb, wurde er unruhig und überließ sich aus Langeweile dem Trunk und Zechereien. Doch konnte er auch bei den Gelagen nicht lange stillsitzen, stand oft auf und eilte hinaus, um nach ihr Ausschau zu halten. Endlich lief sie in den Hafen ein und brachte für die Truppen viel Kleidungsstücke und Geld mit. Indes behaupten einige, die Kleidungsstücke habe er wohl von ihr bekommen, das Geld aber aus seinen eigenen Mitteln verteilt und dabei vorgegeben, daß Kleopatra es den Soldaten mitgebracht hätte.

Bald darauf geriet der König der Meder mit Phraates, dem König der Parther, in Zwistigkeiten, die über die den Römern abgenommene Beute entstanden sein sollen; und der Meder mußte befürchten, gänzlich seiner Herrschaft entsetzt zu werden. Er ließ daher Antonius mitteilen, daß er bereit wäre, ihn im Krieg gegen die Parther mit seiner ganzen Macht zu unterstützen. Antonius machte sich schon große Hoffnungen, weil er sah, daß eben das, woran es auf seinem ersten Zug zur Besiegung der Parther gefehlt hatte, nämlich Reiterei und Bogenschützen, ihm nun aus freien Stücken angeboten wurde. Er traf also die nötigen Anstalten, um durch Armenien wieder vorzurücken, am Fluß Arares zu den Medern zu stoßen und mit ihrer Unterstützung den Krieg gegen die Parther von neuem zu beginnen.

In Rom entschloß sich endlich Octavia, zu Antonius zu reisen, wozu auch ihr Bruder seine Einwilligung gab, nicht aus Gefälligkeit gegen sie, wie die meisten sagen, sondern um einen guten Vorwand zum Krieg zu bekommen, wenn sie etwa beschimpft und zurückgesetzt werden sollte. Bei ihrer Ankunft in Athen erhielt sie Briefe von Antonius, worin er ihr befahl, in Athen zu bleiben, und zugleich vom bevorstehenden Feldzug Nachricht gab. Das schmerzte Octavia sehr, denn sie konnte leicht die Veranlassung erraten. Dennoch fragte sie in einem Brief bei ihm an, wohin ihm das, was sie mitgebracht hätte, geschickt werden sollte. Sie brachte nämlich viele Uniformen und Tragtiere, eine ansehnliche Geldsumme und eine Menge Geschenke für seine Generale und seine Freunde mit; außerdem noch zweitausend auserlesene Soldaten, die zu prätorischen Kohorten gehörten und mit prächtigen Rüstungen versehen waren. Ein gewisser Niger, Antonius' Freund, der von Octavia abgeschickt wurde, überbrachte ihm die Nachricht und pries Octavia dabei, wie sie es wahrlich verdiente.

Aus dem allen konnte nun Kleopatra leicht erraten, daß Octavia den Kampf mit ihr aufzunehmen gedachte. Sie mußte befürchten, daß diese Frau, die außer ihren hohen Charaktereigenschaften, dem feinen anziehenden Wesen und der treuen Anhänglichkeit an Antonius, noch das ganze Gewicht ihres Bruders Octavianus hinter sich hatte, über sie obsiegen und den Mann gänzlich an sich fesseln könnte. So tat sie, als wenn sie in Antonius bis zum Sterben verliebt wäre, und suchte ihren Leib durch spärliche Nahrung abzuzehren. Sooft Antonius sich ihr näherte, verriet ihr Blick eine Art von Verzückung;

ging er aber weg, so sah sie ihm schmachtend und niedergeschlagen nach. Auch brauchte sie die Kunst, manchmal weinend zu erscheinen, wischte dann aber die Tränen rasch ab und verbarg sie, als wenn sie Antonius nichts merken lassen wollte. Dies Spiel trieb sie besonders, als er im Begriff war, von Syrien zum König der Meder zu reisen. Nunmehr nahmen sich auch die guten Freunde ihrer an, schalten auf Antonius und nannten ihn einen harten, gefühllosen Menschen, daß er kein Bedenken trüge, eine Frau hinzuopfern, die einzig und allein an ihm hinge. Octavia, sagten sie, wäre nur aus politischem Interesse um ihres Bruders willen mit ihm verheiratet worden und genösse den Vorzug, seine Gattin zu heißen. Kleopatra hingegen, die Königin eines so großen Volkes, hieße bloß Antonius' Geliebte und hielte auch nicht einmal diesen Namen unter ihrer Würde, solange es ihr vergönnt wäre, ihn zu sehen und bei ihm zu sein; aber eine Trennung von ihm würde sie gewiß nicht überleben.

Endlich machten sie Antonius durch dergleichen Einflüsterungen so windelweich, daß er aus Besorgnis, Kleopatra könnte am Ende vor Kummer sterben, nach Alexandria zurückkehrte. Den medischen König vertröstete er bis aufs künftige Frühjahr, obgleich man Nachricht hatte, daß unter den Parthern selbst Zwistigkeiten entstanden wären. Doch machte er später noch eine Reise nach Medien, trat mit dem König in nähere Verbindung und verlobte eine von dessen noch kleinen Töchtern mit einem seiner Söhne von Kleopatra. Darauf kehrte er wieder zurück und war auf weiter nichts als auf den Bürgerkrieg bedacht.

Sobald Octavia von Athen wieder heimgekommen war, befahl ihr Octavianus, der das Verhalten Antonius' als Beschimpfung ansah, sich eine eigene Wohnung zu nehmen. Sie erklärte aber, sie werde das Haus ihres Mannes nicht verlassen. Ja, sie bat sogar ihren Bruder, auf ihre Interessen weiter keine Rücksicht zu nehmen, wenn er nicht aus einer anderen Ursache Antonius zu bekriegen beschlossen hätte. Denn es wäre nicht angenehm, fortwährend zu hören, daß von den zwei größten Imperatoren der eine aus Liebe zu einer Frau, der andere aus verletzter Eitelkeit die Römer in einen Bürgerkrieg verwickelt hätte. Diese Worte bestätigte sie noch mehr durch ihre Handlungsweise. Denn sie blieb im Haus des Antonius wohnen, als wenn er selbst zugegen wäre, und sorgte nicht nur für ihre eigenen Kinder, sondern auch für die Kinder Fulvias auf eine edle und großherzige Art. Überdies nahm sie alle Freunde des Antonius, die entweder um Ämter zu bekommen oder in Geschäften nach Rom geschickt wurden, liebreich auf und unterstützte sie in ihren Gesuchen selbst bei Octavianus.

Allein eben dadurch tat sie wider ihre Absicht Antonius großen Schaden, denn er machte sich wegen der an einer solchen Frau geübten Ungerechtigkeit allgemein verhaßt. Und dieser Haß wurde noch vermehrt durch die Länderverteilung, die er für seine Söhne in Alexandria vornahm und die nicht nur Anmaßung und Überheblichkeit, sondern auch eine besondere Feindschaft gegen Rom zu verraten schien. Er ließ nämlich das Volk von Alexandria im Gymnasium zusammenkommen, wo auf einer silbernen Bühne zwei goldene Throne aufgestellt waren, der eine für ihn selbst, der andere für Kleopatra, und einige niedrigere für seine Söhne. Hier erklärte er zuerst Kleopatra zur Königin von Ägypten, Kypros, Afrika und Koilesyrien und bestimmte, daß Caesarion, der für den Sohn Caesars und Kleopatras galt, an der Regierung teilnehmen sollte. Sodann ernannte er auch seine eigenen Söhne von Kleopatra zu Königen der Könige. Für Alexander bestimmte er Armenien, Medien und die Länder der Parther, die er noch erobern wollte. Für Ptolemäos Phönikien, Syrien und Kilikien. Zugleich ließ er Alexander in medischer Kleidung auftreten, zu der die Tiara und die senkrechte Kitharis gehörte, den Ptolemäos aber in Stiefeln, in der Chlamis und dem Kausias, um den ein Diadem gewunden war. Dieses war die Tracht der auf Alexander folgenden Könige. Nachdem die Söhne ihre Eltern umarmt und geküßt hatten, gab er dem einen eine aus Armeniern, dem anderen eine aus Makedoniern bestehende Leibwache. Kleopatra zeigte sich damals und auch später, sooft sie in der Öffentlichkeit erschien, in einer anderen als der gewöhnlichen Kleidung, nämlich in der Tracht der heiligen Isis, und wurde auch die neue Isis genannt.

Alles das teilte Octavianus dem Senat mit und führte auch vor dem Volk wiederholt Klage darüber, wodurch er die Menge sehr gegen Antonius erbitterte. Dieser aber ließ durch Abgesandte ebenfalls eine Beschwerde gegen Octavianus vorbringen. Die wichtigen Punkte, über die er sich beklagte, waren: erstlich, Octavianus hätte Pompejus Sizilien entrissen und die Insel nicht mit ihm geteilt; zweitens hätte er zu diesem Krieg Schiffe von ihm entlehnt, sie aber nicht zurückgegeben; drittens hätte er dem Mitregenten Lepidus der Herrschaft entsetzt, ihn aller Ehren und Würden beraubt und seine Armee und Provinzen sowie die ihm zugewiesenen Einkünfte sich angeeignet; endlich hätte er ganz Italien unter seine eigenen Soldaten fast ganz verteilt, für die des Antonius aber gar nichts übriggelassen. Gegen diese Beschuldigungen führte Octavianus zu seiner Rechtfertigung an, er habe Lepidus die Herrschaft genommen, weil er sich vieler Gewalttätigkeiten schuldig gemacht hätte; die im Krieg erworbenen Länder wolle er gern mit Antonius teilen, wenn ihm dieser einen Anteil von Armenien gäbe; auf Italien aber könnten des Antonius Soldaten keinen Anspruch machen, denn ihm ständen Armenien und Parthien zur Verfügung, Länder also, die sie mit ihrem Feldherrn in jenem glorreichen Feldzug erworben hätten.

Antonius hielt sich eben in Armenien auf, als ihm dies alles berichtet wurde. Zugleich gab er seinem General Canidius Befehl, mit sechzehn Legionen zur Küste zu marschieren. Er selbst ging in Begleitung Kleopatras nach Ephesos. Dort zog er seine gesamten Seestreitkräfte zusammen, die nebst den Transportschiffen aus achthundert Segeln bestanden, wozu Kleopatra noch zweihundert Schiffe nebst zwanzigtausend Talenten beisteuerte.

Antonius machte auf Drängen des Domitius und einiger anderer Kleopatra den Vorschlag, sie sollte nach Ägypten zurücksegeln und dort den Ausgang des Krieges abwarten. Da sie aber befürchtete, daß es durch Vermittlung Octavias wieder zu einer Aussöhnung zwischen beiden Machthabern kommen könnte, brachte sie Canidius durch eine große Geldsumme auf ihre Seite. Dieser ging nun zu Antonius und stellte ihm vor, es sei weder billig, diese Frau von dem Krieg auszuschließen, die soviel Beiträge dazu gäbe, noch vorteilhaft, die Ägypter, einen so ansehnlichen Teil seiner Seemacht, durch ihren Fortgang in Mutlosigkeit zu setzen. Überdies begreife er auch nicht, welchem unter all den Königen, die sich bei seiner Armee befänden, Kleopatra an Einsicht und Klugheit etwa nachstehen sollte, da sie lange genug ein großes Reich allein beherrscht und durch den langen Umgang mit ihm die wichtigsten Angelegenheiten zu leiten gelernt habe. Diese Vorstellungen hatten den gewünschten Erfolg, denn es war nun einmal vom Schicksal so verhängt, daß Octavianus das ganze römische Reich zufallen sollte.

Während sich die Streitkräfte in Ephesos versammelten, fuhren Antonius und Kleopatra nach Samos hinüber, wo sie die Zeit in Vergnügungen und Lustbarkeiten hinbrachten. Denn so wie allen Königen, Fürsten und Tetrarchen, allen Völkern und Städten zwischen Syrien, dem Asowschen Meer, Armenien und Illyrien anbefohlen worden war, Kriegsmaterial zu schicken oder zu überbringen, ebenso war auch allen Theaterkünstlern und Lustigmachern auferlegt worden, sich nach Samos zu verfügen. Während also beinahe der ganze Erdkreis ringsum von Seufzern und Wehklagen ertönte, erschallte diese Insel allein viele Tage hintereinander von Flöten- und Saitenspiel, so daß die Theater beständig angefüllt waren und die

Chöre dauernd um die Wette stritten. Jede Stadt schickte einen Ochsen dahin, um an den Opfern und Festen Anteil zu haben, und die Könige suchten einander an Gastereien und Geschenken zu übertreffen. Daher wurde auch überall davon gesprochen, was wohl diese Leute, die schon die Zurüstungen zum Krieg mit solcher Pracht feierten, nun erst als Sieger bei der Feier des Siegesfestes tun würden.

Nach Beendigung dieser Lustbarkeiten wies Antonius den Schauspielern die Stadt Prine zum Aufenthalt an. Er selbst aber fuhr nach Athen und überließ sich dort von neuem der Kurzweil und den Theaterbelustigungen. Kleopatra war eifersüchtig auf die Octavia von dieser Stadt erwiesenen Ehrungen – denn Octavia war ungemein beliebt bei den Athenern – und suchte das Volk durch reichliche Geschenke zu gewinnen. Die Athener billigten daher auch ihr gewisse Ehrungen zu und schickten das darüber ausgefertigte Dekret durch eine besondere Abordnung in ihre Wohnung. Dazu gehörte auch Antonius, der als athenischer Bürger vor sie hintrat und im Namen der Stadt eine Rede an sie hielt.

Von Athen schickte Antonius nun Boten nach Rom, um Octavia aus seinem Haus weisen zu lassen. Octavia verließ nun das Haus und nahm alle Kinder des Antonius mit, den ältesten Sohn Fulvias ausgenommen, der sich beim Vater aufhielt. Weinend beklagte sie ihr Schicksal, daß auch sie Mitschuld am Bürgerkrieg haben sollte. Aber die Römer bedauerten mehr Antonius, besonders aber wer Kleopatra gesehen hatte und feststellen konnte, daß sie vor Octavia an Schönheit und Jugendblüte nicht das geringste voraus hatte.

Als Octavianus den Umfang und die Schnelligkeit von den Rüstungen des Antonius erfuhr, wurde er doch recht besorgt, daß er gezwungen werden könnte, noch in diesem Sommer mit dem Krieg zu beginnen. Denn er war noch längst nicht bereit, und die auferlegten schweren Abgaben erregten im Volk große Unzufriedenheit, da alle den vierten Teil ihres Einkommens, die Freigelassenen aber gar den achten Teil ihres Vermögens als Kriegssteuer hergeben mußten. Darüber wurde nun überall heftiger Unwillen laut, und ganz Italien geriet in Erregung und Unruhe. Man rechnet es daher zu den größten Fehlern des Antonius, daß er den Krieg unnötig hinausgezögert hat. Dadurch gewann Octavianus Zeit, seine Vorbereitungen zu beenden, und auch die ausgebrochenen Unruhen legten sich. Denn die Besteuerten protestierten und tobten zwar, aber nachdem sie die geforderte Summe einmal bezahlt hatten, beruhigten sie sich bald wieder.

Nun gingen auch zwei Konsularen, Titius und Plancus, vertraute Freunde und Anhänger des Antonius, zu Octavianus über. Sie waren von Kleopatra beschimpft worden, weil sie sich deren Teilnahme am Feldzug am meisten widersetzt hatten. Auch machten sie Octavianus Enthüllungen über Antonius' Testament, von dessen Inhalt sie einige Kenntnis hatten. Das Testament war bei den vestalischen Jungfrauen hinterlegt worden. Octavianus ließ es ihnen abfordern; sie gaben es aber nicht heraus und antworteten, wenn Octavianus es haben wollte, möchte er selbst kommen und es fortholen, was er denn auch tat. Zuerst las er die Schrift für sich allein und merkte alle Stellen an, gegen die sich leicht Klage vorbringen ließ. Dann berief er den Senat und las das Testament öffentlich vor, was jedoch die meisten mißbilligten. Denn es schien ihnen hart und ungerecht, daß jemand noch bei seinen Lebzeiten für das zur Rechenschaft gezogen werden sollte, was er erst nach seinem Tod getan wissen wollte. Octavianus wies besonders auf den Punkt des Testaments hin, der das Begräbnis betraf. Antonius hatte nämlich verordnet, wenn er in Rom stürbe, so sollte sein Leichnam in feierlichem Aufzug über das Forum getragen und dann nach Alexandria zu Kleopatra übergeführt werden.

Außerdem brachte Calvisius, ein Freund des Octavianus, noch folgende auf Kleopatra bezügliche Beschuldigungen gegen Antonius vor: er habe ihr die in Pergamon befindliche Bibliothek, die etwa zweihunderttausend Werke umfaßte, geschenkt; bei einem Gastmahl sei er in Gegenwart vieler Personen einer Wette zufolge aufgestanden und habe ihr die Füße gewaschen; den Ephesern habe er gestattet, Kleopatra in seiner Gegenwart als ihre Herrscherin zu begrüßen; oftmals habe er, wenn er auf seinem Tribunal vor Königen und Fürsten Recht sprach, von ihr Liebesbriefchen, auf Onyx oder Kristall geschrieben, empfangen und sie ohne Scheu gelesen.

Die meisten von diesen Anschuldigungen des Calvisius mochten wohl erdichtet sein. Doch gingen nun Antonius' Freunde in Rom umher und suchten beim Volk für ihn Stimmung zu machen. Auch entsandten sie Geminius, einen der ihren, zu Antonius, um ihn zu bitten, er möchte es doch nicht so weit kommen lassen, daß er der Regierung entsetzt und für einen Feind des Vaterlandes erklärt würde. Geminius also fuhr nach Griechenland, wurde aber bald Kleopatra verdächtig, die ihn für einen Unterhändler Octavias hielt. Daher wurde er bei Tafel immer verulkt und zum Schimpf untenangesetzt. Geminius ließ sich alles gefallen und wartete nur auf eine günstige Gelegenheit, um Antonius allein zu sprechen. Als man ihn aber einst mitten während der Tafel aufforderte, sich über den Zweck seiner Anwesenheit zu äußern, sagte er, sein Auftrag setze Nüchternheit voraus; aber er möge nun nüchtern oder trunken sein, eins wisse er bestimmt, daß alles sicher noch gut werden würde, wenn Kleopatra sich nach Ägypten verfügte. Darüber wurde nun Antonius sehr ungehalten, Kleopatra aber erwiderte: »Du hast wohl daran getan, Geminius, daß du die Wahrheit auch ohne Folter gestanden hast.« – Wenige Tage danach machte sich Geminius heimlich davon und fuhr nach Rom zurück.

Auf diese Weise verdrängten die Schmeichler Kleopatras noch viele andere Freunde des Antonius, denen ihre Frechheit und Überheblichkeit unerträglich wurde. Darunter waren auch Marcus Silanus und der Geschichtsschreiber Dellius. Letzterer sagt auch, er habe sich vor den Nachstellungen Kleopatras gefürchtet, vor denen ihn der Arzt Glaucos gewarnt habe. Er hatte nämlich Kleopatra dadurch sehr beleidigt, daß er einmal bei Tisch sagte: ihnen schenke man sauren Wein ein, während Sarmentus in Rom den herrlichsten Falerner zu trinken hätte. Sarmentus war einer der Lustknaben des Octavianus, die von den Römern Delicia genannt werden.

Nachdem Octavianus sich hinlänglich gerüstet hatte, wurde der Beschluß gefaßt, Kleopatra den Krieg zu erklären und Antonius der Regierung zu entsetzen, da er sie einer Frau abgetreten hätte. Octavianus fügte noch hinzu, Antonius sei sogar durch Liebestränke und Giftmittel um seinen Verstand gekommen, und der Krieg gegen Rom werde von Mardion, einem Eunuchen, von Poteinos, von der Eiras, einer Kammerzofe Kleopatras, und von der Charmion geführt, solche Kreaturen besorgten die wichtigsten Regierungsgeschäfte.

Dem Krieg selbst sollen folgende Vorzeichen und Andeutungen voraufgegangen sein: Pisaura, eine von Antonius angelegte Koloniestadt, versank bei einem heftigen Erdbeben in den Abgrund. An einer der steinernen Bildsäulen des Antonius in Alba trat viele Tage nacheinander ein Schweiß hervor, der nicht nachließ, so oft man ihn auch abwischte. Zu Patral wurde, während Antonius sich dort aufhielt, der Heraklestempel durch Blitzschlag in Asche gelegt. In Athen wurde aus dem Gigantenfries die Figur des Dionysos von einem Wirbelwind herausgerissen und ins Theater geschleudert. Antonius hielt sich bekanntlich für einen Abkömmling des Herakles und wurde, wie bereits erwähnt, der jüngere Dionysos genannt, weil er in seiner Lebensweise diesem Gott nachahmte. Auch auf dem Admiralsschiff Kleopatras, das den Namen Antonius trug, ereignete sich ein sehr schlimmes Vorzeichen. Am Heck hatten Schwalben genistet; und darauf kamen andere Schwalben und jagten jene weg und töteten die im Nest befindlichen Jungen.

Für den jetzt beginnenden Krieg besaß Antonius nicht weniger als fünfhundert Kampfschiffe, darunter viele mit acht und zehn Ruderreihen. Seine Landmacht bestand aus hunderttausend Mann Fußvolk und zwölftausend Reitern. Zahlreiche, von ihm abhängige Könige unterstützten ihn in diesem Krieg, so Bokchos, König eines afrikanischen Volkes, Tarkondemos, König des oberen Kilikiens, Archelaos, König von Kappadokien, Philadelphos, König von Paphlagonien, Mithridates, König von Kommagene, und Sadalas, König von Thrakien. Alle diese waren persönlich zugegen. Andere wieder hatten nur Truppen geschickt, so Polemon aus Pontos, Malchos aus Arabien, und Herodes, König von Judäa; desgleichen auch Amyntas, König der Lykaonier, und Dejotaros, König der Galater; selbst vom König der Meder waren Hilfstruppen gesandt worden. Octavianus hatte zweihundertfünfzig Kriegsschiffe, an Fußvolk achtzigtausend Mann, und seine Reiterei war an Zahl der feindlichen gleich.

Antonius' Herrschaft erstreckte sich damals vom Euphrat und von Armenien bis zum Adriatischen Meer und bis Illyrien; die des Octavianus von Illyrien über alle Länder bis zum westlichen Ozean, und vom Ozean wieder bis zum Tyrrhenischen und Sizilischen Meer. Von Afrika gehörte Octavianus der westliche, Italien, Gallien und Spanien gegenüberliegende Teil, bis an die Säulen des Herakles; aber der Strich von Kyrene bis nach Äthiopien gehörte Antonius.

Dieser hing so gänzlich von jener Frau ab, daß er bei der großen Überlegenheit seiner Landmacht dennoch Kleopatra zu Gefallen die Entscheidung des Krieges der Seemacht zu überlassen beschloß. Obwohl er wußte, daß die Bemannung seiner Schiffe sehr mangelhaft und schlecht war und die Kapitäne aus dem ohnehin schon hart mitgenommenen Griechenland Reisende, Eseltreiber, Schnitter und halbwüchsige Knaben mit Gewalt angeheuert hatten, so daß die Manövrierfähigkeit seiner Schiffe infolge des Fehlens von geschulten Matrosen sehr herabgesetzt war. Octavianus' Schiffe konnten es zwar an Stärke und Größe nicht mit denen des Antonius aufnehmen, dafür segelten sie schnell, waren wendig und hatten die volle Bemannung an geübten Matrosen. Er hatte seine gesamte Flotte bei Tarentum und Brundisium versammelt und ließ nun Antonius den Vorschlag machen, er solle die Zeit nicht unnütz vertun, sondern mit seiner Macht anrücken; er selbst wolle seine Flotte in die Häfen einlaufen lassen und sich mit seiner Landmacht von der Küste so weit zurückziehen, als ein Pferd in einem Tag laufen könnte, bis Antonius gelandet wäre und sich gelagert hätte.

Um diese Großsprecherei zu erwidern, forderte ihn Antonius, obgleich er viel älter war, zum Zweikampf heraus. Im Fall aber Octavianus keine Lust dazu hätte, schlug er vor, daß man bei Pharsalos, wie Caesar und Pompejus, den Streit durch eine regelrechte Feldschlacht entscheiden sollte. Octavianus kam ihm jedoch zuvor. Während Antonius bei Actium vor Anker lag, fuhr Octavianus über das Adriatische Meer und besetzte einen Landstrich in Epirus in der Nähe des Ortes Toryne, was im Griechischen auch Quirl heißt. Antonius' Freunde gerieten darüber in Sorge, weil die Landmacht noch nicht beisammen war, Kleopatra aber sagte spöttelnd: »Was ist das schon für ein großes Unglück, wenn Octavianus am ›Quirl‹ sitzt.«

Als die feindliche Flotte mit Anbruch des Tages gegen ihn anrückte, befürchtete Antonius, daß sie sich seiner von Mannschaften entblößten Schiffe bemächtigen könnte. Daher stellte er die Ruderer wie Soldaten bewaffnet zum Schein auf die Verdecke, ließ dann die Ruder zum Gebrauch fertig in die Höhe winden und die Schiffe, mit dem Vorderteil gegeneinander gekehrt, sich in den Eingang zur Bucht legen, als wenn sie zur Schlacht völlig bereit und gerüstet wären. Durch diese Kriegslist ließ sich auch Octavianus täuschen und zog wieder ab, ohne etwas unternommen zu haben. Überdies glaubte Antonius, durch künstlich angelegte Dämme alles Wasser abgeleitet und den Feinden abgeschnitten zu haben, da in den umliegenden Gegenden nur wenig und schlechtes Wasser zu finden war.

Da indes alle Unternehmungen der Flotte ungünstig ausfielen und sie immer zu spät kam, wenn Hilfe nötig war, sah Antonius sich gezwungen, seine Gedanken wieder auf die Landmacht zu richten. Auch Canidius, der die Landtruppen befehligte, änderte bei der drohenden Gefahr seine Meinung und gab ihm den Rat, Kleopatra nach Hause zu schicken, sich nach Thrakien oder Makedonien zu wenden und es dort auf eine Schlacht zu Lande kommen zu lassen, zumal da Dikomes, der König der Geten, ihm mit einer großen Macht beizustehen versprochen hatte. Es sei gar keine Schande, sagte er, wenn sie Octavianus, dem der sizilianische Feldzug große Übung im Seekrieg verschafft hätte, das Meer freigäben; aber seltsam würde es sein, wenn Antonius, der im Landkrieg die größte Erfahrung besäße, statt von der starken und trefflich gerüsteten Armee Gebrauch zu machen, seine Macht auf die Schiffe verteilte und sie auf diese Weise verschwendete. Dennoch wußte es Kleopatra durchzusetzen, daß der Krieg durch eine Seeschlacht entschieden werden sollte. Und dabei war sie bereits auf Flucht bedacht, und sie traf ihre Anstalten nicht auf eine siegreiche Entscheidung, sondern nur daraufhin, wie sie im Notfalle am leichtesten entkommen könnte.

Als Antonius entschlossen war, eine Seeschlacht zu liefern, ließ er alle ägyptischen Schiffe bis auf sechzig verbrennen. Seine größten und besten Schiffe aber, von drei bis zu zehn Ruderreihen, bemannte er mit zwanzigtausend Mann schweren Fußvolks und zweitausend Bogenschützen. Ein Hauptmann dieses Fußvolks, der schon in vielen Schlachten für Antonius gefochten hatte und mit Narben bedeckt war, soll, als Antonius eben vorüberging, laut geweint und gesagt haben: »Ach, Imperator, warum mißtraust du diesen Narben, diesem Schwert, daß du auf schlechtes Holz deine Hoffnungen gründest? Ägypter und Phönikier mögen zu See fechten, uns aber gib das Land, wo wir gewohnt sind, festen Fußes zu streiten und entweder zu sterben oder zu siegen.«

Antonius antwortete nichts, sondern machte nur im Vorbeigehen mit der Hand ein Zeichen, als wenn er ihn ermuntern wollte, guten Muts zu sein. Hatte er doch selbst nicht allzuviel Hoffnungen mehr. Denn er befahl den Kapitänen, die die Segel an Land lassen wollten, sie mit auf die Schiffe zu nehmen unter dem Vormunde, daß niemand von den Feinden bei der Verfolgung entkommen dürfte.

An diesen und den drei folgenden Tagen machte die stürmische See eine Schlacht unmöglich. Am fünften aber, als der Wind sich gelegt hatte und die See völlig ruhig war, rückten beide Teile gegeneinander an. Antonius und Publicola befanden sich auf dem rechten Flügel, Colins auf dem linken und in der Mitte Marcus Octavius, nebst Marcus Instejus. Octavianus übergab Agrippa den linken, für sich selbst behielt er den rechten Flügel. Die Landarmee stellte auf Antonius' Seite Canidius, auf Octavianus' Seite Taurus längs der Küste in Schlachtordnung auf, und beide hielten sich ruhig.

Von den Feldherren selbst fuhr Antonius auf einem leichten Fahrzeug überall umher und ermahnte die Soldaten, bei der Schwere der Schiffe festen Fußes wie auf dem Land zu kämpfen; den Kapitänen aber rief er zu, sie sollten mit ihren Schiffen, als wenn sie vor Anker lägen, den Anlauf der Feinde ohne die geringste Bewegung abwarten und sich besonders vor den gefährlichen Stellen am Ausgang der Bucht in acht nehmen. Auch Octavianus ging noch vor Anbruch des Tages aus seinem Zelt nach den Schiffen, und dabei soll ihm ein Mann, der einen Esel vor sich hertrieb, begegnet sein. Auf die Frage, wer er wäre, erkannte ihn dieser und sagte: »Mein Name ist Eutychos (Glückskind), und mein Esel heißt Nikon (siegreich).« Daher ließ Octavianus, als er später das an dieser Stelle von ihm erbaute Nikopolis mit Schiffsschnäbeln zierte, ein Bildwerk des Mannes und seines Esels in Bronze daneben aufstellen.

Nachdem Octavianus die ganze Schlachtordnung in Augenschein genommen hatte, begab er sich in einem kleinen Fahrzeug auf den rechten Flügel und sah mit Verwunderung, daß die Feinde in der Meerenge unbeweglich liegenblieben. Denn es sah ganz so aus, als wenn die Schiffe vor Anker lägen. Octavianus blieb auch lange Zeit bei dieser Meinung und hielt seine Schiffe zurück, die etwa acht Stadien weit von den Feinden entfernt waren. Es war schon um die sechste Stunde, und da sich jetzt eine leichte Brise erhob, wurden die Truppen des Antonius des langen Zögerns überdrüssig und setzten sich mit dem linken Flügel in Bewegung, im Vertrauen auf die Höhe und Größe ihrer Schiffe, die vor jedem Angriff sicher schienen. Als Octavianus dies sah, war er sehr froh und ließ seinen rechten Flügel rückwärts rudern in der Absicht, die Feinde aus der Enge noch weiter herauszulocken, dann um sie herumzufahren und mit seinen leichten Fahrzeugen die wegen ihrer Größe und schlechten Bemannung unbeholfenen Schiffe des Gegners anzugreifen.

So begann denn endlich der Kampf, aber ohne daß die Schiffe gegeneinander anrannten oder sich gegenseitig in den Grund zu bohren suchten. Denn die des Antonius konnten wegen ihrer Schwere keinen Anlauf nehmen, der den Stößen der Schnäbel den größten Nachdruck gab; die des Octavianus aber hüteten sich wohl, gegen den Bug von Antonius' Schiffen anzurennen, der mit einem starken und scharfen Schnabel von Erz versehen war. Doch sie getrauten sich auch nicht, die feindlichen Schiffe in der Seite zu rammen, weil die Schnäbel leicht zerbrachen, wenn sie gegen den Schiffsbauch stießen, der aus starken mit eisernen Klammern verbundenen Balken gebaut war. Daher sah dieser Kampf einer Schlacht zu Lande oder richtiger der Bestürmung einer Festungsmauer gleich. Denn drei oder vier von Octavianus' Schiffen lagen immer zugleich um eines von Antonius' Schiffen und bedienten sich im Kampf der Schilde, Speere, Enterhaken und Brandpfeile. Die Soldaten des Antonius schossen dagegen mit Katapulten von hölzernen Türmen herab.

Als jetzt Agrippa den linken Flügel immer weiter ausdehnte, um die Feinde einzuschließen, sah Publicola sich genötigt, ebenfalls gegen ihn vorzufahren, trennte sich aber dabei vom Mittelpunkt der Schlachtordnung, die nun in Verwirrung geriet und zugleich auch von Arruntius angegriffen wurde, der das Zentrum auf Octavianus' Seite befehligte. Indes dauerte der Kampf auf beiden Seiten ohne die geringste Entscheidung fort, als man plötzlich die sechzig Schiffe Kleopatras die Segel aufziehen und mitten durch die Streitenden davonfliehen sah. Sie hatten hinter den großen Schiffen gelegen und verursachten einige Unordnung, als sie zwischen diesen durchfuhren. Auch die Feinde befremdete es nicht wenig, als sie diese Schiffe mit vollen Segeln in Richtung auf den Peloponnes davonfahren sahen.

Hier zeigte nun Antonius auf das deutlichste, daß er sich weder durch die Überlegung eines Feldherrn noch die eines Mannes, ja nicht einmal durch seinen eigenen Verstand regieren und leiten ließ. Wie jemand scherzweise gesagt hat, daß die Seele eines Verliebten in einem fremden Körper lebe, so wurde er von jener Frau fortgezogen, nicht anders, als wenn er mit ihr zusammengewachsen wäre und ihr in allen Bewegungen folgen müßte. Kaum sah er das Schiff Kleopatras davonsegeln, als er alles vergaß und selbst die, die für ihn stritten und starben, verriet und im Stich ließ. Nur begleitet von dem Syrier Alexas und einem gewissen Skellios, bestieg er ein anderes Schiff von fünf Ruderreihen und eilte jener Frau nach, die ihn schon ins Verderben gestürzt hatte und nun vollends seinen Untergang besiegeln sollte.

Sobald Kleopatra das Signal des ihr nachfolgenden Schiffes sah, ließ sie anhalten. Er fuhr heran und wurde an Bord genommen. Aber ohne sie zu sehen und sich von ihr sehen zu lassen, ging er allein zum Vorderteil und setzte sich stillschweigend und in Gedanken vertieft nieder und stützte den Kopf in beide Hände. Indessen tauchten einige liburnische Schiffe auf, die ihm von Octavianus nachgeschickt waren. Antonius ließ das Schiff gegen sie wenden und trieb sie dadurch zurück, bis auf eins, von dem der Lakedämonier Eurikles trotzig auf ihn eindrang und vom Verdeck eine Lanze schwenkte, als wenn er sie nach ihm werfen wollte. Antonius trat vorn an das Schiff und rief: »Wer ist es, der sich erkühnt, Antonius zu verfolgen?« Darauf rief jener zurück: »Ich bin Eurikles, des Lachares Sohn, und will jetzt durch Octavianus' Glück den Tod meines Vaters rächen.« Lachares war nämlich des Straßenraubes angeklagt und auf Antonius' Befehl mit dem Beil hingerichtet worden. Doch griff Eurikles Antonius' Schiff nicht selbst an, sondern wandte sich gegen das andere Admiralsschiff – es waren nämlich deren zwei –, drehte es durch einen Stoß mit dem Schnabel herum, eroberte es nebst noch einem von den übrigen, auf dem sich kostbares Tischgerät befand.

Nachdem sich Eurikles entfernt hatte, setzte sich Antonius in der früheren Haltung wieder nieder und rührte sich nicht. Auf diese Weise verblieb er, sei es nun aus Zorn oder Scham, Kleopatra gegenüber, bis er bei Tainaxos, an der Südspitze des Peloponnes anlegen ließ. Hier brachten die Kammerfrauen Kleopatras erst eine Unterredung zwischen beiden zustande und bestimmten sie dann auch, wieder miteinander zu speisen und zu schlafen.

Jetzt kamen auch mehrere Frachtschiffe an, und verschiedene ihrer Freunde fanden sich nach der Flucht bei ihnen ein. Sie brachten die Nachricht mit, die Flotte sei zwar völlig verloren, sie glaubten aber, daß die Landarmee noch standhielte. Antonius schickte daher durch Eilboten Canidius Befehl zu, mit der Armee in aller Geschwindigkeit durch Makedonien nach Kleinasien zurückzumarschieren. Da er selbst im Begriff war, von Tainaros nach Afrika hinüberzufahren, suchte er ein Frachtschiff aus, das große Geldsummen und eine Menge goldener und silberner Gerätschaften an Bord hatte, und er übergab es seinen Freunden mit dem Befehl, die Sachen unter sich zu verteilen und dann auf ihre Rettung bedacht zu sein. Da sie sich weigerten und in Tränen ausbrachen, tröstete er sie auf eine gütige und liebreiche Art und bewog sie durch Bitten, sich zu entfernen. Auch schrieb er an Theophilos, seinen Geschäftsführer in Korinth, er solle diesen Männern Sicherheit verschaffen und sie so lange verbergen, bis sie eine Aussöhnung mit Octavianus bewirken könnten. Dieser Theophilos war der Vater des Hipparchos, der von Antonius sehr geschätzt wurde, aber der erste unter dessen Freigelassenen war, der zu Octavianus überging und sich später in Korinth häuslich niederließ.

Dies war die Lage, in der Antonius sich damals befand. Bei Actium leistete indes seine Flotte noch lange Widerstand, und obgleich sie wegen der von vorn gegen sie andringenden hohen Wellen einen äußerst nachteiligen Stand hatte, dauerte es noch bis gegen vier Uhr nachmittags, ehe sie den Kampf aufgaben.

An Toten hatte sie mehr als fünftausend, aber die Zahl der verlorenen Schiffe belief sich auf dreihundert.

Um die Flucht des Antonius wußten nur sehr wenige. Denen, die davon hörten, kam es anfangs ganz unglaubhaft vor, daß er neunzehn noch unbesiegte Legionen und zwölftausend Mann Reiterei im Stich gelassen haben sollte, als wenn er nicht schon oft auch unter widrigsten Umständen das Glück versucht hätte und in zahlreichen Kämpfen und Schlachten mit dem Wechsel der Dinge vertraut geworden wäre. Die Soldaten äußerten großes Verlangen nach ihm und erwarteten immer, daß er bald irgendwo auftauchen würde. Ja, sie bewiesen so viel Treue und Mut, daß sie noch sieben Tage beisammenblieben und alle ihnen von Octavianus gemachten Anträge ausschlugen, obgleich an Antonius' Flucht nicht mehr zu zweifeln war. Endlich aber, als auch der General Canidius bei Nacht entwichen war, als sie sich nun von allen verlassen und sogar von ihren Führern verraten sahen, mußten sie sich doch dem Sieger ergeben.

Octavianus segelte hierauf nach Athen, söhnte sich mit den Griechen aus und verteilte das vom Krieg übriggebliebene Getreide unter die Städte, die sich in einem traurigen Zustand befanden und um ihr Geld, ihre Sklaven und all ihr Vieh gekommen waren. So hat mein Urgroßvater Nitarchos oft erzählt, daß alle Bürger von Chaironeia ein gewisses Maß Weizen auf dem Rücken bis ans Meer bei Antikyra zu tragen gezwungen und durch Peitschenhiebe angetrieben worden wären. Eine Ladung hätten sie auf diese Weise schon hingetragen gehabt, aber als sie die zweite, die schon abgemessen, aufhokken wollten, wäre die Nachricht von Antonius' Niederlage angekommen, und dies hätte noch die Stadt gerettet; denn sie hätten nun sogleich, da die Kommissare und Soldaten die Flucht ergriffen, das Getreide unter sich verteilt.

Antonius schickte, als er die Küste von Afrika erreichte, Kleopatra nach Ägypten voraus. Er selbst überließ sich ganz der Einsamkeit und irrte in ängstlicher Bekümmernis umher, nur in Gesellschaft zweier Freunde, eines griechischen, des Redners Aristokrates, und eines Römers, des Lucilius. Dieser Lucilius hatte bei Philippi, um Brutus die Flucht zu erleichtern, sich für Brutus ausgegeben und war von den nachsetzenden Feinden gefangen worden. An Antonius, der ihm das Leben geschenkt hatte, hing er mit unverrückter Treue bis zum letzten Augenblick.

Da jetzt auch der Befehlshaber, dem Antonius die in Afrika stehenden Truppen anvertraut hatte, von ihm abfiel, wollte er sich schon das Leben nehmen, wurde aber von seinen Freunden daran verhindert, die ihn nach Alexandria führten. Dort fand er Kleopatra mit einem großen und gewagten Unternehmen beschäftigt. Da nämlich die Landenge, die das Rote Meer von dem Ägyptischen trennt, an der schmalsten Stelle nicht mehr als dreihundert Stadien breit ist, war sie auf den Gedanken verfallen, ihre Flotte über die Landenge transportieren zu lassen, dann die Schiffe, mit vielen Reichtümern und Truppen beladen, in das Arabische Meer zu bringen und in einem fernen Land sich einen Aufenthaltsort zu suchen, wo sie vor Krieg und Sklaverei sicher sein könnte. Da aber die um Petra wohnenden Araber gleich die ersten auf Land gezogenen Schiffe verbrannten, überdies auch Antonius glaubte, daß seine Armee noch bei Actium beisammenstände, gab sie ihr Vorhaben auf und sicherte alle in ihr Land führenden Zugänge. Antonius verließ nun wieder die Stadt, entsagte allem Umgang mit seinen Freunden und nahm sich bei Pharos auf einem Damme, der in die See führte, eine rings vom Meer umschlossene Wohnung. Hier lebte er von aller menschlichen Gesellschaft entfernt und gab vor, er finde an Timons Lebensart Gefallen und wolle sie nachahmen, weil er sich in der gleichen Lage wie jener befände; denn er habe von seinen Freunden nichts als Treulosigkeit und Undank erfahren und hege deswegen gegen alle Menschen Mißtrauen und Widerwillen.

Dieser Timon war ein Athener und lebte um die Zeit des Peloponnesischen Krieges, wie aus Aristophanes' und Platos Schauspielen zu ersehen ist, in denen er häufig als der ärgste Menschenfeind durchgehechelt wird. Er vermied und scheute den Umgang mit jedermann, nur Alkibiades, ein junger kecker Bursche, war der einzige, den er gern hatte und küßte. Da Apemantos eines Tages sich darüber wunderte und ihn nach der Ursache fragte, antwortete er, er liebe den jungen Mann, weil er wisse, daß er einst noch viel Unglück über die Athener bringen werde. Einzig Apemantos, der in vielem seine Anschauungen und Lebensweise teilte, gestattete er noch zuweilen den Zutritt. Einst speisten sie zusammen am Tag des Choes-Festes, und Apemantos sagte: »Nicht wahr, mein Timon, unser Gastmahl ist doch wirklich herrlich.« Worauf Timon antwortete: »Ja, wenn du nicht dabei wärest!«

Man erzählt auch von ihm, daß er einmal in der Volksversammlung der Athener die Rednertribüne bestiegen und, da dieses ungewöhnliche Ereignis sogleich allgemeine Stille und Erwartung bewirkte, folgendes gesagt habe: »Ich besitze eine kleine Baustelle, ihr Bürger Athens, und darauf steht ein Feigenbaum, an dem sich schon viele eurer Mitbürger erhängt haben. Da ich nun den Platz zu bebauen gedenke, so wollte ich dies öffentlich bekannt machen, damit alle, die noch etwa die Absicht haben, sich am Baum aufzuhängen, es beizeiten tun mögen, bevor der Baum abgehauen wird.«

Nach seinem Tod wurde er bei Halai, dicht an der Meeresküste, begraben. Aber das davorliegende Uferstück stürzte ein, so daß das Wasser sich rings um das Grabmal herumzog und es völlig unzugänglich machte. Auf dem Grabmal war die Inschrift zu lesen:

Hier ist mein Grab. Ich beschloß ein elendes trauriges Leben. Forschet nur nicht, wie ich heiße. Verderben über euch Schelme! Diese Inschrift soll er selbst verfaßt haben. Außerdem erzählt man noch von folgender Inschrift, die Kallimachos zum Verfasser hat:

Ich, der Menschenfeind Timon, hause hier. Geh nur vorüber!

Fluche soviel du willst, aber geh nur vorbei! Dies eine kleine Auswahl aus den vielen Anekdoten über Timon.

Dem Antonius wurde nun von seinem General Canidius selbst die Nachricht vom Verlust der Legionen bei Actium überbracht. Bald darauf erfuhr er auch, daß der jüdische König Herodes mit mehreren Legionen und Kohorten zu Octavianus übergegangen, alle anderen Fürsten ebenfalls abgefallen und außerhalb Ägyptens ihm nicht einer treugeblieben wäre. Indessen bekümmerte ihn all das nicht mehr, er schien vielmehr mit Freuden alle Hoffnung aufzugeben, um sich auch der Sorgen zu entschlagen. Nun verließ er seine Wohnung am Meer, die er Timoneion genannt hatte, und zog zu Kleopatra in den Königspalast. Als er den Sohn Kleopatras und Caesars unter die Jünglinge aufnahm und Antyllos, seinem und Fulvias Sohn, die männliche Toga ohne Purpur anlegte, veranstaltete er in der Stadt eine Menge Trinkgelage, Schmausereien und Spenden. Viele Tage hintereinander wurden bei dieser Gelegenheit Gastmahle und Feste mit allerhand Lustbarkeiten gefeiert. Der frühere Klub der Unnachahmlichlebenden wurde aufgelöst; Antonius und Kleopatra stifteten dafür einen anderen, der dem ersten an Verschwendung, Üppigkeit und Schwelgerei nichts nachgab und der Klub der gemeinsam Sterbenden genannt wurde. Ihm traten die Freunde bei, die mit ihnen zusammen sterben wollten, aber bis dahin lebten sie noch herrlich und in Freuden.

Unterdessen ließ sich Kleopatra allerlei Arten von tödlichen Giften kommen und stellte damit an den zum Tod verurteilten Verbrechern Versuche an, um zu sehen, bei welchem von den Giften die Wirkung schmerzlos wäre. Da sie feststellte, daß die schnelltötenden Gifte den Tod unter großen Schmerzen herbeiführten, die gelinden aber nur langsam wirkten, so machte sie auch noch Versuche mit giftigen Tieren, die sie in ihrer Gegenwart anderen Tieren ansetzen ließ. Das setzte sie viele Tage fort und fand schließlich, daß beinahe unter allen nur der Biß der Natter ohne Zuckungen und Stöhnen eine Betäubung und unüberwindliche Schlafneigung bewirkt. Die Gebissenen starben unter leichtem Schweiß des Gesichts und Verdunkelung der Sinne nach und nach dahin, und wenn man sie aufwecken oder ermuntern wollte, wurden sie unwillig, als habe man sie aus tiefem Schlaf geweckt.

Zugleich schickte sie nun auch Abgesandte an Octavianus in Kleinasien. Kleopatra wollte für ihre Söhne die Herrschaft über Ägypten erbitten; Antonius aber verlangte, sein Leben in Athen als Privatmann verbringen zu dürfen, wenn nicht in

Ägypten. Da sie, von allen Freunden verlassen, niemanden hatten, dem sie sich anvertrauen konnten, wurde Euphronios, der Lehrer ihrer Kinder, als Gesandter abgeschickt.

Octavianus lehnte es rundweg ab, auf irgendwelche Vorschläge des Antonius einzugehen. Kleopatra aber ließ er antworten, sie könne auf sein Wohlwollen rechnen, wenn sie Antonius aus dem Weg räumte oder ihn davonjagte. Zugleich schickte er seinerseits einen seiner Freigelassenen namens Thyrsos an sie ab, einen klugen und gewandten Mann, der die Unterhandlung zwischen einem jungen Feldherrn und einer ehrsüchtigen, auf ihre Schönheit und Reize ungemein stolzen Frau mit aller Geschicklichkeit zu führen wußte. Da jedoch dieser Mann länger und öfter mit Kleopatra sprach und besondere Ehren genoß, erregte er bei Antonius Verdacht. Er ließ ihn ergreifen und auspeitschen und schickte ihn dann an Octavianus zurück, wobei er schrieb, Thyrsos habe ihn, der durch sein Unglück ohnehin sehr nervös wäre, durch sein höhnisches und geringschätziges Wesen zum Zorn gereizt. Wenn dich, setzte er hinzu, das Geschehene verdrießt, so hast du ja meinen Freigelassenen Hipparchos, den laß ruhig hochziehen und auspeitschen, damit wir einander nichts vorzuwerfen haben. (Hipparchos war jener Freigelassene des Antonius, der als erster zu Octavianus übergegangen war.)

Von nun an erwies Kleopatra Antonius, um dessen Argwohn und Vorwürfe zu beschwichtigen, die ausgesuchtesten Schmeicheleien. So brachte sie ihren Geburtstag auf eine bescheidene, den Umständen angemessene Art hin. Den seinigen hingegen feierte sie mit übertriebenem Glanz und Aufwand, so daß viele der eingeladenen Gäste, die arm zur Tafel gekommen waren, als reiche Leute wieder nach Hause gingen.

Inzwischen schrieb Agrippa von Rom aus mehrere Briefe an Octavianus und bat ihn zurückzukehren, weil die Lage in Rom seine Anwesenheit notwendig machte. Dadurch wurde die Fortsetzung des Krieges zunächst verzögert. Sobald aber der

Winter vorbei war, rückte Octavianus wieder durch Syrien, seine Generale aber durch Afrika gegen Ägypten vor. Pelusium, an der Grenze Ägyptens, wurde mit leichter Mühe erobert, und daraufhin verbreitete sich das Gerücht, Seleukos, der Kommandant von Pelusium, habe sich nicht ohne Einverständnis Kleopatras ohne Kampf ergeben. Um diese Gerüchte zu widerlegen, lieferte Kleopatra die Frau und Kinder des Seleukos an Antonius aus, damit er sie jederzeit hinrichten lassen könnte. Zugleich ließ sie in das für sie bestimmte Grabdenkmal, ein Gebäude von außerordentlicher Größe und Schönheit, das gleich neben dem Isistempel stand, die kostbaren Güter des königlichen Schatzes an Gold, Silber, Smaragden, Perlen, Ebenholz, Elfenbein und Zimt bringen und zuletzt eine Menge Fackeln und Werg darin zusammentragen. Octavianus wurde nun um diese Reichtümer besorgt und befürchtete, Kleopatra könnte am Ende alle diese Kostbarkeiten durch Feuer zerstören, wenn man sie zur Verzweiflung brächte. Daher schickte er von Zeit zu Zeit Boten an sie, die sie mit angenehmen Hoffnungen hinhalten mußten, während er selbst gegen Alexandria vorrückte.

Als sich Octavianus mit seiner Armee bei der Rennbahn gelagert hatte, machte Antonius einen Ausfall und kämpfte mit so hervorragender Tapferkeit, daß er Octavianus' Reiterei in die Flucht schlug und sie bis ins Lager verfolgte. Stolz auf diesen Sieg kehrte er in den Palast zurück, umarmte und küßte Kleopatra noch in voller Rüstung und empfahl ihr einen Soldaten, der sich bei dem Gefecht besonders ausgezeichnet hatte. Kleopatra schenkte ihm auch zur Belohnung einen goldenen Harnisch und Helm, aber der Soldat ging mit den empfangenen Geschenken gleich in der folgenden Nacht zu Octavianus über.

Antonius schickte nun noch ein letztes Mal an Octavianus und ließ ihn zum Zweikampf herausfordern, erhielt aber die Antwort, es ständen ihm noch andere Wege zum Tod offen. Antonius sah nun wohl ein, daß für ihn kein anderer Tod rühmlich wäre als der auf dem Schlachtfeld, und beschloß daher, einen letzten Entscheidungskampf zugleich zu Wasser und zu Lande zu wagen. Beim Abendessen befahl er den Bedienten, ihm reichlich einzuschenken und aufzutragen. Denn es wäre ungewiß, meinte er, ob sie dies morgen noch tun könnten oder anderen Herren aufwarten müßten, während er selbst entseelt und in Nichts verwandelt daliegen werde. Da er seine Freunde darüber weinen sah, erklärte er, er werde sie nicht mitnehmen in eine Schlacht, in der er mehr einen rühmlichen Tod als Sieg und Rettung zu finden hoffe. In der folgenden Nacht, ungefähr zur Mitternachtsstunde, während die ganze Stadt aus Furcht und Erwartung des bevorstehenden Schicksals in tiefster Stille lag, ließ sich, so wird erzählt, auf einmal eine harmonische Musik auf allerlei Instrumenten, verbunden mit Jubelrufen der Menge, mit Jauchzen und Satyrtänzen hören, nicht anders als wenn eine lärmende Prozession von Bacchanten auszöge. Dieser Zug schien mitten durch die Stadt zu dem Tore hinauszugehen, das zum feindlichen Lager führte, und dann, gerade als das Getümmel seinen Höhepunkt erreicht hatte, in jener Richtung zu verschwinden. Man deutete diese Erscheinung dahin, daß der Gott, dem Antonius sich am meisten hätte gleichstellen wollen, jetzt von ihm gewichen sei.

Mit Anbruch des Tages stellte Antonius selbst die Landarmee auf dem vor der Stadt liegenden Hügel in Schlachtordnung auf und beobachtete von da seine Flotte, die aus dem Hafen auslief und der feindlichen entgegenfuhr. In der Erwartung, von ihr eine entscheidende Tat zu sehen, hielt sich Antonius ruhig. Sobald aber die Schiffe an den Feind herangekommen waren, grüßten sie mit den Rudern Octavianus' Schiffe, und als diese den Gruß erwiderten, gingen sie sämtlich zu ihnen über, worauf alle zusammen, in einer Flotte vereinigt, zum Angriff gegen die Stadt vorrückten. Während Antonius das noch beobachtete, wurde er auch von der Reiterei verlassen, die ohne weiteres zu den Feinden überging. Da auch das Fußvolk, ohne ernsthaften Widerstand zu leisten, bald über den Haufen geworfen war, eilte Antonius in die Stadt zurück und rief, er sei von Kleopatra an die verraten worden, gegen die er um ihretwillen Krieg geführt hätte.

Aus Furcht vor seiner Wut und Verzweiflung flüchtete Kleopatra in das Grabmal und ließ die Falltür nieder, die mit Riegeln und Schlössern fest verwahrt wurde. Dann schickte sie Leute ab, die Antonius mitteilen mußten, sie habe ihrem Leben ein Ende gemacht. Antonius war auch davon überzeugt und sagte zu sich: Was zauderst du noch, Antonius? Das Schicksal hat dir den letzten Grund, dein Leben zu fristen, genommen! Mit diesen Worten ging er in sein Zimmer, schnallte den Harnisch los und legte ihn ab. O Kleopatra, rief er, mich schmerzt es nicht, deiner beraubt zu sein, denn ich werde bald wieder bei dir sein. Aber es tut mir weh, daß ich, ein so großer Feldherr, von einer Frau mich an Herzhaftigkeit übertroffen sehen muß!

Er hatte einen treuen Sklaven namens Eros. Diesem hatte er schon vor geraumer Zeit aufgetragen, ihn zu töten, sobald es die Umstände nötig machten, und jetzt forderte er ihn auf, sein Versprechen zu erfüllen. Eros zog auch das Schwert, holte aus, als wenn er ihn niederstoßen wollte, kehrte sich aber ab und erstach sich selbst. Als er zu Antonius' Füßen niedersank, rief dieser: Recht so, mein guter Eros! Du vermochtest nicht, es selbst zu tun, lehrst mich aber wenigstens, was ich zu tun habe. Damit stieß er sich das Schwert in den Unterleib und warf sich rückwärts auf ein Ruhebett. Aber die Wunde bewirkte nicht gleich den Tod, und da im Liegen das Blut zu fließen aufhörte, kam er wieder zu sich und bat die Umstehenden, ihn vollends zu töten. Diese liefen aber zum Zimmer hinaus, während er schrie und sich stöhnend umherwarf, bis Kleopatras Geheimschreiber ankam mit dem Auftrag, Antonius zu ihr in das Grabmal zu bringen.

Als Antonius hörte, daß Kleopatra noch lebte, befahl er mit großer Ungeduld, ihn gleich aufzuheben. So wurde er auf den Armen bis an die Tür des Grabmals getragen. Kleopatra öffnete die Tür nicht, erschien aber oben an einem Fenster und ließ Seile und Taue herab. Nachdem Antonius festgebunden war, zog sie ihn mit Hilfe zweier Frauen, die sie mit in das Grabmal genommen hatte, in die Höhe. Die das mit ansahen, versicherten, daß sie nie einen ergreifenderen Anblick gehabt hätten als Antonius, wie er, mit Blut bespritzt und mit dem Tod ringend, hinaufgezogen wurde, immer die Hände nach ihr ausstreckend und so eine ziemliche Zeit in der Schwebe hängend. Denn für Frauen war dies keine leichte Arbeit, und Kleopatra mußte sich mit beiden Händen unter großer, sich in ihren Zügen ausprägender Anstrengung an das Seil anklammern, während die Untenstehenden sie durch Zurufe ermunterten und die Angst mit ihr teilten.

Nachdem sie ihn auf diese Weise hereingenommen und auf ein Bett gelegt hatten, zerriß sie aus Schmerz über ihn ihre Kleider, schlug und zerfleischte mit den Händen ihre Brust, wischte ihm mit dem Gesicht das Blut ab, nannte ihn bald ihren Herrn, bald ihren Gatten, bald Imperator und vergaß über dem Jammer über sein Unglück beinahe ihr eigenes. Antonius stillte ihre Klagen und verlangte nach Wein, vielleicht weil ihn dürstete oder weil er dadurch seine Leiden rascher zu endigen hoffte. Als er getrunken hatte, ermahnte er sie, auf ihre Rettung bedacht zu sein, sofern es ohne Schande geschehen könnte, und sich unter Octavianus' Freunden vornehmlich dem Proculejus anzuvertrauen. Ihn selbst sollte sie wegen des letzten Glückswechsels nicht beklagen, sondern eher glücklich preisen wegen des vielen Guten, das ihm zuteil geworden wäre, da er die größte Macht besessen und den höchsten Ruhm erlangt hätte, auch nun auf keine schimpfliche Art als Römer von einem Römer überwunden worden wäre.

Eben in dem Augenblick, als er den Geist aufgab, kam Proculejus im Auftrage des Octavianus herbei. Als nämlich Antonius sich den Schwertstich beigebracht hatte und zu Kleopatra getragen wurde, nahm Derketaios, einer der Trabanten, des Antonius Schwert an sich, versteckte es unter seinem Kleid, lief damit zu Octavianus und brachte ihm, das blutige Schwert vorweisend, die erste Nachricht von Antonius' Tod. Darauf zog Octavianus sich in das Innere seines Zeltes zurück und beweinte den Tod eines Mannes, der sein Schwager, sein Mitregent und Teilnehmer an vielen Kämpfen und Unternehmungen gewesen war. Dann suchte er die mit ihm gewechselten Briefe hervor und las sie seinen versammelten Freunden vor, um zu beweisen, daß Antonius ihm auf seine billigen und maßvollen Vorschläge immer in einem trotzigen und übermütigen Ton geantwortet habe. Hierauf schickte er Proculejus ab mit der Weisung, sich vor allem Kleopatras, wenn möglich noch lebendig, zu bemächtigen. Denn er war wegen der Schätze in Besorgnis und betrachtete es als die vornehmste Zierde seines zukünftigen Triumphes, wenn er Kleopatra im Zug mitführen könnte.

Kleopatra schlug es ab, mit Proculejus persönlich zusammenzutreffen. Doch fand zwischen ihnen eine Art Unterredung am Grabgebäude statt, bei der er von außen an die untere Tür trat, die zwar fest verschlossen war, aber eine Öffnung zum Sprechen hatte. In dieser Unterredung bat Kleopatra sich aus, daß man ihren Söhnen die Herrschaft über Ägypten lassen möchte; Proculejus aber hieß sie, guten Muts zu sein und sich in allem auf Octavianus zu verlassen.

Nachdem er den Ort in Augenschein genommen und Octavianus genauen Bericht gesandt hatte, wurde Gallus abgeschickt, um sich nochmals mit ihr zu besprechen. Dieser begab sich wieder an jene Tür und zog absichtlich die Unterredung in die Länge. Indessen stieg Proculejus auf einer angelegten Leiter durch dasselbe Fenster, durch das die Frauen Antonius heraufgezogen hatten, und ging mit zwei Bedienten sogleich zur Tür hinab, an der Kleopatra mit Gallus im Gespräch begriffen war. Eine der Frauen, die sich mit Kleopatra eingeschlossen hatten, rief ihr mit lauter Stimme zu: Arme Kleopatra, man nimmt dich gefangen! Auf diese Worte drehte sich Kleopatra um, und als sie Proculejus erblickte, wollte sie sich mit einem Dolch, den sie im Gürtel trug, erstechen. Allein Proculejus sprang hinzu, hielt ihre beiden Hände fest und rief: Du handelst an dir selbst und an Octavianus ungerecht, Kleopatra, da du ihm eine so schöne Gelegenheit entziehst, seine Großmut zu zeigen, und den mildesten unter allen Feldherren in den Ruf eines hartherzigen und unversöhnlichen Mannes bringst.

Zugleich wand er ihr den Dolch aus der Hand und untersuchte ihre Kleider, aus Besorgnis, sie könnte noch Gift bei sich versteckt haben. Danach wurde von Octavianus einer seiner Freigelassenen, Epaphroditos, hingeschickt, der den Auftrag bekam, mit der größten Sorgfalt über ihr Leben zu wachen, sonst aber ihr aufs höflichste zu begegnen und alle ihre Wünsche zu erfüllen.

Nunmehr hielt Octavianus seinen Einzug in die Stadt Alexandria, wobei er sich lange mit dem Philosophen Areios aus Alexandria unterhielt und ihn bei der Hand faßte, damit der Mann durch diese ihm erwiesene Ehre bei seinen Mitbürgern gleich in Ansehen kommen und zu einer ausgezeichneten Achtung und Ehrerbietung gelangen sollte. Darauf begab er sich in das Gymnasion, bestieg eine für ihn errichtete Bühne, und als die Einwohner sich aus Furcht und Angst vor ihm niederwarfen, hieß er sie aufstehen und erklärte, er wolle ihnen alle Schuld erlassen, erstlich wegen Alexanders des Erbauers, zweitens aus Bewunderung für die Größe und Schönheit der Stadt und drittens, um seinem Freunde Areios zu gefallen. Eine solche Ehre genoß Areios von Octavianus; außerdem erwirkte er vielen durch seine Fürbitte Verzeihung.

Von Antonius' Kindern wurde Antyllos, der älteste Sohn aus seiner Ehe mit Fulvia, von seinem Hofmeister Theodorus ausgeliefert und dann hingerichtet. Als die Soldaten ihm den Kopf abgeschlagen hatten, entwendete der Hofmeister einen Stein von großem Werte, den der Hingerichtete am Hals trug, und nähte ihn in seinen Gürtel. Er wollte später den Diebstahl ableugnen, wurde aber überführt und ans Kreuz geschlagen. Die Kinder Kleopatras wurden zwar nebst ihren Erziehern genau überwacht, sonst aber anständig gehalten.

Caesarion, der für den Sohn Caesars galt, hatte die Mutter mit einer großen Summe Geldes über Äthiopien nach Indien geschickt. Aber sein Hofmeister, der Theodorus an Denkart gleich war, beredete ihn, wieder zurückzukehren, da er ihm weismachte, Octavianus habe ihn zur königlichen Würde berufen. Da Octavianus, der selbst den Namen Caesar trug, unentschlossen war, was er mit ihm machen sollte, soll Areios zu ihm gesagt haben: Viel Caesarei frommt nicht! Er ließ ihn daher später nach dem Tod Kleopatras hinrichten. Mehrere Könige und Generale baten darum, Antonius bestatten zu dürfen. Allein Octavianus wollte Kleopatra den Toten nicht nehmen lassen, der denn auch von ihr mit königlicher Pracht beerdigt wurde, da sie die Erlaubnis bekommen hatte, alles, was sie hierzu brauchte, zu erhalten.

Infolge des großen Kummers und der vielen Schmerzen, die sie leiden mußte – denn ihre Brust war vom Schlagen ganz entzündet und voll schwärender Wunden –, verfiel sie noch in ein heftiges Fieber. Diesen Anlaß ergriff sie mit Freuden, um sich aller Nahrung zu enthalten und auf diese Weise ihrem Leben ungehindert ein Ende zu machen. Ihr Leibarzt war ein gewisser Olympos. Diesem entdeckte sie ihre Absicht und bediente sich seines Rats und seiner Beihilfe, um die Auszehrung zu bewirken, wie Olympos selbst erzählt, der die Geschichte dieser Ereignisse herausgegeben hat. Octavianus aber schöpfte Verdacht und setzte sie durch Drohungen gegen ihre Kinder so in Furcht, daß sie sich wieder mit aller Sorgfalt pflegen ließ.

Wenige Tage später kam Octavianus selbst zu ihr, um sie zu sprechen und zu trösten. Sie lag eben in niedergeschlagener Stimmung auf einem Binsenlager. Bei seinem Eintritt sprang sie, nur mit dem Chiton bekleidet, auf und warf sich mit wirrem Haar und verstörtem Gesicht, mit zitternder Stimme und verweinten Augen ihm zu Füßen. Auch waren auf ihrem Busen noch viele Spuren jener Zerfleischung sichtbar, und überhaupt schien ihr Körper sich um nichts besser zu befinden als ihr Geist. Indes war der ihr eigene Reiz, jenes kecke Vertrauen auf ihre Schönheit noch nicht ganz erloschen, sondern schimmerte, ungeachtet ihrer traurigen Lage, immer noch durch und verriet sich auch in ihren Mienen.

Nachdem Octavianus sie genötigt hatte, sich wieder hinzulegen, und sich neben sie gesetzt hatte, begann sie eine Art Rechtfertigung und suchte das Geschehene mit der Notwendigkeit und der Furcht vor Antonius zu entschuldigen. Octavianus aber widerlegte sie Punkt für Punkt, und da sie bald überführt wurde, legte sie sich aufs Bitten und suchte sein Mitleid zu erwekken, als wenn sie noch wer weiß wie sehr am Leben hinge. Zuletzt überreichte sie Octavianus ein Verzeichnis ihrer Schätze. Als Seleukos, einer ihrer Verwalter, sie beschuldigte, daß sie einige Kostbarkeiten verhehle und unterschlagen wolle, sprang sie wütend auf, packte ihn bei den Haaren und schlug ihm kräftig ins Gesicht. Octavianus lächelte darüber und suchte sie zu beruhigen. Wie, Octavianus, sagte sie, ist es nicht unerträglich, daß einer meiner Sklaven als Kläger gegen mich auftritt, während du mir die Ehre erweist, mich zu besuchen und mit mir zu sprechen? Wenn ich ein oder das andere Stück Frauenschmuck beiseite gelegt habe, so geschah es wahrlich nicht, um mich selbst damit zu schmücken – ach, ich Arme! –, sondern um Octavia und deine Livia mit einigen Kleinigkeiten zu beschenken und durch sie desto eher Gnade und Verzeihung bei dir zu finden. Octavianus hörte das mit vielem Vergnügen an, weil er daraus zu schließen glaubte, daß sie noch viel Liebe zum Leben haben müßte. Er sagte daher, daß er ihr diese Sachen gern überlasse, auch sie sonst mit einer Güte und Großmut behandeln wolle, die alle ihre Hoffnungen übertreffen würde. Darauf verließ er sie in dem Glauben, sie recht betrogen zu haben, während er selbst der Betrogene sein sollte.

Unter Octavianus' Freunden befand sich Cornelius Dolabella, ein junger Mann von vornehmer Geburt. Dieser war der Kleopatra nicht abgeneigt, und auf ihre Bitten tat er ihr den Gefallen, sie heimlich wissen zu lassen, daß Octavianus zu Lande nach Syrien zurückkehren werde und beschlossen habe, sie mit ihren Kindern in drei Tagen nach Rom zu schicken. Auf diese Nachricht bat sie Octavianus um die Erlaubnis, Antonius ein Totenopfer zu bringen. Als es ihr bewilligt wurde, ging sie mit ihren vertrauten Freunden zu dem Grabmal, warf sich vor dem Sarge nieder und sagte: Teuerster Antonius, vor kurzem begrub ich dich mit diesen noch freien Händen. Jetzt bringe ich dir das Totenopfer als eine Gefangene unter scharfer Bewachung, auf daß ich diesen sklavischen, zum Triumph über dich bestimmten Leib nicht durch Tränen und Schläge mißhandele. Erwarte nun keine Ehrungen oder Totenopfer mehr; dies sind die letzten, die Kleopatra dir darbringt. Im Leben hat uns nichts voneinander trennen können, aber im Tod müssen wir, so scheint es, noch den Ruheplatz vertauschen. Du, ein Römer, liegst hier begraben, und ich Unglückliche werde mein Grab in Italien finden; es ist der einzige Anteil, den ich an deinem Vaterland nehme. Doch wenn eure Götter dort nur einige Macht und Stärke besitzen – die hiesigen haben uns verraten –, so gib mich, deine Gattin, nicht lebend preis. Laß es nicht geschehen, daß in mir über dich triumphiert werde, sondern verbirg mich hier in einem Grabe mit dir. Denn unter den tausend Übeln, die mich treffen, ist keins so schwer und empfindlich wie die kurze Zeit, die ich ohne dich leben mußte. –

Nach dieser Klagerede schmückte sie den Sarg mit Kränzen und gab, in den Palast zurückgekehrt, Befehl, für sie ein Bad zu bereiten. Nachdem sie gebadet hatte, legte sie sich zu Tische und ließ ein herrliches Mahl auftragen. Währenddessen kam jemand vom Land und brachte ein Körbchen. Auf die Fragen der Wachen, was er da hätte, machte er das Körbchen auf, nahm die oberen Blätter weg und zeigte, daß es mit Feigen angefüllt war. Da jene sich über die Größe und Schönheit der Früchte wunderten, lächelte er und hieß sie davon nehmen; aber ohne den geringsten Argwohn gaben sie den Weg frei und ließen ihn das Körbchen in den Palast tragen. Nach der Mahlzeit schickte Kleopatra ihre Schreibtafel, die sie beschrieben und versiegelt hatte, an Octavianus, hieß alle aus dem Zimmer gehen, bis auf jene zwei Frauen, die auch im Grabmal bei ihr gewesen waren, und schloß sich mit ihnen ein.

Octavianus erbrach sogleich die Schreibtafel, und als er beim Lesen auf die flehentliche Bitte stieß, daß er sie doch neben Antonius begraben möchte, erriet er bald, was geschehen war. Erst wollte er selbst ihr zu Hilfe eilen, schickte aber dann, damit es rascher ginge, andere hin, um die Sache zu untersuchen. Doch es war mit ihrem Tod äußerst schnell gegangen, ohne daß die ausgestellten Wachen das geringste bemerkt hatten. Denn als jene angelaufen kamen, um die Tür zu öffnen, fanden sie Kleopatra schon tot in königlichem Schmuck auf einem goldenen Ruhelager ausgestreckt. Die eine ihrer Frauen, Eiras, verschied eben zu ihren Füßen; die andere, Charmion, legte, schon wankend und taumelnd, das Diadem zurecht, womit das Haupt Kleopatras umwunden war. Als einer im Zorn zu ihr sagte: Das ist ja schön, Charmion! – versetzte sie: Freilich, das allerschönste, wie es sich für die Enkelin so vieler Könige geziemt. Weiter konnte sie nichts sagen und sank neben dem Lager sterbend zu Boden.

Man sagt, in dem Körbchen sei ihr eine Natter unter den Feigen und Blättern versteckt hereingebracht worden, denn sie habe es selbst so befohlen, damit sie, ohne es zu wissen, von dem Tier gebissen würde. Als sie aber einige Blätter oben weggenommen hatte und die Schlange erblickte, habe sie gerufen: Seht, da ist sie ja, und habe ihr sogleich den entblößten Arm zum Beißen hingehalten. Andere erzählen, die Natter sei in einem Wasserkrug verschlossen aufbewahrt worden; Kleopatra habe sie mit einem goldenen Spinnrocken so lange gereizt, bis sie herausschoß und sie in den Arm biß. Den wahren Hergang der Sache jedoch weiß niemand genau. Denn es wird auch erzählt, sie habe ständig Gift in einer hohlen Haarnadel bei sich getragen und diese im Kopfschmuck verborgen. Indessen zeigte sich an ihrem Körper kein Flecken noch Merkmal von Gift. Aber es war auch keine Schlange im Zimmer zu finden; nur wollte man zum Strand hin, nach dem die Fenster des Zimmers gingen, die Spuren einer Schlange bemerkt haben. Einige versichern auch, daß an Kleopatras Arm zwei zarte und kaum bemerkbare Stiche zu bemerken gewesen wären. Dies scheint auch Octavianus geglaubt zu haben; denn beim Triumph ließ er ein Bildnis der Kleopatra mit einer am Arm hängenden Natter im Zug mitführen. So werden diese Begebenheiten erzählt.

Obwohl nun Octavianus über den Tod dieser Frau sehr ungehalten war, konnte er doch nicht umhin, ihren hohen Sinn zu bewundern, und ließ die Tote neben Antonius mit königlicher Pracht bestatten. Auch erhielten die beiden Kammerfrauen auf seinen Befehl ein ehrenvolles Begräbnis.

Kleopatra starb im Alter von neununddreißig Jahren. Sie hatte zweiundzwanzig Jahre als Königin regiert und davon mehr als vierzehn zusammen mit Antonius geherrscht. Antonius hat nach einigen ein Alter von sechsundfünfzig, nach anderen nur von dreiundfünfzig Jahren erreicht. Alle seine Standbilder wurden umgestürzt, die der Kleopatra aber blieben stehen, weil Archibios, einer von ihren Freunden, Octavianus zweitausend Talente bezahlte, damit sie nicht das gleiche Schicksal erfuhren wie die des Antonius.

Antonius hinterließ von drei Frauen eine Nachkommenschaft von sieben Kindern. Nur der älteste Sohn Antyllos wurde von Octavianus hingerichtet. Die übrigen nahm Octavia zu sich und erzog sie mit ihren eigenen Kindern. Kleopatra, eine Tochter Kleopatras, verheiratete sie mit Juba, dem gelehrtesten unter allen Königen.

Octavia hatte von ihrem ersten Mann Marcellus zwei Töchter und einen einzigen Sohn, der ebenfalls Marcellus hieß. Diesen nahm Octavianus an Kindes Statt an und wählte ihn zum Schwiegersohn; von den Töchtern gab er die eine Agrippa. Als Marcellus bald nach seiner Vermählung starb und Octavianus keinem unter seinen übrigen Freunden genügend traute, um ihn zum Schwiegersohn zu wählen, machte ihm Octavia den Vorschlag, daß Agrippa sich von ihrer Tochter scheiden und die des Octavianus heiraten sollte. Octavianus und Agrippa waren damit einverstanden, worauf sie ihre Tochter zurücknahm und mit dem jüngeren Antonius vermählte, Agrippa aber Octavianus' Tochter heiratete.

Von den beiden Töchtern Octavias, die aus ihrer Ehe mit Antonius stammten, heiratete die ältere Antonia Domitius Ahenobarbus, die jüngere Antonius, die sich durch Sittsamkeit und Schönheit auszeichnete, Drusus, den Sohn Livias und Stiefsohn Octavianus'. Dieser Ehe entsprossen Germanicus und Claudius, der später zur Regierung gelangte. Von den Kindern des Germanicus führte Gaius, genannt Caligula, eine kurze, aufsehenerregende Regierung und wurde samt seiner Frau und Tochter ermordet. Agrippina, die von Ahenobarbus einen Sohn Lucius Domitius hatte, vermählte sich zum zweitenmal mit Claudius Caesar. Ihren Sohn aus erster Ehe nahm Claudius an Kindes Statt an und gab ihm den Namen Nero Germanicus. Dieser Nero gelangte in unserem Zeitalter zur Herrschaft, ermordete seine Mutter, und es fehlte wenig, so hätte er durch seine Tollheiten das Römische Reich zugrunde gerichtet. Er stammt im fünften Glied von Antonius ab.